N·E·W·S

뉴스 동서 남북

한 권으로 읽는 한국 언론 명인·명문 열전

N·E·W·S

# 뉴스 동서 남북

홍병기

아마존의나비

지은이 **홍병기** 洪炳基

고려대학교 신문방송학과를 졸업하고 동 대학원에서 언론학 박사학위를 받았다. 1989년 중앙일보 입사 이후 사회부 · 산업부 · 경제부 기자와 경제부 차장 등을 거쳐, JTBC 정책기획실장, 보도국 취재담당 부국장과 중앙일보 선데이담당 기획에디터, 심의실장을 역임했다. 현재 선임기자로 재직 중이다.

저서로는 『재계를 움직이는 사람들』(공저, 중앙일보사), 『떠오르는 재계 새별』(공저, 중앙 M&B)이 있다.

**N.E.W.S 뉴스 동서남북**
:한 권으로 읽는 한국 언론 명인 · 명문 열전

| | |
|---|---|
| 펴낸날 | 2018년 8월 31일 초판 1쇄 |
| 지은이 | 홍병기 |
| 펴낸이 | 오성준 |
| 펴낸곳 | 아마존의나비 |
| 주소 | 서울시 마포구 양화로 56 동양한강트레벨 1022호(서교동) |
| 출판등록 | 제2018-000191호 |
| 전화 | 02-3144-8755, 8756 |
| 팩스 | 02-3144-8757 |
| 웹사이트 | www.chaosbook.co.kr |
| ISBN | 979-11-964626-0-4 03070 |
| 정가 | 18,000원 |

ⓒ 홍병기 2018

아마존의나비는 카오스북의 임프린트입니다.

• 이 책은 관훈클럽신영연구기금의 도움을 받아 저술 출판되었습니다.
• 파본은 구입처에서 교환해드립니다.

현대 사회에서 사람들은 뉴스를 통해 세상일을 전해 듣고 이해한다. 뉴스에 대한 수요는 디지털 시대가 본격적으로 도래한 이후에도 줄어들지 않고 있다. 이렇듯 '세계의 창'으로 불리는 뉴스에 대한 탐구는 저널리즘 연구의 오랜 주제였다. 오늘도 일선 언론 현장에서는 사람들의 시선을 계속 붙들기 위해 무엇이 뉴스가 되는지에 대해 시대와 나라를 초월한 고민을 계속하고 있다.

뉴스는 나름의 뉴스관觀이 반영된 '뉴스 가치'에 의해 선택되고 보도된다. 그렇다면 우리 주변에서 매일 접하게 되는 많은 정보와 사건 중에서 어떤 것들이 언론에 의해 선택된 뒤 뉴스로 포장돼서 전해지는 것일까?

언론 현장에서는 매일매일 뉴스 가치에 대해 진지한 고민 없이 관행적으로 뉴스 제작과 가공이 이뤄지고 있다. 일선 언론인들이 생각하는 뉴스 가치가 무엇인지를 밝히는 작업은 한국 언론의 바람직한 정체성을 확립해 나가기 위한 첫 걸음이라 할 수 있다.

이 책에서는 한국 언론인들이 그동안 뉴스에 대해 어떻게 생각해왔는지, 한국 언론만의 뉴스 가치가 미국으로 대표되는 서구 언론의 뉴스 가치와 어떤 차이를 보이는지를 통시적, 공시적으로 실제 사례들을 비교해 보여주고자 한다. 이를 토대로 도출된 한국 언론 특유의 뉴스관에 기초해 한국의 유명 언론인들이 써내려갔던 주옥같은 명 문장들을 한데 모아 감상하면서 디지털 언론 시대의 글쓰기에 대한 방향을 제시해보려 한다.

1부에서는 뉴스라는 창窓을 통해 본 한국 언론의 자화상을 다룬다. 첫 번째 장에서는 뉴스가 무엇인가라는 질문에 답하기 위해 뉴스의 개념과 언론학 분야에서의 지금까지의 연구 결과를 정리했다. 규범적 뉴스 가치와 실용적 뉴스 가치로 나뉘는 뉴스 가치의 개념과 함께 뉴스 제작 과정의 가공이나 문화적 배경, 언론 모델을 토대로 하는 뉴스의 사회학을 제시했다. 이와 함께 한국에서의 뉴스 가치 연구가 어디까지 이뤄졌으며, 기존 연구의 한계는 무엇인지를 지적했다.

두 번째 장에서는 현대적인 언론이 등장하기 시작한 해방 이후 한국의 일선 언론인과 언론 사주들은 뉴스 가치에 대해 어떠한 관점을 갖고 있었으며, 이런 관점들이 시대별로 어떻게 달라지고, 발전돼 왔는지에 초점을 맞춘다. 해방 이후부터 시중에 발간된 한국 언론인들의 저작물을 중심으로 언론인 자신들의 경험에 기초하여 나름대로 '뉴스'에 대해 밝힌 생각이 포함된 내용을 비교함으로써 한국 언론인들이 생각하는 뉴스관의 모습이 어떤 것인지를 구체화해본다. 김동성, 곽복산으로 시작되는 현대적 뉴스관의 태동기에서 최석채, 천관우, 송건호 등으로 이어지는 비판주의적 전통과 오소백, 장기영 등으로 대표되는 실용주의적 입장을 각 인물과 주제 별로 분석해본다.

세 번째 장에서는 한국 언론인들 사이에 공통적으로 보이는 뉴스 가치의 특성이 우리와 이질적인 문화적 배경을 가진 미국 언론인의 시각과는 어떤 차이를 보이는지에 대해 비교해본다. 세상을 바라보는 동·서양의 시각 차이를 다룬 예일대 심리학과 니스벳 교수의 명저『생각의 지도』의 관점을 바탕에 두고 한국과 미국으로 대표되는 동·서양의 뉴스를 바라보는 시각이 어떤 차이를 보이는지를 사례별로 비교해본다. 두 문화권의 상이한 문화적 배경은 뉴스의 선택에 뚜렷한 차이를 가져오고, 이를 통해 서구 언론에 비해 두드러진 다른 한국 언론만의 특징이 드러날 수 있기 때문이다.

마지막으로 통시적, 공시적인 지형도로 그려진 한국 언론의 뉴스관을 바탕으로 앞으로 한국 저널리즘의 지평을 넓히기 위해 무엇이 필요한지에 대한 제언을 정리했다.

2부에서는 1부에서 논의했던 한국 언론의 뉴스관에 기초하여 디지털 언론 시대를 맞이한 언론 현장에서 구체적인 글쓰기 작업의 과제는 무엇인지를 다룬다. 무엇보다 좋은 글을 쓰려면 잘 쓰인 과거의 글들을 읽어보는 것이 우선이다. 따라서 디지털 시대 글쓰기의 시작 역시 아날로그 시절의 명문名文들을 다시금 감상해보는 데서 출발한다.

뉴스 속성에 맞는 스트레이트 뉴스는 작자의 특징이 잘 드러나

지 않기 때문에 기자의 특징적인 문체를 느낄 수 있는 르포·칼럼 등의 의견 기사까지 포함해서 명 문장의 요건을 갖춘 글들을 비교하면서 뉴스라는 공간에서 기자의 작가적 필체를 어떻게 담아갈 것인가에 대한 고민을 찾아본다.

해방 이후 한국 언론을 빛낸 名 언론인 16명을 추려 그들의 대표 기사와 칼럼을 함께 분석한다. 한국 현대 언론사의 한 시절을 풍미했던 걸출한 문객들이 써내려갔던 기사와 칼럼에 담긴 의미와 당시의 역사적 배경 등을 설명하면서 그들의 문장 속에 드러난 한국 언론인들의 언론과 뉴스에 대한 관점을 재구성해본다.

3부에서는 빅데이터와 인공지능으로 대표되는 디지털 정보화 산업사회 속에서 진짜 뉴스가 무엇인지 구분이 쉽지 않은 불확실성의 시대를 맞아 좌표를 잃고 표류하는 언론계의 상황과 미래를 12편의 글을 통해 제시하고 예측해보려 한다. 디지털 시대의 소통이란 과연 무엇이며, 디지털 시대의 글쓰기는 과거와 어떻게 다른지에 대한 반성과 전망을 나름의 변을 통해 정리해봤다.

이처럼 이 책을 통해 추구하려고 했던 것은 한국 언론인의 자화상을 통해 드러난 '한국적 뉴스 가치'의 지형도를 이해하는 작업이었다. 최근 곳곳에서 가짜 뉴스가 횡행하는 취재 현장에서 '무엇이 진짜 뉴스인가'라는 뉴스 가치 판단을 놓고 고민이 깊어가고 있다. 이 책이 앞으로 뉴스 제작 과정에서 보다 발전적 방향을 모색하는 데 있어 조금이라도 도움을 줄 수 있기를 바란다. 급변하는 정보 사회의 언론 환경 속에서 무엇이 뉴스이고, 바람직한 언론의 글쓰기인지에 대한 고민은 계속될 것이다. 앞으로 후학들이 지속적으로 탐구해야 할 주제로 삼아주기를 당부한다.

2018. 8
홍병기

차 례

# 1부
# 뉴스의 窓으로 본 한국 언론

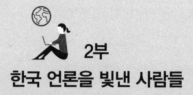

# 2부
# 한국 언론을 빛낸 사람들

# 3부
# 디지털 시대의 언론

# 책 속의 책
_ 뉴스의 뒷 이야기,
그리고 꼭 읽어야 할 한국 언론의 명문장들

들어가며

매일매일 신문사 편집국에선 뉴스를 놓고 전쟁이 벌어진다. 무엇이 뉴스가 되는지, 이 정보는 왜 중요한지, 이 정보는 왜 무시해도 되는 것인지를 놓고 치열한 논쟁이 벌어진다. 이 과정을 통해 선택받은 기사들은 우리가 알아야 하는 새로운 정보, 즉 '뉴스'라는 타이틀을 달고 지면에 인쇄되어 각 가정에 배달된다. 그렇다면 뉴스라는 개념은 언제부터, 어디에서 온 것일까. 세상천지에 널려 있는 정보 중에서 무엇이 뉴스가 되는 것일까.

고대 그리스의 고전 『일리아드』를 보자. "전능한 신들은 세상만사 모든 것을 알고 있지만, 인간은 오로지 '이야기'나 '소문'을 통해서만 세상일을 알고 있다"는 말이 이미 나온다.[1] 이야기나 소문으로 상징되는 뉴스의 역사는 인류의 역사만큼이나 장구하다. 현대 사회에서 사람들은 이제 뉴스를 통해 세상일을 전해 듣고 이해할 수밖에 없다. 우리가 접하는 사회적 환경의 대부분은 우리 스스로가 직접 파악하거나 적응할 수 없고, 타인의 경험을 통해 간접적으로 파악해야 하기 때문이다. 그런 의미에서 매스 미디어가 전달해주는 뉴스는 우리로 하여금 외부 세계를 알게 만들어주는 '세계의 창窓'이라 할 수 있다.[2]

현대 사회는 뉴스 독자가 역사상 최대 규모에 달한 시대다. 정보의 신속한 처리를 특징으로 하는 디지털 시대의 도래 이후에도 뉴스에 대한 수요는 줄어들지 않고 있다. 이런 점에서 뉴스의 미래는 여전히 밝으며, 사람들의 시선을 계속 붙들기 위해 무엇이 뉴스가 되는지에 대해 시대와 나라를 초월한 고민은 계속 될 수밖에 없을 것이다.

뉴스는 나름의 '뉴스 가치'news value에 의해 선택되고 보도된다. 그렇다면 우리 주변에서 매일 접하게 되는 많은 정보와 사건 중에서 어떤 것들이 언론에 의해서 선택된 뒤 뉴스로 포장돼서 전해지는 것일까. 뉴스 제작 과정에서 뉴스를 만드는 기자, 즉 언론인의 역할은 뉴스에 생명력을 불어넣는 당사자라는 점에서 가장 먼저 주목해야 한다. 뉴스는 결국 '재구성된 현실'이기 때문에 뉴스 제작 과정에서 기자가 어떤 소재를 선택하고 두드러지게 강조하느냐는 매우 중요하다. 결국 기자의 가치관이나 뉴스관觀에 따라 뉴스가 결정되고 취사선택된 후 보도되기 때문이다. 따라서 무엇이 뉴스를 결정짓느냐에 대한 관심은 바로 기자들이 뉴스를 어떻게 생각하느냐는 뉴스 인식과도 직결된다.

"호외!"를 외치며 신문을 뿌리거나 방송 중인 프로그램이 갑자기 중단되면서 '긴급 속보'가 나오던 시절이 있었다. 그때마다 대중들은 그것이 무슨 소식인지 전혀 알지 못하는 상태에서 충격 속에 뉴스를 확인하곤 했다. 대중들이 잘 알지 못하는 정보를 발 빠르게 전달하고 분석하는 컷이 기자들의 존재 이유이자 권력으로 작용했던 때였다. 기자들이 갖고 있는 나름의 뉴스 가치야말로 뉴스를 선택하는 기준이자 뉴스 생산의 매뉴얼이나 다름없었다.

그러나 지금은 인터넷과 소셜네트워크SNS의 발달로 누구라도 정보를 전달할 수 있는 시대가 됐다. 매스 미디어와 대중과의 구분이 사실상 어려워지고 있고, 1인 언론, 독립 언론 시대가 도래했다. 기존 언론들은 이제 시장에서 통용되는 뉴스가 과연 무엇인지에 대해 새롭게 성찰하지 않으면 생존에 위협을 느낄 수밖에 없게 됐다. 떠나가는 독자나 시청자를 붙잡기 위해 새로운 시각의 뉴스, 새로운 차원의 뉴스가 더욱 절실해지고 있는 것이다.

이를 위해서는 우선 지금까지 뉴스를 결정지어온 뉴스 가치의 요인과 특성에 대한 철저한 재점검을 필요로 한다. 언론인들의 가치관 속에 뿌리박혀 있는 뉴스관에 대한 인식을 제대로 파악해야만 이를 수용자의 차원으로 환치해서 새로운 개념의 뉴스를 만들어내는 밑바탕으로 활용할 수 있기 때문이다.

또 다른 하나의 문제는 점점 하나의 지구촌으로 세계화되고 있는 시대에 뉴스의 보편성은 어떻게 형성되는지에 대한 고찰이다. 뉴스를 뉴스답게 만드는 뉴스 가치는 전 세계적으로 보편적인 개념인가? 과거의 전통적인 뉴스 가치들은 현대 사회에서도 그대로 적용될까? 전 세계의 언론들은 어떤 하나의 일정한 기준을 잣대로 놓고 뉴스를 취재 보도하고 있는 것일까? 한국에선 다른 나라 언론에 비해 어떤 뉴스를 중요하게 다루고 있을까? 시·공의 변화와 문화 간, 조직 간 차이에 의해 뉴스 가치가 달라진다고 한다면, 왜 한국 언론들은 그동안 획일적인 뉴스만을 다룬다는 비판을 받아온 것일까?

동일한 뉴스에 대해 서로 다른 가치를 부여하거나, 여러 기사 중에서 어떤 기사가 중요한지에 대해 서로 다른 기준을 가지고 있다는 말은 사람마다 세상을 바라보는 시각이 다르다는 말과도 통한다. 각 나라마다 언론의 탄생과 발전 과정에서 뉴스의 생성·발전을 통해 뉴스 가치는 다양한 사회적 가치관과 문화적 배경에 영향을 받으면서 각기 다른 모습으로 성립돼왔다. 국내 언론인과 외국 언론인 사이에서도 기사를 바라보는 시각은 확연하게 다른 생활 방식과 경험 등으로 인해 다르게 나타날 수밖에 없다. 이런 현상을 제대로 이해할 수 있다면 우리 사회에서 상이한 가치관 간의 갈등을 줄이고 상호 이해의 폭을 넓혀나가는 데에도 일조할 것이다.

이런 상황에서 보다 입체적인 분석을 위해선 한국 언론인들의 뉴스 가치관이 과거와 현재를 관통하면서 어떻게 변화해 왔는지를 살펴보는 통시적 차원에서의 비교 분석과 한국 언론이 다른 문화권의 언론들의 뉴스 가치와 어떤 차이가 있는지를 비교해보는 공시적 차원에서의 비교가 동시에 이뤄지는 것이 효과적이다.

이런 입체적인 연구가 필요한 것은 일선 언론인들의 자체 인식을 통해 한국 언론의 특징을 집약하고, 이를 우리와 다른 문화권과 비교해봄으로써 그 특징을 더욱 두드러지게 파악할 수 있을 것이기 때문이다.

이 책의 1,2부에서는 한국 언론인들의 뉴스 가치에 대한 인식은 무엇이며, 어떻게 이뤄져왔는지에 우선 주목한다. 그리고 이런 과정에서 뚜렷하게 나타난 한국 언론만의 특징이 미국으로 대표되는 서구 언론의 뉴스 가치와 어떤 차이를 보이는지를 비교해 이해하고자 한다. 이런 과정을 통해 한국 언론만이 가진 독특한 가치관과 문제점을 파악하고 진단해보자는 것이다.

한국 언론만이 갖고 있는 뉴스 가치의 특성을 발견하는 것은 그 것이 다른 나라와는 어떻게 다른지에 대한 해답을 찾아가는 작업 의 일환이다. 일선 언론 현장에서 뉴스 가치에 대해 진지한 고민 없이 관행적으로 뉴스 제작과 가공이 이뤄지고 있는 우리의 현실 에 비춰볼 때 우리의 문제를 우선 파악하는 것은 무엇보다 필요한 작업이다. 이렇게 한국 언론이 가진 진짜 뉴스를 규정하는 가치의 특징과 장단점을 파악하려는 시도는 한국 언론의 바람직한 정체성 을 확립해 나가는 데 있어 큰 도움을 줄 것이다.

하지만 그동안 국내의 뉴스 분석 연구에서는 일선 언론인들을 대상으로 통시적 차원에서 뉴스 가치에 집중해 비교 분석한 사례 는 거의 찾아볼 수 없었다. 국가 간 뉴스 가치에 대한 비교 연구도 기자의 관행이나 언론 조직의 차이 등이 저널리즘이 구현되는 양 태를 다소 다르게 나타나게 만들었다고만 간략하게 분석했을 뿐, 기사 작성 주체인 기자 개인의 판단과 사고 과정에 대해 충분한 설 명을 제시하지 못했다는 지적을 받고 있다.[3]

이런 점을 감안해서 현대적 언론이 등장하기 시작한 해방 이후 한국의 일선 언론인들은 뉴스 가치에 대해 어떠한 관점을 갖고 있 었으며, 이런 관점들이 시대별로 어떻게 달라지고, 발전돼왔는지 를 살펴보는 것은 의미가 있다. 이를 위해 한국의 전·현직 언론인 들이 자신의 경험과 관점을 기술한 저작물을 대상으로 그 책 속에 나타난 사상과 인식을 통해 뉴스 가치에 대한 생각이 어떻게 드러 났는지를 정리·분석한다.

또, 한국 언론인들이 공통적으로 보이는 뉴스 가치의 특성이 우리와 이질적인 문화적 배경을 가진 미국 언론인의 시각과는 어떤 차이를 보이는지에 대한 비교에도 초점을 맞춘다. 문화적 배경과 같은 미디어 사회학적 요인이 뉴스 가치나 뉴스 결정에 어떤 차이를 가져오는지를 알아 보기 위해 동일한 공간에서 동일한 뉴스를 다루는 특정한 뉴스 룸 환경에서 서로 다른 문화적 배경을 가진 한·미 언론인 간에 뉴스 가치 판단을 놓고 어떤 충돌이 벌어지는지를 심층 분석해본다.

이런 시도의 결과들은 '한국에서는 과연 무엇이 뉴스를 만드는가'에 대한 명쾌한 해답을 주는 데 있어 하나의 방향을 제시할 수 있을 것이다.

# 1부

뉴스의
窓으로
본
한국 언론

# 1장

---

# 뉴스란
# 무엇인가

# ___ 뉴스는 [____]다

인간은 본질적으로 주변에서 일어나는 모든 일을 알고 싶어 하고, 전달해주고 싶어 하고, 또 자신을 널리 알리고자 하는 욕구를 갖고 있다. 이 욕구들로 인해 인류 문명의 태동과 함께 뉴스는 삶을 영위하는 데 가장 중요한 요소로 자리 잡게 됐다.

19세기 후반 들어 정보information와 커뮤니케이션communication이라는 개념이 등장했지만 뉴스는 이미 오늘날과 같은 의미로 500년이 넘도록 사용돼왔다는 점에서 이미 이보다 광범위한 개념으로 자리 잡았다고 할 수 있다. 영어사전에서는 'news'를 '기별', '소식(옥스퍼드 사전)', '어떤 것에 대한 새로운 정보(웹스터 신사전)'로 정의하고 있다. 민중 엣센스 국어사전에서도 뉴스는 '새로운 사건', '신문·방송 등의 보도', '소식' 등으로 정의했다.

뉴스가 다수의 생산자에 의해 만들어지고 다수의 수용자에게 전해지는 상황이 일반화되면서 바야흐로 매스 커뮤니케이션의 대표적 현상으로 자리 잡았다. 현대 사회에서 뉴스 이용은 공기를 마시는 것처럼 우리에게 일상화되어 있는 것이다. 특히, 20세기 이후 정보통신 기술의 본격적인 발달 등에 힘입으면서 뉴스는 대량생산 과정을 통해 폭발적인 영향력을 확장해나가게 됐다.

그러나 이처럼 늘 우리 주변에 있는 뉴스가 무엇이냐고 물어보면 정작 답이 쉽게 나오질 않는다.[4] "뉴스의 정의는 저널리스트 수만큼이나 많다"는 미국의 언론학자 존 호헨버그의 말처럼[5] 우리 주변에서 매일 넘쳐나는 뉴스를 한 마디로 정의하기는 쉽지 않다는 이야기다.

뉴스의 역사를 오랫동안 고찰해온 언론사 전문가 미첼 스티븐스는 인간의 욕구에서 뉴스의 본질을 찾는다. 그는 저서『뉴스의 역사』를 통해 인간이 본질적으로 주변에서 널리 알리고자 하는 일을 알고 싶어 하고, 전달해 주고 싶어 하고, 또 자신을 널리 알리고자 하는 욕구를 갖고 있다고 설명했다.

그는 '뉴스란 공중의 일부가 공유하게 되는 어떠한 공익 대상에 대한 새로운 정보'라고 정의했다. 역사 자료에는 뉴스에 필수적인 신선함이 부족하고, 예술에는 대체로 사람의 마음을 끄는 정보가 부족하며, 잡담은 소식을 전하기는 하지만 관심의 범위가 주로 개인적인 차원에 한정된다는 것이다.

이처럼 새로운 정보가 뉴스가 되는 이유는 인간의 진화 과정으로 설명된다. 사회의 변화가 인간의 생존에 중요한 의미를 지닐 수밖에 없었기 때문에 사람들은 새로운 것일수록 중요한 것이라고 즉각적으로 인식하기 때문이다.[6]

그동안의 많은 선행 연구에서는 '새로움'의 개념 외에도 다양한 개념들을 함께 제시했다. '뉴스란 많은 사람들에게 중요하거나 흥미로운 사실에 대한 시의적 보도'[7]라거나 '독자들이 알고자 하는 모든 것'[8], '신선하고, 공표되지 않았으며, 흔치 않고, 흥미로운

프레저 본드 『저널리즘 개론』
(1961) 표지

것'[9]에서 '세상에서 가장 별나고 중요하다고 여겨지는 일'[10]에 이르기까지 다양하게 정의되어 왔다.

뉴스 제작 현장에 섰던 일선 언론인들도 나름대로 뉴스를 정의했다. 영국의 대표적 상업지 《데일리 미러》의 창업주였던 노스클리프의 "개가 사람을 물면 뉴스가 아니지만 사람이 개를 물면 뉴스"라는 비유나, NBC의 앵커 데이비드 브린클리의 "비행기가 정시에 출발했다면 뉴스가 아니지만 비행기 사고가 났다면 뉴스"라는 비유[11]는 대표적인 뉴스의 정의로 회자되고 있다.

저널리즘 연구의 영역에서는 뉴스를 복합적 개념으로 보고 각기 다양한 하위 개념으로 나눠 제시하고 있다. 우선 미국 저널리즘의 고전적 교과서로 간주되는 프레저 본드의 저서 『저널리즘 개론』에서는 시의성timeliness, 접근성proximity, 크기size, 중요성importance 등을 뉴스의 네 가지 요건으로 들었다.[12] 본드는 네 가지 개념을 기본으로 삼아 흥미를 자아내는 뉴스의 하위 요소로 ①개인적 관심 ②금전 ③성 ④투쟁(전쟁) ⑤신기한 것 ⑥영웅 숭배와 명성 ⑦서스펜스 ⑧인정 미담 ⑨다수인에게 관련된 사건 ⑩경쟁 ⑪발견과 발명 ⑫범죄 등 열두 가지 요인을 들었다.[13]

1960년대의 대표적 저널리즘 교재인 『완전한 기자』를 썼던 해리스와 존슨[14]의 정의도 이와 비슷하다. 갈등성, 발전과 재난, 영향성, 지위와 저명, 시의성과 근접성, 성sex, 진기, 인간적 흥미 등 여

## 뉴스의 속도

『뉴스의 역사』에서 미첼 스티븐스는 시대에 따라 달라진 뉴스의 전파 속도를 왕이나 대통령의 사망 뉴스의 전파 사례를 들어 다음과 같이 흥미 있게 비교 묘사했다.[15]

- 1481년: 터키 왕의 사망 소식을 적은 수기手記 뉴스가 영국까지 전달되는 데 2년 걸림.
- 1702년: 영국 윌리엄 왕의 사망 뉴스가 북 아메리카 식민지에 전달되는 데 2개월 9일 걸림.
- 1800년: 버지니아에서 조지 워싱턴이 사망한 소식이 미 북부지역 신시내티 지역 신문에 실리는 데 3주일 걸림.
- 1963년: 케네디 대통령 암살 뉴스를 사건 발생 30분 내에 미국인의 68%가 알게 됨

미국에서는 옛 조상들이 아는 데 1년 걸렸을 세계 뉴스들이 이제는 30분도 채 안되어 모두가 알 수 있을 정도로 빠르고, 넘치게 전달되고 있다. 이렇듯 신속성과 전파성은 현대 뉴스의 특징으로 자리 잡았다.

1963년 11월 22일 미국 댈러스에서 케네디 대통령 저격 직전 모습

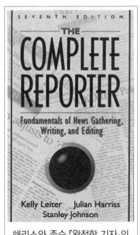

해리스와 존슨 『완전한 기자』의
7판(1999) 표지

덟 가지의 유사한 개념으로 분류한다. 워렌의 여덟 가지 뉴스 개념[16], 브리지스의 일곱 가지 뉴스 요소[17] 등도 이와 맥락을 같이 한다.

위의 기준들은 아직까지도 가장 폭넓은 뉴스 개념 중의 하나로 인정받고 있으며, 뉴스의 정의는 물론 뉴스 가치를 설명할 때 자주 인용되고 있다.

이렇듯 각양각색의 개념으로 정의되는 뉴스는 현대 사회에서 항상 언론을 통해 전달되면서 제작자와 수용자 간의 '공유'의 과정을 갖는 게 특징이다. 따라서 뉴스란 어떤 사건 그 자체만을 말하는 것이 아니라 한 사건에 대한 보도 또는 기술account을 통해 새로운 정보가 사람에게 전달되는 것[18]이라는 차원으로 의미가 확장된다. 뉴스를 알려면 무엇보다 뉴스 제작 과정에 대한 입체적 분석이 필요해진 것이다.

일선 뉴스 제작 현장에서 보면 뉴스에 대한 인식은 어떤 개념을 상정하고 그 기준을 따르는 것이 아니라 자신들의 경험 등에 의한 나름의 가치관에 따라 관행적으로 이뤄진다. 대부분의 취재 기자나 편집자들에게 뉴스가 무엇인지 정의해달라는 질문을 하면 매우 당황한 모습을 보이는 것도 그들에게 있어 뉴스는 무엇인가를 생각하기 이전에 (관행이나 경험적으로)너무 당연하게 받아들여지는 용어이기 때문이다.[19]

이렇게 뉴스를 저널리즘적 관행과 표준화된 생산 절차의 생산물로 처음 인식한 사람은 미국의 언론인 월터 리프먼이었다. 그는 1922년 펴낸 저서『여론』에서 뉴스란 일련의 선택의 결과이며, 이들 선택은 객관적 기준에 의거하기보다는 신문사의 관행에 따른다고 주장했다.[20] 이 같은 분석은 이후 언론의 게이트 키핑이나 의제 설정 기능과 같은 연구로 이어져 뉴스 자체보다는 뉴스를 만들어 내는 뉴스 생산자들에 대한 관심을 증대시켰다.

이제 뉴스란 사건 그 자체가 아니라 '사건에 대한 보도'를 의미하게 된 것이다. 뉴스는 뉴스 메이커에 의해 만들어지는 것이며, 가공되지 않은 사건을 기사라는 완성품으로 만들어 보도하는 것까지 포함하는 개념[21]으로까지 발전되고 있다.

그렇다면 사건이 가진 어떤 속성들이 언론에 의해 어떻게 선택돼서 보도라는 행위로 이어지게 되는 것일까. 뉴스라는 형태로 우리에게 전달되는 정보들은 정보 자체가 가진 속성 때문에 선택된 것인가? 아니면 뉴스 제작 과정에서의 주관적 평가나 규범에 의한 선택의 결과로 결정된 것인가?

뉴스에 대한 보다 정확한 분석을 위해서는 사건 자체가 가진 속성과 뉴스 제작 과정에서의 가공이라는 두 가지 차원으로 구분해 뉴스를 뉴스답게 만드는 뉴스 가치의 개념과 범위에 대한 이해가 필요하다.

# ― 왜 뉴스가 되나 … 뉴스 가치

뉴스 가치는 어떠한 사안이나 사건들이 이러한 뉴스의 대상으로 추출될 수 있느냐는 개념이다. 뉴스로 선택되고 보도될 가능성이 높은 것, 즉 어떤 사건이 뉴스로 보도될 만한 가치를 지녔느냐는 말이다.

지금까지의 많은 선행 연구에서는 뉴스 가치의 개념을 이루는 수많은 요인들이 제시됐다.[22] 이 연구들을 종합해보면 뉴스가 될 수 있는 요인들을 뜻하는 뉴스 가치에 대한 이론적 접근은 크게 두 가지 시각으로 나뉜다. 그 하나는 뉴스의 소재가 되는 사건이나 정보 자체에 내재된 속성이 뉴스가 되게 만든다는 주장이다. 또 다른 하나는 언론 조직의 제작 관행이나 언론인의 가치관이 투영된 뉴스 제작 과정상의 요인이 뉴스로 가공되어 나타난다는 주장이다.

이러한 시각들은 저널리즘의 유형에 따라 그 성격이 달리 규정되기도 하며, 뉴스 제작 과정에서 게이트 키핑 등의 구조적 특성이나 특유의 제작 관행, 언론인·언론 조직의 문화적 배경에 따라 다르게 나타나기도 한다.

미국의 커뮤니케이션 학자 파멜라 슈메이커가 진화론적 심리학의 관점에서 설명한 뉴스 가치의 개념[23]은 이 두 가지 접근방식의 이론적 토대를 이룬다. 그는 뉴스 가치의 바탕이 되는 인식을 '본능적 관심'과 '사회화 학습'이라는 두 가지 차원으로 설명한다. 이 말은 심리학 분야의 이론에서 흔히 쓰이는 '본능이냐, 학습이냐' nature or nurture라는 분류와도 일치한다.

원시시대부터 인류는 산불이나 맹수의 출현과 같은 외부 세계의 새로운 사건에 의해 위기가 이어졌다. 어떤 위험을 만나면 도망가든지flight, 싸우든지fight 즉각적으로 반응해야만 살아남을 수 있었다. 인류가 후손을 남기고 생존하기 위해서는 늘 새로운 사건에 관심을 가지고 이를 명심해야만 즉각적으로 반응할 수 있었다. 사람들은 이러한 적자생존 과정을 거치면서 자신이 경험하지 못한 사건이나 일을 접하면 우선적으로 알려고 하는 본능을 갖게 된 것이다. 뉴스는 이러한 인간의 본능적 욕구에서 비롯된 것이다. 알랭 드 보통은 문명비평서『뉴스의 시대: 뉴스에 대해 우리가 알아야 할 모든 것』에서 원시시대부터 인류가 지녀온 뉴스에 대한 본능적인 욕구를 마치 옆에서 지켜보듯 아래와 같이 생생하게 묘사한다.[24]

"어째서 우리 대중은 계속 뉴스를 확인하는 것일까? 이는 공포와 큰 관련이 있다. 뉴스에서 눈을 떼고 나서 아주 짧은 시간이 흘렀는데도 습관처럼 불안이 축적된다. 우리는 얼마나 많은 일들이 쉽게 잘못되는지, 또 순식간에 벌어지는지 안다. 연료관이 과열된 A380 항공기가 불길에 휩싸인 채 굴러서 만에 처박힐 수도 있다. 아프리카 박쥐에서 유래된 바이러스가 종의 장벽을 뛰어넘어 승객들이 가득한 일본의 통근 열차에 달린 환기구로 스며들 수도 있다. …

재앙이 닥칠지도 모른다는 우리의 염두에 자리 잡은 생각은, 가장 가까운 곳에 있는 안테나 철탑 쪽으로 휴대 전화를 돌려놓고 기사 제목이 뜨기를 기다릴 때 희미하게 잡히는 두려움의 맥박을 해명해준다. 그 맥박은 우리의 먼 조상이 동이 트기 직전의 싸늘한 순간, 태양이 변함없이 창공에 떠오를지 궁금해 하면서 느꼈을

게 분명한 불안이 모습을 바꿔 나타난 것이다."

외부 세계에 대한 인간의 관심이 본능적인 만큼 뉴스에 대한 관심 역시 본능적으로 강하다고 할 수 있다.[25] 따라서 본능적 차원에서 볼 때 뉴스의 가치란 당연히 인간의 외부 세계에 대한 궁금증을 얼마나 잘 충족시켜주는 데 있다.

본능적 차원과 함께 사회적 차원에서의 뉴스에 대한 이해도 필요하다.[26] 사람은 자기가 속한 사회 속에서 그 사회의 가치 체계를 습득해가는 과정을 통해 어떤 사건이 자기 사회에서 중요한 의미를 갖는지 이해하게 된다. 이 학습 과정에서 새로운 사건을 평가하는 방식을 알게 되고 그 기준과 규범에 따라 중요하다고 판단한 사건에 대해 관심을 기울이게 된다. 즉, 인지적 계산과 사회적 평가에 따라 사건에 의미를 부여하고 그것을 뉴스로 받아들인다는 것이다. 이 개념은 교육과 같은 사회화 과정을 거쳐 자신이 소속된 사회에서 중요하게 여기는 가치를 학습한 뒤에야 활용할 수 있다는 점에서 후천적 학습의 결과라고 할 수 있다.

이런 시각들을 종합해보면 인간은 뉴스를 이루는 사건 자체의 속성을 본능적 관심에 의해 자각하며, 뉴스에 대한 사회적 평가나 규범을 사회적 학습을 통해 인지한다고 말할 수 있다. 찬리의 뉴스 중요도에 대한 인지적-감정적 차원의 분류[27]와 맥퀘일의 뉴스 가치에 대한 인지적-평가적 차원의 구분[28], 언론의 사실과 의견 구분 기준인 진술적-규범적 언행 등의 이분법[29]과 비슷한 개념의 구분이다.

이분법적 사고에 기초해 유추해보면 뉴스 가치는 본질 · 사실적인 측면에서 '······인 것이 뉴스'라는 측면과 평가 · 인지적 측면에서 '······이라야 뉴스'라는 측면으로 나눠 생각해볼 수 있다. 전자의 경우 사건 자체의 속성을 뜻하는 '보도 가치' 또는 '실용적 뉴스 가치'라는 말로, 후자의 경우 기사의 평가 기준이나 취재 보도의 규범을 뜻하는 '평가 가치' 또는 '규범적 뉴스 가치'라는 말로 각각 치환해서 설명할 수 있다.[30]

뉴스를 이루는 구성 요인은 크게 보도 주체, 보도 방식, 소재의 3요소로 나눌 수 있다. 이 구분을 적용한다면 뉴스의 보도 주체와 보도 방식은 규범적인 뉴스 가치의 차원에서 다뤄지는 개념이며, 뉴스의 소재(콘텐트)는 실용적인 뉴스 가치의 차원에서 다뤄지는 개념으로 각각 나눠 이해할 수 있다. 뉴스 조직과 사회와의 관계를 다룬 뉴스 사회학적 요인은 별개로 들 수 있다.

## 규범적 뉴스 가치

규범적 뉴스 가치란 취재 보도 과정에서 어떤 사건을 뉴스로 봐야 하느냐는 것으로 뉴스에 대한 평가 기준이자 판단 준거를 말한다. 이는 뉴스에 대한 언론인들의 주관적인 기준과 가치관을 강조한 개념으로 흔히 언론이 어떤 사실을 뉴스로 다뤄야 하느냐는 식으로 정의되는 언론의 역할론으로도 치환될 수 있는 개념이다.

규범적 뉴스 가치란 어떤 뉴스 속성을 중요시하는가 하는 언론인의 태도로도 설명된다. 신문 또는 방송이라는 제한된 공간 내에서 이뤄지는 뉴스 선택 과정에서 언론인의 가치관이 뉴스 생산의 결정적인 요인으로 작용하기 때문이다. 사건의 고유한 속성에서 비롯됐다기보다는 뉴스를 취재하고 보도하는 과정에서의 규범적 목표에 해당하는 개념이다.

규범적 뉴스 가치는 뉴스라면 언론인들이 긍정적 또는 도덕적으로 생각하는 어떤 속성을 반드시 지녀야 한다는 당위론적인 입장과 함께 뉴스를 제대로 보도해야 한다는 평가적 차원[31]을 함께 포함하는 것이다. 규범적 뉴스 가치의 범주를 파악하기 위해서 언론인들의 가치관 분석에 나서는 것도 이러한 주관적 특성을 감안한 것이다.

지금까지의 논의를 보면 규범적 뉴스 가치의 차원은 크게 언론인이 가져야 할 언론관, 보도 행위에서의 규범성, 뉴스 콘텐트가 갖춰야 할 규범성 등의 세 가지로 나눌 수 있다.

'언론관'의 경우 바람직한 언론의 역할론이나 공정한 보도, 언론 자유, 언론의 사회적 책임에 대한 가치 추구 등이 이 영역에 속한다.

'보도 행위에서의 규범' 중 가장 대표적인 것은 코바치와 로젠스틸[32]이 제시한 언론이 뉴스를 다룰 때 지켜야 할 열 가지 원칙이다. 저널리즘의 열 가지 기본 원칙은 진실 추구, 시민에 대한 충성, 사실 확인, 취재원으로부터의 독립, 권력에 대한 감시, 공공의 비판과 타협을 위한 포럼 제공, 중요한 사안들을 삶과 관련 있는 일로 인식할 수 있도록 전달, 포괄적이면서도 비중에 맞게 보도, 양심의 실천, 시민들의 뉴스에 대한 권리와 책임 소유 등이다.

이 원칙은 1997년부터 2년 동안 미국의 현직 언론인과 시민들이 공동으로 참여한 '저널리즘을 염려하는 언론인위원회'The Committee of Concerned Journalism에서 일선 언론인들과 100여 차례 이상의 심층 인터뷰 등을 거쳐 마련된 것이다. 2007년 개정판에서는 시민 저널리즘의 본격적인 등장에 맞춰 뉴스에 대한 시민의 권리와 책임 조항이 추가됐다. 이 원칙들은 뉴스 가치의 평가 기준이라는 측면보다는 윤리적 차원에서 기자가 지켜야 할 도덕 원칙이 강조된 개념이라 할 수 있다.

'뉴스 콘텐트가 가져야 할 규범성'으로 제시할 수 있는 개념 중 대표적인 것이 바로 'TUFF' 원칙이다. 미국 미주리대 저널리즘 스쿨 교수인 존 메릴은 취재 보도에 있어 뉴스가 가져야 할 하나의 기준으로 진실하고truthful, 불편부당하고unbiased, 완전하고full, 공정한fair 보도라는 네 가지 개념을 제시했다.[33] 이 원칙을 적용해서 뉴스 기사를 작성해야 뉴스의 생명인 객관성이라는 뉴스 가치를 유지할 수 있다는 것이다.[34] 메릴은 이 네 가지 가치의 영어 첫 자를 따서 기자들이 취재 보도 과정에서 '터프'해야 한다고 주장한다.[35]

TUFF의 개념은 뉴스가 가진 사건의 속성이라기보다는 기자들이 취재 보도 과정에서 지켜야 할 규범에 해당한다. 따라서 이를 뉴스 가치에 포함시킨 것은 사건의 속성에 주목해야 할 뉴스 가치의 의미를 지나치게 확장시켰다는 지적도 나온다.[36]

영국의 커뮤니케이션 학자인 데니스 맥퀘일은 TUFF 원칙의 맥락을 이어받아 미디어에서의 평가performance 기준으로 객관성objectivity의 개념을 주장했다.[37] 그는 스웨덴의 정치학자 요르겐 베스터슈탈의 객관성 모델에 근거해 이 개념을 사실성factuality과 공평성

impartiality(불편부당성)으로 나누었고, 사실성은 다시 진실성truth과 적절성relevance으로, 공평성은 균형성balance과 중립성neutrality의 하위 개념으로 나눴다.

사실성의 하위 개념인 진실성은 사실과 정확성을 포함한 개념이며, 적절성은 수용자나 사회를 위해 얼마나 중요하느냐를 따지는 개념이다. 공평성의 하위 개념인 균형성은 뉴스량 등의 양적 균형과 맥락과 주목의 질로 이뤄지는 질적 균형을 아우르는 개념이며, 중립성은 감정적인 단어와 의도적인 제시를 피하는 자세를 말한다. 이들 네 가지 개념은 서로 겹치거나 경계가 불분명해서 구분이 애매하다는 지적도 있지만 뉴스 제작 과정에서 달성해야 할 목표 가치를 규범적 뉴스 가치의 하나로 제시했다는 점에서 평가할 만하다.[38]

## 실용적 뉴스 가치

실용적 뉴스 가치는 뉴스가 사건 자체의 본질과 속성에서 비롯됐다는 인식에서 출발한 뉴스 가치 개념이다. '실용적'이라는 의미는 특정 사건이 지닌 고유의 속성이 뉴스로서 가치가 있기 때문에 뉴스 소재로 선택된다는 실행적 차원을 강조한 개념이다.

'실용적'이란 '실제적'practical, '실리적'pragmatic의 뜻을 모두 포함한 것으로, 실제 언론 현장에서 효율적인 업무 처리를 위해 무의식적인 경험·관습에 의해 널리 실행된다는 점을 강조한 개념이다. 미국에서 뉴스 작성을 가르치는 실용적인 저널리즘 입문서를 통해 주로 제시되고 있는 뉴스 가치 개념이다.

대부분의 기존 언론 연구에서 뉴스 가치라는 용어로 뭉뚱그려 설명되는 개념이 바로 이 범주라고 할 수 있다. 상당수의 뉴스 연구에서 뉴스 가치란 사건이나 정보 자체의 고유한 특성 속에 내재돼 있으며, 뉴스 조직(또는 저널리스트)의 경향성이나 가치 체계 속에 있는 게 아니라는 주장을 해왔기 때문이다.[39]

실용적 뉴스 가치의 개념은 뉴스가 무엇이냐를 따지는 뉴스의 정의와도 많이 겹치는 개념으로 소개된다. 미국의 기존 뉴스 연구에서 다뤄진 실용적 뉴스 가치의 항목에 속하는 특성을 종합해보면 공통적으로 제시된 개념으로는 영향성, 적시성, 근접성, 저명성, 인간적 흥미, 신기성 혹은 기이성 등이었다.[40]

실무적인 차원에서 뉴스 연구를 실시해온 미국의 미주리 그룹도 영향성, 갈등, 새로움, 저명성, 근접성, 시의성 등 다섯 가지 요소를 제시했다.[41] 이는 뉴스의 정의에 등장하는 개념들과 유사하다.

그렇다면 우리 주변에서 등장하는 수많은 사건과 정보 속에서 사건의 어떤 요소들이 뉴스가 되도록 만드는 것일까.

일반적으로는 실용적 뉴스 가치를 구성하는 하위 개념들이 많이 포함될수록 뉴스 가치는 높은 것으로 인정돼왔다. 이러한 요인들은 시대의 변화나 요구에 따라 그 순위와 중요도가 결정되기도 했다. 예컨대 상업주의 언론이 본격화되면서 신문들은 광고 수입에 의존하기 위해 가능한 발행 부수를 늘려야 했다. 이를 위해 자극적인 뉴스를 기사로 게재해야만 했고, 기사든 사진이든 인간성의 가장 원시적 내지 공통적인 속성에만 관심을 집중했다. 다른 뉴스 가

치를 제치고 '이상한 것', '성과 범죄', '스포츠' 등이 판매 가치가 높은 뉴스로 취급됐다.[42]

후속 연구에서도 이와 비슷한 개념의 분류가 이뤄졌다. 시의성, 근접성, 관계성, 중요성, 영향성, 흥미성, 갈등성, 선정성, 현저성, 이외성 등은 실용적 뉴스 가치의 차원에서 대표적으로 분류된 하위 개념들이다.[43]

언론인들이 저술한 저널리즘 교과서에서도 영향성, 저명성, 갈등성, 희귀성, 부정성, 인간적 흥미성, 관련성, 유행성, 시의성, 근접성 등은 뉴스 가치 판단에 사용되는 개념들로 제시됐다.[44]

킹슬리 마틴

실용적 뉴스 가치에 대한 개념화는 이를 공식화하려는 시도까지 등장시켰다. 영국의 저널리스트 킹슬리 마틴은 뉴스 가치를 NV=T×A×I×HI라는 공식으로 소개했다.[45] NV(뉴스 가치)는 T(시간)와 A(권위)와 I(중요도)와 HI(인간적 흥미)의 곱과 같다는 공식이다.

이렇게 수학 공식처럼 과도하게 개념화하려는 노력은 뉴스 가치의 정도를 통계적으로 실증하려는 시도로까지 이어졌다. 하지만 실제 언론 현장에서 이런 공식에 맞춰 뉴스 제작이 이뤄진다고 보기 어려운 만큼 실제 뉴스에 대한 설명력과는 다소 거리가 먼 개념이라 할 수 있다.

언론학자인 미 시라큐스대 파멜라 슈메이커와 이스라엘 텔아비브대 교수 아키바 코헨은 수용자의 입장을 반영해 이 개념보다 발

## 뉴스는 엘리트만을 다룬다

노르웨이의 사회과학자인 요한 갈퉁과 마리 홈보 루지가 콩고, 쿠바, 키프러스 위기 당시의 외신보도 내용을 분석해 1965년에 발표한 연구 논문[46]은 언론학 분야에서 뉴스 가치 연구의 출발점으로 간주된다.[47]

요한 갈퉁

이들은 뉴스 미디어가 주로 다루기 좋아하는 소재에는 ①조직적 요인으로 큰 사건이거나 취재나 보도에 용이한 사건 등과 같은 속성 ②장르적 요인으로 예기치 않았거나 새로 생긴 사건 또는 뉴스 가치가 있는 사건을 계속 보도하려는 희망 등의 속성 ③북유럽 문화 특유의 사회문화적 요인으로 엘리트 인물과 관련되거나 부정적인 사건 등의 속성이 있다고 결론 내렸다.

그들은 뉴스가 되게끔 만드는 요인으로 시의성, 영향성, 명확성, 근접성, 일치성, 신기성, 연속성, 균형성, 선진국 관련성, 엘리트 관련성, 개인성, 부정성 등을 들었다.

이 가운데 '엘리트 관련성'의 경우, 미디어들은 정치경제적으로 인정받는 지도자급 개인들이 관련된 사건을 더 쉽게 뉴스로 기사화하며, 더 크게 보도한다는 것이다. 대통령이 언론에 매일같이 등장하거나, 스포츠 기사에서 1등 선수들을 다른 선수들보다 더 많이 다루는 이유가 바로 그것이다.

이 연구는 국제 뉴스에만 한정해서 뉴스 가치를 구분했고, 제시된 뉴스 가치 항목 중에 균형성 등과 같이 가치 판단의 영역에 속하는 뉴스의 질적 속성 개념이 혼재돼 있어 일반화하기에는 다소 무리가 있다는 지적도 받고 있다.

하지만 실용적 뉴스 가치를 이루는 하위 개념들을 유형별로 분류한 고전적인 연구의 시작이라는 평가를 받고 있다.

전된 차원에서 실용적 뉴스 가치를 분류했다.[48] 그들이 분류한 뉴스 가치를 알기 쉽게 그림으로 그려보자.

그림에서 보듯이 뉴스 가치의 유형을 사건에 관한 정보가 얼마나 강하게 일탈된 정보인가와 사회적으로 얼마나 중요하고 의미 있는 정보인가의 두 가지 차원을 놓고 상호 작용하는 네 가지 형태로 분류했다.

| | | 일탈(Deviance) | |
| --- | --- | --- | --- |
| | | 낮은 강도 | 높은 강도 |
| 사회적 중요성<br>(Social Significance) | 낮은 강도 | 낮은 뉴스 가치<br>(일상적<br>시의회 회의) | 높은 뉴스 가치<br>(다이애나<br>왕세자비 사망) |
| | 높은 강도 | 보통의 뉴스 가치<br>(국가 예산의<br>국회 통과) | 높은 뉴스 가치<br>(미국 국제무역센터<br>공격) |

슈메이커의 뉴스 가치(news worthy) 유형[49]

파멜라 슈메이커

뉴스 가치를 'news value'가 아닌 'news worthy'라는 표현으로 소개한 이 개념은 앞서 소개한 본능적 관심–사회적 학습이라는 2원적 차원의 철학적 토대로도 설명이 가능하다. 본능적 관심의 토대가 되는 뉴스의 속성을 '일탈적 사건'으로, 사회적 학습의 토대가 되는 뉴스의 속성을 '사회적 중요도'로 구분할 수 있다는 것이다.

사람들의 관점에 따라 뉴스를 분류하는 데 초점을 맞춘 이 뉴스 가치 모델은 사건 자체에 내재하는 특성에 따른 분류와도 큰 차이가 없다는 지적을 받지만, 뉴스 가치에 대해 처음으로 다차원적 구분을 시도했다는 점에서 의미가 있다.

# ━ 뉴스는 어떻게 만들어지는가 … 뉴스의 사회학

뉴스에 대한 학문적 관심이 커지면서 뉴스 자체의 특성에 초점을 맞춘 연구 못지않게 뉴스가 만들어지는 과정에 주목하는 연구들도 대거 등장했다.

뉴스의 전달은 뉴스 조직, 즉 언론 매체를 통해서만 이뤄지므로 뉴스를 만들어내는 사람이나 조직에 대한 이해가 있어야만 뉴스가 무엇인가를 정확하게 알아낼 수 있다. 기자들이 그날그날 쏟아지는 가공되지 않은 정보들을 취사선택해서 뉴스로 만들어내는 행위는 너무나 중요하기 때문에 가히 민주주의 시대의 성직자 활동과도 같고, 이런 기자들의 활동이 모아져 만들어지는 신문은 '민주주의의 바이블'이란 말[50]까지 나올 정도다. 이런 연유로 미디어 조직 내부에서 뉴스가 선정되고 가공되는 과정에서 무엇을 더 중요한 뉴스로 결정하는지를 따져봐야만 언론 조직 내에서 뉴스 가치가 어떻게 만들어지는지를 제대로 살펴볼 수 있다.

하지만 실제로 기자들은 뉴스 제작 과정에서 뉴스 가치와 관련된 개념을 의식하지 않은 상태에서 일상적으로 사용한다. 이러한 뉴스 가치의 개념들은 문서로 공식화되어 있지도 않고, 편집국에서 대대로 전달되지도 않기 때문이다.[51]

매일매일의 수많은 사건 중 극히 적은 단편의 정보만이 뉴스 미디어에서의 일상적인 과정을 통해 그날의 뉴스로 생산된다. 이 과정에서 기자들이 특정 유형의 뉴스를 골라 뉴스 가치가 있는 것으로 선택하는 작업을 통해 나름의 뉴스 가치가 부여되는 것이다.

뉴욕타임스 칼럼니스트이자 미 컬럼비아대 저널리즘스쿨 교수인 새뮤얼 프리드먼은 자신이 쓴 저널리즘 입문서 『미래의 저널리스트들에게』에서 이러한 과정에 대해 "기자들이 취재하고 보도한 것의 99퍼센트는 세상에서 실제로 일어난 것의 1퍼센트에 불과하다"고 설명했다.[52] 이는 뉴스에 내재된 속성보다는 상대적으로 '보도할 만한 가치'가 있느냐의 여부가 뉴스 가치를 결정짓는 요인임을 강조한다. 따라서 이런 관점에서는 뉴스 자체의 속성이 무엇인가를 따지는 것보다 뉴스를 다루고 생산하는 과정과 조직에 대한 분석과 상호 작용에 더욱 초점을 맞춘다. 뉴스를 둘러싼 사회와 환경과의 상호 관계가 중시된다는 차원에서 바로 '뉴스의 사회학'이라는 표현으로 불리는 영역이다.

뉴스는 사회를 반영하게 되고 사회의 관심사를 비추는 거울이 되기 때문에 뉴스의 정의는 그 사회 구조에 따라 달라진다.[53] 뉴스 생산 과정에서 사회적 태도와 직업 규범에 맞춰 사회화된 뉴스 제작자들이 흥미 있거나 중요하다고 판단되는 사건을 선택해서 취재하고 보도하기 때문이다.

이 영역은 뉴스에 대한 이론적인 접근을 크게 비판적·정치경제적 접근, 조직론적 접근, 문화론적 접근, 뉴 미디어 접근의 네 가지로 나눈 해리슨의 분류[54]에서 바로 조직론적·문화론적인 접근에 해당하는 부분이다.

조직론적 접근은 언론사 조직 내부에서 뉴스 생산에 미치는 직업적 문화와 조직의 구조에 초점을 맞춰 연구하는 접근 방법이다. 문화론적 접근은 미디어의 이데올로기적 내용에 초점을 맞추는 연구 경향으로, 뉴스 미디어가 사회 내부에서 파워 엘리트들과 상대적으로 어떻게 자리 잡으며, 뉴스에 대한 영향과 편향은 어떻게 이뤄지는지에 주된 관심을 둔다. 여기에 뉴 미디어적 접근은 글로벌 커뮤니케이션의 급속한 증대와 기술의 발전을 통해 뉴스의 범위와 영향력이 달라지는 데 연구의 초점을 맞춘다.[55]

'뉴스의 사회학' 분야의 연구에서는 뉴스 제작 과정에서 가공되는 뉴스 가치의 개념에 영향을 미치는 주요 요인으로 언론사 조직의 제작 관행과 의사결정 구조, 언론인의 가치관, 문화적 요인 등을 꼽는다. 이 요인들을 이해하기 위해 게이트 키핑 이론, 민속지학ethnography 방법론에 따른 언론인 가치관 분석 연구, 문화적 배경 연구 등을 효과적인 분석 틀로 사용한다.

예를 들어, 한국에서 뉴스를 어떤 기준과 가치로 결정하느냐를 연구하기 위해서는 뉴스 가치를 만들어내는 사람, 즉 일선 언론인, 크게 봐서 언론사 경영주까지를 포함한 뉴스 제작자들의 인식을 분석하는 것이 무엇보다 중요하다. 이와 함께 편집국(뉴스 룸)이라는 공간 내에서의 가치의 충돌이나 뉴스 제작자와 사회 제반 요인들과의 상호 작용 등을 관찰하는 비교 연구가 한국 언론인이 지닌 뉴스 가치의 특징을 더욱 뚜렷하게 알 수 있게 만들 것이다.

## 조직론적 접근

### 게이트 키핑

뉴스 자체가 지닌 특성이 아니라 뉴스가 어떻게 만들어지는가 하는 생산 과정에 초점을 맞추는 조직론적 접근은 뉴스 제작 과정을 설득력 있게 설명하는 중요한 분석틀이 된다.

뉴스에 대한 조직 이론 모델 중에서도 '게이트 키핑'gatekeeping 이론은 언론사의 복잡하고 다양한 의사결정 구조를 제대로 설명하고 있다는 평가를 받고 있다. 매스 미디어가 뉴스의 길목에서 '문지기'처럼 지키고 서서 자체 내의 고유한 과정을 통해 특정한 아이템을 선택한다는 분석이다.

게이트 키핑 연구는 뉴스 생산에 관련된 실제적인 업무를 중시하며 조직 내부에서 이뤄지는 뉴스의 생산 과정을 집중 연구하는 것이 특징이다.[56] 미디어 내부를 들여다보면 관문gate 주변의 복잡한 기사 선택 과정을 통해 특정한 메시지가 채택돼 수용자에게 전달되며, 미디어가 설정한 가치관과 현실에 의해 수용자들의 인식하는 세계가 영향 받고 구성된다는 것이다.[57]

독일계 미국인으로 집단역학 이론 등을 주창한 사회심리학자인 쿠르트 레빈은 게이트 키핑 개념의 창시자로 꼽힌다. 그는 1947년 요리사가 식탁에 오르는 음식을 결정하는 과정에 주목해서 게이트 키핑이라는 개념을 처음으로 도입해 소개했다.[58]

쿠르트 레빈

언론학자인 월터 기버는 "뉴스 선택에서 (에디터나 기자의)개인적인 기사 선택 기준보다는 조직과 조직의 관행적인 업무 요소가 더 중요하게 작용한다"며 조직적인 통제를 강조해 뉴스 룸과 같은 조직적 차원에서의 게이트 키핑 분석이 중요하다고 강조했다.[59]

## 미스터 게이트Mr. Gates는 누구인가

미국의 언론학자 데이비드 매닝 화이트는 1950년 미
국 지방지의 한 데스크를 참여 관찰 방식으로 심층 분
석하여 뉴스 룸 내에서의 게이트 키핑에 대한 기념비
적인 연구를 남겼다.

데이비드 매닝 화이트

　미국의 한 중소도시에 있는 신문사의 통신기사 담
당 편집자를 'Mr. Gates'로 지칭하고, 그에 대한 심층
밀착 연구를 통해 데스크들의 기사 선택 행위가 어떤
과정을 통해 이뤄지는지를 처음으로 분석했다.[60] 1주
일 동안 Mr. Gates가 다루거나 버린 기사들을 분석한
결과 3대 통신사에서 들어온 기사 중에서 10개 중 한 개꼴로만 신문 지면에 사용하
고 있었다. 기사의 선택은 '흥미 있다', '사소하다' 등과 같은 데스크의 개인적 가치
기준에 따라 이뤄진 것이었다.

　이 연구를 시발로 게이트 키핑 연구의 방향은 뉴스를 생산하는 일선 기자보다 이
를 가공하고 뉴스 가치를 사후에 부여하는 데스크와 같은 편집자에 더욱 주목했다.

　한국에서는 1996년 윤영철과 홍성구가 강원도민일보를 50일간 참여 관찰하며 언
론사 내부의 게이트 키핑 통제 매커니즘이 어떻게 작동하는지를 실제적으로 밝혀낸
연구가 가장 돋보인다. 1995년 지방선거에서 부장의 지시로 작성한 기사는 대부분
게재했지만, 기자 스스로 취재한 기사는 윗선의 뉴스 선택 기준에 맞춰 선택적으로
게재했다는 것이다.[61]

　2017년에는 SBS가 세월호 인양을 고의로 지연하고 있다는 오보로 인해 보도본
부장 등 간부를 문책 경질하면서 뉴스 제작 과정에서 일선 취재 내용을 제대로 여
과하지 못한 게이트 키핑 실패 사례로 주목 받은 바 있다.

뉴스 룸 내에서의 의사결정 과정을 볼 때 에디터들 사이의 갈등에 주목하거나,[62] '집단 사고'를 통한 에디터들 간의 상호 의견 교환이나 조정에 주목해야 한다는 주장[63]도 나왔다.

이런 연구 결과들이 잇따라 제시되면서 뉴스 선택을 위한 논의가 이뤄지고 있는 장場으로서의 뉴스 룸 편집회의budget meeting에 대한 분석의 중요성이 더욱 커졌다.

## 제작 관행

뉴스 선택에 있어 당사자인 기자 외에도 언론사 또는 언론을 둘러싼 여러 환경적 요인들이 복합적으로 작용한다는 것이 확인되면서 뉴스 가치 연구의 영역은 언론과 사회 간을 포함하는 광의적인 개념으로 확장된다.

언론학자인 미 시라큐스대 교수 파멜라 슈메이커와 텍사스대 교수 스테펀 리스는 뉴스에 영향을 미치는 다섯 가지 차원을 제시했다. 미디어 내용에 미치는 영향 요인을 언론인의 태도 · 가치 · 신념 등의 개인적 차원, 미디어 관행 차원, 조직 차원, 정보원 · 광고주 등의 미디어 외적 차원, 이데올로기 차원 등이다.[64] 그들은 기자를 둘러싼 취재원이나 독자, 광고주, 정부, 이해 집단 등 다섯 가지 사회 · 제도적 요인 사이의 힘겨루기가 뉴스 선택에 많은 영향을 준다고 주장했다. 이 가운데 뉴스 가치의 결정은 미디어 관행의 영역에서 주로 이뤄지는 것으로 파악했다.

언론 매체가 뉴스 공급자로부터 뉴스 소재를 얻고 가공해 소비자에게 전달하는 과정에서 뉴스 가치는 이러한 일상적 과정이 편리하게 돌아갈 수 있도록 설정된 개념이라고 설명했다. 어떤 뉴스 소재가 뉴스 제작에 선택되고, 독자들의 관심을 끌 수 있는지를 쉽게 알 수 있게 해 뉴스 제작과 소비 과정이 빠르게 돌아가도록 작용한다는 것이다.

이러한 뉴스 가치의 개념은 타 언론사와도 관행적으로 공유되고 있는 것이므로 특정 미디어 조직 차원을 넘어 미디어 관행이라는 차원에 포함해서 설명된다. 미디어 관행 중에서도 기자들의 가치관이 구체적인 형태로 구현되고 있는 뉴스 룸 내부의 제작 관행은 뉴스 제작 과정을 생생하게 이해할 수 있는 효과적인 요인이다.

저널리즘 뉴스 분석 연구에 있어 이러한 미디어 내부의 제작 관행이 중요한 개념으로 떠오르면서 사회학자들을 중심으로 민속지학 방법론을 토대로 삼아 『~news』라는 제목으로 이어지는 뉴스 룸 분석서가 잇따라 나왔다.

이 연구들은 주로 참여 관찰이나 심층 면접에 의한 언론인의 제작 관행 분석 연구들로 생생하고 독특한 연구 결과들을 제시해 언론 현장 연구의 중요성을 강조하는 계기가 됐다. 단순한 심리학적 인식 구조에 대한 분석에서 벗어난 이들의 연구를 통해 언론인들의 반복적이고 관행적인 업무 수행 과정에서 하나 둘씩 정리된 나름대로의 가치관이 뉴스 제작 과정에서 상당한 영향을 미치고 있다는 점이 확인됐다.

미국의 미디어사회학자인 게이 터크만은 1978년 미 뉴욕 시청 기자실 등을 장기간 참여 관찰한 결과를 모아 발표한 책『뉴스 만들기: 현실 구성에 관한 연구』에서 뉴스란 일종의 구성된 현실로서

| 『뉴스 만들기』 | 『무엇이 뉴스를 결정하나』 | 『뉴스 생산』 |
|---|---|---|
| (게이 토크만. 1978) | (허버트 갠스. 1979) | (마크 피시먼. 1980) |

기자들이 사회에 공유된 사회현상들로 현실을 재구성해낸다고 주장했다.[65] 뉴스는 현실의 사건을 선택·가공·편집해 수용자에게 현실을 바라보는 하나의 틀(프레임)을 제공한다는 것이다.

뉴스는 영속적으로 사회 현상을 정의하고 재정의하며, 구성하고 재구성하는 것으로, 기자들은 이를 하드 뉴스, 소프트 뉴스 식의 범주로 나눠서 각각의 범주에 맞게 처리하고 있다.[66] 객관성과 같은 가치의 달성은 뉴스 전달을 위한 '전략적 의례'strategic ritual의 하나로 보고 있다는 것이다. 그는 이렇게 뉴스가 현실을 반영하는 과정을 통해 언론이 현존하는 질서를 옹호·유지하게 된다고 설명했다.

터크만은 인간에게 중요한 사항에 대한 뉴스는 경성 뉴스, 흥미 있는 사항에 대한 뉴스는 연성 뉴스로 구분했다. 이런 분류는 수용자가 뉴스를 접하게 됨으로써 받게 되는 두 가지 보상에 근거를 둔 것이다. 지성적인 현실 인식을 유발시키는 '지연적 보상'과 감성적인 쾌락에의 만족을 도출하는 '즉각적 보상'에 따라 독자들이 그런 유형의 뉴스를 원하기 때문이라는 설명이다.

미 컬럼비아대 사회학과 교수 허버트 갠스는 1979년 미국 언론 현장에 대한 장기간 참여 관찰을 집대성한 책『무엇이 뉴스를 결정하나: CBS 이브닝 뉴스, NBC 나이틀리 뉴스, 뉴스위크, 타임 비교 연구』를 통해 미국 언론인들 사이에 퍼져 있는 8대 가치관 등을 제시했다.[67]

**민족중심주의**ethnocentrism : 미국의 관습과 가치에 얼마나 적합한가

**이타적 민주주의**altruistic democracy : 정부와 정치가 공중의 이해를 위해 운용되는가

**책임 자본주의**responsible capitalism : 기업의 지나친 이윤 추구는 곤란(소비자 권익)

**소읍 전원주의**small-town pastoralism : 자연과 소규모에 대한 선호(환경오염 반대)

**개인주의**individualism : 자수성가의 장려

**온건주의**moderatism : 극단주의의 배격(일탈 행위를 비합법적인 것으로 묘사)

**사회질서**social order : 도덕적 무질서를 반대

**국가 지도력**national leadership : 탁월한 지도자에 대한 선호

갠스는 미국 내에서는 위의 가치들을 침해하는 기사일수록 사회적 주목을 끌어 미디어의 뉴스 선택 과정에서 쉽게 선택된다고 주장했다.

미 뉴욕시립대 사회학과 교수인 마크 피시먼은 1980년 저서『뉴스 생산: 미디어 뉴스 생산의 사회적 조직』을 통해 미국 언론들이 출입처 위주의 시스템으로 이뤄진 언론사의 조직적 관행으로 인해

관료적인 뉴스 생산 체계를 만들어내고 있다고 분석했다.[68]

기자와 취재원과의 동행 취재라는 관점에 맞춰 뉴스 생성 과정을 주목한 연구들도 있다. 미국 대통령 취재 캠페인 기간 동안 수행 기자단에서의 뉴스 제작 과정을 관찰해 심층 분석한『버스에 탄 아이들』,『메시지 통제』등의 책이 바로 그것이다.

『버스에 탄 아이들』은 1972년 미 대통령 선거에서 기자단을 밀착 관찰한 것으로 취재 기자들이 기자단 버스를 타고 전국으로 누비는 과정에서 내부에서 쌓인 인간적 유대 등이 상호 편의 제공과 정보 교환으로 이어지면서 관행적으로 뉴스를 만드는 '팩 저널리즘' pack journalism의 양상이 나타났다고 분석했다.[69]

2000년과 2004년 미 대선을 분석한『메시지 통제』역시 참여 관찰을 통해 대통령 후보와 이를 밀착 취재하는 기자들 간의 공유된 신념 체계가 선거 캠페인 뉴스 보도에 영향을 미친다고 분석했다. 기자들은 독자들이 원하는 정치 이슈에 대한 토론보다는 후보의 특정한 캐릭터나 사소한 실수 등에 초점을 맞춰 보도하며, 이 과정에서 선거 운동의 맥락에 휩싸여 선거 운동 스태프들에 의해 조종당하거나 '풀 기자제' 등의 패거리 저널리즘의 영향에서 쉽게 벗어나지 못한다고 지적했다.[70]

제작 관행 분석 연구들은 장기간 참여 관찰을 통해 기자의 특정한 가치 체계나 경험이나 이런 경험들의 공유 과정이 뉴스 가치의 판단에 큰 영향을 준다는 점을 밝혀냈다. 이런 점에서 기존의 제한된 내용 분석 위주의 관찰 연구에서 얻지 못했던 새로운 해석을 끌어냈다는 평가를 받고 있다.

제작 관행 외에도 제작 과정에서 뉴스를 선택할 때 고려해야 할 다른 요인에 대한 연구도 많다. 대표적으로 경쟁사인 타 언론사에서 관련 기사를 어느 정도 다루는가 등을 고려하는 '타인의 시각'이라는 요인[71]이나 독자들이 알고 있거나 생생하게 기억할 수 있는 뉴스일수록 쉽게 채택된다는 '수용자의 기억' 요인[72] 등이 제시됐다.

편집국을 벗어나 보다 넓게 사회·제도적 차원으로 확장한 분석까지 뉴스의 사회학 범주에 포함해야 한다는 주장도 있다. 슈메이커와 리즈는 매체 사회학적인 비판론적 관점에서 개인의 가치보다 언론인으로서의 전문가 의식(프로페셔널리즘)이 미디어 내용에 더 영향을 미친다고 분석했다.[73]

이런 경향은 미디어 조직으로서 경제적 이익에 대한 고려라는 측면을 더욱 생각해야 한다[74]거나 지배적 이데올로기에 따른 물리적·이념적 외부적 통제나 영향력이 어떻게 이뤄지는지에 더욱 많은 초점을 맞춰야 한다[75]는 주장으로 확장되고 있다.

## 문화적 배경

사람과 사회를 지배하는 문화적 영향에 따라 형성된 가치관이 다르기 때문에 상이한 사회적 관심사나 문화적·역사적 배경은 사회 체계 차원에서의 뉴스 결정 과정 분석에 있어 중요한 변인으로 꼽히고 있다. 정치경제학적 접근이나 문화론적 접근에서 비롯된 이와 같은 연구 경향은 미디어 조직 이해에 상당한 설명력을 가지고 있다는 평가를 받고 있다.

슈메이커가 밝힌 게이트 키핑 과정에서도 문화적 배경은 이데올로기 등과 함께 개인·조직·관행 외의 마지막 층위로 꼽히는 조직 외부 요인 중의 하나로 꼽힌다.[76] 뉴스 분석 연구에서 언론 조직이나 언론인이 가진 언어·민족·문화 등과 같은 문화적 배경에 더욱 주목해야 하는 이유가 바로 그 때문이다. 특히, 국가 간 언론 비교에 있어 문화적 배경이 미치는 영향이 더욱 강조되고 있다.

갈퉁과 루게가 노르웨이 일간지에서 쿠바 마사일 위기 등 제3세계 주변 국가의 위기를 어떻게 다뤘는지를 내용 분석한 연구는[77] 뉴스 가치에 대한 체계적 분석이라는 의미 외에도 문화적 배경을 강조한 선구적인 연구로 주목받는다.

뉴스 선택 과정에서 북유럽 문화 특유의 요인을 강조한 이 연구는 문화적 배경이 다를수록 뉴스에 대한 가치도 달라질 수 있다는 점에서 상이한 문화권 간의 뉴스 가치 비교가 중요함을 시사했다.

갠스는 『무엇이 뉴스를 결정하나』에서 뉴스의 속성이나 수용자의 입장에서 뉴스 가치를 찾아내려 했던 다른 연구자들과 달리 뉴스 전달자들이 그들의 가치관을 통해 뉴스에 부여하는 특징을 기준으로 하는 새로운 뉴스 가치 개념을 제시했다.[78] 그가 이 책에서 제시한 미국 언론인의 여덟 가지 가치는 미국 언론 내에서 뉴스 선택을 좌우하는 고전적인 기준으로 꼽힌다. 특히, 이 가운데 '소읍전원주의'에 근거한 뉴스 선택은 서부 개척시대 이후부터 내려온 미국의 지역 문화적 특징을 반영한 뉴스관이다. 미국 지방신문에서 지역의 소소한 뉴스가 1면에 자주 등장하는 이유로 설명되는 가치관이다.

문화심리학cultural psychology적 관점에서는 서로 상이한 문화적 배경이 상이한 사고 습관을 만들어낸다는 전제 아래 동·서양 간의 가치관 비교를 통해 이를 이해하려는 노력을 기울여왔다.[79] 이 연구들은 문화적 차이가 뉴스 가치에 미치는 영향을 뚜렷하게 입증해볼 수 있기 때문에 뉴스 가치 비교 등에 있어 상당히 유용한 분석틀이라 할 수 있다.

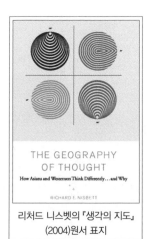

리처드 니스벳의 『생각의 지도』
(2004)원서 표지

동·서양 사람들의 사고방식 차이에 대한 비교 연구는 미국의 심리학자 리처드 니스벳의 저서 『생각의 지도』[80]를 통해 본격적으로 집대성됐다. 동양인들은 상황(집단·관계)을 중시하는 종합적 사고 습관을 가지고 있는 데 비해 서양인들은 개인을 중시하는 분석적 사고 습관을 가지고 있다는 것이다. 어떤 이슈가 생겼을 때 원인을 진단하고 책임 소재를 가리는 과정에서 서양인들은 세상을 분석적이고 원자론적인 시각으로 보기 때문에 배경보다는 대상 자체에 주목한다. 이에 반해 동양인들은 세상을 여러 관계들이 얽혀 있는 종합적인 장소로 파악하기 때문에 사회적인 맥락이나 구성원 간의 관계에 주목한다. 따라서 어떤 일이 터지면 서양인들은 개인에게 우선 책임을 돌리지만 동양인들은 그러한 일을 가져오게 한 상황 요인에 우선 주목한다는 것이다.

이와 관련, 서양에서는 말을 설득의 수단으로 간주해서 표현 기법에 치중하는 화자 중심의 수사학이 특징인 반면, 한국을 비롯한

## 두 개의 시선 … 모리스와 펑의 연구

미 스탠포드대학교 마이클 모리스 교수와 중국계 학자 카이핑 펑의 공동 연구[81]는 동·서양 간의 사고방식 차이를 뉴스를 통해 분석한 고전적 사례로 꼽힌다.

1991년 미국 아이오와대학 물리천문학과에 유학 중이던 28세의 중국인 루강이 우수 논문상을 못 받고 교수직을 얻지 못한 데 불만을 품고, 학과 건물에 들어가 총기를 난사해 지도교수 등 5명을 살해하고 자살하는 사건이 발생했다. 이 사건에 대해 《뉴욕타임스NYT》와 미국 내 중국어 신문 《월드저널世界日報》이 어떻게 보도했는지를 비교한 결과, 두 신문의 보도 태도는 판이했다.

뉴욕타임스는 사건에 대해 "범인이 평소에 신경질적이고 까다로운 성격이었다", "남이 자신에게 도전하는 것을 못 견뎌했다" 등 개인적 문제점을 부각시킨 반면, 월드저널은 지도교수와의 불화, 교내의 치열한 경쟁 등과 같은 범인의 인간관계 및 환경이나 총기 구입이 자유로운 미국 사회의 문제점을 사건의 원인으로 지목했다.

미국 언론은 범죄자의 개인적 특성만을 부각시킨 데 반해, 중국계 언론은 범죄자의 인간관계나 사회적 상황의 문제점에만 초점을 맞춰 보도했다는 것이다. 상황과 본성에 각각 주목하는 동·서양의 서로 다른 문화적 배경에서 나온 가치관의 차이가 바로 신문 보도에서의 이런 차이를 가져왔다는 분석이다.

사건 며칠 후 게재된 NYT의 분석 기사

동양의 경우 사서삼경 등의 고전에 대해 듣는 사람의 적극적 수용을 강조한 것이 특징이라는 비교 연구도 있다.[82] 이를 언론에 적용해보면 서양은 남과 다른 의견을 제시하는 데 있어 적극적인 반면, 동양은 나와 남을 하나로 보고 집단성을 강조하는 특성이 있다는 것이다. 이 같은 차이가 실제 뉴스 생산 과정에서 얼마나 나타나는지가 주목된다.

이처럼 문화적 배경이 다른 언론 간의 비교는 문화적 배경에 따라 뉴스 가치의 차이가 어떻게 나타나는지를 알 수 있는 효과적인 방법이라 할 수 있다.

## 언론 모델

언론 조직이 어떤 저널리즘의 가치를 추구하느냐에 따라서도 뉴스 가치의 성격과 정의가 달라질 수 있다. 언론 조직이 지향하는 목표와 가치 체계가 그 조직이 다루는 뉴스에 영향을 미치며, 내부 구성원들도 그 내율에 맞춰 뉴스 선택과 가치 부여의 과정에 들어서기 때문이다. 우리는 흔히 이를 언론 역할론, 언론관으로 부르기도 하는데 논의가 이데올로기로까지 확장될 경우엔 상당히 광범위한 주제가 된다.

하지만 언론 조직의 유형적 특징에서 특정의 뉴스 가치가 결정된다는 관점에 국한해볼 때 뉴스 사회학적 요소의 하나인 언론 조직과 뉴스와의 상관 관계를 이해하는 데에는 참고할 만한 범주다.

전통적으로 언론의 발전 과정에서 언론 유형은 계몽언론, 정파언론, 객관언론, 평가언론 등으로 나뉜다. 그러나 이는 이론적 토대가 결여된 인상 비평론적 분류에 그치는 것으로 어떠한 가치 체계가 분류의 근간을 이루는지에 대해 쉽게 이해하기 어렵다는 단점이 있다.

이런 점에서 미국의 언론학자이자 컬럼비아대 저널리즘스쿨 교수인 마이클 셧슨이 미국 민주주의 과정에서 등장한 언론 모델을 네 가지로 분류해 제시한 것[83]은 주목할 만하다. 언론 조직이 추구하는 저널리즘 모델이 지향하는 가치에 따라 뉴스 가치가 달라 질 수 있는 만큼 이 모델의 유형들을 비교하면 다양하게 나타나는 뉴스 가치에 대한 설명력을 높일 수 있다.

첫 번째 유형은 시장 모델market model이다. 이 모델은 언론이 수용자가 원하는 것이라면 뭐든지 간에 수용자의 욕구를 채워주어야 하는 유형이다. 상업주의 언론의 이론적 토대로 꼽히는 이 모델에서 언론이란 일반 상품을 생산하는 제조업체와 다를 바 없다. 특히 구독과 광고라는 양면 시장을 특징으로 하는 언론 산업의 특성상 광고주의 영향력을 많이 받게 된다. 따라서 돈이 되는 뉴스와 독자의 관심을 끄는 뉴스가 최고의 뉴스 가치를 부여받게 된다.

두 번째 유형은 옹호 모델advocacy model이다. 일부 유럽과 남미 등 일부 지역에 아직까지도 일부 남아 있는 이 모델은 정파적 언론의 특징을 그대로 지니고 있다. 이 모델에서 언론은 정치 파벌이나 정당 또는 이해 집단의 시각을 전달하기 위한 매개자로서 존재한다고 본다. 뉴스에서 사실과 의견의 구분이 애매하고, 주관적 가치에 의한 선택적 강조가 뉴스 가치에서 우선한다. 따라서 언론인들은 특정한 주장을 적극적으로 변호하는 대변자와 같은 역할을 수행하면서 편향된 지향을 보이기도 하며, 주의 · 주장을 담은 표현이 강하다. 이런 측면에서 볼 때 현재의 온라인 저널리즘이나 1인 미디어에서 이런 모델의 성격을 띤 언론 유형을 많이 찾아 볼 수 있다.

세 번째 유형은 **수탁자 모델**trustee model이다. 전문직professional 저널리스트라는 직업 사회학적 특성으로 언론인을 규정하는 이 모델에서 언론의 역할이란 공중에게 필요한 뉴스를 제공하는 것으로 규정된다. 공중은 정치가와 같은 활동적인 사람들에 의해 현혹되기 쉬운 약한 존재이므로 공중의 주권sovereignty을 위탁받은 언론인들이 정치적 사안을 선별하고 해석하는 의사와 같은 역할을 수행해야 한다는 것이다. 공중은 저널리스트에 의한 양육의 대상으로 간주되며, 언론인들은 사회 정보의 중요한 게이트 키퍼로서 조명된다.

19세기 후반부터 등장한 수탁자 모델은 흔히 객관주의를 표방하지만 사회 내에서 언론의 역할이 중요하다는 사회책임주의 이론과도 맞닿아 있다. 하지만 저널리스트의 전문가적인 판단과 역할을 강조하고 뉴스 가치에서도 객관성 등의 요소를 우선하지만 다소 엘리트주의적인 특성을 갖는다는 지적도 있다.[84]

네 번째 모델은 **공공 저널리즘**public journalism 또는 **시민 저널리즘** civic journalism으로 불리는 모델이다. 수탁자 모델의 확장된 형태인 이 모델은 언론인의 역할보다 수용자의 역할에 더 무게 중심을 둔다. 공공 저널리즘 모델은 언론의 뉴스 보도를 통해 공중을 적극적이고 유기적으로 연계시키는 것을 우선으로 삼는다. 예컨대 언론은 시민들에게 공공 생활 또는 공중 생활과 자신들이 살고 있는 지역 문제 등에 대한 토론의 장을 제공할 뿐 아니라, 공중의 관심사를 언론 보도의 중심적 의제로 삼아야 한다는 것이다.[85] 언론보다 수용자를 중시하는 이 모델은 언론과 수용자 간의 상호 작용에 초점을 맞춰 뉴스 보도라는 행위를 해석하기 때문에 뉴스 가치의 선택역시 수용자와의 상호 작용을 중시하는 특성이 있다.

이 네 가지 유형에서 나타나는 뉴스 가치의 차이는 뉴스 제작에서 결국 실용적이고 규범적인 뉴스 가치의 하위 개념 중에 어떤 개념을 중시하느냐는 선택으로 이어진다. 때문에 새로운 차원의 개념을 제시했다기보다는 기존에 언급된 뉴스 가치관의 우선순위를나타낸 체계에 불과하다는 지적도 있다. 하지만 뉴스 조직 내에서조직·구성원 간의 상호 작용 등의 요소 등을 강조했다는 점에서뉴스와 사회 환경과의 관계를 중시하는 뉴스 사회학적인 논의와맥락이 닿는 접근이다.

셧슨이 언론 조직이 추구하는 가치에 따라 언론 모델을 분류했다면 핼린과 만치니는 이와 달리 정치 체제 유형에 따른 언론 모델을 제시했다.[86] 그들은 미 일리노이대 언론학 3인방인 프레드 시버트, 테오도어 피터슨, 윌버 슈람이 1956년 언론 체제와 그에 대한통제 방식 등에 초점을 맞춰 언론 모델을 분류했던 전통적인 이론인 '언론의 4이론(권위주의 언론, 자유주의 언론, 사회책임주의 언론, 소비에트공산주의 언론)'을 토대로 이를 발전시킨 새로운 언론유형 모델을 분류했다.

50년대 냉전 시대 이후 엄청나게 변한 세계 정치 환경에 기존 이론이 맞지 않기 때문에 이를 달라진 국제정치 지형에 맞게 재구성해서 세 가지 유형의 미디어 시스템으로 각각 구획했다.

첫 번째는 분극적 다원주의 모델 혹은 지중해 모델이다. 프랑스, 그리스, 이탈리아, 스페인 등이 이에 해당하며, 정치적 지향성을 지닌 다양한 엘리트 언론이 대표적인 유형이다. 논평 중심의 저널리즘 활동이 주류를 이룬다.

두 번째는 민주적 조합 모델 혹은 중·북부 유럽 모델이다. 핀란드, 독일, 스웨덴, 스위스 등이 이에 해당하며, 전국 신문이 발달했고 공동선을 목표로 저널리즘에 대한 전문성과 언론 자유가 중시된다.

마지막은 자유주의 모델 혹은 북대서양 모델이다. 미국과 영국, 캐나다 등이 이에 해당하며, 대량 발행 상업신문을 근간으로 다수제가 중시되고 정보 중심적 저널리즘 활동이 주류를 이룬다.

이와 같이 다양하게 분류되는 언론 모델은 언론 조직의 유형별 특징을 쉽게 이해할 수 있어 나름의 특장이 있다. 모델별 특성이 뉴스 제작 과정에서 조직의 목표나 관행 등의 형태로 뉴스 선택에 영향을 미친다는 점에서 뉴스 제작 과정을 둘러싸고 있는 중요한 환경적 요인의 하나로 주목해야 한다.

## 한국에서의 뉴스 가치 연구

### 뉴스의 개념

한국의 언론학 분야에서 시작된 뉴스 가치에 대한 연구는 처음에는 뉴스에 대한 연구 소재·범위 등에 따른 단편적인 개념을 소개하면서 미국 저널리즘 연구에서 나온 고전적인 개념을 인용해 설명하는 사례가 대부분이었다.

박유봉·서정우 등 국내 학자 네 명이 공동 집필한『신문학 이론』(1974·세영사)에서는 뉴스를 12개의 개념으로 정의했다. 이 모두 본드의 저서에서 예시되는 정의를 포함한 고전적 정의들과 유사한 개념들을 다루고 있다.

차배근은『커뮤니케이션 개론』(1988·세영사)에서 뉴스를 커뮤니케이션 메시지의 대표적인 유형으로 들고, 뉴스의 정의로 14개의 개념을 제시했다. 이 역시 미국의 저널리즘 교육자들이 규정하는 고전적 정의를 망라한 것이다. 그러나 그는 "뉴스의 본질을 간단하게 설명한 정의는 없다"며 그 이유로 "뉴스라는 것이 시공을 초월해서 어떤 절대적이고 보편적인 가치를 가지는 실체가 아니라, 그것을 인지하는 사람들의 머릿속에 존재하는 무형의 화상과도 같은 것이기 때문"이라고 설명했다.

이현구는 기존의 여러 견해를 종합해서 시의성, 근접성, 저명성, 영향성, 흥미성 아래 다섯 가지를 뉴스 가치의 기본 요소로 설명했다. 그는 위의 개념과는 별도로 본드의 분류와 유사하게 흥미성을 유발하는 뉴스의 요소로 이상성unusualness, 갈등성conflict, 성sex,

어린이, 돈 등 다섯 가지를 지적했다.[87]

한국언론학회에서는 2005년 국내 학계의 의견을 모아 뉴스 가치를 갈등, 진전과 재해, 영향성 또는 중요성, 탁월함 또는 저명성, 시간적 근접성(시의성) 및 공간적 근접성, 신기함 또는 이상성, 인간적 흥미, 성, 기타("동물도 뉴스 가치를 가질 수 있다") 등 아홉 가지로 정리했다.[88]

학계는 물론 일선 언론계에서도 기존의 고전적 개념으로 설명하려는 경향이 많았다. 한국편집기자협회는 1991년 뉴스 가치의 요소를 시의성, 근접성, 저명성, 영향성, 신기성, 인간성, 사회성, 국제성, 기록성, 인간적 흥미 등 열 가지로 정리해 소개한 바 있다.[89]

언론 자유화가 도래하면서 1990년대 이후 본격적으로 이뤄진 뉴스 연구에서는 한국적 특수 상황을 반영한 뉴스 가치 개념에 대한 연구가 주류를 이뤘다. 특히 이들 연구에서는 한국 언론 내에서 흔히 발견되는 특유의 뉴스 가치 개념이 무엇인가를 주로 다뤘다. 국내의 여러 학자들이 소개했던 고전적인 뉴스 가치의 개념과 별도로 한국 언론에서만 발견된 고유한 특징들을 아래와 같이 제시했다.

최창섭 등은 한국의 경우 다양한 뉴스 가치의 개념들이 서로 경쟁하는 과정에서 그중 가장 적절하게 그 사건이나 사안의 성격을 반영하는 것이 중시되어 선택된다는 '뉴스 가치의 상대성'을 한국 언론의 중요한 뉴스 가치로 꼽았다.[90]

언론인 출신인 안병찬은 한국일보 편집국 사례 연구를 통해 분석한 한국 언론의 뉴스 가치 가운데 부정적 관점이나 부정주의

negativism를 뉴스의 주요 결정 인자로 주목해야 한다고 주장했다.[91] 이는 윤석홍 등이 제시한 한국 언론의 아홉 가지 뉴스 가치 개념[92] 중 부정성negativity과 유사한 개념으로, 저널리스트들이 통상적으로 재난, 불행, 부정 행위 등 부정적인 뉴스에 긍정적인 뉴스보다 높은 가치를 준다는 견해다. 그는 이런 특성이 한국에서 언론과 정부의 적대 관계와 언론의 감시견watch dog에의 지향성이 많기 때문이라고 설명했다.

이민웅은 사회학자의 고프만Goffman의 틀frame 개념을 차용한 '뉴스 틀'news frame로 뉴스 가치를 이해해야 한다고 설명하면서, 그가 분석한 뉴스 가치의 열 가지 중 하나로 '대상 수용자의 성격'을 한국 언론의 특징으로 들었다.[93] 이는 주요 매체들이 표적으로 삼는 특정 수용자 또는 독자들의 성격을 고려해 뉴스 가치를 결정한다는 뜻이다. 최근 한국 언론계에서 뚜렷해지고 있는 경향으로, 예컨대 빅 3 신문과 진보 신문의 편집 방향을 이해할 수 있는 개념으로 활용되고 있다.

유재천 등은 영향력 등 일곱 가지를 뉴스의 가치 속성으로 정리하면서 특히, 한국에서는 유교적 개념인 '세상의 평판'currency이 중요하다며 뉴스 가치의 하나로 제시했다.[94]

임영호는 시의성, 근접성, 저명성, 영향성, 인간적 흥미 등 다섯 가지를 뉴스 가치의 기본 요소로 제시하면서, 최근 한국 언론의 뉴스 판단에서 그동안 생소했던 유용성usefulness이 핵심적인 가치로 떠오르고 있다고 주장했다. 그는 이런 경향이 경제 관련 기사에서 많이 나타난다며 재테크, 다이어트 비법, 카드 마일리지 관리 요령

등 생활 정보 기사 등을 그 예로 적시했다.[95]

뉴스 가치가 기사 유형에 따라 달라질 수도 있다는 연구 결과도 나왔다.

양재찬은 국내 언론의 경제 기사의 경우 뉴스 가치를 판단하는 데 영향성, 갈등성과 같은 전통적 가치 외에도 시장의 흐름과 소비자 욕구, 기업 활동, 거시경제 이슈 등과 같은 경제 기사 특유의 가치를 중용한 기준으로 판단한다고 밝혔다.[96]

사건 사고 기사 등 사회 기사에서는 기자들이 역 피라미드 구조의 기사 유형 등과 같은 형식화된 뉴스 생산 관행에 맞춰 기사 가치를 부여하는 경향이 있으며[97], 국제 기사의 경우 뉴스 고유의 특징보다도 국가 이익과 같은 배경 요인이 기사 선택에 영향을 미치는 것으로 나타났다.[98]

일련의 연구에서 발견된 한국 고유의 뉴스 가치 개념들은 미국 언론 등 서구 언론에서는 쉽게 발견하기 어려운 특징들이다. 하지만 이러한 특징들이 실제 언론 현장에서 어떻게 구현되고 있는지에 대한 실증적인 접근이 부족한 상황이다. 앞으로 이를 일반화하기 위한 추가적인 현장 연구가 시급한 이유다.

사람들에게 부정적 인식을 주거나 규범 체계에 크게 반하는 사건일수록 더 많은 뉴스 가치를 가진다는 '부정성'의 개념이나 사회의 가치관이나 타깃 독자의 요구에 맞는 이야기가 더 많은 뉴스 가치를 갖는다는 '수용자 요인' 또는 '평판'의 개념은 흔히 한국 언론에 대한 느낌이나 인상을 말할 때마다 주로 나오는 이야기들과도 일치한다.

한국 언론의 정체성 확립을 위해서는 실제 한국 언론의 사례 연구에서 이러한 특성을 확인하는 작업이 필요하다. 보다 확실한 한국 언론만의 특성을 드러내기 위해 뉴스 룸 내부로 깊숙이 들어가 언론인들의 인식을 직접 관찰하거나 한국과 뉴스 가치가 상이한 다른 나라의 언론과 비교해 우리 고유의 특성을 추출해보는 분석은 그런 작업의 일환이 될 것이다.

## 실증 분석

지금까지의 선행 연구들은 뉴스 가치 관련 개념들을 많이 제시했지만, 대부분 이론적 배경 없이 개념만을 나열하는 데 그쳤다. 그러다 보니 개념 간 의미가 중첩되거나 상·하위 차원이 혼재하면서 뉴스 가치의 구조를 충분히 설명하지 못하는 문제가 있었다.[99]

학자들마다 뉴스 가치 개념들을 너도 나도 제시하지만 요인 분석 등을 통한 실증적 검증을 거치지 않았기 때문에 타당도와 설명력 면에서 부족한 면을 보였다는 것이다. 이런 지적에 따라 한국 언론의 뉴스 가치를 구체적인 데이터로 확인하려는 실증적인 시도들이 나타났다. 기존 연구가 한국 언론의 내용물에 대해 짧은 기간의 내용 분석이나 언론인들의 설문 조사 등을 통한 관념적이고 추상적인 개념 제시에 그쳤다면, 장시간, 대량의 자료를 분석해 특징을 추출해내는 통계적인 방법을 본격적으로 동원한 분석들이 등장하기 시작했다.

심재철은 국내 다섯 개 일간지가 6개월간 보도한 국제 뉴스를 대상으로 어떤 뉴스 가치들이 중요하게 선택되는가를 분석했다.[100] 이 연구에서는 슈메이커 등의 '일탈'과 '사회적 중요성(사회적 유의성)'을 기준으로 본 뉴스 가치 모델[101]이 한국 언론에서도 적용되는지를 조사했다.

그는 슈메이커 등과 같이 국제 뉴스를 분석 대상으로 삼고 국제 뉴스의 일탈적 뉴스 가치를 예외성, 선정성, 인간적 흥미, 구조적 갈등성, 갈등의 치열성, 탈 규범성 등 6가지 개념으로 정리했다. 국제 뉴스에서 일탈성과 사회적 유의성이 높은 뉴스일수록 보도량이 늘어날 것이라는 가설 아래 분석 대상을 요인 분석한 결과, 일탈적 가치는 그룹 관련 일탈성(구조적 갈등성, 갈등의 치열성, 탈규범성)과 일화적 일탈성(예외성, 선정성, 인간적 흥미)으로 나뉘었다. 이런 하위 개념 중에서 선정성과 인간적 흥미가 커질수록 보도 기사와 사진이 커졌으며, 규범적 일탈성(탈규범적)이 높은 기사는 크기가 작아지는 경향을 보였다고 분석했다. 이런 결과를 바탕으로 볼 때, 한국 언론에서는 서구 언론과 마찬가지로 국제 분야에서 보도된 사건이나 이벤트 자체를 에피소드 식 뉴스로 만들어 보도하는 경향이 뚜렷했다고 결론 내렸다.

그의 연구는 실증적 분류를 통해 한국 언론의 뉴스 가치의 하위 개념에 대해 종합적이고 구조적인 접근을 시도했다는 점에서 의의가 있다. 하지만 국제 뉴스에만 국한된 분석이어서 한국 언론 전반에 대한 대표성을 지녔다고 보기 어려운 한계도 지적된다.

2003년에 실시된 심재철, 정완규, 김균수의 후속 공동 연구에서는 한국 언론의 뉴스 가치의 개념을 앞서의 슈메이커 모델에 나온 전통적인 뉴스 보도 가치(일탈, 사회적 유의성) 외에 뉴스 평가 가치(객관성), 탐사 보도 가치(공표성, 설명성, 통합성) 등 세 가지로 분류했다.[102]

이는 뉴스 가치를 뉴스 선택에 관련된 보도 가치의 차원, 제대로 보도했느냐는 뉴스 평가 가치의 차원, 보도된 뉴스가 얼마나 탐사적(심층적)인 성격을 갖느냐는 탐사 가치의 차원으로 나눈 것으로 다원적인 뉴스 분석 틀을 제시했다는 점에서 평가할 만하다. 이들이 이러한 세 가지 차원을 바탕으로 뉴스 가치를 26개 하위 항목으로 나눠 요인 분석을 벌인 결과 공익성, 흥미성, 다양성, 진실성, 갈등성, 관련성이라는 6가지 요인으로 크게 묶을 수 있었다.

공익성에는 공정성, 전문성 등 전통적 뉴스 가치 일곱 가지 항목과 탐사성의 하위 개념 세 가지가 포함됐다. 흥미성에는 인간적 흥미, 선정성 등이, 진실성에는 과장성과 시의성이 함께 묶였으며, 갈등성에는 갈등의 치열성과 구조적 갈등성이 포함됐다. 다양성과 관련성은 인용문의 수, 정보원의 수 등의 항목으로 측정됐다.

이를 토대로 한국과 미국 신문의 2년 치 대학 관련 보도를 내용 분석한 결과, 국내 기사의 다양성은 미국보다 낮게 나타났지만 갈등성에서 양국 간의 별다른 차이는 없었다. 흥미성·관련성에서는 차이가 나타났지만 진실성 등에서는 별다른 차이가 없었다.

이 연구는 한국 언론의 특징을 세 가지 차원의 뉴스 분석 틀로 이해했다는 점에서 의의가 있다. 특히, 뉴스 가치를 실용적 차원의 개념으로 볼 수 있는 보도 가치와 규범적 차원의 개념으로 볼 수 있는 평가 가치로 나눠서 언급했다는 점에서 주목할 만하다.

다만 세 가지 차원의 영역이 뚜렷하게 나누기 애매한 부분이 있는 데다 불분명한 개념 정의 등도 포함하고 있어 보다 세련된 연구 모델 정립이 아쉽다는 지적이 나온다. 예컨대 탐사 가치의 예를 든 설명성accountability의 경우, 보도된 기사가 독자들에게 얼마나 설명력을 갖는가로 정의했다. 하지만 이 개념에는 정부 정책에 대해 문제를 제기하고 책임을 묻고 답변을 요구하는 언론의 역할까지 포함한 '대답 책무성'의 개념도 포함해야 한다는 논의도 있어 개념을 지나치게 단순화한 게 아니냐는 비판도 있다.

이종혁, 길우영, 강성민, 최윤정은 여러 가지 뉴스 가치 논의를 종합한 '뉴스 가치 구조 모델'을 만든 뒤, 이를 통해 한국 뉴스의 뉴스 가치를 이루는 개념을 분석했다.[103] 이 연구에서 한국 언론에서 나타난 뉴스 가치를 크게 사회적 중요도social significance, 새로운 볼거리visual novelty, 수용자 관련성audience relevance, 인간적 흥미human interest 등 네 가지로 나누어 제시됐다.

문헌 고찰과 기자 인터뷰를 통해 먼저 56개의 뉴스 가치 개념을 도출한 다음, 이를 요인분석을 통해 30개의 하위 개념과 10개의 1차 요인(영향성, 저명성, 심층성, 갈등성, 참신성, 활동성, 유용성, 근접성, 오락성, 이야기story)으로 제시하고, 다시 이를 2차 요인 네 개로 분류했다. 이렇게 도출된 뉴스 가치 개념을 바탕으로 국내 500개 사건에 대한 뉴스 가치를 내용 분석을 통해 평가한 뒤 뉴스 가치의 개념을 최종적으로 분류했다.

연구 결과, 56개 하위 개념 중에서 26개를 제외한 30개가 유의미한 것으로 분류됐고, 이 요인 간의 상관 관계를 분석해 최종적으로 10개의 1차 요인과 4개의 2차 요인으로 분류했다.

최상위 개념으로 분류된 네 개의 요인 중에서 먼저, 사회적 중요도는 슈메이커와 코헨의 뉴스 가치 모델[104]에서 제시된 사회적 유의성과 유사한 개념이다. 이는 영향성impact, 저명성prominence, 심층성depth, 갈등성conflict을 포함하는 개념이다. 예컨대 대통령 선거가 늘 중요하게 기사화되는 이유는 선거 결과가 가져오는 사회적 파장이 크며, 대선 후보 등의 사회적 영향력이 막강하기 때문이라는 것이다.

새로운 볼거리는 참신성과 활동성action을 포괄하는 개념으로 특히, 영상 매체에서 중시되는 개념으로 꼽혔다. 성매매 여성들의 집회나 장거리 미사일 발사와 같이 이전에 거의 발생하지 않았거나 발생하리라고 기대하지 못했던 사건이 일어나는 경우에 해당한다.

수용자 관련성은 유용성usefulness, 근접성proximity을 포함하는 개념이다. 수용자에게 필요한 정보이거나 물리적, 심리적, 문화적으로 가깝게 인식되는 경우에는 수용자 관련성이 높다고 할 수 있는데, 대중교통 요금 인상 등이 대표적인 사례다.

인간적 흥미는 오락성entertainment과 이야기story를 포함하는 개념으로 흥미를 제공하거나 인간적 사연을 제공하는 뉴스를 말한다. 현대에는 인간의 생존을 위협할 사건이 없음에도 인간적 본능이 새로운 사건에 거의 무의식적으로 관심을 갖게 만든다는 것이다.

이 연구는 한국 언론에서 뉴스 가치 판단에 사용되는 다양한 개념들을 수집해 종합 정리한 뒤, 이 개념들 간의 위계적 관계를 나타내는 뉴스 가치 구조 모델과 작동 메커니즘을 처음으로 도출했다. 이 틀을 통해 그동안 제각각 논의돼왔던 뉴스 가치의 개념을 하나로 제시하고 개념 간의 구조를 탐색했다는 점에서 큰 의의가 있다. 이 연구 모델은 실용적 뉴스 가치의 차원에 속하는 개념들을 하나로 종합해 뉴스 가치의 구조로 정밀하게 제시해 후속 연구에서도 이를 계속 인용할 수 있도록 하는 성과를 거뒀다고 평가할 수 있다.

하지만 뉴스 가치를 사건이 가지고 있는 속성으로 규정하는 '사건 중심 접근event-centered approach 방식'만을 취했기 때문에 규범적 뉴스 가치의 영역을 연구 대상에서 아예 제외해버린 것은 뉴스 가치의 종합적 파악이라는 점에서 아쉬운 대목이다. 또 분석에서 한국 언론에서 많이 드러나는 '시의성' 개념을 통계적 의미가 없다는 이유로 제외해버려 언론 현실과 맞지 않는다는 지적도 나온다.

연구 결과 역시 통계적 의미에만 초점을 맞추다보니 상식적인 수준에서의 설명에 그쳤다는 비판도 나온다. 또 언론인들의 개인적 차원에서의 진술과 보도 내용에 대한 내용 분석만을 토대로 했기 때문에 뉴스 선택 이후 보도의 수용 과정이나 언론 조직 내의 갈등과 충돌, 조직 목표와의 순응 조화, 문화적 배경에 따른 차이 등을 간과했다는 점도 후속 연구에서 보완돼야 할 대목이다.

## 문화 비교

뉴스의 사회학적 차원에서의 연구도 한국에서 활발하게 진행됐다.

## 기사는 어떻게 선택되는가

미국의 언론학자 허버트 갠스는 미디어에서 기사가 어떻게 선택되는지에 대해 저널리스트 중심 접근, 뉴스 조직 중심 접근, 사건 중심 접근, 외부 영향력 중심 접근 등 네 가지 유형으로 설명한다.[105]

이 가운데 사건 중심 접근event-centered approach은 저널리스트가 단지 일어난 사건을 거울에 비춰서 수용자에게 그 이미지를 반사시켜주는 역할을 한다는 거울이론에 기초한 것으로 사건의 속성이 기사 선택을 결정한다는 입장이다.

슈메이커와 리즈의 위계 모형hierarchical model도 이와 유사한 개념을 제시한다. 위계 모형은 뉴스 결정 과정에 영향을 미치는 요소들이 각각 어떤 차원에 속해 있는지를 단계별 분석화 작업을 통해 다섯 가지 접근 방식[106]으로 정리했다. 뉴스 생산 구조를 개인적 차원, 미디어 관행 차원, 언론 조직 차원, 미디어 외적 차원(사회 · 제도적 차원), 이데올로기 차원의 다섯 가지로 분류하고 각 차원들이 어떻게 연결되는지를 위계 구조로 설명했다.

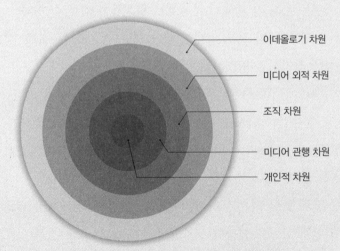

이데올로기 차원

미디어 외적 차원

조직 차원

미디어 관행 차원

개인적 차원

위계 모형을 통해서 본 미디어 내용에 미치는 개인의 영향

주로 이 연구들은 뉴스 가치 간의 충돌이라는 차원에서 문화적 배경이 다른 언론인들에 대한 비교에 초점이 맞춰졌다. 한국과 다른 문화적 토양을 가진 언론인들의 기사 선택 행위는 한국 언론인들과 얼마나 다르게 나타날까.

이를 분석하기 위해서 주로 서구 언론의 대표적 사례인 미국을 적시하고 한국과 미국 언론인의 사고방식이나 가치관을 비교하는 방식을 사용해왔다. 미국 외의 다른 나라와의 비교도 있기는 하지만, 미국이야말로 우리 사회에서 동양적 사고방식의 대응점에 있는 서양적 사고방식의 대표적 사례로 꼽히고 있는 데다, 비교 대상이 될 수 있는 언론 활동이 활성화됐기 때문이다. 이 비교를 통해 한국 언론의 뉴스 가치와 제작 특성을 도출해내는 작업은 내용 분석과 언론인 설문 조사 등 단선적 차원에만 머물렀던 국내 뉴스 연구의 지평을 문화 간 비교의 차원으로 넓혀줬다고 볼 수 있다.

우선 내용 분석과 보도 양태에 대한 비교 연구에서는 양국 언론의 특성을 집약하는 방식으로 이뤄졌다. 예컨대 한국 신문은 단편적인 이벤트에 주목하는 'short journalism'의 성격을 띠고 있는 반면, 미국 신문은 당사자 외에 여러 전문가들의 의견을 포함하는 종합적인 'long journalism'의 성격을 띠고 있는 것으로 나타났다는 연구[107]를 들 수 있다.

연구 결과 한국 언론은 하나의 사건을 여러 개의 기사를 별도로 작성해 전체 현실을 설명하는 조합식 구성mosaic style 편집을 선호하는 데 비해 미국 언론은 다양한 관련 요소를 하나의 기사에 최대한 통합, 포괄해 제시하는 통합적 기사integrated story 중심의 편집을 선호하고 있다는 것이다.

취재원 비교에 초점을 맞춘 연구도 있다. 실명 개인 취재원을 많이 쓰는 미국 신문에 비해 한국 신문은 단체 취재원과 불특정 다수 취재원을 많이 쓰는 데다 취재원을 간접 제시하는 경우가 많았다.[108] 박재영 등에 따르면, 한국 신문은 미국 신문보다 익명 화자의 의견이나 직접 인용구 또는 직접 인용구의 주관적 술어가 많고, 제목에까지 직접 인용구 ("……")를 훨씬 많이 사용했으며[109], 주로 개인 중심적 서술보다 공동체 중심적 서술을 많이 사용했다.[110]

보도의 시각 또한 한국 언론은 피해자 측 취재원에만 의존해 기사를 작성한 데 비해 미국 언론은 피해자와 가해자 양측을 모두 취재한 것으로 나타나 미국 언론이 한국 언론보다 취재원의 다양성을 확보하고 있는 것으로 분석됐다.[111]

뉴스 조직 내부 문화와 언론인의 태도에 주목하는 연구도 있었다.

박천일이 CNN과 KBS, SBS 간의 국제 뉴스 선정 과정을 비교 분석한 결과에 따르면, CNN은 개인 중심의 자율성이 강조되면서 분야별 전문성에 기초해 뉴스를 선정하는 반면, 한국의 KBS와 SBS는 관료적이고 위계질서적인 경향이 강한 것으로 나타났다.[112]

오대영은 한국 언론인들이 국제 뉴스 보도에서 아시아에 대해선 부정적이나 서구에 대해선 긍정적인 태도를 보였으며, 서구 미디어를 핵심 정보원으로 활용하는 등 서구 중심적인 태도를 보였다고 분석했다.[113]

김건우, 김균은 언론사 사주나 언론 조직의 가치와의 충돌이라는 문화적 통제의 관점에서 언론인의 태도를 분석했다.[114] 언론의 사회적 책임과 관련된 가치를 실현하는 보편적 저널리스트로서의 역할을 기자들에게 항상 주문하는 사주나, 조직의 존립이나 목표를 따르라고 요청하는 언론 조직과의 관계에서 뉴스 가치를 비롯한 언론인의 저널리즘 행위가 영향을 받는다는 것이다.

## 기존 연구의 한계

지금까지의 전통적 커뮤니케이션 모델 연구에서 뉴스 연구는 메시지 또는 내용content의 분야로만 간주해왔다. 그래서 그동안 매스 커뮤니케이션 이론이나 교과서 등에서는 뉴스를 독립적인 하나의 장chapter으로 다루는 경우는 그리 많지 않았다.

예컨대 대표적인 매스 커뮤니케이션 개론서의 하나로 꼽히는 맥퀘일의 『McQuail's Mass communication Theory』[115]에서도 뉴스는 미디어 콘텐트와 미디어 장르·텍스트의 하위 개념 정도로만 소개되고 있다. 미국의 주류 커뮤니케이션 학자들은 이처럼 뉴스를 별도의 독립적인 개념으로 보기보다는 메시지나 콘텐트에 속하는 개념으로 보는 경향이 있었다. 이에 따라 지금까지의 뉴스 연구는 메시지나 콘텐트의 속성을 중시해 일정 기간 동안의 내용 분석을 통해 뉴스의 성격을 규명하려는 움직임이 주류를 이뤄왔다.

하지만 이런 연구들은 주로 실용적 뉴스 가치의 유목별 분류에만 집중해서 분석이 이뤄져왔다는 한계를 지닌다. 신문 뉴스 가치의 분

『McQuail's Mass Communication Theory』 6판의 표지

석이 개별 기사가 지닌 실용적 뉴스 가치의 차원만을 파악하는 데 그치는 바람에 각 신문마다 어떤 기사를 중요하게 생각하고, 왜 크게 보도하는지에 대한 원인 규명에는 설명력이 떨어졌다. 이 부분을 해결하기 위해 뉴스 가치의 또 다른 차원인 주관적이고 규범적인 뉴스 가치에 관한 개념 정의와 논의가 필요해지고 있다. 그 영역이야말로 언론인의 인식과 가치관 구조와 밀접한 관련이 있다는 점에서 언론인들의 가치관에 대한 분석 연구는 더욱 중시되고 있다.

지금까지 뉴스 가치의 개념은 국가나 문화권을 초월한 공통적인 보편적 개념으로 인식돼왔다. 그러나 내용물로 나온 언론 보도를 꼼꼼히 살펴보면, 국가 및 신문 간에 의미 있는 차이를 보이고 있어 또 다른 요인에 대한 고려가 필요함을 시사해준다. 뉴스가 지닌 실용적 가치의 중립적 성격보다도 뉴스 생산 과정에서 문화적 배경 등의 환경적이고 주관적인 요인이 더 큰 영향을 미쳤기 때문이다. 따라서 앞으로의 뉴스 연구는 여기에 초점을 맞춰 집중적이고 심층적으로 이뤄져야 하며, 이를 통해서만이 한국 언론이 지닌 고유의 뉴스 가치를 철저하게 규명할 수 있을 것이다.

# 한국 언론인의
# 뉴스관

지금까지 국내 매스컴 연구 분야에서 언론인들이 어떤 가치관이나 기준으로 기사를 선택하는가에 대한 비교 연구는 그다지 이뤄지지 않았다. 미국에선 자국 뉴스의 선택 기준이 되는 가치관에 대한 분석 연구가 활발하게 이뤄져 왔지만 한국의 경우 언론인의 가치관을 설문 조사하거나 심층 인터뷰를 통해 분석한 조사 결과는 이제서야 본격적으로 시작되고 있는 단계다. 해방 이후 현대적 언론의 출현 과정에서 한국 언론인들의 뉴스 가치가 어떤 변화를 겪으며 형성돼왔는지를 파악한 연구는 거의 없다시피 한 실정이다.

이런 상황에서 보다 입체적인 분석을 위해, 한국 언론인들의 뉴스 가치관이 과거와 현재를 관통해 어떻게 변화해 왔는지를 일선 언론인들의 자체 인식 형성 과정을 살펴봄으로써 한국 언론의 특징을 제대로 집약할 수 있을 것이다.

이 장에서는 이에 대한 실험적 시도라는 의미에서 한국의 전·현직 언론인들이 자신의 경험과 관점을 기술한 저작물을 대상으로 책 속에 나타난 사상과 인식을 통해 뉴스 가치에 대한 생각이 어떻게 형성됐는지를 추적해본다.

# 어떻게 볼 것인가

아직까지 국내에서 한국 언론인들이 가지고 있는 '뉴스 가치'에 대한 심층적인 현장 분석은 드물다. 기존의 내용 분석이나 설문 조사 연구들은 대상과 시점이 한정돼 있어 뉴스 가치 인식의 토대를 이루는 의식 구조에 대한 탐구가 쉽지 않은 약점이 있었다. 따라서 장기간에 걸쳐 형성된 언론인들의 뉴스 인식을 살펴보기 위해서는 그들의 뉴스 가치관을 간접적으로 추출해볼 수 있는 새로운 분석 자료를 참조해서 추정할 수밖에 없다.

지금까지 국내 전 현직 언론인들이 남긴 방대한 저작물들은 그들의 생각을 엿볼 수 있는 좋은 자료다. 책 속에서 그들이 언급하는 뉴스에 대한 생각을 정리해보면 한국 언론인의 뉴스에 대한 판단 기준, 즉 뉴스관觀이 어떤 그림인지를 나름대로 그려 볼 수 있을 것이다.

"우리나라 신문은 구한말과 일제 치하에서의 50년이 전사前史였다면 광복을 중간점으로 하여 그때부터 휴전 직후까지의 10년이 정돈기였고, 나머지 40년이 후사後史가 된다."[1]

현대적 의미의 언론이 해방 이후 본격적으로 등장하기 시작했다는 점에 비춰볼 때 대상을 1945년부터 2000년대까지의 기간으로 좁혀서 여기에 나타난 한국 언론인들의 뉴스 가치에 대한 의식 변화를 추적해보는 것이 효과적이다.

대부분의 언론인 저작물들은 내용의 상당 부분이 언론사 재직 당시의 일화나 취재 에피소드 등 개인적 경험 위주로만 기술돼 있었다. 뉴스에 대한 개념이나 정의 역시 이를 따로 정확하게 제시하기보다는 자신의 언론 철학이나 언론관에 대한 생각과 뒤섞어서 설명하는 경우가 많았다. 따라서 대상 저작물의 내용 중에서 언론인의 언론관이나 뉴스 제작 과정을 묘사하는 표현 속에 녹아 있는 뉴스 가치에 대한 견해나 의견 등이 담겨져 있는 부분만을 떼어내 이를 중심으로 뉴스 가치에 대한 각자의 의견을 정리하는 수밖에 없다.

뉴스에 대해 자신의 생각을 언급하거나 표현한 내용을 분석의 텍스트로 삼아 그 속에 나타난 뉴스에 대한 언론 철학 또는 신념, 가치관 등을 다른 언론인들의 견해와 다양한 각도로 비교하면 아래와 같은 나름의 특징을 표출해낼 수 있을 것이다.

- 한국 언론인들이 '뉴스 가치'에 대한 인식은 어떤 것인가.
- 뉴스에 대한 정의定義와 뉴스 가치의 개념은 어떻게 규정하고 있는가.
- 편집권, 사회적 책임 등의 뉴스 사회학적 쟁점에 대한 입장은 무엇인가.

## ━ 책 속에 담긴 생각

한국 언론인들의 뉴스관을 보다 쉽게 파악하기 위해 언론인들의 기존에 발간된 저작물 속에 담긴 '뉴스 또는 뉴스 가치'에 대한 내용을 중심으로 이를 비교 분석하고 해석하는 방식을 사용한다.

현대적 언론이 등장했던 해방 이후 시기부터 언론 현장 일선에서 본격적인 언론 활동을 했던 전·현직 원로 언론인이 남긴 책들이 주요 분석 대상이 됐다.

이 시대의 언론인과 함께 언론사 창업주 또는 경영진의 생각도 함께 참고해야 할 것이다. 한국 언론의 역사에 비춰볼 때 현대적 언론으로 발전해가는 과정에서 사주나 경영주의 영향력이 상당하게 작용했으며, 그 결과 실제 뉴스 제작 과정에서 이들의 생각이 한국 언론의 뉴스 가치 인식 형성에 밀접한 관련을 맺고 있기 때문이다.

미디어 사회학의 차원에서 볼 때 언론사 소유주는 언론 조직의 가치관을 결정하며, 언론 조직 내에서 구성원들이 준수해야 할 방침을 정한다.[2] 그동안 한국 언론계에서 나타나는 가치의 충돌 양상을 살펴봐도 조직으로서의 언론이 실질적으로 추구하는 가치, 즉 사주가 조직의 기틀을 다지기 위해 강조하는 가치가 기자들의 사회적 책임이나 언론의 사명에 대한 가치보다 우선된 적이 많았다. 따라서 사주가 중시하는 핵심 가치를 알게 된다면, 그 언론의 조직 운영 방식이나 저널리즘적 행태를 이해할 수 있는 단서를 찾을 수

## 키워드를 찾아라

특정 언론인의 사고방식에서 뉴스 가치를 추출해내기
위해 저술물을 참고하는 방법은 미 리하이대 교수 잭
룰의 구조주의 해석학적 분석 방식이 유명하다.[3]

I.F. 스톤

그는 이 방법으로 1930~1950년대 미국의 탐사 보
도 저널리스트로 활약했던 이시도어 파인스타인 스톤
(1907~1989)의 저널리즘 행위를 분석했다.

스톤은 1950년대 이후 미국에서 'I.F. 스톤즈 위클
리'라는 1인 독립신문을 수십여 년 동안 운영하면서
우파 선동주의적인 매카시즘의 실체를 비판하고, 베
트남 전쟁의 허상을 폭로하는 등 과격하고 진보적인 언론인으로만 알려진 인물
이다.

룰 교수는 이 연구에서 그동안 체계적으로 연구된 적이 없었던 스톤의 보도 성향
을 분석하고 그 특징과 한계를 평가했다. 분석은 스톤의 글과 저작물들, 기존에 발
간됐던 스톤의 인터뷰 내용들, 스톤이 죽기 전에 남긴 대화록 등 입수 가능한 자료
를 토대로 그의 취재 보도 활동에서의 특징이 될 만한 키워드를 추출해내는 방식으
로 이뤄졌다.

저술물을 중심으로 하는 글과 말 등의 형태로 남긴 자료들과 스톤에 관한 문헌
자료를 바탕으로 스톤의 언론 활동을 해석한 결과, 그의 독특한 가치관으로 ①문서
에 대한 전략적 접근 ②역사와의 연결 ③현장 답사와 조사의 강조 ④정보원으로부
터의 독립성 등이라는 네 가지 특성이 추출됐다.

이 같은 방식은 국내에서도 한국일보 출신 언론학자 안병찬이 장기영 한국일보
사장의 언론 철학을 분석한 연구에서 활용됐다.

『백상어록』 등 출판물에 담긴 장기영 한국일보 사장의 언론 철학을 추출해 비
교·분석해본 결과 장 사장의 언론관은 '부챗살 소통망'으로 비유되면서 ①근면주
의 ②경쟁주의적 세계관 ③경제주의적 언론관 ④현장주의 ⑤경험주의 ⑥탐미주의
등 6가지 가치로 요약됐다.[4]

있다.[5]

사주들의 생각과 일선 언론인과의 인식을 비교해보는 것은 뉴스 가치의 인식 차이는 물론 한국 언론의 발전 과정에서 편집권과 경영권 사이에서 비롯된 갈등과 문제를 파악하는 데 있어서도 효과적인 방법이 될 것이다.

언론 현장 일선에서 활약했던 전·현직 언론인의 경우 본인이 직접 저술한 저작물이나 외부 인사가 집필한 평전 등의 형태로 자신의 언론 활동이 소개된 내용에 주목했다. 국내 언론을 주도해온 주요 일간지의 창업주나 경영진들이 남긴 회고록이나 평전 등의 저서도 함께 포함했다.[6]

이들 저작물들을 보면 상당수가 언론사 생활에서의 각종 일화나 언론에 대한 자기 나름의 인상 비평들이었다. 그중에서 뉴스에 대한 언급이나 견해를 서술한 내용들이 담겨 있는 부분만을 중점적으로 비교 분석해 뉴스를 어떻게 생각하는가에 대한 한국 언론인들의 뉴스관을 정리했다.

비교에 앞서 뉴스 가치에 대해 아래와 같이 조작적 정의를 내렸다. 뉴스 가치의 개념은 앞서 언급한 기존 연구 중에서 뉴스 가치를 가장 체계적으로 분류한 심재철 등[7]의 연구와 이종혁 등[8]의 분류 기준을 참고한 것이다.

뉴스 가치를 크게 규범적 뉴스 가치와 실용적 뉴스 가치로 구분했다. 뉴스의 탐사적 보도 기능에 주목해서 '탐사 가치'라는 차원으로도 나눠야 한다는 주장[9]도 있지만, 이는 뉴스 보도의 방법론에 해당하는 개념으로 볼 수 있기 때문에 제외했다.

규범적 뉴스 가치는 맥퀘일의 분류를 원용해 사실성factuality과 공평성impartiality을 포함하는 개념[10]이며, 실용적 뉴스 가치의 경우 이종혁 등의 연구를 통해 한국 언론에서 발견한 네 가지 대분류[11]를 활용해 사회적 중요, 새로움, 수용자 관련, 흥미 등 네 가지의 하위 개념으로 분류했다.

규범적 뉴스 가치의 경우, 한국 언론인들이 이를 하위 항목별로 분할해서 언급하기보다는 '뉴스란 무엇인가' 또는 '어떤 것이 뉴스여야 하는가'라는 당위론적 개념을 모두 포함해서 설명하는 경우가 많았기 때문에, 이 책에서는 규범적 뉴스 가치에 대한 총론적인 입장이 어떻게 나타나는가에 주목해서 살펴봤다.

실용적 뉴스 가치의 경우 해당 뉴스의 속성을 어떻게 구분해서 뉴스로서의 가치를 부여하는가에 초점을 맞춰 살펴봤다. 실용적 뉴스 가치의 하위 개념 중에서 사회적 중요란 '사회적 유의성'[12], '사회적 중요도'[13]의 개념에 해당하는 것으로 정치적 · 경제적 · 문화적 · 공공적으로 중요하고 영향력이 있고 갈등을 유발해 사회적으로 중요한 사건으로 인식되는가를 말한다.

새로움이란 '통계적 일탈성'[14], '새로운 볼거리'[15], '신기성'[16]의 개념에 해당하는 것으로 이전에 거의 발생하지 않았거나 기대하지 못한 사건을 중요한 뉴스로 인식하는 것을 뜻한다.

수용자 관련은 '수용자 관련성'[17], '유용성'[18], '근접성'[19] 등을 포함하는 개념으로 물리적 · 심리적 · 문화적으로 가까운 사건이나 일반 사회 구성원들에게 필요한 정보를 중요한 뉴스로 인식하는 것을 말한다.

흥미는 전통적인 뉴스 연구에서 뉴스 가치 개념으로 꼽고 있는 '인간적 흥미'를 일컫는 것으로 흥미를 제공하는 오락적 요소가 있거나 눈길을 끄는 인간적인 사연을 중요한 이야깃거리로 인식하는 것을 말한다.

이 같은 논의를 바탕으로 이 책에서 사용할 뉴스의 개념을 종합해 정리해보면 다음 그림과 같다.

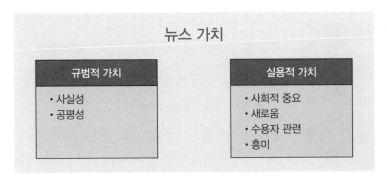

뉴스 가치의 개념도

이 같은 개념을 기본으로 한국 언론인들의 뉴스 가치에 대한 생각이 어떻게 갈라지고, 나뉘는지를 정리해보자.

# — 현대적 뉴스관의 태동

한국에서 뉴스 가치에 대한 논의는 그리 오랜 역사를 갖고 있지 않다. 뉴스 가치에 대한 개념 정립은 현대적 언론의 발전과 언론 자유화의 본격화에 맞춰 언론학의 주요한 연구 주제로 활발하게 다뤄지기 시작했다. 그러나 이전부터도 현대적인 뉴스관을 중심으로 한 개념이 등장하기 시작했다.

김동성

국내에서 뉴스에 대한 정의를 맨 처음 시도한 사람은 김동성(1890~1969)이다. 그는 소년 시절 황성신문에 실린 장지연의 '시일야방성대곡'을 읽고 감명을 받아 언론인이 되고자 결심했다. 이후 1909년 미국으로 건너가 10여 년의 유학 생활을 하며 오하이오주립대학 신문학과를 수학한 국내 첫 언론학 전공의 이론가였다.

그는 미국에서 농학, 미술 등의 공부를 하다 오하이오주립대 3학년으로 편입해 신문학을 전공하던 중 집안 사정으로 귀국해 정식 학위는 받지 못했다.[20] 유학 시절이던 1916년 미국 사회에 대한 여러 단상을 묶어 영어로 출간한 책이 『Oriental Impressions in America』이다. 이 책은 근 1백년 만인 2014년 국내에서 『미주의 인상』이란 제목으로 번역 출간됐다.[21]

이 책은 미국 사회를 바라본 동양인의 느낌을 저널리스트적 시각으로 서술한 것으로, 당시 미국에서 출간된 유일한 한국인 저작 단행본이었다.

한국으로 돌아온 그는 1924년 국내 최초의
언론 개론서로 꼽히는 『신문학新聞學』을 발간
했다.[22] 그가 이 책에서 이론적인 체계를 띠는
국내 최초의 뉴스관을 제시하면서 한국 언론
에서 뉴스 가치에 대한 논의가 본격적으로 시
작됐다는 게 국내 언론학계의 평가다. 그의 언
론관은 해방 이후 현대적 언론이 태동하는 과
정에서 많은 언론인들에게 영향을 미쳤다.

『신문학』(1924) 표지

김동성은 이후 동아일보 창간에 참여하며
언론인 생활을 시작했다. 동아일보 조사부장, 조선일보 · 조선중앙
일보 편집국장, 합동통신 회장 등을 거치면서 당시 안재홍, 이상협
과 함께 한국 3대 기자로 꼽혔다. 2014년 번역 출간된 『미주의 인
상』에 담긴 황호덕의 '문화번역가 천리구 김동성, 그 동서 편력의
첫 화첩'에 보면[23] "'하루에 천리를 가는 말(천리마)'이란 뜻의 천리
구千里駒라는 그의 호답게 한국 최초의 해외 특파원, 국제기자대회
최초의 참석자, 맥아더를 회견한 최초의 한국 기자 등의 평가를 받
았다"고 나온다.

서구의 저널리즘 이론을 국내에 본격적으로 수입 소개한 김동성
은 '신문학'에서 기자의 자격으로 '신속 · 견인堅忍 · 정확 · 지혜 · 기
민' 등 다섯 가지를 들었다. 그는 "기자의 사명은 전쟁과 다름없이
수단과 방법을 있는 대로 이용하여 기사 재료를 수집하는 요령"이
라며 기사 재료를 수집하는 취재 과정에서 현장을 직접 확인하는
것을 중시했다. 그의 현장 확인에 대한 강조는 다음과 같은 일화로

도 유명하다.

　구한말 한일합방에 반대하며 민영환이 자결했을 당시 그의 자택
에 혈죽이 피어났다는 소문이 돌자 이를 확인하기 위해 고향 개성
에서 서울까지 먼 길을 따라 직접 현장을 찾아갔다. 김동성은 현장
에서 대나무를 눈으로 확인한 뒤 나중에 쓴 회상기에서 "보통 대나
무보다 길쭉길쭉 배나 더 길게 뻗쳤고 잎사귀는 아주 성기어 두 가
지에 달린 잎사귀 총 수효는 48닢뿐이다"라고 세세하게 정경을 묘
사할 정도였다.[24]

　기자의 활동은 신속하여야 하고 사명은 완수하여야 한다. 전쟁과 연애는 이유
여하를 막론하고 이겨야 한다는 말이 있다. 기자의 사명은 전쟁과 다름없이 수단
과 방법을 있는 대로 이용함이 기사 재료를 수집하는 요령이다.　(김동성, '나의 회상
기 4', 『사상계』 1963년 7월호, 193쪽)

　기사란 시기에 적하여서 다수인에게 흥미를 여與하며, 또 다수한 독자의 흥미
를 인引할수록 그 기사는 가치가 대大하다.…흥미는 독자의 친밀 여부, 중요 인물
에 관한 기사, 독자의 직접 관계 유무 등에 따라 비례한다.　(김욱영, '일제하 언론인
김동성의 언론 활동에 관한 연구', 『한국언론정보학보』 26호(2004), 97쪽에서 재인용)

　그는 흥미를 끄는 기사가 바로 뉴스라는 정의에 바탕을 두고 뉴
스 가치의 요소로 정확성 · 신속성 · 시의성 등을 강조했다. 사실
보도의 중요성을 주장하며 기사 작성에 있어서도 역 피라미드 원

칙과 같은 서구 저널리즘 이론을 제시해 당시
로선 국내에 처음으로 세련된 취재 보도 관행
을 소개했다.[25]

이러한 뉴스관을 바탕으로 신문의 역할 역
시 빠른 속도로 새 소식을 새로운 상태로 퍼트
릴 수 있는 점을 들었다.

『미주의 인상』(2014) 표지

미국의 신문은 전혀 새로운 것이 아니다. 우리 고국에
서 그리 멀지 않은 곳에서 최초의 신문이라 할 것이 탄생
했었기 때문이다. 당나라 시대부터 궁중 소식지가 존재했었다. 하지만 미국의 신
문은 완벽한 효율성을 자랑하며, 엄청나게 빠른 속도로 새 소식을 새로운 상태로
퍼트릴 수 있다. 경기장에서 나오기도 전에 야구 경기의 최종 득점 결과를 읽게
될 정도다. (김희진·황호덕 역, 『米洲의 印象: 조선 청년 100년 전 뉴욕을 거닐다』(2014), 111
쪽)

하지만 "신문이 대중 사회를 지배하는 주요 요인일지라도 인간
에 의해 만들어지기 때문에 언제나 정확하게 운영되지 않는다"라
고 지적하며, 이에 대한 비판적 태도를 주문하는 등 20세기 초기의
언론관 치고는 상당히 진보적인 모습도 함께 보였다.

우리는 신문 측 의견을 믿을 수 없다. 병든 아내에게 이렇게 말했다는 아일랜드
인 남편처럼 말이다. "쉿, 새러, 아무 말 말고 가만히 누워봐. 당신은 이제 죽은 거
야. 의사가 그렇게 말하잖아." (김희진·황호덕 역, 앞의 책, 112쪽)

그러나 그는 해방 이후의 정치 공간에서 정치권으로 진출해 공보처장, 민의원, 국회 부의장 등의 자리를 잇달아 맡으면서 정권 비판 세력으로 간주된 일은 거의 없었다. 이는 최석채, 송건호 등 당대의 비판적 전통을 잇는 언론인들과는 사뭇 다른 모습으로, 자신을 번역자·매개자로서의 역할에 국한하고 적극적인 논설이나 논쟁적 평문을 쓰거나 정치적 견해의 발표를 될 수 있는 한 피했던 것으로 보인다. 한국 현대 언론의 선구자였지만 이상이나 당위보다는 시대의 '조류'나 '현실' 혹은 '실용'을 우위에 두고 가능한 테두리 안에서 나름의 문화적·정치적 역할을 묵묵히 하면서 '모나지 않은 삶'을 살았다는 것이다.[26]

곽복산

현대 들어, 국내 신문학 연구 분야에서 뉴스 연구의 선구자로 꼽히는 사람은 **곽복산**(1911~1971)이다.

그는 일본 상지대학 신문학과를 졸업한 뒤 동아일보 사회부장·편집국장을 거쳤다. 기자 시절 일제하에서 자신이 몸담았던 동아일보가 일장기 말소 사건으로 정간됐다 1937년 복간되자, 이를 기념하기 위해 아들 이름을 동일東日로 지은 일화도 있다.[27]

1947년 국내 최초의 언론인 양성 기관인 조선신문학원(서울신문학원의 전신)을 설립해 언론인 교육에 주력했다. 이후 국내 최초의 신문학 교수 자격을 인정받아 홍익대·중앙대 신방과에서 교편을 잡았으며, 1959년 한국신문학회(현 한국언론학회) 창립을 주도해

초대 회장을 역임했다.

곽복산은 국내 최초의 신문학 교과서인 『신문학 개론』(1955)에서 언론인의 경험에 기초한 뉴스론을 설파했다. 그는 뉴스를 보도의 협의 개념으로 파악했다. 보도라는 것은 보도가 되는 사실, 상태, 현상 등, 즉 뉴스 내용의 기술이라는 것이다. 그렇기 때문에 뉴스를 전달하는 미디어와 사회 구조의 역할에 주목해야 한다고 주장했다.

신문의 주요 내용인 뉴스나 평론이 외적 과정에 의하여 인간 사회에 전달되려면 제3자의 정신적인 경험 내용이 물질적인 매개체를 빌리어 기술적인 형태를 갖추지 않으면 안 된다. 그래서 신문의 성립은 항상 그 시대의 사회 구조(인구밀도, 독자권 종류, 신문기관의 귀속)와 생산 기술(문자, 紙, 인쇄, 전파 등 발명)과 교통수단(우편제도, 국내외의 교통 등)에 의존한다. (곽복산, '한국 신문의 구조와 과제: 그 생태를 검토하는 하나의 시론', 『한국언론학보』 1호(1960), 39쪽)

특히 그는 신문 위주로만 머물렀던 뉴스의 학문적 연구 대상을 방송·영상·잡지 등의 매체까지 확대해야 한다고 주장했다. 이 생각을 바탕으로 1971년 『언론학 개론』을 출간하면서 언론학이라는 개념을 국내에 처음으로 소개했다.[28]

실용주의적 뉴스 가치의 관점의 영향을 받은 그의 뉴스 개념은 주로 미국 신문학 교수들의 정의를 인용한 것으로 흥미, 관심, 신문에게 돈벌이가 되는 사건, 새로운 것 등을 특징으로 들었다. 그에 따르면 뉴스란 한 마디로 이런 것이라고 만족을 줄 만한 대답은

곤란하지만, 각종의 대표적인 정의를 검토해볼 때, 뉴스의 성립에
는 시간과 공간성이 중요하다고 강조했다.

그의 개념은 국내에 현대 저널리즘의 이론적 체계를 사실상 처
음으로 제시했다는 점에선 의미가 있다. 다만 취재 현장에서의 실
제 경험에서 우러나온 개념이라기보다는 미국 등의 언론학 이론의
소개에 치우쳤다는 지적도 있다.

## ─ 규범적 뉴스 가치에 대한 입장

한국 언론인들의 뉴스에 대한 생각은 각자 나름의 언론관이 투영돼서 나타난 산물이다. 주로 바람직한 언론의 역할이나 언론 철학을 바탕에 깔고 우리 시대에 바람직한 뉴스와 기사가 무엇인지를 언급하는 방식으로 자신의 뉴스관을 표출했다.

한국 언론인들의 뉴스에 대한 생각은 우선 규범적 뉴스 가치의 영역에 속하는 개념을 언급하면서 드러나는 경우가 많았다. 이 양상을 살펴보면 크게 사실성과 공평성의 차원으로 나뉜다. 크게 보면 사실성의 차원에서는 진실성과 정확성을 중시했고, 진실성을 확보하기 위한 구체적 방법론으로 비판성, 실천성, 여론의 반영을 제시했다.

공평성의 차원에서는 균형성을 강조하면서 이를 확보하기 위한 구체적 방법론으로 정론지로서 사회에 대한 계도나 상업지로서 재정적 입지의 고려 등을 내세운 도구적 언론관 등을 강조했다.

### 진실성

뉴스는 진실한 사실을 보도해야 한다는 당위론적 입장은 사실성의 뉴스 가치에서 가장 많이 나타난 두드러진 특징이다. 한국 언론인들은 사실성 차원의 개념에서 진실성을 객관성보다 상위 개념으로 상정하고 가장 중요한 도덕률로 제시했다.

진실하다고 확인한 사실만을 보도함으로써 시대와 호흡을 같이 하는, 독자의 귀와 입과 눈이 될 명랑한 신문의 본도를 가고자 한다. 시시비비의 필봉을 가다듬기 전에 감히 다시 한 번 신문은 누구도 이용할 수 없고 누구도 억제할 수 없다는 신조를 거듭 선언하여 둔다. (한국일보 창간 사설,1954년 6월 9일자 1면)

홍종인

홍종인(1903~1998)은 '한국 신문계의 만년 기자', '대기자 홍박'이라는 애칭을 받으며 조선일보 편집국장(1946~1947)·주필(1948~1959)·회장(1959~1963)을 지냈다. 1925년 시대일보를 시작으로 중외일보·조선일보로 자리를 옮겨 일제와 해방 이후 시대를 두루 거쳐 온 한국 언론계의 대표적 인물이다.

그는 뉴스의 본질은 '진실한 사실'이라며 신문은 오직 진실을 추구하고, 진실을 규명하고, 진실을 말하고 기록하여야 한다고 주장했다. 사실의 진실을 천하에 밝히는 것이 신문 기자의 타고난 생리적 면모요, 그 사명의 윤리적 목표라고 주장했다.[29]

기자는 사실을 사실대로, 옳은 것은 옳게 아무런 두려움 없이 보도해야 한다.
(홍종인 선생 추모문집 편찬위원회, 『대기자 홍박』(1999), 112쪽)

이전까지의 신문 제작에서 중시됐던 주의·주장 등 뚜렷한 당파적 입장의 표명보다는 진실에 바탕으로 둔 사실을 강조하는 현대적 뉴스관은 당시 시대 상황과도 밀접한 관련이 있는 것으로 보인다.

한국 언론의 태동기인 구한말 논객들은 통상적으로 사실 확인을 위한 외근 취재는 탐보원에 맡기고, 논설 기자들은 일선 취재를 맡지 않는 전통이 있었다.[30] 이런 전통은 해방 이후 권위주의적 정부 시대를 거치는 동안 객관적인 사실의 중요성을 인식하면서 사실의 발굴을 강조하는 쪽으로 바뀌었다.

『체험적 기자론』(1997) 표지

보도에서 사실만큼 중요한 것은 없다.… 그러나 사실에 충실한 보도를 하는 경우에도 사실보도만으로 안 될 때가 있다. 제대로 사실을 쓰려면 '단순한 사실'이 아닌 '진실'을 써야 한다. 왜냐면 사실과 진실이 다른 경우가 있기 때문이다. (남시욱, 『체험적 기자론』(1997), 131쪽)

뉴스를 선택함에 있어 영국의 가디언지처럼 현명하느냐의 여부가 아니라, 옳으냐 여부를 가치 판단의 기준으로 삼아야 한다. (박권상, 『자유언론의 명제』(1983), 233쪽)

그러나 진실성의 개념은 종종 객관성과도 혼재되어 나타나기도 했다.

권위지란 오직 확인된 진실만을 객관적으로 보도하는 신문이다. (조용중, 『저널리즘과 권력: 그 실상과 허상』(1999), 78쪽)

하지만 **오종식**(1906~1976) 같은 인물은 객관성의 한계를 지적했다. 오종식은 경향신문 편집국장·주필(1947~1948, 1953~1954,

오종식

1957~1958), 서울신문 주필(1949~1952), 한국일보 주필(1954~1957, 1958~1960), 서울신문 사장(1960~1962) 등을 거치며 일선 취재에서 언론사 경영에 이르기까지 언론 현장의 모든 것을 경험해본 언론인이다. 그는 신문 기사의 본질에 대한 이해와 신문에서 사실이란 무엇인가 등의 문제에 대해 자신의 생각이 정리된 언론인이었다.

"보도는 신속 정확해야 한다"고 정의했지만[31], 신문 기사라는 것은 거의 간접으로 취재한 것에 불과한 것이기 때문에 그 보도의 객관성을 보장하는 것은 불가능하다는 입장이었다. 진실을 확보하는 과정에서는 진실 자체가 가진 상대적 한계에 항상 유의해야 한다는 것이다. 현장 취재에 대해 중립적인 그의 생각은 그가 언론인 생활을 현장 취재 일선 기자가 아닌 데스크로 시작한 영향도 있는 것으로 보인다.[32]

민주정치는 여론 정치요 그 여론 정치를 대변하고 또는 감시하는 이른바 제4부 구실을 한다는 것이 신문이요 매스 커뮤니케이션이고 보면 이상과 같은 한정과 모순 속에서도 하는 수 없이 가능한 사실에 가까운 것, 추구할 수 있는 대로의 객관성, 탐구할 수 있는 대로의 진실을 기할 수밖에 없게 된다… 대체 사실이란 어떠한 것인가, 어떻게 하여야 정확을 기할 수 있는가. 인쇄기,전신,전화,무선전신,라디오, 텔레비전,영화 등 이와 같은 매스 커뮤니케이션의 매체의 광분 난무는 도리어 모든 보도의 간접성을 확대함으로써 독자나 청자로 하여금 사실의 정확한 인식에 피막을 덮어버리기 일쑤다. (김영희 · 박용규, 『한국현대언론인열전』(2011), 191쪽에서 재인용)

오종식은 이런 인식을 바탕으로 "신문 기자는 거리에 나타난 학자요, 학자는 연구실에 들어앉은 기자"[33]라는 명언을 남겼다. 언론인들에게 학자와 같은 선각자적인 소신 있는 자세가 중요하다는 생각은 이후 진실을 추구하며 권력에 대한 비판적 관점을 강조하는 후배 언론인들에게 많은 영향을 줬다.

송건호(1927~2001)는 뉴스에서는 객관성이라는 불안전한 개념을 버리고 진실성을 최대 척도로 삼아야 한다고 주장한 인물이다.

송건호

송건호는 경향신문(1965) · 동아일보 편집국장(1974)과 한겨레신문 초대 대표이사(1988~1993)를 지낸 한국의 대표적인 투사형 언론인이다. 언론인의 적극적인 현실 참여를 강조하며 언론자유 수호운동에 앞장섰던 그는 1999년 한국기자협회로부터 '20세기 최고 언론인'으로 선정됐다.

1974년 동아일보 편집국장 시절 일선 기자들과 함께 '10 · 24 자유언론 실천 선언'을 발표하고, 이듬해 사주가 자유언론 실천 기자들을 대거 해고하자 편집국장을 사임하고 언론계를 떠났다가 한겨레신문 창간을 주도했다.

그의 생각은 뉴스의 핵심은 사실을 넘어서 진실의 전파에 초점을 맞춰야 한다는 것이다.

해직 언론인 시절 비록 신문이라는 수단을 갖고 있지 않으나 조금도 불편함이

『송건호 평전』(2011) 표지

없이 입으로 펜으로 진실의 전파를 위해 노력하기 바쁘다. (김삼웅, 『송건호 평전』(2011), 27쪽)

그는 뉴스를 '알아야 할 것'으로 정의했다. 뉴스에서는 무엇보다 인간의 역사적 발전에 어떠한 의미가 있느냐가 중요하다는 이데올로기적인 입장을 지향했다. 중대한 뉴스일수록 누구나 납득할 수 있는 객관적 사실이란 존재하지 않고 보도하는 기자들의 눈에 따라 저마다 내용이 다를 수 있는 주관적 사실로 보도되기 때문이다.

뉴스가 대다수 사람의 관심을 끄는 내용이라야 하지만 주관적 소산이라는 점을 잊지 말아야 하기 때문에 객관적 사실이라는 허상에서 벗어나 시민으로서, 지성인으로서 반드시 알아야 할 사회적 실체의 정보로 인식해야 한다는 것이다.

참된 신문은 다수 국민이 알아야 할 것은 꼭 알리고, 다수의 국민의 입장에서 바람직하지 못한 것은 비판하는, 즉 소수를 위해서가 아니라 국민 절대 다수가 원하는 것을 보도하고 논평하는 신문입니다. (1988. 3. 15. 말지 인터뷰)

뉴스란 사람들에게 관심을 끌게 하는 세상의 새로운 소식이다. 따라서 뉴스의 내용은 시대나 환경 또는 사람에 따라 같은 소식에 대해서도 관심의 각도가 달라진다. 자기의 이해관계에 따라 세상사에 대한 시각이 달라지게 되는 것이다. 우산 장수와 양산 장수는 일기를 대하는 눈이 다르고 상인과 소비자는 물가를 보고 대하는 태도가 다르다. 따라서 사회적 사실을 어떤 입장에서 보느냐에 따라 그 사실을 보는 의미도 달라진다. (김삼웅, 앞의 책, 78쪽)

따라서 그는 보다 뚜렷한 자기 주장을 하기 위해 사설과 같은 의견 기사를 더욱 중시했다. 이는 비판과 사실 전달이 혼재됐던 이전까지의 근대적 지사형 언론관과는 달리 주의 · 주장과 뉴스를 분리해야 한다는 생각이 시작된 것으로 볼 수 있다.

기획물이나 보도 기사는 객관을 위주로 하기 때문에 신문은 자기 주장을 하는 사설 속에서 가장 뚜렷이 자신이 특색을 나타낼 수 있다.… 신문에서 간판 기능을 하는 것은 사설이며, 비록 많이 읽히지는 않더라도 간판인 사설이 시시하면 신문 전체가 시시해지는 것이 언론의 현실이다. (송건호, '신문논설사', 『저널리즘』 1976년 봄호)

김중배(1934~)는 한국 언론의 가장 큰 문제는 애매하고 시류에 따라 변하는 관점에서 비롯된다며 무엇보다 진실에 대한 확인 노력의 부족을 맹렬하게 질타했다. 그는 동아일보 논설위원 · 편집국장(1990), 한겨레신문 편집위원장 · 대표이사(1993~1994), 문화방송 대표이사(2001~2003) 등을 두루 지낸 대표적인 비판적 언론인이다.

김중배

한국 언론의 문제점으로 '다소'라는 낱말을 애용하고 남용하는 '다소 저널리즘'을 지적한다. 분명히 묵과할 수 없는 중요한 사안에도 '다소' 문제가 있다는 투로 지나쳐 버리기 때문이다. '다소 저널리즘'의 '다소'는 문제의 깊이와 무게를 '다소'라는 어림수 속에 묻어버리기 때문에 저널리즘의 이름에 어울릴 수 없다는 것이다.

나아가 '다소 저널리즘'의 용인과 유행은, 언론의 교과서들이 철칙으로 내세우는 '확인, 확인, 그리고 또 확인'이라는 저널리스트의 소임을 해이케 하며 마침내는 그 소임의 배반에도 불감증일 수밖에 없는 도덕적 해이를 조장한다고 지적한다. (김중배, 미디어 오늘, 1998년 10월 14일자)

이러한 생각은 안종필의 '뉴스란 당연히 취재하고 써야 할 사실'[34]이라는 도덕적 의무론과 '국가 이익보다도 진실(사실) 보도가 우선돼야 한다'는 오연호의 진실 최우선론[35] 등으로 이어져 이후 독립언론·대안 언론의 사상적 토대가 됐다.

안종필(1937~1980)은 동아일보에서 자유언론운동을 주도하다 해직된 후 동아자유언론수호투쟁위원회 2대 위원장을 역임했다.

동아자유언론수호투쟁위원회(동아투위)를 결성한 동아일보 기자들이 1974년 10월 24일 '자유언론실천선언'을 발표하고 있다.

오연호(1964~)는 월간 『말』지 기자를 거쳐 2000년부터 오마이뉴스 대표를 맡고 있다.

뉴스에서 완전한 진실을 확보하기 위한 인식적 틀로서 자유주의적 철학과 정직과 양심 등을 갖춰야 한다고 주장한 언론인들도 있었다.

저널리즘은 철학哲學에 기초를 둬야 한다. 진리 탐구의 권리는 모든 개인이 가지며 국가는 개인의 행복 추구를 보장해야 한다는 자유주의 철학은 자유주의 저널리즘의 기초다. (김동익, 『권력과 저널리즘: 한 실험적 관찰』(1997), 35쪽)

자신의 구겨지지 않은 양심으로 세상의 양심을 불 밝힐 수 있는 사도使徒가 신문 기자다. 신문은 정직과 정의와 양심의 표상이다. … 정직이 가장 큰 정의여야 한다. (김성우, 『돌아가는 배』(2011), 225,228쪽)

한국일보 외신부장(1980) · 논설위원(1985~1989)을 거쳐 시사저널 편집인(1994)을 지낸 **안병찬(1937~)**은 진실성을 확보하기 위해 사실의 불완전성을 보완하는 노력의 중요성을 강조했다. 사실이라고 생각돼도 그것은 사실이 아니라 사실에 어떤 사람의 의견이 합친 것이며,[36] 무조건 객관주의만 추구하면 권력 추수의 구실로 이용될 수 있다는 것이다. 따라서 저널리즘은 이러한 사실들을 하나하나 합쳐서 더 큰 물줄기를 만들어서 드러나는 진실을 포착해야 한다고 강조했다.

이는 월간마당 편집장, 월간조선 편집장 · 사장을 역임한 **조갑제**
(1945~)의 입장과도 유사하다. 그는 '사실=진실'이라는 무조건적
입장에서 벗어나 진실 추구는 취재로 확인된 사실에 근거해야 한
다"[37]며 "사실의 확인이 이뤄져야 그보다 한 단계 높은 진실의 추
구가 가능하다"고 주장했다. 추리에 가까운 이야기를 하거나 사회
가 어떻게 흘러갈 것이라고 주장하는 것은 언론인에게 바람직하지
않다는 것이다.

그는 진실이란 단편적 사실의 종합적이고 균형적인 구성을 통해
서 드러나는 어떤 사건의 전반적인 모습이라고 정의했다. 사실과
진실은 다르며, 어떤 장님이 코끼리 코를 만진 뒤 "이 동물은 고무
호스처럼 생겼다"고 하는 것은 사실 보도는 될지언정 진실 보도는
아니라고 주장했다. 코끼리를 만졌던 여러 장님들의 견해를 종합
해서 코끼리의 전체 모습을 그려야 한다는 것이다.[38]

완전한 사실의 측면을 완전하게 이해하기 위해 사실 자체뿐 아
니라 그 이면의 맥락을 제대로 살펴봐야 한다는 방법론을 제기한
언론인들도 있었다.

서울신문 · 경향신문 편집국장, 연합통신 사장을 역임한 **조용중**
(1930~), 중앙일보 편집국장 · 사장을 지낸 **김동익**(1933~), 동아
일보 편집국장 · 논설주간을 지낸 **최규철**(1944~)은 사실 뒤에 숨겨
진 진실을 파악하기 위한 맥락의 이해를 강조했다.

전문 저널리스트가 가장 신성하게 추구해야 할 원칙은 개개의 사실을 단순하

게 전달하는 데 그치지 않고 사실 뒤에 숨어 있을 진실을 전체의 맥락에 쫓아서 포괄적으로 전달하는 데 있다. (조용중, 『저널리즘과 권력』(1999), 75쪽)

이를 위해 단순한 정보의 전달이 아니라 분석을 가미해야 하며, 원인에 대한 분석이 곁들여져야 한다는 것이다.

권력의 말을 전달하는 데만 충실할 뿐 권력의 말에 대한 다양한 의견을 계발하고 깊이 있는 토론의 자리를 마련하는 데 인색하다. 현장에서 제공되는 뉴스에 대해 '왜'라는 의문을 제기하지 않는 것이 관행이 되고 있다. (조용중, 앞의 책, 81쪽)

언론의 불성실성은 과정만 중시하는 데서 흔히 범하게 된다. 이는 'Why'는 무시한 채 'How'에만 열중하기 때문이다. (김동익, 『권력과 저널리즘』(1997), 27쪽)

『권력과 저널리즘』(1997) 표지

당일치기는 기사에서 'What story'로 나타난다. 그런데 복습은 'Why story'를 이끌어 낼 수 있는 지름길이다. 가뜩이나 범람하는 정보의 홍수 속에서 'What story'의 생명은 하루살이다. 그에 비해 'Why story'는 소화되고, 정제된 판단을 독자에게 제공할 수 있다. (최규철, 『우리 순영이 힘내라: 기항 최규철 동아일보 35년』(2006), 792쪽)

## 진실성을 확보하는 3가지 방법

한국 언론인들은 진실한 사실을 보도해야 한다는 뉴스 가치를 다른 무엇보다 중요하게 꼽았다. 그렇다면 뉴스를 전달함에 있어 이같은 진실성이라는 가치를 획득하기 위해 어떤 노력을 중시했을까. 언론 현장에서의 구체적인 방법론으로 권력 비판, 실천적 노력, 여론의 반영 등 세 가지가 제시됐다.

### 진실성 확보를 위한 방법론 1: 권력 비판

권력에의 비판은 한국 언론에 흐르는 비판 정신의 근원을 이루는 정신으로 정권에 대한 비판과 견제를 뉴스의 최대 가치이자 언론의 최대 사명으로 인식하는 입장이다.

최석채

권력 비판 정신의 근원은 **최석채**(1917~1991)에서 시작된다. 최석채는 경향신문·조선일보 편집국장과 문화방송·경향신문 회장을 지냈으며 2000년 IPI(국제언론인협회)의 세계언론자유영웅 50인에 선정된 한국 언론계의 대표적인 인물이다. 그는 비판 정신의 근원으로 특유의 반골론을 들었다. 그는 일선 언론인 시절 독재에 대항하는 글을 발표하며 '반골 정신'의 대명사로 불릴 정도로 언론의 비판적인 자세를 강조한 인물로 유명하다.

언론의 비판적 기능을 수행하는 것이야말로 독자의 알 권리와 똑같이 사회 정의 실현으로 이어지며, 언론이 불의와 부정에 맞서기 위해선 '반골 정신'과 '저항 기질'을 가져야 한다고 주장했다. 이는 이후 많은 후배 언론인들에게 계승 전수돼 언론인의 비판적 자세를 규정하는 준거 틀이 되기도 했다.

'반골 정신'이란 무엇인가? 불의와 부정에 굽히지 않는 정의감을 말한다. 불의가 있고 부정이 행해져도 눈을 감고 못 본 체하는 국민이면 죽은 백성이다. … '저항 기질'은 또 무엇인가? 반골의 비판 기능을 활용하여 주장하는 용기를 일컫는다. 한국 언론이 '반골 언론'이요, 한국 언론인의 전통이 '저항 기질'에 있다면 이것은 자랑스럽고 명예스러운 전통이지, 그에 대한 비난이나 비평 자체가 언론의 본질을 전혀 인식하지 못하는 엉뚱한 발언이라고 생각한다.

반골로 나타나는 정의감은 비단 언론의 분야에서만 요구되는 것이 아니다. 정부 자체를 포함한 모든 정치 분야에서, 경제 활동에서, 사회정화운동에서 이 정의라는 기본 관념이 없이는 사회가 아예 성립되지 아니한다. 정의감을 굽히지 않는 사람 '반골'이 있기에 나라가 튼튼하고 사회가 살아간다. (최석채, 『반골 언론인 최석채』(2002), 492쪽)

그는 글을 쓸 때도 둥글둥글해서는 안 되고 가로 세로 모가 나게 대패질을 해야 한다는 지론을 폈다. 그는 기자들이 써온 글을 부·차장들이 다듬는 일을 '대패질'이라 했는데 이는 글에 골기骨氣를 세우란 뜻이었다.[39]

5·16 이후 언론 탄압이 본격화되자 반골 정신을 잃고 출입처 자료에만 의존하는 당시 언론에 대해 강하게 질타하면서 비판 정신의 회복을 주장했다. '아이템'에만 의존해서 만들어내는 신문을 마치 '책임 있는 언론'이라고 오해해서는 안 된다는 것이었다.

"신문 기자들의 기세가 꺾이면서 그만큼 언론의 저조를 초래했다. 언론인들이 자조하여 가로되 '아이템 보이'… 즉 기관의 기자실에만 처박혀, 공보관이 제공하는 아이템만 가지고 신문사로 달려와서는 몇 줄의 기사를 쓰는 외에는 별로 할 일이 없는 '메신저 보이'지 뭐야…고 빈정대고 있다." (최석채, 앞의 책, 178쪽)

따라서 언론인의 자세는 언론과 정부가 호흡이 잘 맞을 때는 민중이 살기 좋을 때고, 그 호흡이 잘 맞지 않을 때는 민중이 살기 어려운 때[40]라는 생각으로 임해야 한다는 것이다.

김중배는 이 같은 반골 정신의 개념을 계승 발전시켰다. 현역 언론인 시절 김중배의 화두는 권력과의 싸움이었다 해도 과언이 아니다. 그의 저술 상당 부분에서는 권력에 맞서는 언론인의 자세에 대한 규범적인 입장이 담겨져 있다.

5공 군사정권의 언론 통제 아래서 부단한 탄압과 압력을 받았던 그로선 언론관과 뉴스의 우선 가치를 언론 자유와 권력에 대한 저항에 집중할 수밖에 없었을 것이다.

『대기자 김중배: 신문기자 50년』
(2009) 표지

언론은 정치권력을 감시 견제하는 비판 기능을 생명으로 삼는다. … 권력은 언론이 그의 '응원단'이 되길 원한다. 언론이 권력의 나팔수이자 시녀이기를 강요한다. … 어떤 독립성과 자유도 거저 주어지는 법은 없다. 언론의 자유는 언론 스스로가 앞장서서 열어나가야 한다. (김중배기자 50년 기념집 발간위원회, 『대기자 김중배: 신문기자 50년』(2009), 187~194쪽)

그는 언론이 제구실을 하기 위해서는 우선 정치적으로 독립되어 제반사를 비판적인 안목으로 관찰할 수 있어야 한다고 믿었다. 그가 말하는 언론의 반골성은 권력과 대등한 수평의 자리에서 부정할 것은 의연히 부정하고 긍정할 것은 혼연히 긍정하는 독립의 권위와 의무를 뜻했다. (김민환, 80년대 김중배의 망원경과 현미경, 『대기자 김중배: 신문기자 50년』(2009), 463쪽)

조선일보(1956)·민국일보(1961)·동아일보 편집국장(1963~1965)·주필(1965~1968)을 두루 거쳤으며 한국신문편집인협회 창설을 주도한 천관우(1925~1991)는 정론직필의 선비 정신을 내세운 비판 정신을 주장했다. 한국 고대사·근대사 등을 연구했던 대표적인 사학자이기도 했던 그는 역사주의적 입장을 토대로 뉴스의 본질을 '직필'이라 내세우고 기자를 '언관言官', '사관史官'에 비유했다. 저널리즘에 대한 그의 생각은 저널리즘이 일종의 경세학經世學이라는 데서 출발한다. 1967년에 쓴 "장지연과 그 사상"이라는 글에서 그는 근대 언론인의 특성에 대한 자신의 견해를 밝혔다.

"우리나라 전통 사회의 이념이었던 유학과 근대 사회의 새로운 문화 현상인 저널리즘이 사학을 매개로 서로 접근"했고, "당시의 저널리즘관은 '사학—경세학—저널리즘'의 밀접한 상호 관계 위에 성립된 것"이라는 주장이다.[41] 여기서의 경세학은 현실 참여를 뜻하는 것으로, 구한말의 언론인이며 역사가이고, 민족운동가이기도 했던 인물들이 언론인들에게 하나의 전범이었음을 밝힌 것이다.

현직 시절의 천관우

전통 사회에서 경세란 정권에 참여하여 정책을 구현시키는 경우가 아니면 야野에 있으면서 대개는 상소 형식으로 정책론을 개진하여 정권이 이를 채택하기를 기다리는 경우였으나, 서양 근대 문물의 유입과 함께 재야자의 '경세'적 정책론에는 저널리즘에 의존하는 새로운 길이 트인 것이라 보았다. (천관우 외, 『위암 장지연의 사상과 활동』(1993), 506쪽, 천관우선생 추모문집간행위원회, 『거인 천관우: 우리 시대의 언관 사관』(2011), 39쪽서 재인용).

경세학이란 말은 바로 현실 참여를 이야기하는 것이다. 따라서 해방 이후 언론의 비판주의적 입장은 이 같은 철학에서 비롯된 것으로 볼 수 있다. 그는 당시 언론인들이 전범으로 삼을 수 있는 사람이야말로 경세학적 입장을 견지하며 구한말 언론인이며 역사가이며, 민족운동가로 활동했던 인물들을 꼽았다. 여기에는 자신도 그런 전통의 연장선상에 있음을 은연중에 내비치고 있었다고도 할 수 있다. (김영희 · 박용규, 『한국현대언론인열전』(2011), 401쪽)

경세학의 현실 참여에 바탕을 둔 그의 지사적 언론관은 반드시 투철한 비판 정신을 전면에 내세울 수밖에 없다. 이런 정신은 벼락이 떨어져도, 목에 칼이 들어와도 할 말을 하는 옛 사관들의 기개와 태도에서 비롯된다. 그가 기자를 언관과 사관에 비유한 이유다.

아무리 유능하고 뛰어난 기능을 갖춰도 투철한 비판 정신이 결여된 기자는 진정한 '프로페셔널'이 아니다. 권력 감시는 투쟁 정신에서 비롯되고 불굴의 용기를

필요로 한다. (천관우선생 추모문집간행위원회, 『거인 천관우』(2011), 211쪽)


　사회 정의에 바탕을 두고 권력에 대한 감시와 비판이 언론인의 사명이며[42], 신문과 민중과 권력의 삼각관계가 안정적으로 유지되는 것만이 이상적인 국가 발전의 동력이며, 사회 발전의 요체이며, 언론의 사명인 동시에 기자의 긍지라는 생각을 가지고 있었다.[43]


　이 삼각관계 속에서 신문은 엄정한 중립을 지켜야 하지만, 이 역시 이쪽도 저쪽도 아닌 중간이란 뜻이 아니라 인디펜던트 페이퍼(독립지)가 되어야 한다는 것이다.
　여와 야의 중간 지대로서 중립지가 아니라, 여든 야든 옳을 때는 옳다, 그를 때는 그르다고 확실하게 시시비비是是非非를 가리는 '적극적인 중립'이 되어야 한다는 것이 그의 입장이다. (조선일보사 사료연구실, 『조선일보 사람들—광복이후 편』(2004), 155쪽)


　불의를 보면서도 침묵으로 일관하는 당시 기자들을 '연탄가스 중독자'에 비유한 것은 유명한 일화다. 1968년 기자 두 명이 구속된 신동아 필화 사건 이후 그는 동아일보 주필 직을 사임하게 된다. 권력에 별다른 저항을 하지 못하고 있는 당시 언론 상황을 지켜보던 그는 1969년 1월 10일자 기자협회보에 기고한 글에서 "한국 특유의 비극인 연탄 중독 같은 것"이라며 "잠든 사이 스며든 가스에 취해 비명 한 번 못 질러보고 어리둥절하고 있는 상태"라고 일갈했다.

우리나라 언론은 지금 가스에 취하여 잠시 어리둥절하고 있다. 그러나 독립신문 이래 70년의 그 험한 노정 속에서 칠전팔기해 온 우리 언론의 경험에서 보면 이 정도의 연탄 중독은 단시일에 회복될 수 있는 성질의 것이며 또 회복되지 않고는 안 될 성질의 것이다.

우선 나 자신부터 창을 열고 맑은 바람을 받아들여 내 정신을 가다듬어야 하겠다. 언젠가도 바로 이 기자협회보에서 말한 바가 있지만 기자는 편집인을 탓하고 편집인은 신문을 탓하고 발행인은 기자를 탓하는 그런 악순환, 신문인은 신문을 탓하고 신문은 신문 단체를 탓하고 신문 단체는 신문인을 탓하는 그런 악순환은 정말 어서 청산해야 하겠다.

자기의 포지션을 감당하지 않으려면서 누구에게 기대며 누구에게 밀다가는 정말 연탄 중독에서조차 깨어날 날이 올 것 같지 않기 때문이다. (천관우선생 추모문집간행위원회, 『거인 천관우』(2011), 139쪽)


이런 비판 정신을 바탕으로 그는 언론계 은퇴 이후 1971년 민주수호국민협의회 공동대표, 1974년 민주회복국민회의 공동대표를 맡아 송건호 등을 재야로 이끌며 언론자유운동의 대부로 떠올랐다. 하지만 5공 출범 이후엔 민족통일중앙협의회 의장을 맡아 변절 논란에 휩싸이면서 논란의 대상이 됐다.

그는 언론인 시절 "언관은 오늘의 비판을 맡고, 사관은 내일의 비판을 위해 예비하는 것"이라고 강조해왔다. 그러나 말년 들어 "'오늘의 비판'을 제대로 수행하지 않게 되면서, '내일의 비판' 대상이 되고 말았다"[44]는 지적과 함께 투항적 현실 참여의 한계와 미완의 비판론자에 그쳤다는 비난을 받았다.

## 국장석의 전화기

천관우의 비판 정신에서 나타나는 또 하나의 특징은 비타협 정신이다. 그는 타협을 몰라 언론사주들과 잦은 갈등을 빚었다. 33세에 조선일보 편집국장에 오른 이후 40이 거의 다 될 때까지 이 신문에서 저 신문으로 마음 내키는 대로 전전하면서도, 언론사주들에게도 고분고분하지 않았던 듯싶다.

그를 편집국장으로 발탁 기용했던 방우영의 회고에 따르면 천관우는 국장 시절 술에 취해 편집국에 들어와서는 무엇이 마음에 들지 않았는지 종종 전화기를 내동댕이치곤했다. 총무국 직원들이 "아예 쇠사슬로 수화기를 묶어놓자"는 제안까지 할 정도였다.[45]

그는 이에 대해서도 나름의 변을 밝혔다.

"신문인들이 즐겨 내세우는 독립불기獨立不羈 (어디에도 매이지 않고 산다는 것)가 다소 비딱하게 반영된 일면도 있었던 것 같다. 그래서 나도, 툭하면 충돌을 하거나 기회를 보아 슬며시 물러나곤 했던 것이다"[46]

권력 비판과 관련, **조용중** 역시 입장이 담긴 뉴스를 강조하며 숨긴 진실을 발굴해내는 언론의 비판적 역할을 강조했으며[47], **최규철**은 권력에 대한 언론의 감시견 역할을 가장 중요하다고 강조했다.

신문의 기본은 정확한 사실에 근거한 비판 권력에 대한 감시다. … 권력 감시와 비판을 외면한다면 그것은 광고회사이지, 언론이 아니다. (최규철, 『우리 순영이 힘내라』(2006), 42 · 44쪽)

한국일보 문화부장, 논설위원실장을 지낸 **박래부**(1951~)는 이에 대해, 언론의 비판적 기능은 권력에 대한 비판에만 한정하지 말고 전반적인 환경 감시 기능으로 확대해서 이해해야 한다고 주장했다.[48]

종종 국익을 고려하지 않고 대통령에 대한 비판이나 비난을 하지 않으면 글을 못 쓰는 풍토가 되곤 하는데, 이런 불공정한 비판 분위기까지도 지적할 수 있어야 한다는 것이다. 정치권력을 비판 · 감시하는 태도가 정도를 넘어 사사건건 정치권력과 기를 겨루는 공격형 저널리즘으로 변질하는 것을 우려해야 한다는 지적이다.[49]

조선일보 편집국장(1963~1964, 1968, 1971) · 주필(1971~1980)을 지낸 **선우휘**(1922~1986)도 입장은 약간 다르지만 비판의 일방적 속성을 지적했다. 그는 글쓰기에 있어 "기자란 저항적인 글에 대한 일반의 인기에만 치우쳐선 안 된다"[50]는 입장을 강조했다. "되도록이면 많은 국민이 무엇에 반대하는 태도를 가지기보다는 무엇에 합심 협력하는 것"을 이끌어내는 것이 중요하다는 주장이다.

한편, **안병찬**은 언론과 정부의 대립 관계를 가져오는 언론의 비판성을 부정주의(네거티비즘)란 개념으로 설명했다.[51]

저널리스트들은 항상 정치 파탄, 부정부패 등과 같은 나쁜 소식을 선호하고 이를 중심으로 사실을 수집하고 기사를 작성한다. 이런 부정적(비판적) 뉴스에 대한 집착은 정치권력을 견제하고 비리 의혹을 파헤치는 것을 언론의 덕목으로 삼아야 한다고 독자들이 잠재적으로 요구하고 있기 때문이라는 것이다. 부정적인 뉴스가 많을수록 정부에 대한 갈등을 조장하는 것이 아니라 건강한 긴장 관계가 잘 유지되고 있다고 본다는 것이다.

경향신문 파리 특파원, 동아일보 경제부장·출판국장을 지낸 **고승철**(1954~)은 언론의 고발 기능이라는 표현을 강조했다. 그는 "언론이 사회의 비리를 고발하지 못하면 그 사회는 쇠망한다"며 "언론 기능이 제대로 작동하면 그 사회는 건강해진다"고 지적했다.[52]

하지만 그는 세상사를 정의와 불의로 쉽게 이분한다면 언론은 정의를 수호하는 편에 서면되지만, 정의·불의 대신 이익·손해 개념으로 나뉘는 사안에 대해선 언론이 어느 쪽에 서야 할지 모호할 때가 많다고 지적했다. 예컨대 '경제 정의'와 같은 개념은 한쪽의 이익이 다른 쪽의 손해가 되기 때문에 이를 다루는 언론에게 더욱 차원 높은 통찰력이 요구된다는 것이다.[53]

## 진실성 확보를 위한 방법론 2: 실천적 노력

진실성이라는 가치를 확보하기 위한 또 하나의 방법론은 실천적 노력의 중요성이다.

송건호는 이를 중시한 대표적인 언론인이다. 언론인이라면 현실에 대한 비판에만 그치지 말고 현실 인식―현실 비판―현실 모순 제거라는 실천의 의미를 최고의 가치에 둬야 한다는 것이다.

현실 참여의 적극분자들의 동태를 보면 그들의 활동 무대가 거의 저널리즘이거나 야당이거나 좀 순수하다는 층도 가두(데모)적 차원을 벗어나지 못하고 있다. 물론 권력 악에 대한 저항의 권위가 저널리즘에 있고 야당 속에 있음은 말할 것도 없다. 극한 상황 속에서는 데모로 나타나는 것도 어쩔 수 없는 일이다.

그러나 차원이 저널리즘이나 야당이나 데모에 그친다면 이러한 저항은 가령 4대 의혹사건이나 대일 굴욕외교와 같은 당면 문제에 대한 반사적 저항에 그치는 것이다. 이것은 지성적 현실 참여가 아니라 민중적 참여이며, 본질에 대한 저항이 아니라 현상에 대한 저항에 그치는 것이다. 내가 '지성인'의 현실 참여는 있었지만 '지성'의 현실 참여가 아직 없다고 말하는 까닭이 여기에 있다. (김삼웅, 「송건호 평전: 시대가 '투사'로 만든 언론 선비」(2011), 104쪽)

그는 실천적인 사회과학의 인식 틀 안에서 이뤄지는 언론 활동이 무엇보다 중요하며, 저항의 본질을 파악해서 이를 극복하려는 노력이 필요하다고 지적했다. 지성이 현실에 위기의식을 가진다는 것이 사회과학적 인식의 출발점이라며, 사회적 비판의 궁극적 목표는 사회를 전체(체제)적 연관 속에서 파악하고 그것의 변동이나

## 지사 천관우와 투사 송건호

청암 송건호는 역사주의 입장을 강조했던 후석 천관우와 비슷한 길을 걸었다. 언론
계에서 물러난 뒤 『한국근대사산책』, 『근세조선사연구』 등의 역사서를 냈던 천관우
처럼 『한국현대사론』, 『한국민족주의 탐구』 등의 역사서 집필에 몰두했다. 70년대
후반 재야세력과 관계를 맺고 민주화운동에 참여하게 된 것도 천관우의 소개를 통
해서였다.

하지만 천하대세를 논하고 비분강개하여 사회를 이끌어가는 게 천관우식의 언론
관이라면 보다 철저한 사회과학적 지식과 역사의식을 겸비해야 한다는 게 송건호의
입장이었다.

천관우의 언론관은 유교적 사고방식의 지사적 언론인으로 온건 보수적 '광장廣場
수호론'의 언론관이라 명명한 데 비해, 송건호의 언론관은 천관우와 함께 비판주의
언론관의 맥락을 잇고 있지만 진보적 '소신 관철형' 언론관으로 부르는 것도 이런
차이 때문이다.[54]

천관우

송건호

모순을 적출해내는 것을 기본 과제로 삼아야 한다고 주장했다.[55]

현실에 대한 강도 높은 비판 이후의 규범에 대한 언급이 없었던 천관우와 달리 송건호가 현실에 적극적으로 참여하는 투사적 자세까지 강조했던 것은 바로 이런 그의 철학에서 비롯된 것이다.

리영희(1929~2010)는 "언론인은 진리에 복무해야 한다"[56]며, 단순한 진리 추구를 넘어 진리의 옹호와 생활 속에서의 실천을 강조했다. 그는 조선일보·합동통신 외신부장을 거쳐 한양대 신문방송학과 교수(1972~1995)를 지냈다. 그는 특히, 기자들이 소득과 생활 수준이 높아지면서 부르주아적 관점에 사로 잡혀 있는 것이 문제[57]라며 각종 사회 문제에 대해 빼앗은 쪽이 아니라 빼앗긴 자의 입장에 서서 바라봐야 한다고 주장했다.

송건호는 이와 같은 인식을 바탕으로 진실성 확보를 위한 실천적 노력의 하나로 주창 보도를 주장했다. 언론의 옹호 모델advocacy model과 수탁자 모델trustee model이 합쳐진 이 개념은 언론인 자신의 역사 인식에 기초한 뉴스 해석과 평가를 중시한다. 권력과의 날 선 관계 속에서 역사의식을 토대로 주창 보도에 주력해야 언론이 바람직한 역할을 할 수 있다는 것이다. 따라서 그는 스트레이트 뉴스보다는 사설이나 칼럼 등 의견성 보도에 더욱 주목한다.

뚜렷한 역사의식은 지금 생성하는 오늘의 사실에 대해 해석, 평가의 기준이 될 뿐 아니라 지나간 사실들에 대한 해석, 평가, 의미를 찾는 데도 가치 기준이 되고, 미래에 대한 전망에서도 하나의 방향을 제시한다. (김영희·박용규, 『한국현대언론인 열전』(2011), 131쪽)

김중배의 뉴스관도 송건호의 주창보도론과 맥락이 닿아 있다. 1971년 4월 15일 동아일보 기자들이 '언론자유수호선언'에 나섰을 때, 편집 간부 중에 논설위원 송건호와 사회부장 김중배 두 명만 참여했다는 점은 이 두 사람의 비슷한 성향과 상호 영향을 알 수 있는 사례다.

김중배는 뉴스에 있어 송건호와 마찬가지로 정보와 의견은 구분해야 한다는 입장에서 출발하지만 의견의 전달을 중시한다. 그는 언론의 바탕은 정보이며, 정보의 전달이자 의견의 표현이며, 의견의 전파라고 밝혔다. 그 전달과 표현을 말길言路에 의존한다는 것이다.[58] 정보 전달에 있어 의견의 전파를 중시하는 그는 진실성을 실천하는 과정에서 기자의 올바른 관점이 무엇보다 중요하다며 자신의 칼럼에서 항상 진실을 이야기하기 위해 노력한다고 역설한다.

그릇된 정보, 왜곡된 정보, 조작된 정보는 사람을 죽인다. 의견도 동일하다. 곡필曲筆은 사람을 죽인다. 직필은 사람이 죽이고, 곡필은 하늘이 죽인다지만 그 이전에 곡필은 사람을 죽인다. (김중배, 『미디어와 권력: 한국 언론, 이제 어떻게 할 것인가』 (1999), 47쪽)

송건호도 곡필에 대해선 비슷한 입장을 밝혔다. '오보'는 모르고 잘못 쓴 실수지만 '곡필'은 번연히 알면서도 자신의 양심을 속이고 독자를 속이고자 거짓말을 일삼는 범죄라고 주장했다.[59]

김중배는 이런 점에서 언론의 관점이 무엇보다 중요하다고 봤다. 언론을 세상 읽기의 '창'으로 규정한 그는 무엇보다 한국 언론에서 이 '창'이 일정하지 않고 시류에 따라 이리저리 바뀌는 것에 대해서도 강하게 비판했다.

언론의 잣대는 한결같지 않다. 세상의 물결 따라 언론의 잣대도 출렁인다. 이른바 자유주의 언론들을 풍자하는 별칭들은 무성하다. '해바라기 언론', '하이에나 언론', '코뿔소 언론', '달걀춤 언론'으로 이어지는 그 별칭은 이루 다 헤아려내기도 버겁다.

'해바라기 언론'은 권력이건 자본이건, 힘의 태양을 쫓아 발휘되는 향일성向日性의 이름이다. '하이에나 언론'은 썩은 고기를 즐겨 뜯는다는 하이에나의 습성을 빗댄 이름으로 힘이 떨어지면 먹이로 삼는다는 뜻이다. '코뿔소 언론'은 여린 표적을 만나면 코뿔소가 저돌한다는 뜻에서다. '달걀춤 언론'은 중세 유럽에 유행했던 곡예사의 춤에서 연유한다. 그들은 즐비한 달걀 더미 위를 가로지르며 춤을 추지만 깨지는 달걀은 한 알도 없다. 그 어느 쪽도 다치지 않는 양시론兩是論을 뜻한다.

(김중배, 앞의 책, 56~57쪽)

실천적 노력이라는 명제는 안종필(1937~1980)과 성유보(1943~2014) 등에 이르러서는 언론 자유를 위한 투쟁이라는 구체적인 실천 행위로 이어졌다. 동아자유언론수호투쟁위원회 활동을 통한 언론 자유 실천 행위에 나섰던 안종필 등은 실천의 의미에 대해 다음과 같이 설명했다.

자유언론실천선언이 실천을 강조한 것은 경영주와 권력의 언론 통제에 단순한 '선언'만으로는 언론 자유를 수호할 수 없고 조직적, 집단적 대응이라야 조직적 폭력에 맞설 수 있다는 것을 깨달았기 때문이다. 언론인의 신분 보장·응당한 처우의 확보야말로 권력·금력으로부터의 독립과 더불어 언론 자유 수호의 두 수레바퀴라는 깨달음에 이르게 된 것이다. (이부영, '실천'으로 불붙인 민주 언론의 횃불─10·24 자유언론실천선언 14돌에 부쳐, 한겨레신문, 1988.10.23. 5면)

이들의 실천적 행위는 선언 발표 이후 그동안 한국 언론 현장에서 관행적으로 인정돼온 금기의 벽을 과감하게 허무는 것에서부터 시작됐다. 자유언론운동의 첫 실천 과제는 오랫동안 자극적이란 이유로 기사나 제목에서 관행적으로 금기시되어오던 용어들을 다시 정확하게 사용하자는 데서 시작됐다. '학생 데모'를 '학원 사태'로, '물가 인상'을 '물가 현실화'로, '임금 동결'을 '임금 안정' 등으로 표현해온 행위들이다.[60]

### 진실성 확보를 위한 방법론 3: 여론의 반영

뉴스 보도에서 여론을 적극 반영하는 것도 진실성을 확보하는 또 하나의 방법으로 제시됐다. 이는 독자 우선주의의 철학 아래 독자들이 원하는 정보의 전달이라는 기준에 철저하게 복무하는 것을 원칙으로 한다.

반골 정신의 창시자이기도 했던 **최석채**는 뉴스 제작에서 비판 정신과 더불어 독자 위주의 관념도 중시해야 한다는 균형적 입장을 펼쳤다. 불의와 부정에 굽히지 않는 정의를 제시하는 것 못지않게 독자가 원하는 뉴스를 우선적으로 반영하는 것도 중요하다는 것이

『반골 언론인 최석채』(2002) 표지

다. 그는 이를 위한 실천 단계에서 무엇보다 여론과 민중의 심리를 제대로 반영하는 것이 중요하다고 지적했다.

신문이 여론을 형성한다고 하지만 신문사의 논설위원이나 기자가 아무렇게나 쓴다고 그것이 여론이 될 수는 없다. 국민의 여론이 어떻게 움직이고 있는가를 가장 적확하게 파악하고 가장 예민하게 반영시키는 신문이 우수한 신문인 것이다. 민중의 심리와 역행하는 허구의 논조를 펼 때 그것은 한 장의 휴지이지 신문은 아니다. 이런 원리를 악용하여 신문이 여론을 조작하려 하고, 신문이 억지 이론으로 민중의 행동을 이끌어 나간다고 하면 그것은 언론의 책임을 잊어버린 소이이며 민중으로부터 버림받는 신문이 되고 만다. (최석채, 『반골 언론인 최석채』(2002), 489쪽)

이러한 생각은 일단 신문은 사회적 산물이라는 입장에서 출발한다.

저널리즘의 특색은 우선 독자를 전제로 생각하고 항상 독자를 상대로 제작하는, 마치 청중을 향한 교향악과 같다고 할 수 있는 것이다. 아무리 아름다운 아리아일지라도 샤워를 틀어 놓고 독창하는 것이라면, 또한 아무리 박력 있는 웅변일지라도 황야에서 홀로 외치는 절규에 그친다면, 그리고 아무리 심오한 복음일지라도 심산유곡에서의 독백에 불과하다면 별로 쓸데없는 에너지의 낭비에 그칠 것이다. (박권상, 『자유언론의 명제』(1983), 113쪽)

최석채는 조선일보 주필 당시 경쟁지 동아일보의 천관우 주필이 '신문윤리강령 제정의 의미'에 대해 쓴 기고문을 자사 지면에 게재할 정도로 다양한 의견을 열린 자세로 받아들여 신문 제작에 실천했던 인물이다. 신문사의 개별 입장을 떠나 언론계 종사자로서의 문제 제기를 서슴없이 받아들였다는 점에서 여론 반영을 위한 정도 언론에 대한 투철한 인식을 엿볼 수 있다.[61]

사회적 여론을 적극 반영한다는 생각은 '민중의 대변'이라는 언론의 사명을 주로 강조해온 언론사주들의 인식으로도 이어진다.

본보는 민권을 옹호하고 이를 신장하기 위해 매진하는 민중의 대변지가 되도록 힘을 다하겠습니다. 민중이 웃을 때 함께 웃고 민중이 울 때 함께 울고 민중이 가려워하는 데를 긁어주고 민중이 아파하는 데를 어루만져주는 것을 사명으로 삼으려 합니다." (김상만, '공명정대한 독립지 지향', 동아일보 1971년 2월22일자 기고)

하지만 이러한 여론의 반영이 지나쳐서 독자의 요구에만 추수할 경우엔 대세 영합에 따른 악영향이 나타났다는 지적도 나온다.

한국 신문의 또 다른 특징은 직접 군중심리를 자극하거나 그 영향을 받는 대세 영합형이라는 점이다. 따라서 쉽게 흥분했다가는 곧 잊어버리기가 쉽다. 성수대교 붕괴나 삼풍백화점 붕괴와 같은 대형 참사 앞에서 흥분하고 개탄하는 것은 인지상정이겠지만, 그 때문에 냉정을 잃고 사실의 충실한 전달이 뒤로 밀린다면, 신문의 일차적인 책무는 버려지는 것이 아니겠는가. … '천하의 독자들이 모두 흥분해 있는데 신문이 흥분하지 않고 있으면 독자를 잃는다'는 인식이 신문 제작자의 저변에 깔려 있는 것이다. (조용중, 『저널리즘과 권력』(1999), 72쪽)

흥분과 과장은 또 다른 대세 영합의 표현이었다. 많은 언론인들은 뉴스 보도에서 이를 절제하지 못할 경우, 그 결과는 사실의 불충분한 전달과 신문의 신뢰도 하락으로 이어진다고 경고했다.

성수대교의 1보를 전하면서 조선일보는 "나라가 이 지경…서울이 부끄럽다"(1994. 10. 22)라는 주 제목을 달았다. 삼풍백화점 붕괴를 다룬 동아일보의 1면 주 제목은 "언제까지 당해야 하나"(1995. 6. 20.)였다.

신문은 부질없이 흥분하기에 앞서 사실을 충분하고 면밀하게 전달해야 하는 저널리즘 불변의 원칙을 지켜야 한다. 속보의 부실, 사실 전달의 불충분이 겹쳐서 신문 자체에 대한 신뢰도를 떨어뜨리도록 신문 스스로가 유도하는 꼴이 되고 있다. (조용중, 앞의 책, 73~74쪽)

## 정확성

많은 한국 언론인들은 사실성의 차원에서 진실성과 더불어 정확성을 뉴스의 또 다른 특징으로 제시했다.

홍종인은 뉴스 보도에 있어서 오보 또는 과장, 허위 조작의 문제를 경계하면서 무엇보다 신문의 생명은 보도의 정확성이라고 적시했다.

한국 언론에서 현재의 시점으로 보도되어야 할 것이 과거나 미래로 표현되거나 지나친 흥분과 지면상의 활자를 누가 더 눈에 뜨이도록 하느냐 하는 경쟁이 문제다. (홍종인, '신문의 생명 · 보도의 정확성: 양창선씨 구출 보도 경쟁을 보고', 『신문과 방송』 1967년 9월호, 2~4쪽)

이런 생각은 60년대 이후 신문이 본격적인 경쟁 시대에 접어들어 부정확한 보도의 문제점이 대두되기 시작하면서 본격적으로 형성됐는데, "정확이 속보보다 더 가치 있다"는 김성우의 인식[62]처럼 국내 언론인들 사이에 일반적인 생각으로 확산됐다.

기자는 名文명문을 쓰는 직업인이 아니다. 명문보다는 정확한 문장이 우리에겐 더 소중하다. ⋯ 정확하라. 특종이 있는 신문보다는 오보가 없는 신문이 권위다. ⋯ 단 한 줄도 오보가 없는 신문은 단 하루도 없다. 신문이 속보성과 전달 수단의 불완전성 때문에 완벽하게 정확하기가 어렵다고 해서 부정확할 권리는 없다. (김성우, 『돌아가는 배』(2011), 208 · 227쪽)

심층 기획 기사를 주로 썼던 조갑제도 보도 기사 작성에 있어 정확한 문장의 구사가 기자의 필수 요건이라는 입장이다. 기사를 잘 쓰려고 하지 말고 정확하게 쓰려고 하는 연습을 해야 하며, 정확한 용어를 골라 정확히 묘사한 것이 좋은 기사 문장이라는 것이다.[63]

그는 이를 위해선 일단 글을 많이 써야 한다고 주장했다. 2010년 한 인터뷰에서 자신의 경우 "40년 동안 쓴 글을 200자 원고지로 환산해보니 약 20만 장쯤 될 것"이라며 "왕조실록보다 두 배쯤 될 것"이라고 밝혔다.[64] 1년에 원고지 5,000장씩 썼다는 이야기다.

오소백

정확성의 전통은 오소백(1921~2008)에 이르러 집대성됐다.

오소백은 한국일보 · 경향신문 · 대한일보 등 여덟 개 일간지의 사회부장을 아홉 차례, 16년간 역임한 대표적인 현장 취재 기자 출신이다. 그는 언론계 은퇴 이후 『기자가 되려면』, 『매스콤 문장강화』 등 언론 실무 서적을 잇달아 내고 취재보도론 교육 등에 주력하며 언론인 양성에 기여했다.

해방 이후 국내 최초의 언론인 양성 기관인 서울신문학원 1기생 출신인 그는 정해진 스타일에 입각한 뉴스 작성을 기본으로 사실에 기반을 둔 정확한 취재 보도를 강조했다. 언론인으로서의 문장 작성 등 기능적인 능력 향상과 실전 취재 능력의 배양에 초점을 맞춘 그의 실용주의적 뉴스관은 이후 언론인 양성 과정에서 많은 전범이 됐다.

오소백의 뉴스론에 따르면 "신문 보도의 3원칙은 신속 · 정확 · 공정"이고 "이 중 보도 기사는 신속 · 정확에 해당하고 칼럼이나 사설은 공정에 해당한다"[65]고 밝혔다. 사실을 사실 그대로만 쓰는 것을 정확한 신문 보도로 제시하면서 의견의 첨삭을 경계했다.

정확성의 전통은 잘못된 사실을 배제한 사실 그대로라는 개념(이혜복), 최대한의 사실 제공이라는 개념(조덕송), 사실의 확인이라는 개념(이채주) 등으로 이어졌다.

이혜복(1923~2013)은 6 · 25 종군기자 출신으로 동아일보 부국장, KBS 해설위원을 지낸 뒤 대한언론인회 회장을 역임했다. 조덕

## 한국 현대 언론의 산실, 서울신문학원

해방 이후 언론인 양성의 요람인 서울신문학원은 1947년 조선신문학원으로 개설한 이래 곽복산 원장의 주도 아래 15년간 16회 졸업생 1천여 명을 배출하고 문을 닫았다. 취재 보도의 실무 능력을 주로 가르쳤던 서울신문학원은 기사 매뉴얼에 따른 기사 작성 등을 중시해 후일 실용주의적 뉴스 제작 전통의 기초를 닦았다.

교과 내용은 신문 윤리, 신문의 명예 훼손, 편집권 문제와 같은 제작 실무에 관련된 과목과 함께 정치, 경제, 법률, 역사, 철학, 노동 문제 등에 이르기까지 신문 기자에게 필요한 광범한 인문·사회과학 분야를 포괄하여 편성하였다.

사진기자·신문영어반도 별도 개설했으며, 현직 언론인을 위한 연구생 제도와 대학 재학생을 위한 청강생 제도를 각각 운영했다. 당시는 신문학 전공자가 매우 희소했기 때문에 전문 분야 강의는 새한민보 사장 설의식을 비롯 김동성, 홍종인, 이관구 등 신문 연구에 관심이 깊은 언론계 중진들이 담당하였다. 이 학원을 통해 수많은 언론인이 배출됐고, 국내에서 언론학이 4년제 대학의 정규 과정으로 정착 발전하는 계기가 됐다.

1956년에는 학원 개설일(12월 22일)을 기념해서 최초로 '신문의 날'이 제정될 정도로 당대 언론에 미친 영향은 지대했다(신문의 날은 이듬해부터는 그 연유를 알 수 없으나 독립신문 창간일인 4월 7일로 변경됐다).[66]

1950년 서울신문학원의 전신 조선신문학원의 '신문학강좌' 개최 공고문

송(1926~2000)은 조선일보 사회부장 · 논설위원을 지냈다. 이채주 (1934~)는 동아일보 편집국장, 논설주간 등을 역임한 인물이다.

기자 합격 당시 사관史官정신으로 사실을 사실대로 밝히는 것을 주저하지 말라는 부친의 당부를 평생 이행하려 노력했다. (종군기자 사회부 기자 빛나던 이름 이혜복 편찬위원회, 『종군기자 사회부 기자 빛나던 이름 이혜복』(2012), 355쪽)

언론 보도로 엉뚱한 시민에게 심적 고통을 주는 일이 없도록 신중을 기해야 할 것이다. … 다툼이 있는 기사의 경우 명백히 잘못이 있는 당사자의 반론도 반드시 기사에 실어야 한다. (이병대, '종군기자, 사회부장으로 빛나던 이혜복 선배를 추모하며' (2013), http://blog.daum.net/jc21th/17781888)

보도의 책임이란 대중에게 일(사건)을 전달함에 있어 최대한도의 사실 진상을 제공함으로써 대중으로 하여금 사물을 판단하는 데 오도되거나 편견에 사로잡히는 일이 없도록 하는 것이다. 정확을 기하는 것이 보도라는 행위가 지닌 헌법성이요 생명이다. … 현장과 사실 확인, 즉 발로 뛰어서 객관성을 부여하고 구체적으로 쓰는 게 중요하다. 픽션 같은 기사가 너무 흔하다. (조덕송, 1996년 어느 대담에서, 김용규 · 박용규, 『한국현대언론인열전』(2011), 366쪽서 재인용)

뉴스를 기사화할 때는 거듭 확인하고 돌다리도 두들겨 가는 강인함과 신중함을 가져야 한다. (이채주, 『언론 통제와 신문의 저항: 암울했던 시절 어느 편집국장의 이야기』(2003), 317쪽)

소설가 김훈(1948~)도 기사 작성 과정에서의 정확성을 주문했다. 한국일보 문화부 기자와 시사저널 편집국장(1994), 국민일보 출판국장(1998), 한겨레 부국장급 기자(2002) 등을 거쳤던 김훈은 기사의 핵심을 제대로 파악해서 취재하는 것을 정확성의 요체로 들었다.

"기자는 개다. 달려가서 뼈를 물어 와야 된다. 어설프게 살점 따위를 뜯어 와서는 안 될 일이다. (안병찬, '나의 후배 김훈', 「한국의 저널리스트: 르포르타주 저널리스트의 탐험」(2008), 174쪽)

박권상은 이런 기능주의적 정확성의 추구보다는 진리 탐구라는 과학적 본질을 강조했다. 그에게 있어 뉴스의 정확성은 일종의 사실의 재현이므로 저널리즘의 이상, 특히 취재의 숭고한 사명은 실존의 세계와 복사 재현의 세계를 일치시키는 작업이라는 입장을 보였다.[67]

따라서 신문 기자의 제일 요건은 'inquisitiveness' 즉, 과학도가 진리를 추구하는 정신과 본질적으로 동일하게 끈기 있게 진실성을 탐구하는 자세[68]라며 사회와 진실에 대한 책임감을 지닌 언론관을 요구했다.

## 균형 감각

뉴스의 규범적 가치의 영역에서 사실성과 나뉘는 또 다른 차원인 공평성에 대해 한국 언론인들은 이를 균형 감각이라는 표현으로 설명하는 경향이 짙었다. 균형 감각의 하위 개념으로는 현실성, 공명정대 등의 개념이 제시됐다. 당파성의 배제, 민중과의 교류 등은 공평성을 실천하기 위한 방안으로 강조됐다.

최석채는 일선 언론인 생활 이후 언론사 경영진 등을 두루 거치면서 언론의 이상 못지않게 현실적 상황도 함께 생각해야 한다는 입장을 자주 언급했다.[69] 보수적인 시각에서 언론의 비판 정신과 현실 인식을 절충한 균형주의적 입장을 제시한 인물이다. 이는 뉴스를 상품으로 생각하는 시장 모델market model 언론관과 사회에 대한 적극적인 발언으로 생각하는 수탁자 모델trustee model이 융합된 입장으로 해석할 수 있다.

홍종인도 뉴스를 취급하는 기자의 자세에 대해서 "모든 뉴스를 공명정대하게 다루어 나가는 데 충실해야 한다"[70]고 주장했다.

이러한 균형적 입장들은 일제 강점기의 종식으로 제국주의 권력이 사라지면서 권력에 대한 비판보다 해방 정국에서의 사회 갈등의 조정과 통합이 언론의 사명으로 중요해졌기 때문으로 보인다. 또, 해방 공간의 좌우 대립 속에서 무수하게 등장한 당파적 언론에 대한 우려가 높아지면서 균형 있고 소신 있는 언론의 방향성을 제시한 것으로도 풀이된다.

공평성의 강조는 특히, 언론사주들에게서도 많이 발견할 수 있다. 초기에 동아일보 특유의 비판적 언론관을 강조했던 김상만(1910~1994)은 언론이 공명정대해야 한다는 입장을 강조했다. 김상만은 아버지 김성수에 이어 동아일보 사장(1971~1977)·회장(1977~1981)을 지내며 동아일보를 한국의 대표적 언론의 하나로 키워냈다. 당시 권위주의적인 정권에 대한 날선 비판을 무기로 내세웠던 동아일보의 위상은 이 같은 입장에서 출발했다고도 볼 수 있다.

"… 본보에 대해서는 사람에 따라 견해가 간혹 다를 수도 있을 줄 압니다마는 본보는 어떤 당파나 어떤 단체에 대해서도 초연한 위치에 선 공명정대한 독립지를 지향해나가려 합니다" (김상만, '공명정대한 독립지 지향', 동아일보 1971년 2월22일자 기고)

인간 사회는 다기다양하고 여기서 일어나는 현상 또한 단순치 않습니다. 그럼에도 불구하고, 특정한 사물은 의식적으로 보도 논평하고, 다른 사물은 그 대소를 막론하고, 의식적으로 회피하는 일이 있다면, 이것은 공정한 언론인이 취할 태도가 아닙니다.

또, 같은 사물이라도 일면만 강조하고, 다른 면을 외면하는 것도, 결코 공정한 처사라고 할 수 없습니다. 자유라는 이름 아래 이 같은 편파적인 태도가 허용될 수는 없는 것입니다. (일민 김상만선생 전기간행위원회, 『일민 김상만 전기』(2003), 387~388쪽)

이병철(1910~1987) 역시 균형 감각의 중요성을 항상 설파하며, 기사를 다룰 때 항상 이 같은 자세를 요구했다. 삼성그룹 창업주인 이병철은 1964년 동양방송과 1965년 중앙일보를 잇달아 설립해 중앙매스콤 회장을 맡으며 언론 경영자의 길에 접어들었다.

(이 회장은) "마상馬上에서는 천하를 잡을 수 있으나 마상에서 천하를 다스리지는 못한다"는 격언을 인용하며 언론이 마상의 총검보다 강한 영향력을 가지고 있지만 잘못 사용하면 자칫 흉기가 될 수 있음을 지적한다. 구사하기에 따라 정의가 되기도 하고 불의가 되기도 하는 '양날의 칼'이라는 얘기다. 따라서 자율적으로 억제되어야 하며 균형 감각이 요구된다고 늘 강조했다. (심상기, 『뛰며 넘어지며: 올챙이 기자 50년 표류기』(2013), 249쪽)

당파성의 배제는 공평성 확보의 또 다른 방법론 중 하나였다. 한국 신문은 민주화 이후 최근 들어 정치권력과의 갈등 관계 속에서 정파주의적 성향을 짙게 나타냈다는 평가를 받고 있다.[71] 그러나 그 이전에는 오히려 정치권력과의 갈등을 줄이기 위해 특정한 당파적 입장의 표명이 철저하게 배제됐다.

김상만은 언론사 내부에서부터 당파성의 배제가 무엇보다 중요하다고 강조했다. 이런 생각은 당시에 각종 정치, 사회적 압력에서 벗어난 독립지에 대한 선호로까지 이어졌다.

공정 무사한 자세로 시是를 시是라 하고, 비非를 비非라고 하는 자세가 무엇보다도 중요합니다. 어느 한쪽에는 무조건 박薄하고, 다른 한쪽에는 무조건 후하게 대하는 편파적 태도는 엄격히 삼가야 하겠습니다. 신문이나 방송은 사회의 거울이라고 합니다. 당사자가 누구임을 막론하고 시는 시로, 비는 비로 비치는 거울이 되어야 하겠습니다. 이것이 독립지 및 독립 방송의 정신이며 성격입니다.

이와 같은 독립지 및 독립 방송의 실實을 거두기 위해서는, 각자 대외적인 처신에도 유의할 필요가 있겠습니다. 어떠한 정치 단체나 사회 운동 단체에도 소속되어서는 안 되겠고, 이에 관련해서도 안 되겠습니다. 그와 같은 단체에 매이게 되면, 그 단체의 주의·주장으로 자신을 구속하고, 때로는 그 지시에 복종해야 될 경우도 능히 상정할 수 있습니다. 스스로 공정성을 버리게 되고, 파당적인 입장을 취할 위험성이 있는 것입니다,

그러므로 우리 회사는 전통적으로 사원이 어느 파당에 가담하는 것을 엄계嚴戒하여 왔고, 대외 활동을 규제하여 왔습니다. 모두가 공정 무사한 독립지 및 독립방송을 지향하고, 이를 위해서 사원 매 개인個人이 자신의 공정성을 지키자는 노력에 인색함이 있어서는 안 되겠습니다. 우리 스스로 누구에게도 얽매이지 않고, 따라서 보도나 평론에서도 얽매임이 없는 당당한 자세를 취하자는 것입니다. (사장 재선 후의 담화문에서, 1975.3.1, 일민 김상만선생 전기 간행위원회, 앞의 책, 386쪽에서 재인용)

가장 상업적인 신문을 만들었던 **장기영(1916~1977)**에 있어서도 당파성의 배제는 항상 거론되는 과제와도 같은 가치였다. 한국일보 창업주이자 한국일보 사장(1954~1964, 1967~1973)이었던 장기영은 한국 언론사에서 독특한 신문 경영인으로 꼽힌다. 다른 신문 경영인들이 편집권과의 마찰을 고려해 제작 실무진들에 대한 접촉과 영향을 공개적으로 밝히는 것을 꺼리는 반면, 그는 '왕 기자'를 자처하며 신문 제작에 적극적으로 참여했다.

신문의 자세가 인디펜던트하고, 임파셜하고 어브젝티브해야 한다는 것은 10여 성상을 온갖 고난과 시련의 고비를 넘어 오면서 잠시도 굽혀본 일이 없는 우리들의 신념이었습니다. 새해에는 더 깨끗한 신문을 만들어야 하겠습니다. 본질적으로 쿠얼리티 페이퍼란 리버럴한 것이며, 그것은 리얼하게 현실을 그대로 보도하는

자세에서 나와야 합니다. (장기영, 한국일보 1969년 신년사, 한운사, 『뛰면서 생각하라: 한국형 최강 CEO 장기영』(2006), 502~503쪽에서 재인용).

반면 일각에서는 조직의 인화·단결이 무엇보다 중요하다는 가치가 강조되면서 균형감각에 앞서 조직 우위의 가치가 강조되기도 했다. 기자들이 사회적 책무를 가진 전문가로서 행동하기에 앞서 조직에 소속된 기자로서의 정체성을 먼저 갖춰야 한다는 주장이다.

아무리 개성이 강한 인사도, 우리 신문사에 들어와서 한 서너 달 같이 어울리다 보면, …개인을 떠나 사원으로서 '조선일보인'이라는 틀에 맞는 일인이 되어주는데, … 이것을 우리 신문사의 굳어진 전통이라고 말하는데, … 자기 본위적인 개인 주장이 사그러지는 현상, 이 용해 저력이 바로 조선일보의 전통에서 우러나오는 힘이 아닌가 생각했었다. (방일영, 『태평로 1가』(1983), 123~125쪽)

이러한 인식은 주인 의식의 강조로 이어지면서, '수처작주隨處作主(어느 곳에서든 주인이 되라)'라는 상징적 문구를 통해 전체 구성원들에게 전파됐다.[72]

공평성의 가치를 실천하기 위한 수단으로 김중배는 언론의 공공적 기능에 주목했다. 일방적인 정보 전달보다는 언론이 민중과 교류·통합해야 한다는 그의 주장은 언론 수용자의 참여라는 적극적인 차원까지 나아가진 못했지만, 송건호와 함께 공공 저널리즘public journalism의 가능성을 시도했다는 점에서 평가할 만하다. 김중배가 언론계 선후배들과의 술자리에서의 대화를 즐기면서 "술이 곧 미디어"라는 은유적 표현을 자주 사용했다는 일화는 이런 맥락에서 대화와 소통의 중요성을 역설하는 표현이라 할 수 있다.

언론은 중재 기능, 여론 기능, 그리고 통합 기능을 갖는다. 그 회로가 권력의 통제로 말미암아 고장을 일으키면, 공동체의 위기가 닥쳐온다. … 언론인은 '무관의 제왕'이 아니다. '무관의 제왕'은 민중이다. 언론은 그 제왕 앞에 공헌하는 공복이 되어야 한다. (김중배기자 50년 기념집 발간위원회, 『대기자 김중배: 신문기자 50년』(2009), 193~195쪽)

하지만 한국 언론인들은 공평성의 또 다른 표현인 공정성이나 중립성 등에 있어서는 다른 뉴스 가치들에 비해 상대적으로 언급이 많지 않았다. 오히려 지나친 공정성의 강조에 따른 문제를 제기했다. 예컨대 **조용중**은 "공정성이라는 명분 뒤에 숨어 뉴스 가치보다는 기계적인 형평에 치우치고 있다"[73]고 지적한 바 있다. 이는 아마도 권력에의 비판을 중시하며 진실 추구를 우선해야 하는 상황에서 공정성과 중립성을 너무 내세울 경우 자칫 비판 정신이 약화될 수도 있다는 인식이 깔려 있었기 때문으로 풀이된다.

그러나 사주나 경영진들은 불편부당성을 강조하면서도 상대적으로 질적 균형보다는 양적 균형에 치중하는 입장을 보였다.

## 도구적 언론관

### 정론지론

규범적 가치의 차원에서 언론의 역할을 규정함에 있어 이를 어떤 하나의 목표를 달성하기 위한 도구주의적 수단으로 인식하는 흐름이 확인된다. 엘리트주의적인 입장을 바탕으로 사회 계몽이나 도덕을 앙양하기 위한 정론지가 되는 게 중요하다는 입장이 바로 그 중의 하나이다.

김성수(1891~1955)의 동아일보 창간 사례를 보면 정론지를 바탕으로 하는 도구적 언론관의 모습을 엿볼 수 있다. 일제하에서 동아일보의 창간을 주도한 김성수는 민족 계몽 등의 정치적인 활동에 주력한 만큼 언론관이나 뉴스에 대해 별 다른 기록을 남기지 않았다. 하지만 그의 민족주의적이고 계몽주의적인 성향은 이 신문의 성격에 영향을 미쳤다.

지금까지의 신문 제호는 나라 이름이나 수도의 이름을 따르는 게 제일 흔한 것 같소. 그러나 … 이번에 창간하는 우리 신문은 '동아'일보라고 했으면 합니다. 일본의 압박에서 벗어나려면 우리의 눈을 세계로 넓혀 조선과 일본은 대등한 동아시아의 구성원이라는 생각을 가져야 합니다. 그리고 우리나라는 고구려 시대부터 동아시아의 최강국이었으며 앞으로 우리는 그 영광을 찾아야 합니다. 그런 뜻에서 우리 신문은 아시아를 대표하는 신문이 되어야 합니다. (최시중, 『인촌 김성수: 겨레의 길잡이, 시대의 선각자』(1986), 125쪽)

이런 흐름은 당시 일본 언론에 팽배해 있던 국민에 대한 계도 성향도 어느 정도 영향을 미친 것으로 보인다.

종전終戰 전 일본 신문은 전쟁의 찬양·독려로 일관했다. 보도를 '報導'라고 쓰다가 전후에 '報道'로 바꾸어 쓰게 됐다. 말하자면 언론은 국민을 한 가지 방향으로 유도誘導하고 훈도訓導해 온 것이지, 정보의 길로 안내한 것이 아니었다. (김동익, 『권력과 저널리즘』(1997), 43쪽)

동아일보 창간 준비를 하면서 언론사의 성격을 다음과 같이 민족의 대표임을 내세운 사시가 정해졌다. 민족의 대표라는 수탁자적 개념을 내세운 언론의 성격 규정은 해방 이전의 지사적 언론관과 해방 이후 동아일보 출신 언론인들에게 주로 발견되는 '지사형' 수탁자 모델 언론관의 태동에 원인으로 작용했다고 볼 수 있다.

1. 조선 민중의 표현 기관으로 자임하노라.
2. 민주주의를 지지하노라.
3. 문화주의를 제창하노라. (동아일보 창간사, 1920. 4. 1.)

이병철 역시 언론 진출을 결심하게 된 동기가 정치와의 조화와 균형을 세우기 위해서라고 밝혔다. 언론의 사회적 영향력을 주목하는 도구적 언론관의 영향을 받았지만 정치적 영향력보다는 도의심의 앙양을 언론의 목표로 제시하면서 언론의 계도적 성격을 강조했다.

한비사건으로 부정 축재자로 몰렸을 때 정치가가 되려고 1년여를 숙고한 끝에 포기하고, … 대신 정치보다 강한 힘으로 사회의 조화와 안정에도 기여할 수 있는 방법을 생각한 끝에 종합 매스컴의 창설을 결심했다. (이병철, 『호암자전』(1986), 183쪽)

그의 언론관을 엿볼 수 있는 기록은 많지 않지만 언론이 사회를 계도해야 한다는 엘리트주의적인 언론관을 바탕으로 정론이야말로 사회의 도의성을 세워나가는 것이라는 독특한 철학을 갖고 있었다. 당대 권력에 대한 비판을 내세운 지사형 언론관보다 사회의 도덕을 세우는 뉴스를 중요하게 다루고 사회 윤리와 도덕을 강조하는 선비형 도덕주의를 강조했다. 도의심의 회복은 그가 뉴스 제작에서 자주 언급하고 강조했던 어젠다였다.

우리의 순풍미속은 어디론가 사라지고 이제는 오로지 몰염치한 행동만이 난무하고 있다.

'바람직한 새로운 인간상의 모색' 이것은 우리들의 소망이며 과업이다. 우리가 사회 생활을 해나가는 데 있어서 마땅히 지켜야 할 행위의 규범, 이것이 바로 도의심인 것이다.

그러나 우리나라의 신문 사회면에는 어두운 기사만이 가득 차 있다. 우리들은 앞으로 도의심 앙양운동에 앞장서야 할 것은 물론 숨어 있는 미덕과 아름다운 선행을 들추어냄으로써 맑고 밝은 사회를 이룩하는 데 총력을 기울여야 하겠다. (중앙일보 신년사, 1969.1.1)

한 개인의 행복을 규정하는 데 있어서나 한 가정과 한 국가의 진정한 발전이 무엇인가를 측정하는 데 있어서 가장 중요한 척도는 다름 아닌 도의심이라 하겠다. 중앙 매스컴이 국민들의 절대적인 지지를 받는 정론지요, 또한 그들에게 밝은 내일에 대한 희망과 용기를 줄 수 있는 힘을 갖춘 생산적 언론이 되기 위해서는 먼저 그 제작진들이 혼연일체가 되어 바로 이 도의 확립 운동의 선구자가 될 각오를 단단히 해주어야 할 것이다. (중앙일보 창간 6주년 기념사, 1971. 9. 22)

이병철에 이어 중앙일보를 맡은 **홍진기**(1917~1986)도 이런 인식을 바탕으로 계몽주의적 성향의 언론관을 드러냈다. 홍진기는 중앙일보 · 동양방송 사장(1966~1980)과 회장(1980~1986)을 맡으며 이를 본격적인 대표적인 국내 언론의 궤도에 올려놓았다.

원래 언론이란 할 일이 많다. 그러나 그중에서 가장 긴요한 일은 동족과 더불어 이 과제를 해결하는 일에 동참하는 것이 아닌가 한다. 중앙일보가 문제의 핵심을 파헤치고 거기서 마디를 찾아 제시하고, 정책 수립가로 하여금 옳은 방향으로 정진하도록 고무하고, 방향이 정해지면 국민이 거기에 참여해 뛰도록 격려하는 것이 언론의 책임이다. (김영희, 『이 사람아, 공부해: 유민 홍진기 이야기』(2011), 412쪽)

현장 언론인들 사이에서 도구적 언론관으로 정론지를 지향하는 입장은 **선우휘** 등에 이르러 보수적 정론이라는 개념으로까지 발전됐다. 반공주의적 소신을 바탕으로 뉴스에서의 스토리를 강조하고 '건전한 상식'을 내세워 자기 나름의 메시지를 담으려는 입장이다.[74] 철저한 보수 우익의 시각에서 각종 사회 현안에 대해 비판주의적 입장을 취한 선우휘의 입장은 이후 옹호 모델 저널리즘의 양태로 발전하며 **조갑제** 등의 신념적 보수주의 등으로 이어졌다.

이 같은 계몽주의적, 엘리트주의적 입장에 대해 언론 조직이나 기자보다는 독자가 우선이라며 상반된 입장을 보인 언론인들도 있었다. **최병우, 심상기**는 신문이 독자를 가르치기에 앞서 독자의 눈높이에 먼저 맞출 것을 주장했다.

최병우(1924~1958)는 한국일보 논설위원, 코리아타임스 편집국장을 지내면서 관훈클럽 창설을 주도했다. 대만 금문도 분쟁 현지 취재 도중 실종됐다. 심상기(1936~)는 중앙일보 편집국장(1981~1983), 경향신문 사장(1990~1991)을 역임한 뒤 서울미디어그룹 회장을 맡고 있다.

독자의 지식을 과소평가 말고, 독자의 정보를 과대평가 말라. 독자의 지식은 높지만 독자의 정보는 적으니 그런 점을 명심하고 정확하고 친절한 기사를 쓰라는 뜻이다. (홍승면, '신문기자 최병우', 『화이부동』(2003), 761쪽)

기자나 편집자로서의 자기주장보다는 독자가 원하는 정보를 발굴하고 기사화하려는 노력이 중요하다. 특히, 요즘에는 교육 및 생활수준이 높아지고 관심의 범위가 다양화되면서 독자들의 수준이 편집자들보다 오히려 높을 수 있다는 사실을 먼저 깨달아야 한다. (심상기, 『뛰며 넘어지며: 올챙이기자 50년 표류기』(2013), 424쪽)

## 신문 기업론

신문 기업으로서의 생존을 위해 뉴스 제작에 있어서 재정적인 입장을 고려해야 한다는 입장은 한국 언론인들의 도구적 언론관이 보여주는 또 하나의 모습이다. 주로 균형성을 강조하는 언론사 사주나 경영인들에게 많이 발견되는 유형으로, 이러한 입장은 언론의 진실성 추구나 비판정신 등의 가치와 자주 충돌하는 모습을 보이기도 했다.

이병철은 기업가 출신답게 언론은 건전하고 합리적인 경영 위에서만 성립된다는 생각을 가지고 있었다. 발전·창조·생산 등의 경제적인 개념을 언론 산업에도 본격적으로 적용했다.

사회 기풍을 발전의 방향으로 진작시키고, 인간의 존엄성과 사회의 공정성을 일깨우며, 창조와 생산의 풍토가 이룩될 수 있는 길잡이가 되고자 한다. (이병철, 중앙일보 사장 취임사,1965. 3)

최고의 상품을 만들어내야 한다는 기업 경영의 신조를 반영해 뉴스를 최고의 상품으로 만들어내야 한다는 주장도 펼쳤다. 최고의 뉴스에다 최고 시설, 최고 대우, 최고 인재 네 가지 최고를 겸비한 신문사를 내세운 그는 이를 실현 유지하기 위해선 사업으로서 경영에서도 성공하지 않으면 안 된다는 입장이었다. 이런 이유로 인해 신문 제호로 정한 '중앙'에는 '제일 크다'는 뜻이 담겨 있었다.[75] 이런 그의 생각은 신문 창간 때부터 공세적인 경영 정책으로 반영됐다.

당시 1위 신문이 26만 부, 2위가 20만 부 정도였고, 지역별 보급소장으로부터 올라온 가능 부수의 집계가 8만 부이므로 내부적으로 창간 부수를 10만 부로 정했다. 그는 하지만 이를 20만 부로 늘리라고 지시했다. 근소한 부수로는 세론을 이끌어가거나 대변한다는 것이 불가능할 뿐더러 사회의 평가를 받으려면 처음부터 절대로 부수가 많아야 한다고 확신했기 때문이다. (이병철, 『호암자전』(1986), 187쪽)

홍진기 역시 이병철과 마찬가지로 사업으로서의 신문 경영의 중요성을 강조했다. 하지만 신문을 언론 사업보다는 정보 산업의 하나로 인식하는 산업주의적 태도를 가지고 있었다. 방우영은 홍진기와 만난 자리에서 신문의 성격에 대해 대화를 나눈 것을 아래와 같이 기록했다.

홍 사장은 "나는 중앙일보의 기능과 역할을 언론 사업이라기보다 정보산업이란 측면에서 중시하고 있다. 그런 차원에서 국민에게 봉사하고 도움을 주는 기업으로 경영하겠다"고 말했다. (방우영, 『조선일보와 45년』(1998), 329쪽)

홍진기는 재정적 기반이 신문의 취재 · 보도의 자유에 필수적이라며 언론사의 독립, 편집권의 독립은 탄탄한 재정 상태에서 나온다고 생각했다.

언론 자유를 지키려면 수입이 있어야 한다. 경영이 충실해야 언론 자유를 지킬 수 있지 않는가? 언론사가 권력으로부터 약점을 잡히지 않으려면 흑자를 내야 한다. (김영희, 『이 사람아, 공부해』(2011), 325쪽)

기업으로서의 신문을 표방하고 탄생한 신문사에서는 무엇보다 재정적 기초를 다지는 것이 중요하다며 신문사의 기업성과 상업성을 공개적으로도 떳떳하게 밝혔다.

어제 어느 신문에서 세계의 신문왕이라는 로이 톰슨이 신문에 있어 제일 중요한 것은 첫째 매니지먼트, 둘째 매니지먼트, 셋째 매니지먼트라고 역설한 글을 읽었다. 그가 이런 말을 한 이유는 재정적 기초 없이는 언론의 자유가 없다는 것을 말하기 위해서다. 신문에 있어 권력의 압력보다 더 무서운 것이 돈의 압력이다. 외부에 부채를 지고 경영 상태가 악화되어 돈이 없어 쩔쩔매는 형편이 되면 언론의 자유와 공정성이 흔들린다. 우리가 추상적으로 언론 자유라고 하지만 재정 압박은 어디서 의심스러운 간섭을 받는다는 정도 이상의 부자유를 겪게 한다. 여러 가지 면에서 원천적으로 회사의 근본에까지 그런 간섭을 받게 된다는 이유가 여기에 있다. (중앙일보 신년사, 1971.1, 김영희, 앞의 책 347~348쪽에서 재인용)

민족정론지를 표방했던 조선일보의 경우에도 재정의 독립은 강조된 가치 중 하나였다.

1920년 창간 이후 1932년까지 약 12년 동안 사장이 여덟 차례나 바뀔 정도로 경영이 불안정했던 조선일보를 1933년에 인수해 중흥시킨 방응모(1890~?)는 재정의 중요성을 우선 강조했다. 방응모는 광업으로 큰돈을 번 뒤 1933년 조선일보를 인수해 경영을 안정시키고 사세를 확장시켰다. 해방 후 조선일보를 복간하고 사장으로 있다가 6·25전쟁 발발 이후 납북됐다.

그는 글로 인해 폐간에 이르는 경우는 드물었지만, 돈과 관련되어 기울어지는 신문사의 경우는 비일비재한[76] 시대를 경험한 탓에

신문사 인수 초기부터 재정 안정을 무척 중시했다고 한다.[77] 신문
사의 존속은 결국 튼튼한 재정과 탁월한 경영 능력이 결정한다고
믿었던 것이다.[78]

그의 뒤를 이어 조선일보 사장(1964~1993) · 회장(1993~2003)
을 지낸 방우영(1928~)도 마찬가지였다. 그는 군사정권 밑에서 언
론 자유 투쟁 등에 휩싸이며 유무형의 압력을 받게 되면서 신문의
재정적 상황을 우선하는 언론관을 강조했다.

정치권력과 투쟁하는 상황에서 재정적 독립은 더더욱 어려웠던 이율배반의 현
실 앞에 때로 좌절하곤 했다. 언론의 자유는 결코 공론空論으로 얻어지는 것이 아
니라고 생각해왔던 나는 실사구시實事求是의 길로 갈 수밖에 없었다. (방우영, 「조선
일보와 45년」(1998), 6쪽)

일선 언론인 중에서 기업으로서의 신문을 자각한 사람은 **최석채**
였다. 그는 불의와 부정에 굽히지 않는 정의를 제시하는 것 못지
않게 독자의 원하는 뉴스를 우선적으로 반영하는 것도 중요하다는
균형론을 펼쳤다.[79]

뉴스를 상품으로 생각하는 시장 모델 언론관과 사회에 대한 적
극적인 발언으로 생각하는 수탁자 모델이 융합된 입장이다. 신문
사의 영리적 측면을 도외시해선 안 된다는 그의 균형적인 입장은
언론사 경영으로 이어졌던 그의 경력과도 무관하지 않은 것으로
보인다. 70년대 언론자유운동을 둘러싼 언론계 내부의 갈등에서
언론자유운동의 대척점이었던 언론 기업인으로의 고민이 담겨 있

는 것이다. 그의 생각은 상업신문론을 펼쳤던 장기영이나 어떤 상황에 놓이더라도 신문 제작을 최우선했던 홍종인 등과 함께 이후 한국 언론의 뉴스 제작 과정에서 신문의 경영적 측면을 강조하는 주장을 넓히는 데 영향을 미쳤다고 할 수 있다.

최석채는 비판 기능과 같은 신문의 공익성을 주장하더라도 지나치게 편견에 사로잡힌 극단적인 입장이나 사회 봉사 활동의 차원과 같은 것으로 이해하는 자세에 대해선 경계했다. 이런 인식 아래서 "신문은 성경도 아니고 교과서도 아니다"며 "신문 역시 상업적인 기업이라는 점을 잊지 말아야 한다"는 말을 남겼다.[80]

신문의 공익성은 그 기업성과 병행하는 것이지 결코 기업체의 영리 사업의 본질을 도외시하고 성립될 수는 없는 것이다. 성경도 아니고 교과서도 아니다. 대중이 기사를 요구하고, 논설을 요구하니 신문은 하나의 상품으로 제공된다는 원리를 망각할 때에 왕왕 기상천외의 이론이 나오고 편견적인 '공익성' 만이 강요된다. 사회의 목탁이니, 공기公器니 해도 그것은 어디까지나 신문이 상품으로서 완성되는 과정에서 제작자의 윤리로 간직할 일인 것이며, 독자와 유리된 일방적 관보官報나 설교를 합리화시켜서는 안 된다. (최석채, 「반골 언론인 최석채」(2002), 179쪽)

장기영

신문기업론의 입장을 펼친 사람 등에서 가장 주목해야 할 인물은 **장기영**이다. 국내 최초로 상업주의 신문을 표방하고 출발한 한국일보를 이끈 그는 독특한 상업신문론을 주장했다. 이는 신문의 기업적 측면을 철저하게 강조한 주장으로 한국 언론 사상 가장 강력한 상업주의적 시각을 드러냈다.

한국일보는 '신문은 누구도 사적으로 이용할 수 없다'는 철칙의 사시를 만천하에 선언한다. … 근대 경제학이론을 신봉하고 새로운 자유경제 사회의 옹호를 자각하면서 리얼리즘에 입각한 상업신문의 길을 개척하여 나가지 않으면 안 될 것이다. (한국일보 창간사설, 1954. 6. 9. 1면)

'사람들이 관심을 갖는 것은 다 신문에 낼 수 있다'는 그의 뉴스 관[81]은 대중의 요구를 적극적으로 반영한 뉴스를 발굴해서 적극적으로 게재해야 한다는 입장이었다. 이는 언론 수용자의 요구를 중시하는 시장 모델 저널리즘을 국내에서 본격적으로 받아들인 것으로 비판적 지사형 언론관이 판치던 당시 언론계 조류에서는 눈길을 끄는 움직임이었다.

그의 상업주의적 언론관은 신문의 경영적 측면을 중시했던 이병철, 홍진기의 언론관과도 유사하면서 다소 다른 결을 보였다고 평가할 수 있다. 신문을 '뉴스 장사꾼'에 비유하는 등 상업주의 언론관의 극치를 보여주는 대목이 바로 그것이다. 그가 국제 뉴스를 하나라도 놓치지 않기 위해 외신부의 텔레타이프가 설치돼 있는 뒷벽에 하얀 나무 판자에 까만 페인트로 '고장은 특종의 신호다'라고 써놓은 것도[82] 그의 언론관을 반영한 일화다.

신문사란 두말할 것도 없이 세계에서 일어나는 갖가지 뉴스를 모아서 그것을 팔아먹는 기업이다. 말하자면 뉴스의 장사. 따라서 일분일초도 뉴스를 수집하는 데 게을러서는 다른 업자에게 지게 마련이다. … 텔레타이프란 전 세계에 퍼져 있는 우수한 외국통신사 기자가 보내는 뉴스를 받아들이는 기계다. 기계인 만큼 고장이 없을 수 없다. 그래서 보통 사람이면 고장이 나면 수리공을 불러 고치면 된다고 생각하는 것이 상식이다.

그러나 그러한 태평주의로는 뉴스의 장사를 못한다는 것이다. 그에 의하면 기계가 고장 난 그 순간. 단 일초 일분 사이에라도 세계 어느 곳에서 무슨 경천동지할 큰 뉴스가 생길지 모른다는 것이다. 따라서 고장이 나면 바로 통신사에게 전화를 걸어 고장을 신고하고, 그동안이라도 무슨 큰 뉴스가 생기면 곧 연락해달라고 부탁해 놓고 그 다음에 고장 난 기계를 지체 없이 수리해야 한다는 것이다. (한운사. 『뛰면서 생각하라』(2006), 493~494쪽)

1961년 국내 언론사로는 최초로 항공부를 신설해 L-16 세스나 비행기를 도입해 영업에 활용한 것 역시 타 언론사를 압도하기 위한 상업주의 정책의 일환이었다. 어린이 미술대회 때 상공에서 비행기로 꽃다발을 투하하며 사업에 활용한 것은 물론, 설악산 조난사고 취재팀에게 취재비를 공중 투하하거나 인쇄한 신문이나 행사장 촬영 필름을 비행기로 수송해 떨어뜨리는 등 속보·속배 경쟁에도 적극 활용했던 것이다.[83]

이와 같은 상업신문론은 경제적 자립을 토대로 한다는 게 그의 주장이다. 상업적 성공을 거두기 위해 편집권과 경영권의 강력한 융합이 필요하다고 본 그의 입장은 평소 즐겨 말했던 '두 자루 만년필론'과 '광고 기사론'에 잘 나타나 있다.

나는 두 자루 만년필을 다 써보았다. 하나는 사설 고치는 것이고 다른 하나는 신문사 수표집에 사인하는 것이다. … 광고도 기사다. 정정할 수 없는 특종 기사다. 그래서 더욱 중요하다. (안병찬, 『신문발행인의 권력과 리더십: 장기영의 부챗살 소통망 연구』(1999), 170쪽)

이 같은 철학을 바탕으로 한 독특한 인사 정책도 눈길을 끌었다. '가는 사람 쫓지 않고 오는 사람 거절하지 않는다去者不追 來者不拒'는 방침 아래 견습 기자로 많은 기자를 뽑아 쓰면서 다른 신문사로 가는 것을 말리지 않지만, 다시 돌아온다고 해도 대체로 받아들이는 유연한 인사 정책을 펼쳤다.

내 손으로 모가지 자르는 일 없을 것이고, 아무리 유능해도 나가겠다는 사람 붙잡아 두려 하지 않을 것이고, 나갔다가 다시 오겠다는 사람 최대한 받아들이겠다. 그 놈 일 잘할 것이니까. (안병찬, 앞의 책, 340쪽)

이는 조직에의 충성을 중시했던 당시 언론계 분위기에선 보기 드문 모습으로, 기자의 업무 능력에 따라 시장에서 몸값이 좌우되고 입·퇴사가 자유로운 서구 상업주의 언론의 특성을 국내에 처음으로 도입했다는 평가를 받고 있다. 한국일보가 '기자 사관학교'라 불리며 한국 언론계에 많은 경력 기자들을 배출한 산실로 꼽히게 된 것도 이 같은 사내 분위기에서 비롯된 산물이라 하겠다.

상업신문을 주창한 한국일보의 흥미 추구적인 성향은 이후 후발 주자 신문들이 잇달아 등장하면서 신문 생존 차원에서 자극을 받게 되자 더욱 뚜렷해졌다.

1960년에서 1970년까지 10년간 전국 일간지의 총 발행 부수는 2.5배 늘어났다. 60년대 중반 신문 보급이 크게 늘어나기 시작하면서 1965년 신아일보와 중앙일보의 창간은 기존 중앙 일간지들이 자본주의적 신문 기업으로 전환해가는 데 자극 요인이 되었다. (안병찬, 앞의 책, 128~129쪽)

창간 직후 시시비비를 가리는 정통 언론을 표방했던 한국일보가 이후 상업주의적 성숙을 거치면서 권위지로 변모해나가는 과정을 추적해보는 것은 장기영의 언론관·뉴스관의 변천과 함께 또 다른 언론사적 연구 대상이라 하겠다.

## ___ 실용적 뉴스 가치에 대한 입장

일선 언론인들 중에서 뉴스의 개별적 속성인 실용적 차원에서의 뉴스 가치를 정리된 형태로 정의한 사람은 많지 않았다. 이는 그동안 대부분의 언론인들이 현장에서 경험과 감感으로만 뉴스를 다뤄왔다는 것을 뜻하는 대목이다.

『체험적 신문론』(1993) 표지

대부분이 실제 뉴스 가치 요인을 살펴서 뉴스를 만들기보다 오래 단련된 경험과 육감으로 뉴스를 취사선택하는 일이 더 많았다. (송효빈, 『체험적 신문론』(1993), 52쪽)

이론적 정리가 많지 않은 상황에서 한국 언론인들이 일선 현장에서 강조해 온 실용적 뉴스 가치에 대한 인식을 살펴 본 결과 아래와 같은 특징을 알 수 있었다.

실용적 차원에서의 뉴스 가치에 대한 생각은 기존 연구에서 추출된 한국 언론의 뉴스 가치 네 가지 항목인 사회적 중요, 새로움, 수용자 관련, 흥미 중에서 사회적 중요성과 인간적 흥미의 차원에 주로 집중되는 경향이 있었다. 이는 규범적 언론의 역할을 중시해 온 한국 언론의 전통에 비춰볼 때 실용적인 차원에서는 사회와 인간에 집중되는 뉴스 가치를 주로 다뤄왔음을 보여준다.

여러 실용적 뉴스 가치의 하위 개념 중에서는 특히, 현장성과 시의성에 주목하는 경우가 많았으며, 상업주의 언론에 대한 경계로 선정성을 우려하는 목소리도 적지 않았다.

그러나 실용적 뉴스 가치에 대한 언급은 규범적 뉴스 가치에 대한 언급에 비해서 상대적으로 빈약했으며, 구체적이고 정리된 입장이라기보다는 일선 현장에서의 자신의 경험 등에만 국한돼 전체 언론인의 일반적인 생각으로 확대하기에는 한계가 있었다.

## 사회적 중요

뉴스 가치에 있어 '사회적 중요' 요인에 대해서는 뉴스가 사회적으로 중요하고 흥미 있고 새로운 정보라는 입장[84]에서 출발한다. 일선 언론 현장에서는 사회적 중요성 요인은 바로 뉴스가 가지는 사회적 영향력을 의미했다.[85] 사회와의 연계성과 관련성이 가장 중요한 독자의 관심사이며, 사회적 요구라는 가치 기준이 항상 내면화되어 있어야 좋은 뉴스(기사)라는 것이다.

대체로 언론 경영주들이 이를 강조하는 입장이었다. 홍진기는 '사회적 중요' 요인에 대해 어떤 사건이 사회에서 차지하는 의미를 항상 강조했다. 이는 언론이 사회 내의 의제를 적극적으로 제시하고, 그 의미를 제공해야 한다는 입장이었다. 10·26 사태가 터졌을 때 중앙일보 편집국과 동양방송 보도국 간부들에게 다음과 같이 주문했다.

중앙정보부장에 의한 대통령 시해라는 전대미문의 사건 전말을 깊이 있고 폭넓게 보도하되 눈앞의 사건에만 매몰되지 말고 역사의 스펙트럼에서 사건의 의미와 그것이 이 한국의 미래를 어떻게 성격 지을 것인가에도 초점을 맞추라고 당부했다. 그때도 홍진기는 칸트를 인용했다. "내용 없는 사유思惟는 공허하고, 사유 없는 내용은 맹목이다." 기자들과 간부들이 내용(기사)의 홍수에 휩쓸려 생각(사유)할 여유를 잃지 말라는 학인의 유용한 경고였다. (김영희, 『이 사람아, 공부해』(2011), 389쪽)

그러나 한국 언론에서는 사회적 중요성을 너무 강조하다보니 다루는 기사가 정치 기사 등에만 집중되곤 했다. 오소백처럼 이런 현상을 우려하면서 관습적인 기사 취급에서 벗어나 기사 의미의 경중을 따져 편집하는 자세를 주문하는 흐름도 있었다.

1면은 정치면이라는 인식이 심해 다른 분야의 기사가 들어오면 '왜 들어오느냐'는 듯한 텃세 의식이 있다고 봅니다. 그날의 뉴스 중 가장 의미 있는 기사를 1면 머리에 과감히 내세울 수도 있는데, 신문사들이 서로 눈치만 보고 있는 것 같아요. … 가령 한국 사회의 근간이 되는 한글을 지키고 갈고 닦은 이희승 선생의 죽음을 1면에 과감하게 키울 수도 있고, 자신의 목숨을 버리며 선원을 구한 선장에 관한 기사도 1면에 무게 있게 다룰 수 있다고 봅니다. 1면의 텃세 의식은 타파해야 한다고 봅니다. 사회와 역사 속에서 기사의 비중을 어디에 두느냐 하는 안목과 판단력, 역사의식은 매우 중요하다고 믿습니다. (오소백, '원로 언론인 '신문위상' 진단', 경향신문 1990년 8월 1일자 3면)

사회적 중요에 대한 준거가 부족하다보니 타사와의 기사를 비교해서 판단하는 일도 잦았다. 가판 시절 경쟁 신문을 보고 기사 크기와 의미를 견줘보는 관습은 사회적 중요 요인을 중시하는 뉴스 제작 관행에서 비롯된 것이라 할 수 있다.

기사 가치 판단에서 가판을 보고 다른 신문과 비교하여 기사 가치에 대한 판단을 조정하고 자체적으로 자기 기사의 미흡한 부분을 보완 또는 수정하는 반면 장부기관과 정치권, 기업의 로비나 압력에 의해 어쩔 수 없이 기사를 빼거나 줄이고 키우기도 한다. 그러다보니 신문들이 비슷해질 때가 있다. 바로 한국 신문들은 도토리 키 재기 식으로 그 신문이 그 신문이라는 비평을 듣게 되는 이유 가운데 하나이다. (이문호, 『뉴스통신사 24시』(2001), 199쪽)

## 새로움

언론인들은 뉴스 가치에서 새로움의 중요성을 '싱싱한 생선(김성우)'[86], '싱싱한 수액이 흐르는 나무'(안병찬)[87] 등의 비유로 강조했다.

송효빈은 이를 '신기성新奇性'[88]의 개념으로 소개했다. 그는 1965년 일본의 종합 일간지 정리부장(편집부장)들이 정한 뉴스 판단 기준을 인용해 신기성을 새롭고 진기한 것을 알고 싶어 하는 인간의 본능에서 비롯된다고 주장했다. 신문新聞의 '신新'자는 새로운 소식과 사건을 전하겠다는 뜻이 담긴 것으로, '앗! 이런 일이…'라고 신선한 충격을 주는 것이 뉴스의 기본이라고 강조했다.

새로움에 대한 생각은 **조덕송**처럼 '뉴스를 신문 기업이 '새로운 것'을 찾고 '앞서 나가려는 욕구의 소산'[89]으로 표현하거나, **김성우**처럼 '신문 기자는 새로운 것을 위해 인생을 사는 사람'[90]으로 묘사하기도 했다. **안병찬**도 장기영 사주의 말을 인용해 "뉴스는 싱싱한

수액이 흐르는 나무다. 그런 살아 있는 뉴스를 베어오는 것이 일선 기자의 일이다"라고 주장했다.[91]

새로운 것이 뉴스다. 새로운 것에 가장 큰 가치를 두는 신문, 새로운 것에 가장 앞장 서는 신문이 되자. … 신문은 싱싱한 생선 같아야 하고 풋풋한 새 풀 냄새가 나야 한다. … 새로운 뉴스만 특종이 아니라 새로운 아이디어도 특종이다. (김성 우, 「돌아가는 배」 (2011), 208쪽)

새로운 신문을 만들어야 한다. 새로운 신문은 새로운 것을 맨 먼저 좇아가는 신 문이다. 세상은 달음질쳐서 달리는데 신문은 걸어가고 있다. (김성우, 「신문의 길」 (2016), 192쪽)

그러나 대다수의 한국 언론인들 사이에서는 새로운 것이 아니면 뉴스가 아니라는 생각은 사회적 중요 요인 등 다른 요인에 비해 상 대적으로 덜 언급되는 경향이 있었다.

## 수용자 관련

수용자의 관심을 끄는 뉴스가 가치가 있다는 '수용자 관련' 요인의 경우, 일선 언론인들은 그 하위 개념 중에서 물리적, 심리적, 문화 적 근접성에 중점을 두기보다는 시의성과 현장성on-site coverage에 주 로 집중했다.

시의성이 가장 중요한 뉴스 가치라고 가장 먼저 정리된 입장을 내놓은 사람은 곽복산이다. 그는 뉴스란 시의에 맞는 일이라는 정의했다.[92] 오소백도 시의성을 뉴스에서 가장 중요한 가치로 들었다. 그는 "신문 보도의 3원칙은 신속·정확·공정이며, 이 중 보도 기사는 신속·정확에 해당한다"고 밝혔다.[93] 뉴스를 빨리 전달하는 것이 중요해진 이유는 언론 경쟁이 본격화되면서 흥미를 끄는 생생한 현장성과 함께 신속성이 더욱 부각됐기 때문이다.

신속하게 현장에 도착하여 남보다 먼저 상세하게 취재하여 빨리 보도하는 것이 기자로서는 첫째 일이다. (서울언론인클럽 추모문집 편찬위원회, 『영원한 사회부장 오소백: 오소백 대기자 추모문집』(2009), 260쪽)

오소백은 부산일보 사회부장 시절인 1952년 7월 4일 국회에서 발췌 개헌안이 기립 표결로 통과되자 신속한 보도를 위해 호외를 윤전기로 찍지 않고 밤새 등사기로 만들어 배포해 우리나라 최초의 등사판 호외 제작이라는 기록을 세우기도 했다.

시의성의 개념은 현장주의와 결부되면서 '현장성'이라는 또 하나의 개념으로 구체화됐다. 6·25 종군 기자 출신인 이혜복과 최병우 등은 현장성을 강조한 행동형들이다. 이들은 현장주의에 입각해 뉴스의 정확성과 역사적 기록으로서의 가치를 강조하는 뉴스관을 제시했다. 특히, 최병우는 "한국전쟁 당시 외국인 기자 17명이 생명을 바쳤지만 한국인은 단 한 사람의 기자도 다치지 않았다"는 말을 입버릇처럼 하며[94] 현장을 강조했는데, 그는 결국 1958년 중국·대만 간 분쟁 지역인 금문도 현지에서 현장 취재 도중 실종됐다.

이러한 현장성의 강조는 논객 활동을 주로 해서 일선에서의 취재 경험이 적었던 **천관우**에게까지 이어질 정도로 한국 언론에서 하나의 중요한 가치관으로 자리 잡았다.

천관우는 조선일보 국장 시절 '현장주의'와 '기사는 발로 써야 한다'는 뉴스관을 갖고 있어 견습 기자들에게도 르포 기사를 요구했다. (권영기, 『격랑 60년: 방일영과 조선일보』(1999), 163쪽)

조덕송은 뉴스는 현장과 사실 확인, 즉 발로 뛰어 객관성을 부여하고 구체적으로 쓰는 게 중요하다는 주장을 펼쳤다.[95] 이런 생각들은 후배 언론인들에게 이어져 내려와 '기자가 현장을 떠나면 문필가일 뿐'(**최규철**)[96] 등의 인식으로 확산됐다.

심층 기획 취재를 즐겼던 **김훈** 역시 '기자는 사실을 드러내기 위해 현장에 머물러야 한다'[97]고 줄곧 주장했으며, 인터넷 시민기자를 활성화시킨 **오연호**도 일반인이 쓴 글이라 할지라도 현장을 통한 취재를 했느냐를 기사의 중요한 기준으로 들었다.[98]

하지만 **조용중**은 현장주의를 강조하면서도 취재 현장에서의 맥락에 주목할 것을 주문했다.

현장의 상황과 정보에 밀착돼 있는 신문은 현장의 혼란에서 한발 물러서서 사태의 뒷전을 살피면서 전체의 흐름 위에서 파악하고 분석하는 냉정한 슬기를 갖추어야 할 것은 물론이다. 그 작업은 외롭고 어렵지만 동시에 현장의 언론만이 누릴 수 있는 특권이기도 한 것이다. (조용중, 『저널리즘과 권력』(1999), 75쪽)

## 구보의 계단

장기영 사장 시절인 1960~70년대의 한국일보사 사옥에 들어섰을 때, 외래인이라면 도무지 이해할 수 없는 몇 가지가 있었다.

현관에서 편집국으로 올라가노라면 계단이 있는 벽에는 독특한 글씨가 쓰여 있었다. 장기영의 속보 우선주의를 반영한 기발한 표어들도 곳곳에서 볼 수 있었다. 현장성을 그만큼 강조한 사람도 드물었다. 한국일보 출신 언론인 안병찬은 자신의 책에서 이를 다음과 같이 표현했다.[99]

> "'구보驅步의 계단' … '뛰어 올라가라'라는 말이다. 이것은 모름지기 신문 기자란 뛰어야 한다는 뉴스 경쟁의식을 높이는 데 있다. 마감 시간이 남아 있으니까 천천히 써도 좋다는 식의 태평주의로선 신문이 안 된다. 이것도 물론 장 사장의 아이디어.
>
> 그리고 이 '구보의 계단'에는 다음과 같은 '기자 정신'을 상징하는 표어들도 눈에 띈다.
>
> '사건이 발생한 그 시간이 마감 시간이다.'
>
> '승부는 일요일 새벽 네 시에 난다.'
>
> '숫자란 다시 보고 다시 묻고 써도 속는다.'
>
> '신문은 '내일'도 없고 '이따'도 없다.'
>
> 이 얼마나 '뉴스의 신속성'을 강조한 역설적이고 기발한 표어냐."

장기영의 언론관을 분석한 『신문발행인의 권력과 리더십』(2011)

신문사 경영주들은 경쟁에서의 경제적 이윤 확보라는 상업적 목적이 가미된 속보성이라는 개념을 많이 언급했다. 장기영은 신문이 상업적 성공을 거두기 위해선 무엇보다 신속성과 기민성에 기반을 둔 현장주의 뉴스 제작이 우선한다고 주장했다.

신문 경쟁의 전술은 속보요, 전략은 해설이다. 기사는 발로 써라. 큰 사건은 공휴일 날 터진다. … 사건이 발생한 그 순간이 마감 시간이다. 신문 제작에 잠시 후라는 말은 통하지 않는다. (안병찬, 「신문발행인의 권력과 리더십」(1999), 169쪽)

"전진할 때는 선봉 부대와, 후퇴할 때는 최후미 부대와 행동하는 것이 기자"라는 게 그의 현장주의에 대한 소신이었다.[100] 이처럼 한국 언론인들이 시의성, 현장성을 중시한 것은 이종혁 등의 연구[101]에서 한국 언론의 가치로 제시한 네 가지 최상위 요인 중에서 시의성이 제외된 것과 비교해 볼 때 상당히 다른 모습이다.

현장성을 강조하는 언론인들의 모습은 한국 신문이 본격적인 경쟁 시대에 접어들면서 시의성 있는 뉴스를 현장에서 누가 먼저 신속하게 보도하느냐에 사활이 걸렸던 60~70년대의 언론 상황과도 밀접한 관련이 있어 보인다. 신입 기자의 교육 과정에서 현장성을 중시하는 사건 사고 기사를 다루는 경찰 기자 제도가 언론사마다 확고하게 자리 잡고 있었던 당시 상황과도 연관이 있는 것으로 추정된다.

반면 일상생활에 유용한 정보를 의미하는 유용성에 대한 언급은 거의 없었다. 이 역시 언론 자유와 권력 비판을 언론의 주요 사명으로 여기던 시절에 생활 정보나 과학 정보 등을 홀대했던 당시 언론사 분위기에서 비롯된 것으로 여겨진다.

## 흥미

### 인간적 관심을 주목하라

'흥미' 요인은 전통적인 뉴스 가치에서의 인간적 흥미라는 개념과 유사한 것으로 한국 언론에서 뉴스 가치를 논할 때 항상 단골로 등장하는 개념이다.

곽복산은 뉴스란 일반에게 흥미를 주는 것이어야 한다는 미 위스콘신대 신문대학원장 브라이어Bleyer 교수의 뉴스 정의를 소개하면서 최대 다수인의 최대 흥미를 주는 것이 최상의 뉴스라고 제시했다.[102]

> 뉴스 성립은 시간성과 공간성이 중요시되고 있다. 뉴스의 취재 대상은 적게는 한 개인의 변동으로부터, 자연계 및 사회의 변화(정치, 경제, 외교, 전쟁 등)에 걸쳐 상당히 광범위한 것이다. 이 객관적인 사실을 인지하는 자는 '현재의 나'다. 그러므로 이 변화의 대상이 뉴스가 되려면 여기에 나의 관심이 집주集注되어야 한다. 다수인의 관심을 환기함에는 심리적인 사실(휴먼 인터레스트, 인간적 흥미)이 상위를 점한다. 그러므로 뉴스 가치는 변화하는 객관적 사실의 대소와 이를 인식·이용하는 주체적 감도의 강약으로 결정되는 것이라고 봐야 할 것이다. (곽복산, 『신문학 개론』(1955), 98~99쪽)

곽복산의 뉴스 개념은 서구적 상업 언론의 정의를 중시하고 있어 이후 뉴스의 규범적 차원보다는 뉴스 속성, 특히 흥미 있는 뉴스를 중시하는 실용주의적 저널리스트들의 이론적 배경이 됐다. 인각적 흥미에 작용하는 요인으로는 감성적인 자극 요인과 함께 영향, 저명, 갈등, 근접, 충격 등 지성적 자극 요인도 함께 꼽혔다.[103]

실용주의적 뉴스 가치를 중시해온 오소백은 사람들의 눈길을 끌기 위한 뉴스의 요인으로 인간적 흥미를 가장 중시했다.

■ 新聞·放送·雜誌·社報 叢書

記者가 되려면

『記者가 되려면』 개정판(1999) 표지.
무려 1,362페이지에 달하는 대작이다.

독자의 흥미를 유발하기 위해 사람을 뉴스의 요소로 하고 인간적 흥미를 기사 속에 넣어야 한다. (오소백, 『기자가 되려면』(1999), 562~565쪽; 서울언론인클럽 추모문집 편찬위원회, 『영원한 사회부장 오소백: 오소백 대기자 추모문집』(2009), 131쪽)

기사를 쓸 때에는 사람들이 흔히 하는 말을 빌려 쓰되, 독자가 알고 이해하고 있는 수준에서 시작하는 것이 중요하다는 것이다. 그리고 독자들의 꿈, 공상, 호기심, 판단, 감정, 미신, 애국심, 공포 등이 무언가 모르게 연결되었음을 느끼도록 기사를 이끌어가야 한다고 했다. 독자의 입장에서 쓰지 않은 기사, 즉 독자의 필요나 희망, 입장과 무관한 기사는 독자들이 외면한다는 게 그가 늘 강조한 말이다.[104]

이러한 그의 성향은 자연히 취재보도에서 사람과 관련된 사건을 중시하는 태도로 이어졌으며, 인간적인 흥미 요인과 관련해서 많은 일화와 언급을 남겼다. 사건 당사자들의 사연이나 사진·일기장 등 기록, 현장의 생생한 묘사와 서술은 기사의 흥미를 견인하는 요인으로 중요하게 간주됐다. 그의 언론계 현장 경험을 담은『올챙이기자 방랑기』(1955)에는 자신이 경험한 현장 사례 등이 생생하게 소개되어 있다.

총선거라든가 커다란 사건이 생겼을 때에는 밤을 세워가며 신문을 만드는 일도 있지만 신문이 뉴스 재료의 빈곤을 느끼는 날이 있다. 이것을 보통 '뉴스 인플레'라 한다. … 자살 사건, 살인 사건 같은 것은 한 번만 일어나도 대서특필하고 며칠을 두고 우려먹었다. 더구나 묘령의 여인의 음독 자살 사건이란 매우 독자에게 흥미를 끌 수 있는 기사였다. … 사회부장은 어떻게 해서든 여인의 사진을 꼭 구하라는 특명을 내렸다. 여인의 사진을 구하지 못한 기자들에게 당장 사표를 내라는 호령이었다. … 사진을 구했다는 현장의 전화를 받고서야 부장은 약간의 미소를 띠었다. 사랑에 실패한 인텔리 여성이 세상을 비관하고 자살했다. 세상이 괴롭고 허무하다는 내용의 유서에다 여인의 일기장, 학생복 입은 여인의 사진까지 구했으니 금상첨화 격이었다. … 앞으로 마감 시간은 한 시간으로 박두했다. 현장에 나갔던 카메라맨과 기자들이 세퍼드와 같이 씩씩거리며 편집국으로 들어 왔다.
(오소백, '이그러진 표정', 『올챙이기자 방랑기』(1955), 177~180쪽)

그러다 보니 인간적 흥미라는 명목 아래 선정적이고 사생활을 침해할 가능성에 대해서는 다소 관대한 모습을 보였다.

다음의 일화는 오소백의 이런 뉴스관을 보여주는 대목으로 이후 벌어지는 언론사 간 경쟁 과정에서 선정성을 강화하는 배경이 되기도 했다.

부산 피난 시절 (소설가)김동리와 손소희의 스캔들이 일어나자 당시 부산 중앙일보 사회부장인 그는 "사생활이니 보도할 수 없다"는 일부 기자들의 반대에도 불구하고 이를 특종 기사로 대문짝만하게 보도했다. 김동리의 본부인이 이들의 살림방을 기습해 난리를 피웠는데, 이를 취재한 부산 중앙일보의 기사가 특종이 되면서 그 날짜 신문은 아예 그 부분만 접어서 팔려, 가두 판매 역사상 최고 부수를 기록했다고 한다. (이호철, '이호철의 문단골 60년 이야기', 한국일보 2011년 5월 18일 37면)

당시 무슨 사건만 발생하면 마치 오지에 나타난 곡마단 구경거리처럼 흥미로워서, 소위 이 스캔들 사건은 재미있는 사회부 기사감이긴 했다. ··· 나는 이 사건 당사자들이 모두 혼자 외롭게 사는 지성인들이니 굳이 스캔들이라 못 박아 다룰 필요는 없지 않겠는가고 오 사회부장에게 은근히 건의했다. 그랬더니 오 부장님은 내 의견을 단호하게 일축했고 그대로 추진하는 것이었다. (당시 중앙일보 문화부 기자 박소리의 회고, 서울언론인클럽 추모문집 편찬위원회, 『영원한 사회부장 오소백: 오소백 대기자 추모문집』(2009), 222쪽에서 재인용)

인간적 흥미에 대해서는 구체적인 하위 구성 요소들을 거론한 언론인들이 많다.

경향신문 정치부장 · 수석논설위원을 지낸 고영신(1952~)은 '돈, 범죄, 성性'[105]을, 한국일보 편집부국장 · 논설위원과 한국기자협회장(1969~1970)을 지낸 송효빈(1933~)은 '유명인과 진기한 사건'[106]을, 안병찬은 언론의 부정주의에서 나온 '부정적인 기사'를 그 예로 들었다.

흥미 요인은 특히 언론의 경쟁과 관련, 신문의 상품성을 높이는

## 사회부 기자

한국 언론에서 사건을 중시하는 경향은 1960년대 이후 국내 언론에서 본격적인 경쟁이 시작되면서 독자의 흥미를 유발하는 상업적인 전략 등에 힘입어 더욱 뚜렷해졌다.

언론 현장의 이야기를 담은 조선일보 사회부 기자 이상현의 책 『사회부 기자』(1977)에는 당시 이 같은 현실상을 엿볼 수 있는 기자의 고민이 잘 담겨 있다.[107]

> "기자는 시시한 사건이나 사고는 흥미를 갖지 않는다. 예를 들어 몇십 명, 몇백 명의 사망자를 내는 사건이나 사고를 기대한다. "몇 명만 더 죽지, 차라리. … 그렇다면 그게 오늘 사회면의 톱기사가 될 텐데, 아쉽군." … 한 사람의 억울한 사정을 당해도 발을 벗고 나서 보도를 통해 크게 지원하면서도 '집단의 목숨'이 희생되는 사고를 은근히 기다리며 사는 직업. … 그 극단의 모순 속에서 기자들은 갈등하기도 한다."

『사회부 기자』(1977) 표지

요인으로 늘 꼽혔으며, 신문사 사주들에 의해 반복적으로 강조돼 온 가치다.

방우영은 신문 판매를 늘리기 위해선 독자들의 흥미를 끄는 편집의 중요성을 강조하고, 독자의 시선을 끄는 뉴스를 전진 배치하는 식의 적극적인 신문 제작을 주문했다. 그는 1963년 신문 발행인으로 취임한 이후, 편집을 획기적으로 개선하기 위해 당대 최고의 편집자라는 말을 듣고 있던 김경환 민국일보 편집부장을 영입할 정도였다.

『나는 아침이 두려웠다』(2008)
표지

1960년대 초반까지 조선일보는 전통과 역사를 내세워 제호 아래 먹칠만 해서 신문을 팔아왔다고 해도 과언이 아니었다. 편집의 개념이 없었다는 이야기다. 기사가 길면 긴 대로 짧으면 짧은 대로 적당한 제목을 달아 줄줄이 붙이는 식이었다. 제목을 간결하게 압축하고 지면 전체를 짜임새 있게 만들려는 노력이 없었다. 내가 발행인이 돼 지면 쇄신에서 가장 서두른 것은 편집이었다. '화려한 편집과 특종이 있어야 제대로 된 신문'이라는 게 나의 소신이었다. (방우영, 『나는 아침이 두려웠다: 한국 현대사와 함께한 방우영의 신문 만들기 55년』(2008), 27쪽)

홍진기도 뉴스란 재미있고, 정보가 담겨 있고, 교훈을 줘야 한다며 나름의 구체적인 뉴스관을 설파했다. 오락성을 뉴스의 중요 가치로 구체적으로 거명한 것은 사회적 영향력을 중요하게 여겼던

이전의 계몽주의적인 언론사들과는 상당히 다른 모습이라 할 수
있다.

평전 『이 사람아, 공부해』 (2011)
표지

홍진기는 중앙일보 창간 때부터 세 가지를 강조했다.
정보성, 계도성, 오락성이 그것이다. … 그는 각 부서마
다 경쟁지를 능가할 수 있는 아이디어를 한 건 이상 내도
록 지시했다. 신문 창간을 지휘하는 그의 열성에 기자들
과 편집국 간부들은 그때까지의 타성, 그때까지의 고정
관념에서 벗어나지 않으면 안 되겠다는 각오들을 했다.
(김영희, 『이 사람아, 공부해』(2011), 324쪽)

그는 신문의 정보성, 흥미성을 위해 여러 가지 아이디어도 직접
냈다.

1971년 10월 12일 중앙일보는 「식품과 영양」이라는 새 연재물을 실었다. … 국
내 최초로 현직 의사를 기자로 채용하고 그에게 「건강 365일」을 연재하라고 지시
했다. (김영희, 앞의 책, 349쪽)

신문 지면에 관한 홍진기의 관심의 폭은 무한대였다. 해외 토픽을 특히 세심하
게 챙겼다. 그는 항상 해외 토픽이야말로 신문에 필요한 델리커시delicacy라고 강조
했다. 그래서 중앙일보 편집국 기자들은 홍진기에게 '해외 토픽 담당 국제부 차장'
이라는 별명을 붙였다. (김영희, 앞의 책, 354쪽)

중앙일보 국장대리를 지낸 전 문화공보부 장관 손주환은 이렇게
말한다.

홍 회장은 내게 "기사와 피처 스토리는 재미있어야 돼. 재미없으면 안 읽어. 그
리고 정보가 담겨 있어야 하고 교훈을 줘야 해"라고 했다. (김영희, 앞의 책, 349쪽)

이런 그의 인식은 재정적 압력에서 벗어나기 위해서 독자들의
눈길을 끄는 재미있는 기사를 계속 발굴해야 한다는 기업으로서의
언론관에서 비롯된 것으로 여겨진다.

장기영은 흥미와 오락적 요소를 신문의 최우선 상품 가치로 내세
웠다. 한국일보가 흥미와 오락 위주의 뉴스에 상당한 비중을 둔 것
도 장기영의 이런 독특한 언론관이 배경으로 작용했기 때문이라
할 수 있다. '사람들이 관심을 갖는 것은 다 신문에 낼 수 있다'는
그의 뉴스관은 대중의 요구를 적극적으로 반영한 뉴스를 발굴해서
적극적으로 게재해야 한다는 입장으로 이어졌다. 이와 같은 입장
은 언론 수용자의 요구를 중시하는 시장 모델 저널리즘을 국내에
서 본격적으로 받아들인 것으로 평가된다.

**선정성에 대한 경계**

상업주의가 지나치게 성행하면서 대두되기 시작한 선정성의 문제
는 일선 언론인들에게도 풀어야 할 과제였다. 한국 언론 고유의 경
쟁적 특성으로 인해 흥미 있는 기사는 선정주의의 한계를 넘어설
때가 많았다.

## 꿈의 해석

뉴스에서 흥미와 오락적 요소를 강조한 장기영의 생각을 잘 알려주는 일화가 있다. 이상우 전 한국일보 부사장의 경험담이다.

어느날 밤 편집국에서 일을 하고 있는데 장기영 씨가 일본어로 된 책을 한 권 주었다.

"이거 번역해서 2백자 원고지 반 장 분량으로 매일 연재해."

제목이 '꿈의 해석'이었는데 민간에서 내려오는 해몽과 비슷한 내용이었다. 문답 형식으로 되어 있어서, '어젯밤 고양이 꿈을 꾸었습니다. 오늘 제가 어떠어떠한 일을 하려고 하는데 어떻게 하면 좋을까요?' 이런 질문에 대해 '고양이는 어떠어떠한 것을 상징하는 것이니 어찌어찌 하라'는 답이 들어 있다.

"이거 미신입니다. 이런 걸 내면 우리 신문 권위가 떨어집니다." 내가 반발하자 장기영 씨는 확신에 찬 목소리로 대답했다. "꿈은 누구나 관심을 갖는 거야. 사람들이 관심을 갖는 것은 다 신문에 낼 수 있는 거야. 1면에 예고 기사 내."

장기영 씨는 1면에 매일 시를 넣을 정도로 파격적이었다. 나 역시 거역할 수 없어 투덜거리며 신문에 실었다. 꿈 연재가 시작되자 그날부터 신문사에 문의 전화가 빗발쳤다. 그야말로 폭발적인 인기였다. 장기영 씨는 그때 이미 대중의 존재를 인식하고 대중의 요구가 무엇인가도 간파할 줄 알았던 것이다. 그때까지만 해도 신문에 엔터테인먼트란 요소를 넣는다는 것은 감히 엄두도 내지 못했다. 그런 벽을 장기영 씨가 깬 것이었다.[108]

한운사, 『한국적 최강 CEO 장기영: 뛰면서 생각하라』 (2006) 표지

한국 독자들은 사람에 대한 높은 관심을 보인다. 그래서 한국 언론은 선정주의라는 비판을 받으면서도 인물 중심의 지면 제작을 강화해야 가독성이 높기 때문이다. (고영신, 『디지털 시대의 취재보도론: 고영신의 저널리즘 강의』(2007), 53쪽)

박권상은 이를 센세이셔널리즘으로 정의하고 1961년 국내 첫 여성 판사 황윤석 판사 변사사건에 대한 보도를 그 시초로 들었다.[109] "60년대 중반부터는 상업주의가 본격적으로 나타나면서 신문 제목에 1단이 넘는 시커먼 컷이 등장했다"[110]고 설명했다.

그러나 선정주의를 최대한 자제하고 공익성과 조화를 이뤄야 한다는 입장은 계속 이어졌다. 최석채는 뉴스에서 흥미 못지않게 그 가치를 독자에 최우선을 두는 공익성과의 조화를 주장했으며, 홍종인도 지나친 선정성으로 인한 흥분과 과장을 경계했다.

독자들이 읽어서 흥미가 있고 공익성에 부합되는 '조화'가 필요하다. 그런 까닭에 신문은 언제나 상품의 고객인 독자를 위주로 신문을 제작하는 것이지, 독자 아닌 다른 '봉사의 대상'을 염두에 둘 수는 없는 것이다. 소위 '리프타일 프레스(어용 신문)'가 독자보다 '아첨'의 상전上典을 염두에 두고 신문을 제작하는 까닭에 상품의 가치가 떨어지는 것이다.

고객인 독자, 즉 국민은 하고 싶은 말을 신문이 속 시원하게 해 주고, 알고 싶은 일을 신문이 가려운 데를 긁어주듯이 소개해줄 때 비로소 그 상품–신문에 신뢰를 갖는다. 알고 싶은 일도 캄캄 소식, 하고 싶은 말도 우물우물하는 신문이 상품 가치가 떨어진다는 것은 자명의 이치인 것이다. (최석채, 『반골 언론인 최석채』(2002), 179쪽)

한국 언론에서 … 지나친 흥분과 지면 …을 누가 더 눈에 뜨이도록 하느냐 하는 경쟁이 문제다.  (홍종인, '신문의 생명 · 보도의 정확성: 양창선 씨 구출 보도 경쟁을 보고', 『신문과 방송』 1967년 9월호, 2~4쪽)


우리나라 기사에 '격돌', '총공세' 같은 군대 용어가 자주 등장하는 것은 오랜 군사정권의 이른바, 군사문화의 탓도 있지만 자꾸만 자극적인 용어를 찾은 결과이기도 하다.  (이문호, 『뉴스통신사 24시』(2001), 213쪽)


김성우는 이 같은 선정성이 독자와의 영합에서 나온다며 대중의 악취미에 영합하지 않는 독립된 자세를 요구했다. 상업주의를 표방했던 한국일보 출신인 그가 이런 입장을 주장하는 것은 그만큼 독자 선정주의에 대한 경계가 강했던 언론계의 분위기를 보여주는 대목이다.


신문은 모든 것으로부터 독립해야 한다. 권력, 금력, 광고주, 신문사 경영주로부터 독립해야 한다. 그리고 이들 독립에 못지않게 중요한 것이 독자로부터의 독립이다. … 상업지로서 신문은 독자에 아첨하고 영합하며 독자를 이끌기는커녕 끌려 다닌다.  (김성우, 『돌아가는 배』(2011), 208~209쪽)


과도한 선정성에서 비롯된 한국 언론에 대한 문제 제기는 한국 언론의 약점을 구체적으로 적시하는 자기반성으로 이어진다. 조용중은 실제 현장에서 빚어지는 문제점들을 생생하고 솔직하게 기술했다.

한국 신문의 가장 후진적인 특징의 하나는 여러 개의 얼굴을 동시에 가지는 이
중성이다. 권위 있고 깊이 있는 보도와 논평을 통해 소수이지만 영향력 있는 엘리
트 독자를 상대로 국가와 사회의 현재를 진단하고 장래를 분석하고 논평하는 권
위지를 추구하는 한편으로 다수 독자만을 노리는 상업주의와 선정주의가 판을 치
고 있다. (조용중, 『저널리즘과 권력』(1999), 70쪽)

선거철이면 어김없이 등장하는 정치 헌금이나 공천 매매와 같은 문제는 여야
가릴 것 없이 신문이 정면으로 다룰 수 있는 호재인데도 외면해버린다. … 그러는
한편으로 수사 당국이 흘리는 정치인의 개인적인 비리 정보를 폭로하고 응징하는
데는 그야말로 개 패기식 보도dog-attack journalism가 무색할 정도다. 한국 신문의 또
한 가지 특징은 모든 사태를 옳고 그른 것, 지고 이기는 이분법으로 보는 단순 사
고가 신문을 지배하고 있다는 것이다. (조용중, 앞의 책, 74쪽)

언론사 사주들도 과도한 선정성 문제 등에 있어서는 문제의식을
느끼고 있었다. 그들은 주로 '신중한 보도'라는 표현으로 이에 대
한 대처를 당부하곤 했다.

조선일보 사장(1954~1964) · 회장(1964~1993)을 지낸 방일영
(1923~2003)은 뉴스 보도에 따른 논란을 우려해 기자들에게 늘 신
중한 보도를 강조했다. 개인의 명예나 프라이버시를 지면 제작보
다 우선해서 보호해야 한다는 것이다.

"물론 붓끝이 예리해야 하고 특종도 중요하지만, 붓끝을 잘못 놀려서 무고한
죄인을 만드는 일이 있어서는 절대로 안 된다. 국가적 차원의 현저한 범죄이거나

파렴치범이 아니라면, 어떤 경우에도 개인의 명예를 소홀히 다루지 말아야 하네. … 특히 정치 현상이나 경제인의 사업 활동을 취재 대상으로 삼는 경우에는 각별히 그 점에 유의해서 기사를 쓰도록 하게." (권영기, 『격랑 60년: 방일영과 조선일보』 (1999), 342쪽)

자신의 생각을 직접 글로 쓰는 게 흔치않았던 그가 드물게 직접 썼던 글 중 하나인 조선일보 창간 43주년 인사말에서도 '신중한 뉴스 보도'를 강조했다.

(조선일보가)논평에 있어서 언제나 중립을 지켜왔고, 보도에 있어서 신중을 기하며 선동성을 배제함으로써 양식 있는 독자 제위의 신뢰를 획득해온 것은 너무나 당연한 일이다. ('창간 43주년 인사말',조선일보 1963.3.5.자 1면, 권영기, 앞의 책 220쪽에서 재인용)

이런 인식은 60년대 이후 권위주의 정권과 맞서며 건전한 언론 윤리를 둘러싼 논란이 치열해지는 상황에서 과도한 뉴스 경쟁으로 인해 자칫 상당한 손해 배상을 유발할 수 있는 피해를 경영자로서 최소화하려 했던 데서도 연유된 인식이라고 여겨진다.

이병철은 선정적 보도의 대안으로 밝은 기사에 대한 적극적 개발을 주문했다. 그는 세상의 어두운 면을 지적하는 비판 기사보다는 미담이나 일화 같은 밝은 기사를 선호했다. 이는 당시 자극적이고 공격적인 기사가 주류를 이뤘던 기존 언론에 대한 그의 비판적 생각에서 비롯된 것이라 할 수 있다.

언론은 이른바 춘추의 필법으로 사실의 정사곡직正邪曲直을 밝혀야 한다 함은 너무나도 당연하다. 그러나 언론은 자칫하면 사회의 어두운 면이나 개인의 과오 같은 것을 필요 이상으로 부각시키는 센세이셔널리즘의 함정에 빠지기 쉽다. 오히려 사람들의 선의나 선행 등 밝은 화제나 사실을 적극적으로 발굴하여, 독자로 하여금 장래에 대한 희망과 용기를 가질 수 있도록 환기시켜주는 것도, 신문의 큰 사명이다. (이병철, 『호암자전』(1986), 184쪽)

그래서 그는 이 같은 생각을 자신이 만든 중앙일보의 사시 첫머리에 못 박았다. 중앙일보 사시 1항과 3항은 '사회 정의에 입각하여 진실을 과감 신속하게 보도하고, 당파를 초월한 정론을 환기함으로써, 모든 사람들이 밝은 내일에의 희망과 용기를 갖도록 고무한다', '사회 공기公器로서의 언론의 책임을 다함으로써 이성과 관용을 겸비한 건전하고 품위 있는 사회의 목탁이 될 것'으로 돼 있어 그의 언론관을 반영하고 있다.

### 확대 해석에 대한 반성

일선 언론인들은 선정적 보도 성향이 사안을 확대 해석하는 경향과 같은 관습적 보도 양태로 이어지면서 한국 언론의 병폐로 지적되고 있다며 자성의 목소리를 내고 있다.

김중배는 이로 인해 한국 언론의 위상이 흔들리고 있다고 진단하고 한국적 뉴스 가치에 심각한 문제가 있다고 지적했다. 전체보다 단면을 중시하고, 속보와 확대 해석에 잘 빠지며, 사회 현안에 대한 애매한 태도를 보이는 경향이 많다고 적시했다.

그 첫째가 일시적 사고와 단락적 사고의 병리다. 조성된 정보의 홍수 속에서 그들은 그때마다 일시적인 평가에 골몰한다. 그 자리, 그 사건을 넘어서게 되면 자신의 판단마저 잊어먹는 습성에 걸린다. 논리적인 일관성을 잃게 되는 것은 당연하다. 또한 마감 시간의 중압은 복잡한 인과관계의 분석에 전념할 여유를 허락하지 않는다. 손쉽게 원인과 결과를 결부시키는 버릇도 그 때문에 생긴다.

두 번째 병리는 속보성의 스트레스라고도 이름 붙여진다. 속보에 쫓기는 심리적 중압감은 H. 셀리에가 말하는 '취한 상태'를 몰아온다. 속보성에 '취한 상태'에서 성숙한 판단이 내려지기를 기대하기는 어렵다.

세 번째 병리는 표본 선택의 잘못이다. 작은 표본을 토대로 지나친 확대 해석을 감행하는 결과는 사실은 물론 판단의 편향을 낳게 된다. 이상 정보증도 그 증상의 한 가닥이다. 정상적인 일에는 거의 무관심한 반면, 이상한 사태에만 높은 뉴스 가치를 부여한다. (김중배기자 50년 기념집 발간위원회, 『대기자 김중배』(2009), 451쪽)

이문호, 안정효는 애매한 뉴스원이나 불특정한 취재원을 내세워 기자 나름대로 확대 해석하려는 경향이 한국 언론의 가장 크고 고질적인 문제라고 지적했다.

우리 신문기사에는 "…이라고 믿을 만한 소식통이 말했다"는 등의 표현이 자주 등장하는데, 그때 그 소식통은 기사를 쓴 기자 자신일 경우가 허다하다는 것이다. 결국 출처attribution(뉴스 소스)는 시간에 쫓기는 기자가 미확인이지만 있음직한 일을 기사화하는 수단으로 자주 활용된다. (이문호, 『뉴스통신사 24시』(2001), 219쪽)

한국에선 수많은 기자들이 보도 대신 비평을 한다. … 걸핏하면 비판에 앞장서서 "이런 불미스런 일"이니 "모범적인 인물"이니 하는 표현을 아무렇지도 않게 입에 올린다. … 예를 들면 TV 뉴스에서 "이동통신 가입자들이 비판을 피하기 어렵습니다", "세무 행정에 대한 불신이 큽니다"라는 보도가 나왔는데, 이것은 가입자나 국민의 이름을 빌려 기자가 개인적인 견해를 피력한 형태다. … 참으로 아전인수적이고 편파적이라고 밖에 볼 수 없는 형태의 언론 보도가 우리나라에는 만연한 상태다. (안정효, 『글쓰기 만보』(2006), 155쪽)

## 뉴스 사회학적 쟁점에 대한 입장

뉴스 사회학적 관점에서 한국 언론인들이 주로 다룬 주제는 권력과의 언론 조직 관계에서 비롯된 편집권 문제와 미디어 내부·외부 간의 원활한 소통 차원에서의 언론의 사회적 책임에 주로 집중됐다.

반면 서구 언론에서 중요하게 다뤄졌던 게이트 키핑 등과 같은 언론사 내부의 제작 관행이나 문화적 배경, 이데올로기 등과의 관계 등에 대한 언급은 거의 찾아볼 수 없었다. 이는 권력으로부터의 언론 자유 획득이 가장 시급한 과제였던 해방 이후 한국의 언론 상황을 고려해볼 때 일선 언론인들에게 편집권, 사회적 책무 등의 문제 외의 사안에 대해선 아직은 한가하고 시기상조라고 여겼던 분위기와도 무관하지 않은 듯하다.

### 편집권

편집권이 누구에게 있느냐는 한국 언론인들에게 항상 뜨거운 감자와도 같은 주제다. 이는 정치·경제권력과의 갈등이 빈번하게 빚어졌던 상황에서 언론인 스스로 독립성을 얻기 위한 자구 노력의 일환이었으며, 언론사 내부의 긴장은 항상 이 문제에서 시작됐다.

대부분의 사주, 경영인들은 편집권을 경영권의 일환으로 보는 입장이 강했다. 하지만 이런 인식을 공식적인 언급으로 표현하는 것은 극히 삼갔다. 편집권 논란이 불거지면 항상 사주의 도덕적 논쟁으로 이어지기 때문에 이런 갈등을 우려한 탓으로 보인다.

언론사주 중에서 **방일영**은 독특한 인식을 갖고 있었다. 그는 뉴스 편집에 대해선 다소 자유방임적인 태도를 보였다. 그의 이런 태도는 '편집 불간섭주의'[111]로 불릴 정도였는데 "일은 결국 사람(기자)이 하는 것이므로 그 사람들 뒷바라지만 철저히 하면 신문은 절로 발전하게 마련"이라고 생각했다.[112]

뉴스를 지면에 옮기는 과정에서 편집권을 둘러싼 언론인들의 인식은 권력과의 투쟁에 이어 자본과의 갈등으로 이어지면서 뜨거운 논란으로 계속됐다. 무엇이 뉴스인가라는 질문은 바로 어떤 기사를 지면에 보도하느냐에 달려 있었기 때문이었다.

**최석채**는 이와 관련, 1968년 천관우 동아일보 주필 등이 사임하고 기자 두 명이 구속된 신동아 필화 사건이 한국 언론의 편집권 독립에서 권력에 굴복하는 중대 기로였다고 주장했다. 그는 "이제 신문은 편집인 손에서 떠났다"며 "한국의 언론이 경영주의 손에서만 움직인다"고 선언했다. "이제부터 편집권 확보를 위한 외부와의 투쟁은 (노사 간 또는 정부 언론 간)이면 교섭으로 끝낼 것이 아니라 법원으로 가서 당당히 싸워야 한다"고 주장한 그는 "이는 유죄가 되면 언론 자유는 그만큼 좁아지고 무죄가 되면 그만큼 넓어지는 때문"이라고 설명했다.[113]

**송건호**는 무엇보다 "언론은 권력은 물론 자본으로부터도 독립해야 한다"며 독립 언론·자유 언론 모델을 제시했다.[114] 그는 "언론의 자유와 책임이라는 구호는 잘못된 표현이며, 다른 표어로 선정한다면 오히려 언론의 독립을 내세워야 옳을 것"이라고 지적했다.

"신문 기업주들은 기자들이 편집권 독립을 주장하면 '나는 바지저고리냐'는 식으로 발끈하는데, 이것은 당치도 않은 말"이라며 "언론이나 교육 사업은 그 자체가 막중한 공공성을 갖고 있기 때문에 이를 일반 기업이나 사유 재산의 개념으로 봐선 안 된다." (김삼웅, 『송건호 평전: 시대가 '투사'로 만든 언론 선비』(2011), 238쪽)

이 생각은 뒤에 김중배·안종필 등에게로 이어져 천민 자본가가 언론을 맡아서는 안 된다거나(김중배), 국민이 출자하는 신문사를 만들어야 한다(안종필) 등의 주장으로 구체화됐다.

김중배는 권력뿐만 아니라 자본에서의 편집권 독립도 본격적으로 주장한 인물이다. 동아일보 편집국장 사임 직후부터 그의 화두는 권력보다는 자본의 도전을 더욱 심각하게 생각하는 쪽으로 바뀌었다. 권력과의 싸움보다 더 원천적인 자본의 통제와 위협에 직면했다는 그의 상황 판단은 기자들이 사주 등 자본의 압박을 스스로 받아들여 자신을 자율 규제하는 태도를 경계해야 한다는 주장으로 이어졌다.

1990년대가 열리면서 제가 보기로는 우리는 권력보다는 더 원천적이고 영구적인 도전의 세력에 맞서게 되었다는 게 신문기자 김중배의 진단입니다. 그것은 제가 굳이 길게 부연할 필요도 없이 자본주의 체제의 언론이란 것은 기본적으로 권력, 물론 자본주의 체제에서의 권력은 그 자체가 자본을 함유하는 개념이라고 저는 이해하고 있습니다마는, 권력, 정치권력만이 아니라 가장 위대한 권력, 가장 강력한 권력은 자본이라는 생각을 떨쳐버릴 수가 없습니다. … 자본주의 체제가 지속되는 한 언론에 대한 자본의 압력은 원천적이고 영구적인 것입니다. 독재 권력은 우리가 경험했듯이 망할 수 있습니다. 그러나 자본주의 체제가 지속하는 한 자본의 압력은 당장에 거세되지 않을 것입니다. (김중배,동아일보 편집국장 퇴임사, 1991.9.6. 김중배기자 50년 기념집 발간위원회, 『대기자 김중배 신문기자 50년』(2009), 419~423쪽에서 재인용)

그는 이런 철학을 바탕으로 1998년에는 국민이 주인되는 독자적인 대안 언론을 주장하며 언론개혁시민연대라는 시민단체를 만들기도 했다.

이에 비해 **홍종인**은 신문 제작이 무엇보다 우선돼야 된다는 입장을 보였다. 이런 그의 생각은 이후 언론 민주화 과정에서 투쟁보다는 참여파의 토대가 됐다고도 볼 수 있다.

신문 제작 거부의 이유로 내세운 주장들이 타당한 것이라 하더라도 신문 제작을 전제로 그 주장들이 내세워져야 한다. (홍종인, 동아 광고사태에 대해, 동아일보 1975.3.14 1면)

**이채주, 최규철**은 편집권이 기자들에게 주어진 천부적 권리라는 주장에 대해 "편집권은 경영진으로부터 위임받은 권한"이라는 논리를 폈다.

이채주는 "뉴스 면을 제작하는 권리와 책임이 편집권이라 한다면, 만약에 편집권이 존재한다고 한다면 그것은 위임의 단계를 거쳐 오는 관계라는 것이 나의 지론"이라고 밝혔다. 그는 이에 대해 "이 위임은 주주총회-이사회-발행인-편집인-편집국장-부장의 순서이다. 그러하기에 신문은 에디터editor, 즉 부장의 세계이며 에디터의 세계를 관리하는 것이 편집국장의 몫"라고 설명했다.[115] 그는 이러한 입장에서 어떠한 일이 있어도 독자와의 약속 때문에 신문은 있어야 하고, 발행해야 한다고 주장했다.

최규철 역시 "경영권과 편집권은 전혀 별개의 사안이 아니다"라며 "경영주가 나서서 적극적으로 편집권을 행사할 때 누가 무슨 수단으로 이를 저지할 수 있는가"라고 되물었다. 그는 "어느 면에서 보면 경영권이 편집권"이라며 "기자 사원이 대주주가 되는 경우라면 모를 일이지만 어떤 경우에서건 경영의 영향에서 편집이 자유로울 수는 없다"고 말했다.[116]

이런 입장을 펼치는 두 사람은 공교롭게도 모두 동아일보 편집국장 출신이란 공통점이 있다. 이들이 동아투위 제작 거부 상황을 겪었던 경험이나 권위주의적인 정권과의 갈등 속에서 편집국을 지휘하며 내외적인 압력을 견뎌내야 했던 상황 등이 복합적으로 작용하면서 어떤 상황에서라도 신문 제작을 우선하는 인식에 영향을 준 것으로 풀이된다.

실용주의적 입장을 중시하는 **오소백**은 편집권이 누구에게 있느냐에 주목하기보다 기자들의 기사에 인격권이 있다는 입장이었다. 기사는 경영주의 소유물이 아니라 사회의 공유물이기 때문에 일선 기자들의 취재 의도를 잘 살려줘야 한다는 것이다. 이러한 생각에 따라 그는 일선 데스크 시절 한국 언론 사상 처음으로 기획·해설 박스 기사에 기자 이름을 명기하기 시작했다.[117]

신문의 인격권은 누구도 침해할 수 없다. 사주도 이를 침해할 수 없다. 만일 사주가 이를 침범한다면 그건 독자의 영토를 짓밟는 거나 다름없다. 경영주가 만일 신문의 인격권을 무엇과 교환했다면, 그건 사회의 공유물을 개인이 멋대로 처분한 거나 다름없다.

신문 기업이 사기업이면서도 사회적으로 널리 공유 기업처럼 알려져 있는 것도 이와 같은 신문의 인격권 때문이다. 만일 기사 지면을 매매하거나 무엇과 교환하게 된다면 그건 공기公器를 사병私兵화한 거나 다름없다. (김영희 · 박용규, 『한국현대언론인열전』(2011), 181쪽)

고영신은 편집권에 있어 누구보다 현장의 일선 기자와 데스크의 역할을 강조했다. 그는 "현장 기자와 데스크가 뉴스가 된다고 판단하는 것이 가장 중요하다"며 "경우에 따라 쓰레기통에 버릴 기사를 톱기사로 만들 수 있다"고 주장했다.[118] 고영신은 이와 관련해 재미있는 일화를 소개했다. 그가 정치부 데스크를 하던 시절의 일이다.

일선 기자가 현장에서 의원들이 의원회관에서 심심풀이 고스톱 판을 벌이는데 위원회나 본회의에 들어가지 않고 밤늦게까지 고스톱을 치는 일이 있어서 빈축을 사고 있다는 기사를 송고해 왔다.

일종의 정가 동정 내지 가십 기사로 송고되어 왔다. 얼핏 심심풀이로 가벼운 화투판을 벌일 수도 있다는 생각도 들었지만 의원회관에서 의원들이 회기 중에 하라는 의정 활동은 안하고 고스톱 판을 벌인다면 가볍게 지나갈 일이 아니라고 판단했고, 의원들의 의원회관 고스톱 실태에 대한 전면적 취재를 지시했다. 그 결과

## 생생한 증언

편집권과 정치권력과의 갈등은 독재 정권 아래서 더욱 심하게 불거졌다. 5공화국 전두환 정권 당시 동아일보 편집국장을 지낸 이채주는 자신의 경험을 담은 책 『언론 통제와 신문의 저항: 암울했던 시절 어느 편집국장의 이야기』에서 당시 정권의 협박이 상상을 초월했다며 다음과 같은 일화를 소개했다.[119]

> "1985년 총선이 끝난 무렵 각 사의 편집국장들이 청와대로 불려가 점심을 하는 공식적인 자리에서 (대통령으로부터) 대충 다음과 같은 무지막지한 말을 들었다. '좋은 말을 할 때 들으시오. 말 안 듣는 사람은 지하실로 끌고 가 거꾸로 매달아 몽둥이로 때릴 수도 있소. 하지만 그러고 싶지 않소, 우리 좋게 말로 합시다.'"

생생한 증언이다. 어떠한 일이 있어도 독자와의 약속 때문에 신문은 있어야 하고 발행해야 한다는 그의 생각은 혹독한 5공 치하의 보도지침 등을 직접 겪으면서 권력의 압력과 위험을 정면에서 견뎌야 했던 경험과 무관치 않은 것으로 보인다. 이런 암담한 현실을 정면 돌파로 뚫으려 하기보다는 주어진 신문 제작 현실 속에서 방안을 찾으려는 노력이 절실했던 것으로 짐작된다.

그래서 그는 당시 이런 상황에서 언론을 보도지침에 의한 제도 언론이라 부르는 것은 공정치 않다고 반박했다. 살벌한 5공의 언론 통제에 맞서 지면 위치·배정과 기사 제목 크기 등을 최대한 활용해가면서 나름대로 지면을 통해 벌인 '게릴라 저항'이었다고 그는 말했다.

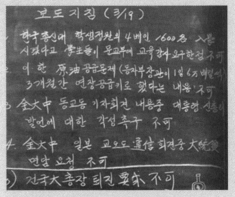

5공 치하의 언론 보도 지침

기사에 거명된 소수 의원 외에 이런 일이 의원회관 곳곳에서 벌어지고 판돈도 상상 이상으로 크다는 것이 확인되었다. 이 기사가 사회면 톱으로 보도되자 타 언론사들이 후속 취재에 나섰고 시민단체들이 들고 일어나는 등 엄청난 파장을 몰고왔다. 이 기사로 기자협회가 주는 이달의 기자상을 받기도 했다. (고영신, 『디지털 시대의 취재보도론』(2007), 49~50쪽)

## 사회적 책임

언론의 사회적 책임에 대한 논의는 책임주의 언론 이론을 바탕에 깔고 뉴스 제작에 있어 언론의 책임 있는 자세를 강조한다. 이는 지나친 객관주의적 자세와 선정주의적이고 상업주의적인 언론의 성향을 벗어나 사회와 언론의 관계에서 언론의 역할을 중시하는 입장이다.

　하지만 한국 언론인 중에서 사회와 언론의 상호 관계에서 이러한 입장을 구체적으로 제시한 경우는 드물다. 언론인의 규범적 차원에서 책임 있는 자세를 강조하는 몇몇 입장만을 볼 수 있다.

　예를 들어 "보도의 책임이란 대중에게 일(사건)을 전달함에 있어 최대 한도의 사실 진상을 제공함으로써 대중으로 하여금 사물을 판단하는 데 오도되거나 편견에 사로잡히는 일이 없도록 하는 것"이라고 정의한 조덕송[120]처럼 정보의 제공 측면에서의 노력을 강조하는 경우가 많았다.

　국내 언론학의 태두인 곽복산은 "신문은 하나의 상품이 아니라 사회의 지도적인 세력"이라며 "하나의 뉴스, 논평의 내용에 도덕적인 사회적인 책임을 느껴야 한다"며 책임론을 중요하게 제기했

다.[121]

최석채는 언론의 책임을 강조하는 언급을 많이 남긴 언론인이다. 그에 따르면 언론의 책임은 두 가지 원리를 전제한다. 독자들이 읽어서 흥미가 있고 공익성에 부합되는 조화가 필요하고, 여론을 형성하고 민중의 행동을 좌우하는 지도적 사명이 중요하다는 것이다. 공익성과 기업성의 병행과 함께 언론의 자유와 책임의 조화를 골자로 하는 균형적 입장이다.

고객인 독자, 즉 국민은 하고 싶은 말을 속 시원하게 해주고, 알고 싶은 일을 신문이 가려운 데를 긁어주듯이 소개해줄 때 비로소 그 상품-신문에 신뢰를 갖는다. … 신문이 여론을 조작하려 하고, 신문이 억지 이론으로 민중의 행동을 이끌어 나간다고 하면 그것은 언론의 책임을 잊어버린 소이이며 민중으로부터 버림받는 신문이 되고 만다. (최석채, 『반골 언론인 최석채』(2002), 180쪽)

그는 공익성 또는 국가 이익을 위해 언론의 자유에 대한 어느 정도의 제한이 가능하다는 입장이었다. 그러나 국가 이익과 정권 이익의 구분이 애매모호할 때 이는 문제가 될 수 있는 주장이었다.

외부에서 말하는 언론의 책임이란 개념과 언론인이 자각하고 있는 언론의 책임이란 개념에는 상당한 거리가 있다. 전자는 언론의 책임이 오로지 국가 이익에만 봉사하고 정부의 시책을 주지시키는 양면봉의 한편만을 말하는 것 같고, 후자는 국민의 입장에서 자유로운 언론을 행사해야 한다는 또 한편을 말하는 것이다. … 이것은 하나의 진리를 두 개의 표현으로 지적하는 것 같기도 하고 또는 전혀 다른 두 가지 목표를 공교롭게도 같은 어휘로 표현하는 것 같기도 한 것이다. 허나 나는 이것을 '하나'로 보고자 한다. 인식의 차이는 있을망정 언론의 책임은 한 길뿐이지 두 길은 아니기 때문이다. (최석채, 앞의 책, 181~182쪽)

그의 입장은 언론 현실과의 조화와 기업으로서의 언론에 대한 이해를 뜻하는 것으로 한국의 분단 상황을 고려하는 보수주의자의 면모도 담겨 있는 것이었다.

대한민국이 처해 있는 실정을 무시하고 언론 자유를 주장하지도 않습니다. 다른 선진국보다는 국가 이익에 좀 더 앞서야 되고, 남북 대치 상황도 충분히 고려돼야 하고… (최석채, 앞의 책, 489쪽)

당시 대부분의 언론인은 "언론의 자유와 책임, 이 둘은 우리 언론의 중심 과제이자 변함없는 두 기둥"이라는 남중구의 입장[122]과 같이 언론 자유와 책임을 동반되는 개념으로 인식하는 성향이 많았다.
그러나 송건호는 이에 대해 언론인들이 언론 자유니 자유 언론이니 하는 다소 원론적이고 추상적인 명분에 사로잡히기 전에 먼저 보도를 제대로 해야 한다는 소신을 갖고 있었다.

언론인들이 사실만을 보도하고 잘못된 점을 분명하게 비판하는, 언론의 기본 책무만 우직하게 수행하면 '언론 자유'는 달리 떠들 필요가 없다는 것이다. … 세상에서는 이런 일 저런 일, 많은 일들이 일어나고 있는데 그 일어난 일들을 있는 그대로 국민한테 또 정부에 알려주는 것이 우리 일인데, 이 알려주어야 한다는 것은 자유가 아니라 의무입니다. 그런데 이것을 자유라고 말하고 있고 자유로 파악하고 있는데 이것은 자유가 아닙니다. 이것은 의무입니다. (김삼웅, 『송건호 평전』(2011), 160쪽)

박권상은 저널리스트의 이런 역할론을 담당하기 위한 방법론의 일환으로 언론인들에게 전문직업주의professionalism의 필요성을 본격적으로 소개했다.

아직도 저널리즘은 법이나 의술이나 대학 교수 등에 비해 후진적인 전문 직업이다. 그러나 우리는 저널리즘이 고도의 전문 지식 및 기술과 윤리 의식을 갖춘 전문 직업임을 확신한다. 왜냐하면 근대 사회와 근대 인간이 제대로 작동하는 데 필수불가결한 것이 곧 저널리즘, 다시 말해 인류의 일체 움직임을 관찰하고, 설명하고, 분석하고, 비평할 수 있는 종합적 직업이 바로 이것이기 때문이다. (박권상, 『자유언론의 명제』(1983), 122쪽)

그는 저널리즘은 단순한 생활 방편으로서의 하나의 직업일 뿐만 아니라 가치 있는 삶의 길이기 때문에 사회를 위하여 봉사한다는 마음 없이 들어가서는 안 되는 직업이라고 강조했다.[123]

신문사 사주들은 70년대 중반 동아투위 등의 언론 자유 수호 투쟁을 거치며 경영권과 편집권의 대립이 불거진 뒤부터는 언론의 자유보다는 언론의 책임을 강조하는 입장이 두드러지기 시작했다.

내외의 여건과 우리 언론인들의 노력으로 근자에 우리나라 언론은 전에 비해서 자유의 폭이 많이 넓어졌습니다. 거의 외부적인 제약을 받지 않고 제작에 임하고 있습니다. 우리는 이 소중한 자유를 지키고, 발전시키는 노력을 게을리 해서는 안 되겠습니다. 여러분도 아시는 바와 같이 자유에는 언제나 책임이 따르게 마련입니다. 책임을 모르는 자유, 무책임한 자유는 영속될 수 없습니다. 반드시 책임을 묻는 소리가 일어나게 마련이고, 자칫하면 자유가 침식되고, 심지어는 무책임으로 말미암아 자유 자체를 잃게 되는 경우도 없지 않습니다. (일민 김상만선생 전기간행위원회, 『일민 김상만 전기』(2003), 387쪽)

책임감 있는 자세는 취재와 보도 과정뿐만 아니라 제작 실무 과정에 있어서도 실수 없는 신중함을 요구하는 것으로 이어졌다. 예컨대 1955년 3월 15일자 동아일보에서 벌어진 이른바 오식誤植 사건은 이 같은 차원에서 대표적으로 경계해야 할 사건으로 제시됐다.

취재부는 '고위층 재가裁可 대기 중, 한미석유협정'이라는 2단 2호 제목을 공무국 문선과에 넘겼다. 그런데 인쇄되어 나온 신문에는 고위층 앞에 괴뢰라는 두 글자가 있었다. 같은 면에 있는 다른 기사의 제목 '괴뢰 휴전협정 위반을 美 중대시'에 쓰기 위해 뽑아 놓은 활자를 정판공이 엉뚱한 곳에다 붙여버린 것이다. '괴뢰' 오식을 발견한 회사는 사원 전체를 동원하다시피 하여 가판대로 나간 신문을 회수했으나 9,000여 부 중 300여 부는 회수하지 못했다. 이 사건으로 업무 관련자 3명이 구속되고 주필 겸 편집국장 고재욱이 사임했을 뿐 아니라, 3월 17일에는 무기 정간 처분을 받았다. (일민 김상만선생 전기간행위원회, 앞의 책, 190~191쪽)

## — 뉴스를 둘러싼 또 다른 쟁점들

현대적 뉴스관이 태동하면서 비판주의적, 기능주의적, 책임주의적 관점으로 분화되기 시작한 한국 일선 언론인들의 뉴스관은 특히, 다음의 쟁점에서도 뚜렷한 견해 차이를 보였다. 뉴스 제작 주체인 기자의 역할을 규정하는 기자론과 글쓰기 방법론의 뉴스 문장의 성격이 바로 그것이다.

### 뉴스 제작자: '기자론'에 대한 입장

뉴스 제작자로서 기자론에 대한 논쟁의 핵심은 뉴스를 만드는 기자가 제너럴리스트냐 스페셜리스트라고 하는 지식의 한계에 대한 질문이다. 기자와 사회에 대한 관계와 역할에서도 계몽과 봉사 중 무엇이 옳은지를 놓고 입장이 엇갈리고 있다. 한국 언론 상황에 적절한 대★기자의 개념도 제시됐다.

기자의 역할에 있어 비판주의적 관점을 지닌 상당수 언론인들이 계몽주의적, 지사형 언론관을 선호한 데 반해 **홍승면**은 기자가 계몽이 아닌 봉사로 종사해야 한다는 주장을 펼쳤다. 그는 국민과 신문 기자와의 관계를 사령관과 참모들과의 관계로 비유하고 사령관을 계몽하는 것이 아니라 사령관이 옳은 결정을 내리도록 봉사하는 것이 기자의 직업이고 사명이고 책임이라고 강조했다.[124]

한국일보 경제부장·편집국장·논설위원실장을 거쳐 머니투데이 대표(2001~2005)를 지낸 **박무**(1944~2005)는 기자를 민중의 권익을 진정으로 지켜주기 위해 헌신하는 호민관의 역할을 하는 사

람이라고 정의했다.[125]

기자로서의 구체적인 자질을 놓고 **심연섭**(1923~1977)은 "기자는 학자연하는 스페셜리스트 행세보다 폭넓은 제너럴리스트가 필요하다"고 주장했다.[126] 기자는 역사의 기록원으로 일반인들의 눈높이에서 모든 사건을 바라봐야 한다는 입장이다.

**박권상**은 이에 비해 저널리스트는 다른 개별적인 전문 직업과 달리 평균 이상의 교양인—어느 한 분야에 통달해야 하고 모든 분야에 상당해야 하는everything about something and something about everything사람—이어야 한다는 입장으로 맞섰다.[127] 전문화된 일반인specialized generalist과 일반화된 전문가generalized specialist의 양면을 모두 갖춰야 한다는 것이다.

**천관우**는 바람직한 기자의 모습과 관련, '대기자'라는 개념을 제시했다. 그는 '대기자의 상'(1967)을 통해 "대기자란 거대한 영향력을 지니고 있기 때문에 그 사회에 대한 사명감에 투철해야 한다"며 "권력에 맞부딪쳐도 불굴의 용기를 가지고 활동을 전개하는 투사들이었고, 때로는 만인이 싫다 해도 거침없이 자신들의 길을 가는 신념의 인물들"이라고 규정했다.

**천관우**는 이런 대기자의 3요소로 개성 · 통찰력 · 문장력을 제시하고, "신문이란 대중매체가 존속하는 한 대기자는 있을수록 좋고, 많을수록 좋다"고 주장했다.[128] 우리 언론에서 대기자가 적어지고 있다면 그것은 사회의 구조가 그것을 용납하지 않는 풍토 때문이 아니라 아직은 기자 자신이 대기자가 될 자질을 갖지 못했거나 발휘하지 않는 탓이라며 언론인들의 분발을 촉구했다.[129]

## 대기자

한국 언론에서 '대기자'라는 개념은 일제하로 거슬러 올라가 소설가 민태원(1894~1935)이 가장 먼저 제시했다.

민태원

민태원은 1918년 『레미제라블』을 『애사哀史』로 번역해 국내에 소개한 한국 최초의 번안 작가다.

'청춘! 이는 듣기만 하여도 가슴이 설레는 말이다. 청춘! 너의 두 손을 가슴에 대고, 물방아 같은 심장의 고동을 들어 보라. 청춘의 피는 끓는다…'로 시작하는 산문 '청춘예찬'으로도 유명하다.

조선일보 편집국장(1924년)을 지낸 언론인이기도 한 그는 언론인의 자세에 있어서 명기자보다 대기자가 되어야 한다고 주장했다. "기자로서 대성하기 전에 먼저 인간으로서 대성함을 요한다"며 "대기자는 원만한 인격과 고매한 식견과 담당한 조예造詣를 구비한 인사로서 그 경국제세經國濟世적인 포부를 지면을 통하여 전개하는 종형種形의 인사"라 정의했다. 반면 명기자는 "서리犀利(단단하고 날카로운)한 관찰과 민활한 행동과 성근誠勤한 봉사만 겸비하고 보면 만나는 바 사건의 진상을 직관하며 갈피를 분석하여 신속 정확한 보도로써 일세의 효명驍名을 달릴 수 있는 것"이라며 대기자의 아래에 두었다.[130]

최근 들어서는 대기자라는 말이 특정 분야에 대한 전문적인 지식과 식견, 경험을 갖춘 언론인에게 주어지는 직함이자 영예로운 이름으로 자리 잡고 있다.

'Editor-at-Large', '전문 기자 중의 전문 기자'로 불리는 대기자는 매일 쏟아져 나오는 단발성 뉴스에 얽매이지 않고, 그 이면을 심층 분석해서 숨어 있는 '큰 그림'과 의미를 찾아내 독자들과 사회에 제시하는 글을 쓰는 일을 주로 맡는다. 서구 언론에서는 미국의 월터 리프먼을 비롯, 현역 중에서 워싱턴포스트의 밥 우드워드, 독일 디 자이트의 테오 좀머 등이 대표적인 사례로 꼽힌다. 한국에서는 그동안 '논설 고문' 등의 직함으로 의견성 기사를 쓰며 대기자의 역할을 하는 경우는 더러 있었지만 현장 취재를 다니면서 '대기자'로 칭하는 현역 기자들은 드물었다. 1995년 중앙일보가 이 제도를 처음으로 도입해 김영희 국제문제 대기자 등이 활약하고 있다.

박권상도 한국 언론에서 기사의 질을 획기적으로 높이기 위해선 대기자 제도가 최상이라고 평가했다. 그는 백발이 성성한 기자가 젊은 후배들과 함께 취재하는 서양 언론인의 모습을 볼 때마다 그게 부러웠다고 말했다.[131]

오연호는 이에 대해 "모든 국민은 기자"라며 기자로서 폼을 잡는 특권적 권위보다는 누구나 다 기자가 될 수 있는 개방성을 주장했다.[132] 그는 "새 소식을 전해주는 이웃이라면 누구나 다 기자가 될 수 있다"며 언론 개혁에 있어 대항 언론 운동의 중요성을 강조했다. 그의 이런 의식은 오마이뉴스에서의 시민기자(뉴스 게릴라) 운동의 원천이 됐다.

기자의 덕목과 관련, 김성우는 "신문은 질문이요 명기자는 명문자名問者"[133]라며 맥락을 제대로 파악하고 핵심을 찌르는 질문을 잘하는 것을 기자의 신조로 삼아야 한다고 주장했다.

현장 취재 경험이 많았던 조갑제는 호기심 많은 성품을 기자의 덕목으로 들었다. "취재는 욕심으로 하는 게 아니라 호기심으로 해야 한다"며 "겸손하고 호기심 있는 기자가 세상의 허위를 뒤집을 수 있다"고 주장했다.[134]

## 뉴스 콘텐트: '문장론'에 대한 입장

뉴스 콘텐트를 만드는 과정에서 사실과 정보를 기술하기 위한 방법론으로 글쓰기에 대한 논쟁은 한국 언론인들의 또 다른 고민이었다.

논쟁은 가장 먼저 기자와 문인의 역할 차이와 비교에서 시작됐다. 일제하 많은 문인들이 신문 기자로 들어오면서 이 같은 비교는 시작됐다.

1921년 조선일보 편집국장을 지냈던 소설가 염상섭은 기자와 작가는 양립하기 어려운 것이라 생각했다. 기자들의 글쓰기란 기능적이고 순수함이 거세된 글쓰기로 이해되는 측면이 강했기 때문이다. 그는 "기자 생활을 하면서 창작 생활을 겸무겸직으로 하자면 머리의 조직부터 달라야 하고 체질과 건강이 쬔 병아리나 골생원으로 생겨

염상섭

서는 안 될 일"이라고 기자와 문인을 근본적으로 다른 종류의 인간으로 갈라놨다.[135]

그러나 1930년 문인 기자 시대의 대표적 인물인 김기림은 신문 기자와 작가의 구분이 필요하지 않다는 입장을 보였다. 기자와 작가 존재의 양 둔덕 중 어느 곳이 자신의 등을 편안하게 뉘어주는 곳인지 알려 하지 않았으며, '기자와 작가를 그에게 멀리 있는 양 극단이 아니라 서로 겹치면서 지

김기림

우는 지점에 존재하는 것'으로 간주했다.

이런 의견 차이를 놓고 염상섭이 신문 기자와 작가를 '역설'의 측면에서 이해하려 했다면, 김기림은 '평행'의 차원에 두고 있었다는 분석이 나온다.[136]

이후 언론인들은 글쓰기의 차원에서 소설과 신문 기사를 구분하는 태도가 점점 뚜렷해졌다.

「글쓰기 만보」(2006) 표지

소설가이자 기자로 코리아타임스 문화체육부장(1975~1978) 등을 거쳐 이화여대 통번역대학원 초빙교수 등을 지낸 안정효(1941~)는 글쓰기를 설명적 방법expository method과 극적 방법dramatic method으로 분류하고, 언론에서도 이두 가지 방법의 글쓰기 형태가 적용된다고 설명했다.[137]

주인공이 어떤 사람인지 작가나 다른 사람이 직접 설명해주는 설명적 방법이 개인의 견해opinion가 들어가는 '논설'의 형태라면, 직접적인 설명 없이 등장인물 간의 상호 작용을 통해 의미가 드러나는 극적 방법은 묘사를 위주로 하는 '보도 기사'의 형태로 적용할 수 있다는 것이다. 이는 미국 언론의 기획 기사 작법으로 인용되는 'Show, don't tell'(설명하듯 말하지 않고 스케치하듯 보여주기) 개념에서의 tell(말하기)과 show(보여주기)와의 구분과도 맥락이 닿는 설명이라 할 수 있다.

그는 특히, "보도 기사와 논설 사이의 칸막이가 확실하게 쳐 있어야 한다"며 일반적인 보도 기사에서 논설 화법, 즉 논설 쓰기editorialization는 금기라고 못 박았다. 뉴스, 즉 보도 기사를 쓸 때는 기자가 심판자가 돼 상황을 말하거나 의미를 부여하지 말고, 관찰자 입장에서 사실을 그대로 묘사해주고 독자가 알아서 판단하게끔 만들라는 것이다.

독특한 현장 르포 기사를 많이 써왔던 안병찬은 보도 기사의 근거가 '사실'이라며, 어떤 사태를 기술하는 문장이나 발언은 그것을 읽고 듣는 사람이 그 사태를 경험하고서 말하는 사람과 똑같은 감각적 경험을 하게 될 때 사태를 바르게 짚은 것이라고 설명했다.[138]

영국의 철학자이자 저술가인 버틀란드 러셀이 의미와 진리를 탐구하여 직접적인 삶에 접근하는 데 가장 필요한 요소를 주의력 attention으로 들고, 어떤 문장이 참인지를 알기 위해서는 그것의 증거, 즉 그 문장이 지시하는 사실을 지각해야 한다고 주장한 점을 강조했다.[139]

기자이자 소설가였던 김훈 역시 소설과 기사를 쓰는 것은 전혀 다른 일이라며, 보도 기사에서의 사실fact을 강조했다. 그는 "사실과 의견을 분리해야 한다"며, "사실이 먼저 있은 후에 의견이 있을 뿐"이라고 주장했다.[140] "사실이 진실을 말하게 하라. 사실이 여론을 이끌게 하라"[141]라는 말을 통해 거대 담론보다는 존재의 판단을 우선해야 하는 게 언론인으로서의 기본 철학이라고 주장했다. 거창한 거대 담론을 내세울 게 아니라 구체적인 사실을 통해 진실에 다가가는 것이 더 중요하다는 지적이다.

이것이 옳으냐 아니냐를 판단하기 전에 '이것이 무엇이냐!'What is this!에 대한 판단을 먼저 해야 한다는 것이다. 존재 판단이 확실치 않을 때는 가치 판단을 유보해야 한다는 것이 그의 입장이다.

살아 있는 글과 재미있는 글은 현장과 사실에서 나온다는 것이 그의 글쓰기 철학이다.[142] 그래서 기자는 기사를 쓰기 위해 시간이 허락하는 한 더 많은 사람과 자료를 만나려고 노력해야 한다고 강조했다.

뉴스에서는 문장이나 문체 등 수사적 표현보다는 취재를 통해 얻은 구체적이고 유익한 정보를 논리적으로 배열해서 전달하는 것이 중요하다는 것이다. 정보에 바탕을 두지 않은 수사학이나 사상은 뉴스에선 다 필요 없다는 입장이다.[143]

김훈은 "언론인들은 근본적으로 신념의 언어가 아닌 과학의 언어로 사유해야 한다"며 "사실에 바탕해서 의견을 만들고, 의견에 바탕해서 신념을 만들고, 신념에 바탕해서 정의를 만들고, 정의에 바탕해서 지향점을 만들어야 한다"고 주장했다. 요즘 언론인들이 글쓰기에서 사실과 의견을 구분하지 못하고 뒤죽박죽으로 섞어서 쓰는 게 문제라고 지적했다. 이는 '이것이 무엇인가' '왜 그런가' 등의 과학적 사고 대신 '내 마음에 드나' '내 생각과 맞나' '내 편인가' 식의 정서적 · 이념적 · 정치적 생각을 하기 때문이라는 것이 그의 설명이다.

지배적 언론들이 당파성에 매몰돼 그것을 정의 · 신념으로 믿고 있기 때문에 그는 신념에 가득찬 자보다 의심에 가득한 자들을 신뢰한다고 강조했다. 그렇기 때문에 앞으로 언론은 사실에 입각한 저널리즘으로 존재할지, 아니면 하나의 사회 세력으로 존재할지를 고민해야 한다는 것이다.[144]

오연호는 이에 비해 "문장에도 서비스 정신이 있다"며 독자가 기사에 빠져들 수 있는 문장 기술을 주장했다.[145] 아무리 어려운 주제라도 누구나 읽기 쉽고, 이해하기 쉬운 편안한 기사 문장을 강조했다. 사실을 추구하는 기사에 서비스 문장이 필요한 '문학적' 요소를 이상적으로 접목해야 한다는 것이다. 사실적인 기사에서 생명력이 있는 단어를 골라낼 수 있는 능력이 기자에겐 중요하다는 것이다.

권력과 언론과의 갈등이 본격화되면서 언론인들 사이에선 문체나 표현의 문제가 아니라 비판주의적 뉴스 관점에서 글쓰기를 저항의 수단으로 간주하려는 자세가 두드러졌다. 글쓰기의 기법보다 자세가 무엇보다 중요하다는 입장이다.

역사주의적 인식을 바탕으로 문사文史 일체를 강조하는 글쓰기를 주장한 언론인은 **천관우**였다.[146] 그의 태도는 지사형 언론인의 근간을 이루는 언론관을 대표한 것이다.

하지만 **송건호**는 선비적 태도를 강조한 천관우와 달리 지사적 저항만을 높게 산 것이 아니라 이들의 타락도 경계했다. 그는 "지사를 자처하는 언론인들이 일제강점기의 지사형에서 그 정신면은 없어진 대신 외형만 남은 생활을 하고 있다"며 이런 생활이 "방탕하다"고까지 표현했다.[147] 자신은 '언론인'이지 '지사'가 아니라며 전문성을 강조하며, 기능적 역할에만 그치려는 언론인과 마찬가지로 지사적 특성을 강조하며 방탕한 생활을 하는 언론인도 함께 비판했다.

전자의 언론인들이 현실에서 눈을 돌릴 때 눈을 부릅뜨고 현실을 지켜보고자 했고, 후자의 언론인들이 울분을 삭이지 못하고 술로 세월을 보낼 때 현실과 부딪쳐 극복해 나가자고 했던 것이다. (김영희·박용규, 『한국현대언론인열전』(2011), 130~131쪽)

**김중배**는 "이제는 과거처럼 인용이나 비유적 표현을 쓰지 말고

사실을 적시하고 직설적인 논리를 펴야 한다"며 힘 있는 글쓰기를 주장했다.[148]

반면 선우휘는 이 같은 주장에 맞서 "기자란 반드시 저항적인 글에 의한 일반의 인기만으로 성립될 수 없는 직업"이라며 일반 대중이 이해하기 쉬운 글쓰기를 주장했다.[149] 그는 "극단적인 반대 풍조가 갖는 결함은 정권 차원의 반대가 습성화하여 국가 이상의 차원에까지 미치는 데 있으며 질서와 안정에 기여하는 순종의 미덕이 오로지 정치적 압력으로 인한 예속과 굴종으로 해석되는 데 있다"고 비판했다.[150] 이런 그의 입장은 비판성을 상실하고 순종의 미덕을 지나치게 강조하는 데에만 기여한 것이라는 지적을 받기도 했다.[151]

이에 비해, 오소백은 독특한 실용적 뉴스문장론을 주장했다. 뉴스 기사를 쉽게, 짧게, 힘 있게 써야 한다는 게 바로 그것이다.

문장은 짧아야 한다. 주어와 동사만 쓴다고 생각하라. 특히 신문 기사를 읽는 독자 모두가 급한 사람들이다. 한시가 바쁜 독자들이 긴 문장의 신문 기사를 보면 읽기 전에 짜증부터 낸다. 주어와 동사만 생각하고 써라. 형용사나 수식어나 부사는 소설이나 수필에 얼마든지 있다. 신문 지면은 월간지나 단행본이 아니다. 다음에 명심할 것은 글을 짧으면서 쉽게 쓰라는 것이다. 신문 기사는 연구 논문이 아니다. 문장을 아주 짧게 써야 한다. 초등학교 애들부터 70대 노인까지 다 읽는 게 신문 기사다. 절대로 어렵게 쓰지 마라. (서울언론인클럽 추모문집 편찬위원회, 『영원한 사회부장 오소백』(2009), 253쪽)

특히, 그는 『매스·콤 문장강화』(1972)라는 책을 쓰면서 한국의 신문 문장을 3기로 나누었다.

『매스·콤 문장강화』(1972) 표지

제1기(1896~1929년)는 독립신문에서 일제하 민간지 시대까지의 40년간으로 기사 말미가 '···더라'로 끝나는 시기이다.

제2기(1930~1954년)는 일제하 민간지 시대에서 6·25 휴전까지 25년간으로 기사 말미가 '···라 한다'로 끝난 시기이다.

제3기(1955~1972년)는 휴전 이후에서 72년까지 17년간으로 기사 말미가 '···했다'로 끝난 시기이다. (오소백, 『매스·콤 문장강화』(1972), 168~190쪽)

기사 말미가 '···라 한다'로 끝나는 제2기의 다른 특징은 기사가 길다는 점이다. 이 시기에 오소백이 남보다 앞서 '···했다'체로 짧은 기사를 쓰기 시작해 제3기로 넘어가도록 앞장선 것은 크게 주목할 만한 점이다.[152]

오소백은 짧은 문장과 단락에 대해 워낙 철저했기 때문에 문장이 지나치게 긴 기독교 성경을 혹평하기도 했다. 그는 마태복음 22장 1~14절의 문장을 예로 들면서 만리장성처럼 길어 '암에 걸린 문장'이라고 비꼬았다. 471자나 되는 긴 내용이 단지 두 개의 문장으로만 돼 있는 이 구절을 자신이 고친다면 몇십 개의 센텐스로 끊겠다고 단언하기도 했다.[153]

스스로 짧은 문장을 쓰는 데 솔선했을 뿐 아니라 사회부장 시절에는 이러한 기사 쓰기 방식을 일선 기자들에게 훈련시켰다. 또한 저술을 통해, 그리고 대학 강단에서 이를 가르침으로써 독특한 '오소백 문장 스타일'을 한국 언론에 남겼다는 평가를 받고 있다.[154]

호흡이 긴 대형 현장 기사를 많이 썼던 **조갑제** 역시 좋은 기사 문장을 쓰기 위해선 "짧고, 쉽고, 정확한 문장을 써야 한다"는 입장이었다. 이를 위해선 형용사, 부사를 최대한 줄이고 명사와 동사 중심의 문장을 만들어야 한다는 것이다. 2백자 원고지에서 석 줄 이상 되는 문장은 신문 문장으로는 너무 길다는 게 그의 주장이다.

그는 "명문을 쓰겠다고 무리하다 보면 문장에 진실성이 빠지고 가식이 들어갈 가능성이 크다"며 "기사체의 명문은 책상머리에서 천재의 번득임으로 창조되는 것이 아니라 반복적인 글쓰기 훈련과 면밀하고 철저한 취재에 바탕으로 둔 성실한 문장 속에서 우러나오는 글"이라고 지적했다.[155]

## 특종 사냥법

숱한 현장 특종 기사를 남겼던 조갑제는 책 『반골기자 조갑제』에서 자신만의 독특한 특종 취재기법을 정리해 소개했다.[156] 그중 몇 가지를 보면 다음과 같다.

- 특정 분야에 대한 전문지식을 갖춰라. 가급적 대중성이 강한 분야가 좋다. 야구가 인기면 야구, 권투에 대한 관심이 높을 때면 권투, 석유면 석유, 고분 발굴이면 고분에 대한 이해를 넓히고 전문가 수준의 지식을 갖춰라.
- 논문 색인집을 정기적으로 살펴라. 국회 도서관과 주요 대학, 연구기관에서는 다양한 논문 색인집을 내고 있다. 여기에 실린 논문 제목을 정기적으로 살펴보면 생각하지도 못했던 기삿거리를 찾아낼 수 있다.
- 관보를 비롯한 정부 간행물을 정기적으로 읽어라. 각 부처에서 나오는 보도자료에만 의존하면 특종을 할 수 없다.
- 출입처 이외의 기관을 정기적으로 챙겨라. 경찰서를 출입할 때는 구청도 함께 커버함으로써 2중으로 취재 지역을 훑는 것이다.
- 현장에는 반드시 가라. 현장에 가면 사무실이나 기자실에서는 상상도 하지 못하는 아이디어를 얻을 수 있다.
- 특종은 마음으로 하는 것이다. 상대방이 말을 편하게 할 수 있게 해줘야 한다. 취재원을 감동시키거나 신뢰를 주지 못하면 제대로 된 취재를 하지 못한다.

『반골기자 조갑제』(2010) 표지

## 한국 언론의 두 가지 전통

　　종합해보면 한국 언론인들의 뉴스 가치에 대한 인식은 크게 규범적 뉴스 가치와 뉴스의 선택 등의 과정에서 활용되는 뉴스의 실용적 가치 차원으로 구분해 볼 수 있다. 언론인들의 언론관에 투영된 규범적 가치는 바람직한 뉴스가 무엇인지와 같은 당위론적 입장으로 제시되는 경우가 많았으며 언론관, 언론의 역할론 등과 혼재되는 양상을 보였다.

　사실성과 공평성으로 구분해본 규범적 뉴스 가치의 영역에서 사실성 차원의 경우 진실성에 대한 가치 부여가 상당히 많이 발견됐다. 이는 권력과의 갈등이 빈번했던 한국적 언론 상황에서 진실에의 추구가 언론인들의 인식을 지배해온 중요한 규범적 가치임을 확인한 것이다. 실제로 언론인들은 이러한 가치를 획득하기 위해 권력에의 비판과 실천적 노력, 여론의 반영 등 구체적인 방법론까지 활발하게 제시했다.

　진실성의 차원에 비해 균형성 등의 요인에 대한 언급은 상대적으로 적었다. 일방적 비판에 대한 우려 등으로 의견의 균형과 언론 기업으로서 재정적 상황을 고려하는 신문의 상업성과의 조화 등에 대한 견해가 많이 도출됐다.

　규범적 차원에서 또 하나의 특징은 언론의 역할을 규정함에 있어 어떤 하나의 목표를 달성하기 위한 도구주의적 수단으로 이를 인식하는 흐름이 확인됐다. 여기에는 계몽적 엘리트주의를 바탕에 깐 정론지론과 신문의 상업성을 강조한 신문기업론이라는 두 가지 입장으로 크게 나눌 수 있었다.

실용적 뉴스 가치의 영역에서는 기존 연구에서 추출됐던 한국 언론의 뉴스 가치 네 가지 항목인 사회적 중요, 새로움, 수용자 관련, 흥미 중에서 사회적 중요성과 인간적 흥미의 차원에 언론인들의 관심이 주로 집중됐다. 특히, 뉴스를 선택할 때 현장성과 시의성에 주목해야 한다는 인식이 강한 가운데 과도한 상업주의 언론에 대한 경계로 선정성을 우려하는 목소리도 적지 않았다.

이런 흐름 속에서 한국 언론인들의 뉴스관은 현대적 언론관에 기초한 태동기를 거치면서 크게 보면 진실성을 바탕에 두고 권력에의 비판과 실천적 노력을 앞세운 **비판주의적 전통**과 뉴스 자체의 속성을 우선하며 정확성과 독자의 요구를 중시하는 **실용주의적 전통**으로 나뉘어서 진행돼왔음을 알 수 있었다.

전자의 경우 **천관우**의 역사주의적 관점과 **송건호**의 실천적 관점, **김중배**의 은유적 비판 관점 등으로 이어지면서 비판 언론의 이론적 토대가 되는 비판적 입장의 뉴스관을 정립시켰다. 후자의 경우는 **곽복산**의 실용주의적 입장과 **오소백**의 뉴스 스타일론 등으로 이어지면서 나름의 기능주의적 뉴스관을 확립해 나갔다. 실무적 능력 배양을 우선적으로 하면서 매뉴얼과 스타일 북에 따른 취재 보도와 글쓰기를 중시하고 뉴스 제작 과정에서의 사실에 기초한 현장주의가 강조됐다.

결론적으로 한국 언론인들은 뉴스 가치에 대한 구체적이고 입체적인 사고를 하기보다는 권력과의 관계에서 비롯된 상황의 영향을 받으며 진실 추구와 언론 자유, 편집권 독립과 같은 규범적인 가치를 우선해 왔던 것으로 나타났다. 한국 언론계에서 그동안 뉴스의 실제적 가치에 대한 인식보다는 언론의 역할과 관련한 거시적 차원에서의 인식이 지배해왔다는 이야기다.

이는 뉴스 가치에 대한 언론인들의 다각적인 고민이 부족했던 측면을 드러낸 것으로 앞으로 제대로 된 뉴스를 발굴하거나 보도하는 데 있어 문제로도 작용할 수 있다. 향후 한국 언론이 추구해야 할 방향을 제시할 때, 지금까지 소홀히 다뤄졌던 실용주의적인 뉴스 가치에 대한 논의를 보다 활발하게 이뤄나가는 것은 또 하나의 과제가 될 것이다.

이승만 정권 등장 이후 반反 독재에 대한 사회적 요구가 일면서 언론에 대해서도 권력에 대한 저항과 언론 자유를 부르짖는 논의가 더욱 거세게 일어났다. 이를 계기로 일제하 지사형 언론관의 전통을 이어받아 권력 비판과 자유 독립의 쟁취를 중시하는 언론인들이 대거 등장했다.

언론이 제공하는 뉴스가 사회를 계몽하고 바람직한 발전 방향을 제시해야 한다는 수탁자 모델trustee model 언론관을 바탕에 두고 있는 이들의 입장은 권력과 불의에 맞서는 비판 정신에서 출발해서 기자의 전문 직업인professionalism화가 가속화되는 과정에서 언론 자유 운동의 토대로 이어졌다.

대중의 단순한 수탁자 수준을 넘어서 공공성을 확보하기 위해 현실과의 상호 작용을 강조하는 언론인들이 등장하면서 공공 저널리즘 모델public journalism model의 가능성에 대한 시도도 엿보이고 있어 앞으로의 추이가 주목된다.

# 한국의 뉴스,
# 미국의 뉴스

WS

## ― 어떻게 비교할 것인가

　뉴스 가치란 뉴스의 특정한 속성뿐 아니라 이를 중시하는 언론인의 태도라는 차원으로도 설명된다. 뉴스 가치를 파악하기 위해 뉴스를 다루는 언론인의 가치관에 대한 분석이 중요하다는 말이다.

　상황 요인이나 사회 구조적 영향에도 불구하고 신문이라는 제한된 지면에서 기사를 선택하는 주체는 바로 기자 자신이며 이들의 행위를 결정짓는 가장 중요한 요소는 바로 그들의 생각과 가치관이기 때문이다. 따라서 뉴스가 어떤 정형화된 모습으로 생산될 때 그 요인을 분석하기 위해서는 먼저 뉴스 제작자인 언론인들의 가치관에 대한 분석이 우선돼야 한다.

　하지만 지금까지 국내 매스컴 연구 분야에서 언론인들의 기사를 선택하는 가치관이나 기준에 대한 비교 연구는 많지 않았다. 미국의 경우 자국 뉴스의 선택 기준이 되는 가치관에 대한 분석 연구가 활발하게 이뤄져 왔는데 비해 한국에서는 언론인의 가치관을 심층적으로 분석하는 연구가 이제야 본격적으로 시작되는 단계다. 미국 언론인들의 뉴스 선택 가치를 여덟 가지 개념으로 도출했던 허버트 갠스의 『무엇이 뉴스를 결정하나』(1980) 연구처럼 한국 언론인 고유의 '뉴스 가치'에 대한 종합적인 분석은 아직까지 나오지 않았다. 그동안 한국 언론인들의 뉴스 가치관에 대한 묘사는 일부 언론인만을 대상으로 하는 면접이나 설문 조사 분석 자료를 참조해서 이를 추론하는 방법 밖에 없었다.

문화적 차이와 인구학적 속성 차이가 뉴스 선택의 기준이 되는 가치관에 상당한 영향을 미치고 있다는 점에서 한국과 다른 문화적 배경을 가진 언론인과의 비교 연구는 한국 언론인들의 인식 특성을 추출해내는 데 유용한 결과를 얻을 수 있는 효과적인 방법이다.

미국의 언론인 직업의식 조사 결과를 한국과 비교해본 한 연구[1]에 따르면 한국의 언론인은 중앙(수도권) 집중적(57.9%)이며, 종교적으로 무교(57.8%)가 압도적으로 많고, 저널리즘 전공자(13.5%)의 비율이 매우 낮았다. 반면 미국 언론인은 북동부(뉴욕, 워싱턴) 지역 언론인이 16%에 불과한 데다 개신교(54%), 저널리즘 전공자(39%)가 많은 것으로 비교됐다.

직업 만족도에서 미국 언론인들은 전문성 개발과 같이 자신의 개인적 발전을 중요시하고 있는 데 반해 한국 언론인들은 개인적 발전과 회사의 편집·편성 정책을 같은 요인으로 보며 개인과 조직을 일치시켜 보려는 경향을 보였다.

세계 언론인에 대한 위버의 비교 연구(1998)나 미국 언론인에 대한 빔·브라운리·윌호이트 등의 연구(2007) 등도 한국 언론인의 의식과 비교할 수 있는 좋은 자료가 된다.

서구 언론 철학의 배경을 지닌 미국 언론인과 한국 언론인을 비교해보는 것은 남의 시각에서 한국 언론의 가치관과 정체성을 확인해볼 수 있는 가장 현실적인 방법이다. 이는 한·미 언론 비교에 대한 선행 연구가 비교적 많은 데다 저널리즘의 역사와 배경이 오래된 미국이 뉴스 생산의 관행에서 서로 다른 문화적 배경이 어떠한 영향을 미치는가를 이해할 수 있는 대표적인 비교 표본으로 꼽히고 있기 때문이다.

하지만 그동안의 한·미 언론의 비교 연구는 기사 보도 내용을 중심으로 하는 내용 분석이 주류를 이루는 가운데 많은 문제점을 드러냈다.

첫째, 대부분의 연구들이 기사 길이나 취재원 수 등에 대한 형식적인 비교에만 그쳐 피상적인 관찰에 머물고 있다.

둘째, 양국 간에 차이를 가져오는 가치관이나 판단 기준의 차이에 대한 비교가 없기 때문에 한국과 미국 신문이 각각 1면에 어떤 기준으로 뉴스 아이템을 선정하는지에 대한 설명력이 부족하다. 기사 작성 방식 또는 관행이나 기사 내용 등에 대한 국가 간 비교에만 치중하다 보니 기사 선택 과정에서 언론인의 어떤 가치관에 좌우되는가를 소홀하게 다뤄졌다.

셋째, 한·미 양국의 서로 다른 공간에서 발생한, 서로 다른 사건이나 뉴스에 대한 생각을 그대로 직접 비교할 경우 비교 대상의 불일치에 따른 오류가 생길 수밖에 없다.

특히, 특정한 언론사가 어떤 기사를 어떻게 선정하느냐를 분석하기 위해선 동일한 뉴스 룸 환경 내에서 동일한 뉴스를 놓고 에디터들의 가치관이 어떻게 상호 작용과 충돌을 일으키는지를 주목해야 한다.

## 한국 언론인들의 자화상

1989년 이래 매 2년마다 실시되는 한국언론진흥재단(옛 한국언론재단)의 '한국의 언론인' 조사 결과는 방대한 설문 조사를 통해 축적된 자료라는 점에서 한국 언론인들의 가치관을 세밀하게 보여주고 있다는 점이 장점으로 꼽힌다.

2017년 조사에서 한국 언론인들은 '빈부 격차 해소', '일자리 창출', '부정부패 청산', '정치 개혁'을 가장 시급한 과제로 꼽고 있어 이에 관련된 기사의 선택이 우선적으로 다뤄질 수 있음을 시사하고 있다. 2009년 조사 때에는 '경제 안정', '빈부 격차', '교육 문제'를 가장 시급한 과제로 꼽았었다.

기자들 스스로 생각하는 이념적 성향에 대해 한국 기자들은 진보 0점~보수 10점의 척도에서 평균 4.39로 나타나 자신의 이념 성향을 중도(5)보다 '다소 진보적'으로 생각하고 있는 것으로 나타났다. 이는 2009년 조사 결과(4.62)보다 진보적 성향이 늘어난 것이어서 향후 추이가 주목된다.

사회경제적 계층에 대해서도 29.4%가 '중의 중', 28.7%가 '중의 상', 21.9%가 '중의 하'에 속한다고 생각하는 등 응답자의 80%가 자신을 중간층으로 생각하고 있는 것으로 드러났다.

하지만 이 중 '중의 상'이라고 보는 비율은 2009년 46.9%, 2013년 43.7%에 비해 크게 줄어들고 있다.

『한국의 언론인 2017』(2018) 표지

가령 트럼프 대통령을 다룬 미국 정치 기사와 문재인 대통령을 다룬 한국 정치 기사처럼 서로 다른 물리적, 문화적 공간에 있는 뉴스들을 단순 비교해서 양국 간 정치 기사 보도에 차이가 있다고 판단하는 것은 문제라는 것이다. 정확한 비교 분석을 위해선 '한국 대선 보도', '남북정상회담'과 같은 동일한 뉴스 아이템을 놓고 서로 다른 배경을 가진 언론인들이 이를 뉴스로 판단하는 데 있어 어떻게 다른 차이를 보이느냐를 살펴봐야 할 것이다.

# ⸺ 뉴스 룸 들여다보기

　　뉴스에 대한 기준과 가치관은 언론인마다 다르기 때문에 저널리즘 연구자들은 그동안 다양한 언론인들이 상호 작용하는 편집국 내부에서의 뉴스 선정을 위한 의사결정 과정에 주목해왔다. 뉴스를 다루고 생산하는 과정과 조직의 최종 단위가 편집국(뉴스 룸)이기 때문이다.

　뉴스 가치란 수많은 뉴스 가운데 무엇을 강조할 것인가, 무엇을 제외할 것인가, 어디에 우선권을 줄 것인가 등에 대한 편집국 내에서의 일종의 선정 기준이자 가이드라인이라는 말과도 통하는 개념이다. 뉴스 가치는 일종의 작업 규칙으로 편집국에서의 실천을 함축하고, 때로는 명시적으로 설명하고 인도하는 작업적 지침의 집성이라는 것이다.[2]

　이 차원에서 뉴스 생산 조직인 편집국 단위에 대한 사례 분석은 뉴스 제작 과정에서 뉴스로 가공될 수 있는 사건이나 정보의 '뉴스 가치' 개념을 추출하는 데 유용한 방법이라 할 수 있다. 편집국 내부에서 합의·동조·갈등·대립 등의 단계별 논의 과정을 거치면서 어떤 뉴스들이 최종적으로 선택되는지를 분석해보면, 해당 조직에서 뉴스를 바라보는 나름의 시각인 뉴스 가치가 파악될 수 있기 때문이다.

　지금까지의 저널리즘 연구들은 내용 분석이나 관계 분석 등을 통해 이 같은 결과를 얻어 보려고 노력해왔으나, 한정된 분석 대상으로 인해 언론인들의 인식을 심층적으로 분석하지 못했다. 이를 벗어나고자 언론사 내부로 깊숙이 들어가 실제 뉴스 제작 현장에서 벌어지는 상황을 분석하려 했던 시도들이 더러 있었지만, 언론사의 폐쇄적인 구조·문화 등으로 인해 연구가 쉽게 진행되질 않았다.

단순한 내용 분석이나 관계 분석만으론 쉽사리 파악하기 힘든 편집국 내부의 복잡한 관계를 이해하기 위해 뉴스 룸 편집회의 등에 대한 직접적이고 장기적인 참여 관찰이 필요한 이유다.

뉴스 현장 연구에 있어 가장 중요한 것은 뉴스 선택을 위한 조직 내부의 상호 작용과 충돌 과정이다. 이를 제대로 파악하려면 결과물로 나온 콘텐트에 대한 내용 분석에만 그칠 것이 아니라 제작 과정에 대한 참여 관찰과 같은 질적 분석이 유용하다.[3]

터크만은 자신의 뉴스 룸 관찰기인 『뉴스 만들기』에서 원활한 분석을 위해 뉴스 기사의 할당으로부터 편집, 배포에 이르기까지 뉴스 기사 제작 경로를 좇아 뉴스 제작진들의 행동들을 뉴스 룸 안팎에서 관찰하는 방식을 사용했다.[4] 언론인과 같은 시각으로 현장에 참여하면서 그 속에서 벌어지는 일에 대한 이해와 해석을 해야 뉴스가 무엇인가에 대한 전체적인 윤곽을 잡아 나갈 수 있다는 것이다.

또 다른 뉴스 룸 관찰기인 『뉴스 생산』에서는 저자 피시먼이 연구자는 단순한 관찰자에 머무르기보다는 직접 참여자가 돼야 한다며 직접 신참 기자로 활동하면서 뉴스 제작 과정을 관찰할 정도였다.[5]

이처럼 참여 관찰 장소로 뉴스 룸을 주목하는 이유는 '미스터 게이트' 연구처럼 한 명의 개별 기자 차원에서 일어나는 뉴스의 취사 선택 과정에 대한 정태적인 관찰보다는 하나의 장場에서 다수의 사람들이 상호 작용하며 벌어지는 동태적 과정에 대한 관찰이 훨씬 입체적이기 때문이다.

뉴스 룸에서 벌어지는 뉴스 제작 활동 중에서 가장 주목해야 할 것은 편집회의다. 24시간 동행 관찰 방식 등은 현실적으로 장기간 실시하기 어려운 만큼 언론 조직 내부에서 가치의 충돌이 생생하게 발생하는 공간을 집중 관찰하는 게 보다 효과적이기 때문이다. 편집국 내부에서 일어나는 사정을 확인하려면 최소한 6개월 이상의 장기적인 참여 관찰이 이뤄져야 유의미한 분석이 가능하다. 실제로 터크만 등의 뉴스 룸 분석 연구에서도 6개월 이상의 참여 관찰이 이뤄졌다.

문화적 배경이 다른 언론인 간의 뉴스 가치 비교 연구에선 어떤 뉴스 룸을 분석 대상으로 선택하느냐가 무엇보다 중요하다. 외국 언론사에서 일해 본 경험을 가진 미국의 경력 언론인들이 한국이라는 '공간' 내로 들어와서 한국 언론인과 같이 근무하는 영자 신문 뉴스 룸은 이를 살펴볼 수 있는 훌륭한 관찰 장소다. 기존 비교 분석의 한계를 극복하고 한·미 언론인 간의 뉴스 가치에 대한 유사점과 차이점을 정확하게 비교하려면 우선 동일한 뉴스를 놓고 벌이는 기사 선택 과정을 비교하는 것이 바람직하기 때문이다.

비교의 초점은 뉴스 룸 편집회의에 대한 참여 관찰과 면접을 통해 상이한 문화적 배경을 가진 한·미 언론인들이 가진 뉴스 가치의 인식에서 어떤 차이를 보이는가에 있다. 이를 아래와 같은 내용으로 요약할 수 있다.

- 한·미 언론인 사이에 '뉴스 가치'에 대한 인식의 차이는 무엇인가.
- 동일한 뉴스 소재로 신문을 제작하는 과정에서 양측 간의 뉴스 인식은 어떻게 나타나는가. 그 차이에서 알 수 있는 한국 언론만의 뉴스 가치 특성은 무엇인가.
- 한·미 언론인 간에 서로 의견 차이를 보이는 뉴스는 무엇 때문인가. 이는 한국 언론이 가진 어떤 뉴스 가치의 특성에서 비롯된 것인가.

상이한 문화적 배경을 가진 언론인들이 함께 일하고 있는 뉴스룸 현장 속으로 들어가 서로 다른 가치관과 판단이 특정 뉴스에 대한 선택 과정을 어떻게 다르게 만드는가에 주목해보는 참여 관찰이야말로 한국 언론만이 가진 특징을 명확하게 드러나게 해주는 방법론이다. 이런 일련의 분석을 통해 한국의 언론사들이 어떤 유형의 사건이나 정보들을 '지면에 실릴 만한 뉴스'라고 판단하는지를 이해하게 된다면 한국 언론의 '뉴스 가치' 지형도를 본격적으로 조명하는데 큰 도움이 될 것이다.

## 뉴스 제작 현장의 선택

이 책에 사용된 자료는 국내의 한 영자 신문 뉴스 룸(이하 뉴스룸)에 대한 참여 관찰과 심층 면접에 의해 수집된 것이다. 이 뉴스룸에선 한국 일간신문 등의 근무 경력이 있는 한국인 언론인(데스크)과 미국 내 언론사에서 근무한 경력이 있는 미국인 언론인(에디터)이 함께 근무한다.

각 부서의 한국인 데스크들이 매일 예상되는 예정 기사나 취재

대통령 선거 유세가 한창이던 2012년 11월 28일자의 중앙일보(좌)와 Korea Joongang Daily 1면. 같은 날 신문인데도 서로 다른 방식의 제목과 기사 가공이 비교된다.

계획을 바탕으로 '기사 계획budget'을 작성해서 편집회의 때 배포하면, 이를 놓고 토의를 벌인 뒤 최종적으로 게재 기사를 결정한다. 해당 기사가 마감 전까지 올라오면 외국인 에디터들이 기사를 손보고 제목을 달아 출고한다.

미국 내의 저널리즘 경력이 있는 미국인 에디터들이 직장을 한국으로 옮겨와 한국발 뉴스만을 대상으로 뉴스 가치를 판단하고 있기 때문에 종종 뉴스 선택을 놓고 뉴스 룸 내의 한국인 데스크들과 첨예한 대립이 일어난다. 이들이 참석하는 편집회의는 뉴스 가치를 둘러싼 한국과 미국 언론의 특성이 뚜렷하게 부각되는 장소다. 이곳에선 매일 동일한 뉴스 소재를 놓고 문화적 배경이 다른 한국과 미국 언론인이 이를 각기 어떻게 다르게 평가하는지 비교할 수 있다.

미국 언론인들이 한국 뉴스를 다룰 때 어떤 생각을 갖고 있으며,

어떤 기사를 가치 있다고 생각하는가를 한국 언론인과 비교해보면 한국 언론인들의 기사 선정 기준과 가치관이 미국 언론인에 비해 얼마나 다르고, 무엇이 이 같은 차이를 가져오게 하는지를 쉽게 파악할 수 있을 것이다.

## 내용 분석

내용 분석은 대표적인 한국 신문 1개와 해당 영자 신문 1면에 실린 뉴스를 비교하는 것이다. 지면에서 양 신문이 다루는 뉴스가 얼마나 차이가 있는지를 파악해본 뒤 뉴스 룸에서의 기사선택 과정에 대한 참여 관찰과 심층 면접을 통해 그 차이가 왜 일어나는지를 확인하는 것이다.

내용 분석은 전체 지면이 아니라 1면만 분석한다. 이는 각 신문의 특성을 확인하는 지표로 1면 기사들을 통상적으로 사용해온 데다 한국과 미국 신문을 비교한 기존의 선행 연구들도 1면 기사를 분석 대상으로 하는 경우가 많았기 때문이다.[6]

국내 한 종합 일간지가 18대 대통령 선거 운동 기간(21일)동안 기사별 열독률에 대해 자체 조사한 자료에 따르면 신문 전체 지면에 게재된 전체 2,186개 기사 중 1면에 게재된 기사들의 열독률은 평균 54.7%로 전체 평균(30.8%)보다 훨씬 높았다. 열독률이란 매일 10분 이상 신문을 읽은 사람 중에서 해당 기사를 읽은 사람의 비율을 말하는 것이다. 1면이 2면(47.9%)이나 비즈니스 섹션 1면(36.8%)과 비교해서도 상당히 높은 열독률을 보이고 있기 때문에 분석을 위한 기사의 대표성을 확보하는 데는 무리가 없다고 볼 수 있다.

한국인 데스크들이 제공하는 기삿거리에 대해 내부 논의가 어떻게 이뤄졌는지를 파악하기 위해 편집회의 때마다 제출된 각 부의 기사 계획과 이를 토대로 실제로 제작된 1면 기사를 비교했다. 당초 기사 계획과 달리 어떤 유형의 기사가 1면에 들어가는지를 비교·분석해보면 미국인 에디터들의 기사 선정 기준이 우리와 어떻게 다른지를 유추할 수 있다.

이와 함께 한국 일간지의 당일 1면과도 비교해 어떤 기사가 더 크게 취급되고 어떤 기사가 빠지는지에 대해서도 분석한다.

1면에 들어가는 기사의 중요성을 측정하는 도구로는 기사의 크기보다는 기사의 건수를 우선했다. 1면 기사를 선택하는 게이트 키핑의 과정에서는 기사를 얼마나 크게 쓰느냐보다는 1면이라는 지면 공간에 기사가 진입하느냐, 아니냐의 여부가 중요하기 때문이다.

영어 기사의 길이가 통상적으로 한글보다 길기 때문에 언어가 다른 기사 간에 기사 크기를 비교할 경우 효용성을 떨어뜨리는 점도 감안했다. 예컨대 1면에서 뉴욕타임스는 조선일보보다 기사 길이가 약 2.2~5.5배 더 길었다는 분석이 있다.[7]

두 신문의 1면 기사 제목들도 함께 분석한다. 제목들은 한국 언론인과 미국 언론인이 해당 기사를 읽고 난 뒤 각각 직접 만들어 붙인 내용이므로 이를 서로 비교해보면 동일한 뉴스에 대한 '이름 짓기' 과정에서 서로 다르게 나타난 기사 가치에 대한 차이를 확인할 수 있다.

이 책에 사용된 자료는 2012년 11월 27일에서 2013년 5월 31일까지 6개월간의 1면 기사를 비교한 것이다. 이 기간 중에는 뉴스 룸 내에서 다양한 입장들이 첨예하게 나타날 수 있는 18대 대통령 선거라는 이슈가 포함돼 있다. 그 외에도 북한의 은하 3호 미사일 발사, 검찰총장 사퇴 파동, 나로호 발사, 국정원 여직원 선거 개입 논란 등 굵직굵직한 뉴스들이 많아 다양한 뉴스의 비교 분석에 도움이 됐다.

### 참여 관찰과 심층 면접

지금까지의 국내 저널리즘 연구에서는 언론사 내부의 폐쇄성 등으로 인해 언론사를 대상으로 하는 참여 관찰 연구가 쉽지 않았다.

한국 언론에서 쉽지 않은 일이었지만 나름의 경험과 인연으로 해당 뉴스 룸의 출입과 관찰이 가능했다. 관찰 기간 동안 기사 계획budget은 매일 뉴스 룸 편집회의 직전에 배포받거나 사후에 받았다. 편집회의는 첫 1개월엔 주당 3~4회씩 직접 참관했으며, 그 외의 기간은 매주 1회 이상 참관하면서 빠진 회의 때는 편집회의 주요 발언록을 메모로 기록하게 해서 이를 확인한 뒤 의문스러운 부분을 해당 참석자들에게 사후 면접하는 방식을 혼합했다.

심층 면접은 참여 관찰에서 얻어지는 분석을 보완하기 위해 함께 실시됐다. 회의에서 각종 쟁점이 생기면 사후에 이에 대한 별도의 확인을 위해 대면 면접이 가장 효과적이기 때문이다. 편집회의 참석자인 미국인 에디터와 한국인 데스크들과는 사전·사후에 걸쳐 수시로 별도 인터뷰를 실시했다. 편집회의에서 한국 언론인이 발제한 기사가 채택되지 않거나 다른 기사로 대체된 경우에는 수시로 에디터와 데스크들에 대한 인터뷰를 통해 그 배경을 추가로 확인했다. 또, 한국인 데스크들이 추천하는 기사 중에서 미국인 에디터들이 어떤 기사를 선호하고, 어떤 기사를 싫어하는지를 파악했다. 한국인 데스크들과 갈등을 빚는 기사의 유형이나 미국인 에디터들이 낮게 평가하는 기사 유형을 분류하면서 한·미 언론인 간의 뉴스 가치관에 대한 비교를 진행했다.

한국과 미국 간의 뉴스 가치 비교와 확인을 위해 한국 일간지의 편집 간부나 서울 주재 해외 특파원에 대해서도 따로 심층 면접을 추가로 실시했다. 뉴스 룸의 미국인 에디터들이 문제를 제기하는 기사들에 대해 한국 언론인과 외국 언론인으로서 각각 어떻게 생각하는지를 물었다.

경우에 따라선 의견의 익명성을 보장하기 위해 터크만이 『뉴스 만들기』에서 했던 것처럼 발언이나 행동을 다른 사람이 한 것처럼 기술하는 방법도 택했다.

참여 관찰과 심층 면접을 통해 뉴스 가치의 결정 과정을 관찰한 언론인들은 다음과 같다.


**미국 국적 언론인**

1. **아론:** 미 시사지 아시아판 편집장 경력의 36년차 에디터

2. **벤:** 미 동부 지역신문 에디터 경력의 37년차 에디터

3. **찰리:** 미 중부 지역신문 카피 에디터 경력의 10년차 에디터.

4. **다니엘:** 미 서부 지역신문 카피 에디터 경력의 14년차 에디터

5. **에반:** 미 동부 대학신문 편집장 경력의 4년차 카피 에디터

6. **프랭크:** 미 방송사 뉴스데스크 어시스턴트 경력의 3년차 카피 에디터

7. **조지:** 한국 영자지 카피 에디터 경력의 2년차 카피 에디터


**한국 언론인**

1. **김:** 일간지 기자 출신 18년차 데스크

2. **남:** 영자지 기자 출신 13년차 데스크

3. **도:** 일간지 차장 경력의 19년차 데스크

4. **라:** 영자지 데스크 경력의 25년차 부국장

5. **문:** 일간지 22년차 현직 부장

6. **박:** 일간지 21년차 현직 차장

7. **신:** 일간지 23년차 현직 부장

8. **이:** 영자지 데스크 경력의 19년차 차장

익명성을 보장하기 위해 가명을 사용했으며, 경력은 2013년 5월 기준.


이 책에서 중점을 둔 것은 한국 언론에서는 어떤 유형의 뉴스에 주목하는지, 미국 언론과 다르게 나타나는 한국 언론만의 독특한 뉴스 가치 요인은 무엇인지를 종합해보는 것이다.

뉴스 룸 내 미국인 언론인들의 시각을 통해서 드러난 한국 언론의 뉴스 가치 인식에서의 독특한 특징은 무엇인지를 하나씩 살펴보자.

## 한·미 간 뉴스 가치의 8가지 차이

한·미 언론인 간에 뉴스에 대한 인식에 차이가 있는지를 알아보기 위해선 우선 한국 일간지 하나를 골라 영자 신문에서 다루는 1면 기사와 얼마나 차이가 있는지를 확인했다. 이에 대한 내용 분석 결과, 양 신문은 유형별 단순 빈도 외에도 추구하는 뉴스 가치에서 상당한 차이를 보였다.

영자 신문은 분석 기간 동안 정치 기사의 비중이 큰 한국 신문에 비해 상대적으로 외교·안보, 경제·산업, 스포츠 기사 등을 골고루 채택하는 경향을 보였다. 외교·안보 기사의 경우 김정은 발언이나 북한 내부의 움직임 등 북한 관련 기사를 선호했으며, '아이폰5 국내 출시', '아리랑 유네스코 문화유산 지정', '박찬호 은퇴', '류현진 다저스와 계약' 기사 등 다양한 기사들이 1면에 게재됐다.

반면 한국 신문은 대선 관련 속보를 중심으로 한 정치 기사가 전체 보도의 절반 가까이 차지했으며, '노인을 위한 금융 상품 없다', '디자인 경영 자원화…삼성은 실천했고 일본은 말만 했다', '막말 대선 토론 개선 요구 빗발' 등과 같은 각종 사회적 의제를 제시하는 기획 기사 등이 게재됐다.

외교·안보 기사에서도 북한 내부의 움직임에 주목하기보다는 '더 강경해진 시진핑의 중국', '이란, 북에 로켓 제어 기술 전수' 등과 같이 국제 사회 움직임과 연계된 기사에 주목했다. 사회 기사에서는 양 신문 모두 '검찰총장 사퇴 논란', '국정원 직원 선거 개입' 등을 비중 있게 다뤘지만 이를 다루는 시각은 상이했다.

1면 게재 기사의 유형별 분류

| 유 형 | 한국 일간지 | 영자 신문 |
|---|---|---|
| 정치 | 134 (28.39%) | 133 (23.42%) |
| 외교 · 안보 | 114 (24.15%) | 172 (30.28%) |
| 사회 | 126 (26.7%) | 169 (29.75%) |
| 경제 · 산업 | 45 (9.53%) | 55 (9.68%) |
| 국제 | 33 (6.99%) | 4 (0.7%) |
| 문화 | 6 (1.27%) | 16 (2.82%) |
| 과학 | 4 (0.85%) | 7 (1.23%) |
| 스포츠 | 10 (2.12%) | 12 (2.11%) |
| 계 | 472 (100%) | 568 (100%) |

(기간: 2012.11.27.~2013.5.31., $X^2$=38.778, P=.0000, F=7로 두 그룹 간에 차이가 있음.)

이 같은 내용을 바탕으로 참여 관찰과 심층 면접 등을 통해 확인한 결과 등을 종합해본 결과, 양 신문의 기사 선택에서 한 · 미 언론인 간에 뉴스 가치에 대한 인식은 뚜렷하게 차이를 보였다.

그 차이는 정치 중심주의와 균형주의, 조직 문화 우선과 개인적 일탈 우선, 집단적 시각과 개별적 시각, 희생양 만들기와 영웅 만들기, 냉소적 태도와 회의적 태도, 백화점식 나열과 전문점식 집중, 조합식 기사 작성과 통합식 기사 작성, 포장 중시와 내용 중시 등 8가지 측면에서 대조를 이뤘다.

## 뉴스의 정의에 대한 서로 다른 시각

어떤 것이 뉴스가 되느냐를 놓고 한국과 미국 언론인들은 서로 판이한 입장을 보였다. 미국인 에디터들은 상당히 구체적 · 실용적 개념 차원에서 설명한 반면, 한국인 데스크들은 직감적·추상적 개념을 들어 설명했다. 한국 언론인들이 흥미나 교훈적 메시지를 위주로 요인을 지목한 데 비해 미국 언론인들은 실생활에 유용한 정보이거나 유명인의 뉴스에 더 많은 관심을 보였다.

### 미국 측

"뉴스란 사회 내에서 계속 되는 사건의 흐름을 말한다. 이는 사고, 범죄, 자연재해, 정부 활동, 정책 발표, 정치 발전 등 모두를 일컫는 말로 독자들이 알고 싶어 하는 '새로운 것들'이다."(아론)

"뉴스는 대중의 많은 관심을 끄는 상황이나 정세다."(벤)

"뉴스란 일반 공중들에게 정보가 되는 그 어떤 것anything that has informational value to the general public"(찰리)

"미국 언론인들의 뉴스 가치는 주로 시의성timeliness, 근접성proximity, 인간적 흥미human interest, 저명성prominence 등의 네 가지다."(다니엘)

"뉴스란 개인이 사회 속에서 살아가는 데 필요한 정보다."(에반)

### 한국 측

"수습 시절 선배들로부터 귀에 못이 박히게 들은 이야기가 있다. 어떤 기사가 신문에 실리려면 정보가 되거나 재미가 있거나 교훈이 있어야 한다."(라)

"뉴스에는 다음 세 가지 요소 중 하나를 갖춰야 한다. 새로운 팩트가 담겨 있나? 교훈을 주는 메시지가 담겨 있나? 재미있나? 이 가운데 하나라도 없으면 뉴스가 아니다. … 새로운 팩트라 함은 안 밝혀졌던 사실이나 그동안 잘못 알려져서 수정돼야 할 사실이 담겨 있느냐를 말한다."(신)

"뉴스는 그 내용이 새로운 것이거나, 비판의 대상이 되거나 화제가 되거나 이 중 하나 이상에 해당하는 것이다." (문)

"같은 뉴스라도 더 재미있게, 상세하게 포장해 전달하는 것이 중요하다." (박)

사실에 얽힌 맥락을 보도하는 기자의 역할에 있어서도 미국 에디터는 전달자의 역할을, 한국 데스크는 폭로자의 역할을 강조해 대조를 이뤘다.

"기자의 역할은 독자 혼자서는 모을 수 없는 개별 정보들을 수집·가공해 어떤 사안에 대한 이해와 투명성을 높여 주는 것이다." (찰리)

"숨어 있는 정보를 캐내 알려주는 것이 중요하다. 포스코 임원의 기내 폭행 사건의 이슈화 같은 게 대표적이다." (이)

미국 에디터들은 특히, 뉴스에서 사실의 확인에 기초한 정확성을 강조했다. 윤창중 청와대 대변인의 성추행 사건을 어떻게 보도할지를 놓고 논의했던 어느 날의 편집회의에서 아론은 한국인 스태프들에게 정확한 사실의 확인과 표현을 주문했다.

"엉덩이를 잡은 것grab과 호텔 방에 함께 있었던 것 중에 어느 것이 더 중한 범죄인가? 방안에서 추행이 있었는가? 아니면 추행 의도가 있었나? 여성 인턴은 밤새 어디에 있었나? 바에서 무슨 일이 있었나?" 질문은 계속 됐다.

제목을 놓고도 한국 데스크가 '성 추문'sexual scandal으로 표현하자

성행위 여부가 확인되지 않기 때문에 '성추행 추문'sexual assault scandal 으로 써야 한다며 이를 수정했다. 이러한 차이는 단순히 영어 표현의 문제뿐만 아니라, 한국 언론에서 관행적으로 사용한 표현을 그대로 영어로 번역해 설명하는 과정에서 빚어진 것이었다. 하지만 상황을 묘사하는 양 측의 인식 차이가 뚜렷이 드러나는 대목이었다.

정확한 표현에의 요구는 5월 17일 제주도의 한 농부가 진드기에 물려 사망한 사건이 일어났을 때도 여전했다. 미국 에디터들은 병을 옮긴 진드기가 일반적인 진드기인지, 특정한 진드기인지와 크기 등을 일일이 꼼꼼하게 확인하더니 기자가 쓴 'mite(집먼지 진드기)'란 표현을 'tick(큰 진드기)'란 단어로 수정했다.

미국 에디터들은 저명성과 인간적 흥미 요인의 뉴스 가치에도 많은 관심을 보였다. 유명 정치인들을 저명인사celebrity로 보는 경향이 강했다. 박근혜 전 대통령에 대해선 '독재자의 딸'daughter of the dictator이라는 '유명인' 이미지로 인식해 이 같은 표현을 제목으로 쓰자고까지 주장했다. 거대 정당의 지도자라는 한국적 정치 현실에서 그런 직설적인 표현을 쓰기 어렵다는 한국 데스크들과 마찰을 빚기도 했다.

"뉴스 미디어 보도 내용 중에도 그 중요도는 매우 다르게 매겨진다. 예컨대 미국에서는 패리스 힐튼이나 안젤리나 졸리, 브래드 피트 같은 셀러브리티(저명인사)에 대한 뉴스들이 과연 민주사회에서 살아가는 데 필요한 정보냐 아니냐를 떠나 많은 주목을 받고 중요 뉴스로 다뤄진다." (다니엘)

저명성의 차원에서 뉴스를 다룰 때는 해당 인물의 캐릭터를 중시했다. 미국 에디터들은 박근혜 대통령의 경우 사회적 중요성이나 정치적 영향력보다는 '단호함'('박대통령 첫 국가안보회의 주재')이나 '아름다움'('박 대통령, 미 의회 연설')과 같은 기준으로 뉴스를 선택했다.

흥미로운 뉴스에 대한 생각도 달랐다. 3월 16일 한국 데스크가 '여수화학공단 폭발로 근로자 6명 사망' 기사를 1면용으로 발제했지만 미국 에디터들은 그 기사 대신 체육면의 '김연아 런던 세계선수권 쇼트프로그램 1위'가 재미있다며 1면에 썼다.

"신정아 사건 같은 뉴스는 성性, 거짓말, 음모와 같은 '축축한'juicy 요소가 많아 1주일 이상 속보로 다뤘다." (아론)

미국 에디터들은 흥미성에 대해서는 특정한 개념을 제시하기보다 'interesting'('동의대 시위 때 숨진 경관 24년 만에 추모비 제막')-'amazing'('미성년 강간자로 수배된 미국인 영어 학원 강사 체포')-'surprising'('구글 플레이 스토어서 갤럭시S4 웹 판매')-'fantastic'('한국 국민 71%, "북·일 축구시합 때 북한 응원"') 등의 위계적인 표현의 강도 차이로 구분했다.

## 한국과 미국은 다르다 … 뉴스 가치의 충돌

한국과 미국 언론인들은 뉴스를 선택하는 과정에서 서로 다른 뉴스 가치로 인해 종종 충돌을 빚었다. 양 측의 인식이 상이한 부분을 모아 각각의 특징으로 추출해보면 다음의 여덟 가지 차이점으로 나뉜다.

한 · 미 언론인 간 뉴스 선택의 8가지 차이

| 한국 언론인 | 미국 언론인 |
|---|---|
| 정치 중심주의 | 균형주의 |
| 조직 문화 우선 | 개인적 일탈 우선 |
| 집단적 시각 | 개별적 시각 |
| 희생양 만들기 | 영웅 만들기 |
| 냉소적 태도 | 회의적 태도 |
| 정보의 극대화 (백화점식 나열) | 정보의 최적화 (전문점식 집중) |
| 조합식 기사 작성 | 통합식 기사 작성 |
| 포장 중시 | 내용 중시 |

## 정치 중심주의 vs. 균형주의

앞서의 내용 분석에서 영자 신문이 1면 기사에서 다양한 기사를 선택하며 부서별 균형을 중시하고 있다는 것은 대다수의 미국 언론인들이 '균형'balance이라는 뉴스 가치를 강조하는 경향에서 비롯된 것이다. 미국 에디터들은 한국 언론인들이 정치 기사에 유독 집중해서 이를 지나치게 취급한다고 평가한다.

"한국 신문에는 정치 기사가 지나치게 많다. … 다양한 독자들의 욕구가 있는데 균형을 잡는 편집이 무엇보다 중요하다. 아무리 대선 기간이라 할지라도 정치권에 대한 시시콜콜한 뉴스만을 쓰기보다는 다양한 뉴스를 담는 것이 좋다. … 정치 기사를 찾는 독자들은 뒤 지면에 기사가 나와도 찾아서 보기 때문에 굳이 1면

만을 고집할 필요가 없다.” (아론, 찰리)

“편집회의에서 정치 · 사회 기사 외에 1면 기사 후보로 발제되는 다른 기사가 너무나 적다. … 내가 근무했던 미국 신문사에서는 모든 에디터들이 1면에 기사를 하나라도 더 집어넣기 위해 적극적으로 발제하는 것은 물론 지면을 얻기 위해 치열하게 논쟁을 벌이는데, (정치를 제외한)한국 데스크들은 논쟁을 즐기지 않는 것 같다.” (벤)

“한국 신문의 기사를 바탕으로 발제되거나 번역된 기사를 보다보면 지나치게 세밀한dense 내용을 다룬 기사들이 많다는 생각이 든다. … 기사 속에 어떤 메시지를 반드시 담아서 전달해야 한다거나 전문가의 영역에 속하는 자세한 내용까지 다뤄야 한다고만 생각하다보니 다소 가볍더라도 독자들의 시선을 확 잡아끌거나 eye-catching 독자들이 원하는 팩트fact를 앞세운 것만으로도 뉴스가 된다는 생각은 적은 게 아닌가 싶다.” (에반)

미국 언론인들은 이 같은 한국 언론의 권력 중시 태도에 대해 한국 기자들이 지나치게 보도자료와 관청 등의 출입처에 의존하고 독자보다는 취재원을 중시하기 때문이라고 지적한다.

“권력을 가진 공식적 취재원, 특히 삼성 · LG · 현대 등과 같은 권력 있는 기업들과 유착complicity이 심한 것 같다. 유교적 문화의 영향 탓인지는 몰라도 권력자들에게 순응하고 협조하려는 경향도 보인다. 저널리스트는 권력에의 도전을 위임받은 사람들 아닌가?

한국 기자들은 거대 담론big story에 있어서는 권위나 권력에 도전하기도 하지만 공중의 권리를 해치는 권력자들의 작은 사례들은 눈감아 버린다. 권력자들이 뉴스 가치를 정한다.

미국에서는 권력자들에 대한 관심은 저명성의 차원에서 다뤄지지만 한국 기자들은 권력자들에 도전하기보다는 그들이 원하는 대로 순순히 따라가는 경향이 있다.”(다니엘)

미국 에디터들이 상대적으로 외교 안보 기사를 선호하는 것은 정치적 의미보다는 북한 뉴스에 대한 주목도가 높기 때문으로 풀이됐다. 북한 뉴스는 국제정치학 접근보다는 신기성, 흥미의 차원에서 접근한다.

“한반도에 취급되는 주요 뉴스 중에 김정일 사망과 같은 북한 뉴스는 서구 언론에서 굉장히 눈길을 끄는 뉴스다. 빠른 발전과 경제적 향상이 이뤄지고 있는 남한 내의 놀랄 만한 소식들도 있지만 사람들은 신비와 음모에 싸인 북한 내부의 뉴스를 확실히 더 좋아한다.”(찰리)

이와 관련, 최상훈 뉴욕타임스 서울 특파원은 “북한 기사는 본사에서 항상 재미있는 이야깃거리로 꼽힌다”며 “이는 북한을 ‘희한한 나라’로 보는 관점이 많기 때문”이라고 설명했다. 미군의 노근리 양민 학살 사건 보도로 퓰리처상을 수상한 바 있는 그는 최근 중요한 기사보다 재미있는 기사를 선호하는 경향이 늘면서 자신이 보내는 전체 한국 기사 중 북한 관련 기사가 절반 이상을 차지하고

있다고 밝혔다.[8]

다른 날의 회의에서는 한국 신문들이 크게 다룬 '일본 고교 교과서 독도 분쟁 표기 증가, 올해 검정 결과 발표' 기사가 한국인 데스크에 의해 1면 기사로 발제됐다. 하지만 미국 에디터들은 그 기사 대신 '北, 군 전투 준비 태세 발령' 기사를 1면 기사로 선택했다. 왜 그랬냐고 물어봤더니 한 미국 에디터는 그저 어깨를 으쓱하다더니 "그냥 한·일 간 뉴스보다 남북 간 뉴스가 더 중요해 보인다"고만 말했다.

이는 2013년 봄 한반도 정세가 불안했을 때 해외 언론들이 '곧 전쟁이 나는 게 아니냐'며 기자들을 한국에 대거 특파하는 등 과도한 관심을 보였던 현상을 설명해줄 수 있는 대목이다. 한반도의 남북 긴장 상황도 외국 언론의 시선에선 흥밋거리의 차원에서 접근될 수 있는 뉴스의 상품성이라는 것이다.

### 조직 문화 우선 vs. 개인적 일탈 우선

특정한 사회적 이벤트가 발생했을 때 이를 바라보는 양 측의 시각도 상이했다. 성 추문 검사 사건 등에 의해 촉발된 검찰 개혁을 놓고 검찰총장 사퇴 논란이 불거지자 한국 신문은 총장 사퇴가 해결책이라는 논조를 유지했다.

한 한국 일간지는 '대검 간부 전원, 총장 사퇴 요구'(11월 29일), '검찰 개혁안 내놓고 떠나겠다는 한상대(검찰총장)'(11월 30일), '공룡 권력 한계 드러낸 검찰 대수술 필요성 스스로 입증'(12월 1일)

등의 기사를 3일 연속 톱기사로 게재했다.

사실상 부하가 상사에게 사퇴를 요구하는 하극상이었음에도 사태의 본질을 검찰 내부 갈등이라는 '검란檢亂'이라 명명한 뒤 '총장의 오기 부리기' 등의 표현으로 검찰 개혁이 진전되지 못한 책임소재가 검찰총장에게 있다는 식의 뉘앙스를 담았다.

이에 비해 뉴스 룸에선 'Prosecutor force their boss to quit'(11월 30일), 'After losing war, head prosecutor resigns bitterly'(12월 1일)로 갈등 사실을 있는 대로 담담하게 표현하는 데 그쳤다. 그러나 부제나 기사 본문에서는 'controversial leadership', 'all-out war between Han and Choi loyalists', 'rebellion', 'civil war inside' 등의 표현을 사용했다. 누구에게 이 사태의 책임이 있는지에 대한 판단은 유보한 채 검찰 내부의 주도권 다툼이라는 시각만을 유지하는 모습이었다.

검찰총장의 사퇴 여부를 다룬 사안을 놓고 논의했던 11월 29일 편집회의에서 미국 에디터들의 시각은 한국 언론과 사뭇 달랐다.

아론은 회의 내내 "검찰총장이 사퇴한다고 문제 해결에 무슨 도움이 되느냐. (검찰 개혁 논란의 발단이 된)성 추문 검사 개인의 윤리ethics를 문제 삼아야지 조직의 장이 사퇴한다고 해서 해결될 일인가"라며 관련 기사의 채택에 못마땅했다. 문제의 본질이 개인적 일탈 행위에서 빚어진 만큼 조직의 장에게 시스템의 책임을 묻기보다는 내부 윤리나 감찰을 강화해 또 다른 개인의 일탈을 막는 방안이 해결책이라는 입장이다.

이런 입장은 터크만의 참여 관찰기인 『뉴스 만들기』에서도 확인되는 대목이다. 미국 기자들은 사회 안정을 기준으로 놓고 이에 긍정적 입장을 '순응', 부정적 입장을 '일탈'로 구분해서 정의하려는 경향이 있다는 것이다.[9] 어떤 문제가 발생하면 한국 언론인들은 해당 시스템의 잘못된 작동에 주목하는 데 비해 미국 언론인들은 개인의 일탈이나 잘못에 주목하는 경향이 강한 것이 바로 이 같은 태도 때문이다.

예컨대 홍수가 범람해 큰 피해가 났을 때 한국 언론인들은 "시 당국은 뭘 했나"라는 지적이 앞서지만 미국 언론인들은 "비가 얼마나 왔느냐"에 주목해 피해 규모나 그로 인해 피해를 본 사람들의 사례를 먼저 확인한다는 것이다.

"한국 언론인들은 사회적인 문제가 발생하면 정부와 권력으로 대표되는 사회 시스템에 문제가 있다는 인식이 많지만 미국 언론인은 시스템보다는 문제의 당사자에 주목하라고 주문한다." (김)

이와 같은 인식 차이로 인해 공권력을 바라보는 입장도 미국 에디터들은 한국 언론인과 다른 시각을 갖고 있다.

"경찰이 권총으로 범인을 살해할 경우, 한국인들은 과잉 대응이 아니냐고 하지만 미국인들은 범죄자에 대해 공권력을 정당하게 행사한 것이라고 보더라." (남)

이 같은 차이는 모리스와 펑의 연구 결과[10]와도 유사한 내용이다. 중국인 살인자에 대해 미국 신문이 개인적인 문제점을 부각시킨 데 비해 중국계 신문은 살인을 불러오게 만든 사회적 상황이나 제도의 문제 등에 초점을 맞춘 것처럼 뉴스 룸 편집회의에서도 이와 비슷한 양상으로 인식이 갈렸다. 이는 사회를 중시하는 동양인의 종합적 사고 습관과 개인을 중시하는 서양인의 분석적 사고 습관에서 연유한 가치관의 차이라고도 해석할 수 있다.

## 집단적 시각 vs. 개별적 시각

미국 에디터들은 한국 언론의 또 다른 특징으로 집단적 시각이나 집단 사고에 기초한 '패거리 저널리즘'pack journalism을 지적한다.

"어떤 사안이 발생하면 한국 기자들은 떼pack로 몰려서 천편일률적으로 보도하는 경향이 강하다. 경쟁지들끼리 취재와 보도를 서로 도와주는 모습은 정말로 특이하다. 그러니 논조나 내용, 취재원까지 모두 비슷비슷해지는 게 아닐까. 정부와 같은 공식 취재원에만 너무 의존하는 것도 보도의 유사성을 가져오는 원인이다."(벤)

"한국은 집단 성향team oriented의 사회다. 뉴스 취재에서도 그런 성향이 반영된다. 개인적 또는 기존의 틀 밖에 벗어나 사고하는 것은 드물다. 집단적 접근 방식team approach은 세월호 등의 사건 보도에서도 광범위한 이슈를 제기하는 특징을 보인다. 개인적인 사연보다 국가적 관심사나 사회적 병리, 구조적 문제를 제기한다."(찰리)

그들은 고정된 시각에서 벗어나 언론인마다 고유의 개별적 시각

즉, 다른 시각different angle의 추구를 요구하는 성향이 강했다.

"미국 기자들은 어떻게든 경쟁지들과 차별화하려는 데 전력을 다한다. 존 F. 케네디 대통령 저격 사건 당시 대부분의 기자가 이를 발표하는 백악관 기자회견장으로 달려갔지만, 한 기자는 그 대신 국립묘지로 달려가 자신이 사랑했던 대통령의 묘를 파고 있는 인부의 심정을 인터뷰해서 전설적인 기사로 남겼던 적이 있다."(다니엘)

이에 대해 월스트리트저널 서울 특파원인 앨러스테어 게일Alastair Gale은 "한국 기자들은 새로운 정보를 제일 먼저 얻어야 한다는 압박감이 상당한 것으로 보인다"며 "서로 다른 시각으로 사건을 바라보려는 노력이 아쉽다"고 지적했다. 그는 "우리는 항상 새로운 관점을 원한다"며 "세월호 취재 과정에서도 한국 기자들은 경쟁적으로 사망자와 실종자 수에 집중한 반면 자신들은 타 신문사들 기사와 차별화를 주기 위해 한 실종자 가족과 24시간 먹고 자며 지낸 이야기를 내러티브 스토리로 엮어냈다"고 말했다.[11]

이는 동·서양의 문화 차이를 제시했던 니스벳의 연구 결과[12]와도 일치하는 내용이다. 동양인들은 서양인에 비해 사물을 전체적인 맥락 안에서 파악하고 그들 간의 관계를 중시하는 반면 서양인들은 동양인들에 비해 사물을 개별적으로 파악하고 이를 범주화하려는 경향이 있다는 것이다.

이 같은 인식을 바탕으로 미국 에디터들은 뉴스의 관련성relevance

에 있어서도 한국적 시각Korea angle을 우선했다.

4월 17일 '보스톤 마라톤 대회장서 폭탄 테러'라는 국제 기사가 1면에 발제됐지만 아론은 "한국과 관련성이 적어서 기사를 써야 하는지 의문이다. Korea angle로 기사를 쓸 수 없다면 뉴욕타임스 기사와 다를 바 없다"며 이에 반대했다. 비록 세계적인 사건 사고라 해도 한국 독자에게 주는 의미를 우선 강조했다는 점에서 미국 에디터들은 신문이 대상으로 삼는 독자층을 의식하면서 제작하는 관행에 익숙한 것으로 보였다.

미국 에디터들의 이런 모습은 이른바 '로컬 앵글local angle을 강조해온 미국 신문의 전통과도 관련이 있어 보인다. 미국 지방 신문의 경우 큰 매체의 흉내를 내지 않고 지역 내의 크고 작은 취재원들을 알뜰히 활용해서 그 지역의 개별적인 문제의식과 시각을 담은 뉴스를 만들어야 한다는 철칙을 갖고 있다.[13]

## 희생양 만들기 vs. 영웅 만들기

한국과 미국 언론의 뉴스 가치 인식 차이 중 하나는 뉴스 속에 주인공으로 등장하는 인물에 대한 성격 규정이다. 미국은 '영웅' 만들기를 중시하는 반면 한국은 '희생양' 만들기에 주력하는 모습을 보인다는 것이다. 이는 심층 기획 기사에서 미국이 피해자 중심 접근 방식을 선호하고 한국은 가해자 중심의 접근 방식을 선호한다는 기존의 분석[14]과도 같은 맥락이다.

"… 재난이나 사고가 발생하면 한국 언론에선 책임 소재를 추궁해 책임이 있는 해당 조직의 장을 문책하거나 범인을 처벌해야 한다는 입장이 강하다면, 미국 언론에선 재난 속에서 활약을 펼친 사람들을 찾아내는 '영웅hero' 만들기에 주목하는 경향이 짙다. … 몇 년 전 3호 터널 안을 달리던 버스에서 불이 난 사건이 있었다. 다행히도 불이 터널 내부에서 크게 번지기 전에 운전기사가 밖으로 뛰어내려 뒤차들을 막아준 덕분에 피해를 줄일 수 있었다. 미국 에디터들은 '운전기사야말로 추가 폭발을 막아낸 영웅'이라며 크게 보도해야 한다고 주장했다. 하지만 한국 데스크들은 오히려 평소 버스 정비를 게을리해서 대형 참사를 불러올 뻔했던 버스회사 측을 원인 제공자로 지목하면서 이를 비판해야 한다는 입장으로 맞섰던 적이 있다." (도)

미국 언론의 영웅 만들기 경향은 앞서 허버트 갠스가 말했던 미국 언론인의 8대 가치관 중 자수성가를 강조하는 개인주의individualism의 영향을 받고 있기 때문이라고 설명할 수 있다.

한·미 간 양 측의 인식 차이는 고대 신화와 전설 등과 같은 '이야기'의 성격을 설명하는 베르나르 빅토리의 두 가지 관점을 빌어서도 설명할 수 있다. 이야기는 언어의 기본적 기능인 정보 전달과 함께 한 사회 공동체의 문화적 가치가 무엇인지를 알려준다. 어떤 태도가 그 사회에서 훌륭하다고 판단되는 '본보기'인지, 또 어떤 행위가 모두에게 지탄을 받는 '금기'인지를 가르쳐준다는 것이다.[15] 이런 맥락에서 보면 미국 언론은 본보기의 제시를 중시하는 입장에서 영웅을 부각시키는 반면 한국 언론은 금기를 파괴하는 주역으로 희생양을 찾는 데 주력한다고 볼 수 있다.

한·미 언론사 양쪽에서 근무한 적 있는 최상훈 뉴욕타임스 서울 특파원은 이 같은 차이에 대해 다음과 같이 설명한다.

"미국 언론은 기사에서 스토리텔링의 요소를 중요하게 생각하기 때문에 영웅이 고난을 극복하는 식의 서사적 구조를 선호합니다. 데스크들은 스트레이트 기사나 브레이킹 뉴스에서조차 스토리텔링 요소를 찾도록 요구하곤 하죠."[16]

### 냉소적 태도 vs. 회의적 태도

미국 언론인들은 한국 언론이 냉소적인 시선에 치우쳐 종종 몰아가기식 보도를 한다고 비판한다. 그들은 사실의 확인이나 비판적인 관점을 지닐 때에는 어떤 문제에 대한 불신에서 비롯된 냉소적인 태도보다 진리 탐구를 위한 회의적 태도로 문제를 바라봐야 한다고 말한다. 어떤 현상에 대해 문제점의 지적을 우선하는 한국 언론과 사뭇 다른 태도다.

"미국 에디터들은 항상 '이것이 맞나'라며 팩트 여부의 확인을 우선시한다. 비판에 앞서 무엇보다 근거가 확실한지를 항상 궁금해 한다." (김)

4월 23일 방한한 빌 게이츠가 청와대에서 박근혜 대통령과 만났을 때 바지 주머니에 손을 집어넣은 채 악수하는 장면이 통신사에서 사진으로 제공됐다. 한국 데스크들은 아무리 문화적 차이가 있다고 하지만 대통령에 대한 의전 결례라고 지적했다. 하지만 아론은 "대통령이 이에 대해 화를 냈는지 여부를 확인하지 않고선 문제 삼을 수 없다"며 이에 맞섰다.

한국 언론의 냉소적인 비판 성향은 사실의 정확한 확인보다는 비판 강도를 집중해 몰아가기 식으로 초점을 맞추는 경향이 있다는 지적과도 상통한다. 이는 그동안 한국 언론이 권위주의 정부와의 적대적 관계에서 비판을 무기로 살아남기 위한 생존전략에서 비롯된 관행이라고도 볼 수 있다.

한국 언론이 현실의 어두움에는 과도하게 초점을 맞추면서 희망에는 거의 주목하지 않는 것은 무엇 때문일까. 아마도 뉴스에 어두운 현실주의가 없어질 경우 국가가 자신의 문제를 얼버무리고, 독자들은 어리석게도 스스로에게 만족하는 위험한 경향으로 되돌아갈 것이라는 우려가[17] 인식의 토대를 이루기 때문은 아닐까.

이 같은 차이는 결과를 중시하는 한국 문화와 과정을 중시해온 미국 문화의 차이에서도 비롯된 특징이라고도 말할 수 있다.

### 백화점식 나열 vs. 전문점식 집중

한국 언론의 또 다른 특징으로 꼽힌 것은 정보를 극대화시켜 제공하거나 표현하는 관행이다. "경제 기사에서 일반인들이 관심이 없는 제품에 대한 내용이 지나치게 많이 소개된다"는 벤의 지적처럼 한국 언론은 정보의 의미에 주목하기보다는 최대한의 정보를 제공하는 '백화점식' 나열에 주력한다는 것이다. 반면 미국 언론인들은 주제나 문제 제기에 가장 최적화된 정보를 중심으로 집중하는 이른바 '전문점식' 집중 제시 형태로 기사를 작성하기를 선호했다.

정보 제공의 범위를 놓고 극대화냐, 최적화냐 중에서 무엇을 중시하느냐에 따라 양국 언론인의 인식이 갈렸다.

"미국 에디터들은 한 개의 기사에 하나의 아이디어만을 담을 것을 주문했다. 한국 신문이 즐겨 보도하는 '대선 3대 쟁점'류의 기획 기사는 복잡하다며 아예 기피했다. 한 기사를 읽었을 때 논란이나 요지가 되는 내용을 확실하게 알 수 있게 되기를 원했다.

어떤 기사를 취급할 때도 중계방송식 속보나 관계 기사식으로 계속 벌리기보다 주의·주장이나 추정 외에 추가적 사실에 근거한 새로운 발전development이 있을 때에만 후속 기사를 써야 한다는 입장이다. 발생 이후 속보를 쓸 경우엔 Nut graph나 nut cell paragraph라 불리는, 사안의 요약이나 핵심 내용, 의미를 항상 넣으라고 주문했다." (김)

대선 유세 기간 동안의 보도에서도 한국 신문은 '선제공격', '총집결', '반격', '타격', '수도권 공략' 등의 극대화된 강력한 의미의 군사 전투 용어를 많이 사용했다. 반면 뉴스 룸은 '1-woman-against-2-men race', 'Candidates lock horns on chaebol reform' 등으로 정보를 있는 그대로 제공하고 직설적으로 나타내기보다 최적화된 은유적인 표현을 즐겨 사용했다.

판세를 나타내는 표현 역시 뉴스 룸은 시종일관 'narrow gap', 'tight race', 'neck and neck race' 등의 표현을 써가면서 선거 양상이 근접전임을 적극적으로 묘사하며 그 의미를 중시했다. 이에 비해 한국 신문은 주로 양 후보의 지지율과 같은 숫자를 병렬 비교해 건조하게 소개하는 방식으로 선거 판세에 대한 정보를 제공하는 모습을 보였다.

## 조합식 기사 작성 vs. 통합식 기사 작성

18대 대선 관련 보도는 양 측의 가치관의 차이를 여실하게 보여준 소재였다. 대선 직전 1개월 동안(2012.11.27.~12.20)만 놓고 볼 때 한국 일간지는 1면에 26건의 선거 관련 기사를 쏟아낸 반면 영자 신문은 19건을 보도했다. 한국 신문이 1일 평균 1.24꼭지 꼴이었지만 영자 신문은 1일 평균 0.91꼭지로 선거 관련 기사가 하나도 안 들어간 날도 5일이나 됐다.

가장 큰 차이는 선거 기사를 쓰는 방식이다. 한국 신문이 여·야 후보별로 독립적인 기사를 나눠 병렬식으로 쓰거나 특정 사안에 대해 관계 기사를 2~3개로 벌려 쓰는 나열형 배치를 선호하는 경향이 많은 반면 영자 신문은 가급적 단일 기사로 모아서 쓰는 통합 구조식의 기사를 선호하는 모습을 보였다.

"여당 후보가 이렇고, 야당 후보가 이렇고 하는 식으로 보도하는 게 무슨 의미가 있나?so what? … 매일 발생하는 사안을 따라가기follow식으로 보도하기보다는 담판이나 발표가 있거나 모종의 투표 등으로 뭔가 결과가 나오는 구체적인 사실fact이 있을 때에 1면에 쓸 수 있다. … 기사를 쓰려면 기사의 리드에 나올 수 있는 또 다른 팩트가 있어야 한다."(아론, 다니엘)

"미국인 에디터들은 하나의 기사를 읽었을 때 논란이나 요지가 되는 내용을 확실하게 알 수 있게 되기를 원하는 경향이 강하다. … 어떤 사안이 발생한 이후 그 내용을 속보로 다시 쓸 경우엔 항상 새로운 팩트를 기사 앞머리에 내세울 것을 항상 요구한다."(김, 남)

이 같은 언급들은 한국 언론이 하나의 사건을 여러 개의 기사를 별도로 작성해 전체 현실을 설명하는 **조합식 구성 편집**을 선호하는 데 비해 미국 언론은 다양한 관련 요소를 하나의 기사에 최대한 통합, 포괄해 제시하는 **통합적 기사 중심의 편집**을 선호하고 있다는 기존 연구 결과[18]와 일맥상통한 것이다.

## 포장 중시 vs. 내용 중시

제목 달기에 있어서도 양측은 상당한 차이를 보였다. 제목의 크기를 의미 전달의 최우선으로 삼는 한국 신문에 비해 뉴스 룸의 미국 언론인들은 제목에 어떤 의미의 표현을 담느냐를 중시했다. 한국이 제목의 크기를 통한 현시적인 **포장**에 주력하는 데 비해 미국은 크기보다는 제목에 담긴 내재적인 **의미**를 중시한다는 것이다.

대선 후보의 유세 기사에서 한국 신문은 양대 유력 후보의 멘트를 직접 인용해서 2줄짜리 제목으로 병렬 제시하는 헤드라인이 주종을 이뤘다. 한국 언론에서 제목의 크기가 사안의 중요도를 결정 짓는다는 뜻이다.

의미와 내용을 중시하는 태도는 최상훈 뉴욕타임스 서울 특파원의 말에서도 확인된다. 그는 "뉴욕타임스에선 한 사건이 터지면 해당 속보의 신속한 전달보다는 뉴스에 담겨 있는 의미를 파악할 것을 요구한다"며 "가령 정윤회 국정 농단 논란 사건이 처음 터졌을 때 팩트가 확인될 때까지는 구체적인 스캔들의 내용을 일일이 전하는 것보다는 '소문과 싸우는 정부'라는 시각에서 의미를 부여해 기사를 풀어가길 원했다"고 말했다.[19]

뉴스의 재료나 취재원의 사회적 위상 등도 제목에 크게 영향을 미친다. 일련의 대선 보도에서 한국 일간지는 '박근혜 충청, 문재인 부산 승부처 선제공격'(11월 28일), '박 "노 정부 때 집 값·양극화 가장 심각"'/ '문 "박, MB정부 민생 파탄에 공동 책임"'(12월 11일), '박 "국정원 직원 감금 사과해야"/ 문 "그는 피의자 왜 비호하나"(12월17일)', '박근혜 "다시 한 번 잘살아보세 신화 이룰 것"/ 문재인 "총체적 난국, 팀 완전 바꿔야 해결"'(12월 19일) 등 총 7차례나 이런 형태의 제목을 사용했다. 뉴스의 의미나 중요도보다는 여·야 후보 간 제목 크기의 기계적 균형에 치중하는 모습으로 일관했다.

사진도 항상 박·문 두 후보의 사진을 동등한 크기로 함께 썼으며 위치 역시 항상 박 후보는 지면의 왼쪽, 문 후보는 오른쪽에 게재됐다.

반면 미국 에디터들이 제목을 가공하는 뉴스 룸은 '2012 campaign officially kicks off'(11월 28일), '3 candidates face off in first debate'(12월 5일), 'Candidates pledge a total overhaul of politics'(12월 10일), 'Park, Moon face off in final debate'(12월 17일), 'Decision day in tight race for president'(12월 19일) 등 후보의 발언을 인용하지 않은 한 줄짜리 제목으로 그날의 이벤트를 묘사하는 가치 중립적인 표현을 즐겨 사용했다.

뉴스 룸은 특히, 부제목에서 'Lee attacks on leader Park may boomerang on Moon'(12월 6일), 'Lee, Moon continue attacking Park'(12월 11일), 'Moon and Park promise to bring nation together'(12월 10일) 등에서와 같이 여·야 후보의 고정된 순서 대신 그날

의 사안에서 더 중요한 발언이나 행위가 있었던 후보를 앞에 내세우기도 했다.

"경마 중계식 보도 양태는 미국 선거에서도 종종 나타나곤 하지만 제목에는 그날 벌어진 일들 중에서 가장 중요한 사안에 초점을 맞춘다. … 제목은 '누가 이 뉴스를 생산하는가'를 기준으로 작성돼야 한다. 단순하게 후보들의 발언만을 그대로 따서 제목으로 나란히 쓰는 것은 기계적인 균형을 맞추는 것 외에 무슨 의미가 있는가?" (에반)

"기사 전체를 요약하거나 포괄하는 내용을 제목으로 가능한 짧게 뽑아내야 한다. … 기사에 등장하는 인물의 발언을 직접적으로 인용하는 제목은 인터뷰 기사에서나 사용할 수 있다. … 기사 내의 한 부분에 불과할 뿐인데 제목으로 쓰게 되면 기사의 내용을 불필요하게 특정 의견으로 포장했다는 오해를 불러일으킬 수 있지 않나?" (아론)

대선 후보자들을 네이밍하는 방식에서도 제목과 기사에서 한국 신문은 대부분 성과 이름을 그대로 함께 쓰거나 성만 사용하는 직접 묘사에 치중했다. YS, JP, MB 식의 이니셜 등의 표현은 더 이상 만들지도, 쓰지도 않았다. 하지만 영자 신문은 각 후보별 특성을 비유하는 별칭을 이름 앞이나 뒤에 붙여 사용하는 경우가 많았다. 박근혜 후보는 '선두 주자'front-runner나 '군부 권력자의 딸'daughter of military strongman이라는 표현이 사용됐고, 문재인 후보는 '진보 진영의 경쟁자'liberal contender로 불렸다. 안철수 후보에 대해서는 '진보

진영의 기대주'liberal hope 또는 '총아'liberal darling나 '유망 대통령 후보' presidential hopeful 등의 애칭들이 사용됐다. 이정희 민주노동당 후보는 1차 TV 토론에서 보인 행보가 논란이 된 직후 '독불장군'maverick으로 명명됐다.

미국 에디터들은 이처럼 후보자 이름 짓기에서도 이름 그대로 보다는 특징을 잘 나타낼 수 있는 표현을 선호하는 모습이었다.

"선거 초반에 한 미국인 에디터가 박근혜 후보 기사에서 박 후보에 대해 '독재자의 딸'daughter of the dictator이라는 제목을 쓰려 해서 깜짝 놀라 이를 만류했었다. 그가 틀린 사실fact이 아닌데 왜 그러느냐고 반문해서 당황한 적이 있다. … 사회적 관계를 중시하는 우리 사회에서 여당 유력 후보에 대한 예우가 필요하다는 등의 이유를 대면서 에디터들과 논의한 결과 수위를 낮춰 'daughter of strongman'이라는 표현을 쓰기로 했지만 그는 도무지 이해를 못하는 모습이었다." (도)

"strongman은 사실상 독재 권력자와 똑같은 의미를 지닌 말인데도 한국인들은 부정적인 의미가 덜하다고 해서 쓰게 됐다. … 이번 선거의 초점은 무엇보다 박근혜 후보가 첫 여성 대통령이 되느냐보다는 아버지의 대를 이어 '권력 명문가' dynasty로 등장하느냐라고 본다. … 실제 선거 과정에서도 박근혜 후보의 아버지 과거사에 대한 사과 논란이 쟁점이 되기도 하지 않았나. 권력 승계라는 차원에서 아버지와 딸의 관계를 기사에서 빼놓을 수 없다." (아론)

## ─ 한국 뉴스의 6가지 문제점

### 이것이 문제다

뉴스 룸 편집회의에서 한국 데스크와 미국 에디터 간에 뉴스 가치의 충돌로 의견 차이를 보이거나 갈등을 빚는 기사 유형을 주목해보면 이를 문화적 배경이 뉴스 가치 결정에 영향을 미치는 사례로 해석할 수 있다. 갈등 과정에서 한국 뉴스의 특성이 더욱 잘 드러나기 때문이다.

그렇다면 과연 한국 언론의 어떤 특성들이 미국 언론인들의 인식과 상이하게 나타나고 있는 것일까. 전체 관찰 기간 동안 영자신문의 1면에 게재된 기사는 총 568건, 한국 데스크들이 제안한 기사 중에서 미국 에디터들이 거부해 1면에 실리지 않은 경우는 36건(6.4%)에 달했다. 미국 에디터들은 1면용 기사로 제안된 기사 아이템에 대해 평균 15건 중 1건 꼴(대략 4~5일에 1건 꼴)로 거부하고 이를 자신들이 원하는 다른 기사로 교체했다.

그 이유를 종합해보니 대략 아래와 같은 유형의 기사들이 채택되지 않았음을 알 수 있다. 이는 미국 에디터들이 한국 언론의 어떤 뉴스 가치에 대해 부정적인 판단을 내리고 있는지를 엿볼 수 있는 대목이다. 거꾸로 말하면 그것이 바로 미국 언론과 달리 한국 언론만이 지닌 뉴스의 고유한 특성이라는 말이다. 주로 지적된 한국 언론의 문제점으로는 발전·배경의 부재, 근거의 부족, 의견 저널리즘, '재미'의 상실, 지나친 국가의식, 과도한 광고주 영향력 등 6가지가 꼽혔다.

## 발전 · 배경의 부재

미국 에디터들은 어떠한 사안에 대해 중계방송 식으로 속보로 연이어 전달하거나 비슷한 팩트들을 계속 반복하는 보도 관행에 대해 거부감을 가졌다.

"추가 기사를 쓰려고 하면 미국인 에디터들은 항상 새로운 팩트의 리드가 나오느냐를 먼저 묻는다." (남)

북한의 미사일 발사가 임박해지면서 관련 기사의 보도가 쏟아져 나오는 과정에서 이 같은 성향은 더욱 나타났다. 관련 기사가 발제되더라도 구체적으로 발전된 추가 사실developing fact이나 배경에 대한 설명이 없는 경우엔 주요 기사로 채택하지 않았다.

한국 데스크들은 한국 신문에서 크게 취급하는 '한 · 중 · 미 3국 북한 미사일 발사 대책 논의키로'(11월 29일), '북, 이번 주말쯤 미사일 발사할 듯'(11월 30일), '한 · 미 · 일 대북 경제 제재 공조 방안 논의'(12월 5일) 등의 기사들을 편집회의에서 보고했다.

하지만 미국 에디터들은 "발전된 내용이 없다Isn't it too little development?", "조금 새로운 내용이 있지만 재미없다just a little bit of development, not exciting"는 반응을 보였다. 그는 "추가 사실이 더 확실하게 나오면 그때 쓰자"며 이를 1면에서 빼고 다른 기사로 대체하자고 했다. 발전된 내용이 없을 경우 속보를 쓰지 않는 미국 언론인들의 특성이 확인되는 대목이다.

월스트리트저널 서울 특파원인 앨러스테어 게일은 "발전된 내용이란 매일매일 마감에 맞춰 속보를 쓰는 것이 아니라 새로운 시각 angle의 기사가 있느냐의 여부"라고 말했다. 그는 "세월호 속보 취재 때 한 실종자 가족을 접촉했는데 데스크가 바로 기사를 쓸 수 있느냐고 물었다. 이 가족을 충분히 알 수 있을 때까지(새로운 사실을 취재할 때까지는) 최소한 하루가 필요하다고 생각해서 시간을 더 달라고 요청했다"고 설명했다.[20]

사실이라 하더라도 통계 수치나 사건 발생 등의 단순한 팩트 전달 기사는 선호하지 않는 대신, 사건의 맥락을 통해 사회에 주는 의미implication를 설명하는 환유metonymy형 기사를 선호했다.

겨울이 다가오던 어느 날 편집회의에서 '김포 최전방에 대형 크리스마스트리 탑 점등' 기사와 '통일교, 대북 투자 사업 평화자동차 경영권 포기' 기사가 보고됐다. 아론을 비롯한 미국 에디터들은 "남북 간 긴장이 고조되고 있는 시점에서 매우 흥미 있는interesting 기사"라며 앞 다투어 관심을 보였다. 결국 대선 여야 유세 기사 대신 1면에 게재하기로 결정했다.

추위 관련 스케치 기사의 경우에도 한국 신문 1면에 등장하는 '전국 폭설과 강추위 … 출근길 조심'(12월 6일), '강추위 목요일까지 계속'(12월 10일) 등의 기사를 토대로 날씨 예보 기사가 발제됐다. 이에 대해 아론은 "단순한 온도 기록 등만을 전달하는 데 그치지 말고 추위로 인해 전력 수급 등에는 문제가 없는지를 추가 취재해서 이번 추위의 의미와 배경을 담자"며 기사 보완을 요구했다.

결국 하루 뒤인 다음 날에 최근 전력 수요 추이 그래프나 분주한 전력거래소 통제실 사진 등을 함께 써서 'Cold and snow lead to unexpected power crunch', 'Subzero temps continue to strain power supply'라는 해설형 제목과 함께 해당 기사가 게재됐다.

## 근거의 부족

대선 선거일이 다가오면서 한국 일간지는 '12월 되자마자 변수 셋'(12월 3일), '막말 대선 토론 개선 요구 빗발'(12월 6일), 'D-7 불거진 정책 쟁점 3가지'(12월 12일), '부동층 10% 싸움 막판 한방의 유혹'(12월 14일) 등과 같은 어젠다를 제시하거나 분석이나 의견이 가미된 기획 기사를 머리기사로 잇따라 게재했다. 그러나 뉴스 룸에선 이런 유의 기사가 하나도 채택되지 않았다.

대선 토론회 직후 토론회 진행 방식의 개선이 시급하다는 기사 메모가 편집회의에 제안되자 미국 에디터들은 "현행 토론 방식이 문제가 많다고 기사로 지적하는 것은 사실이 아닌 의견editorial의 제시"라고 반대했다. 그들은 "1면 기사로 쓰려면 현행 토론 방식이 문제가 많다고 지적하는 각 계의 반응reaction과 향후 대선에 미칠 영향 등을 '다수의 실명 취재원'으로부터 취재해서 보완해야 가능하다"며 추가 취재를 요구했다. 이 같은 내용이 보완되고 나서야 관련 기사가 1면에 게재됐다.

"어떠한 주장의 출처나 근거가 충분치 않은 기사는 스트레이트 기사로 쓸 수 없다. 한국 언론들은 스트레이트 기사인지, 의견 기사인지 헷갈리게 기사를 작성하는 관행이 있다." (아론)

대선 토론회를 다룬 기사에서 미국 에디터들이 선택한 제목은 'Maverick's debate insult roil race/ Lee's attack on Park may boomerang on Moon'이었다. 한국 신문의 "……해야 한다"식의 어젠다 제시형 제목이 아니라 향후 선거에 어떤 영향을 미칠지에 초점을 맞춘 내용이었다. 기사 속에 등장하는 실명 취재원 수도 한국 일간지의 똑같은 기사에선 네 명인데 비해 영자 신문은 여덟 명으로 두 배에 달했다.

"한국 기자들은 기사에 등장하는 사람의 전체 이름full name을 잘 쓰지 않는 경향이 있다. 미국 언론에선 이런 게 아예 금지되는데 한국에서는 상당히 관대하다. 특별한 상황이 아닌데도 누군가의 이름을 모두 쓰지 않는 기사를 미국 신문에다 싣는다는 것은 상상할 수 없는 일이다."(찰리)

미국 에디터들은 '인용 표시', '출처(귀속)'를 뜻하는 'attribution'이 없는 기사는 근거가 없는 주장에 불과하다며 좀처럼 쓰지 않는다. 기자의 의견을 주장하려면 칼럼이나 사설로 써야 한다는 입장이다.

"익명 취재원으로부터의 인용이나 검증되지 않은 정보를 지나치게 많이 사용하는 것이 한국 언론의 특징이다. 미국 언론은 취재원을 최소한 세 개 이상 요구한다. 기획 기사에서 새로운 주장을 할 때도 그 주장이 어디서 나왔는지 일일이 출처를 밝혀야 한다."(벤)

"미국 에디터들은 기사에 '김모 씨' '박모 씨'식으로 익명 취재원을 넣으면 알레르기 반응을 일으킨다. 기사가 나가서 취재원이 피해를 볼 가능성보다 정확성을 우선시하는 모습이다." (이)

## 의견 저널리즘

한국 신문의 기사에서는 흔히 의견의 색깔이 발견된다고 미국인 에디터들은 입을 모은다.

아베의 일본 총선 승리를 전하는 뉴스에서 한국 일간지는 '과거로 돌아간 일본'(12월 17일)이라는 총선 승리에 대한 해석적 가치를 담은 제목을 택했다. 하지만 영자 신문은 'Seoul concerned about big win by Japan's LDP'로 현상을 담담하게 표현하는 제목을 택했다.

북한 미사일 발사 직후 열린 유엔 안보리를 다룬 기사에서도 '안보리 대북 제재 없으면 한·미·일 별도 추진' 식의 향후 예상이나 전망을 담은 주관적인 제목 대신 영자 신문은 'World struggles to react to North launching'이라는 식으로 현재 나타난 현상을 묘사한 제목을 달았다.

"… 해야 한다"는 식으로 특정 어젠다를 제안하는 캠페인성 기사만 나오면 미국인 에디터들은 의견이 들어 있는 기사라며 알레르기 반응을 보이더라. 실명의 전문가들이 제안하는 내용은 기사로 쓰지만 신문사에서 제안하는 내용을 하나의 기사로 쓰는 것을 기피한다." (남, 도)

"에디터들은 기사를 대할 때마다 항상 근거가 확실한지를 궁금해 하며 이것저 것 물어본다. 맞는 내용인지 사실을 우선하며, 추측 보도를 싫어한다." (김)

"에디터들로부터 미국 등 서구 언론에는 '신문사가 뉴스의 주체가 되지 않는다 는 원칙이 있다'는 말을 들은 적이 있다. 이 때문인지 몰라도 미국 신문에는 창간 이나 연말을 기념하는 특집 기사가 드물고 성금 모으기와 같은 신문사 주최의 행 사나 캠페인도 거의 찾아 볼 수 없다." (라)

기자들이 자기가 말하고 싶은 의견을 다른 사람의 입을 통해 표 현하고, 자신은 기사와 거리를 두려는 경향이 있다는 터크만의 지 적[21]은 한국 언론에서도 두드러지게 나타나는 현상이다. 기사 제목 에서 인용 부호를 자주 사용하고, 때로 그 인용 내용이 화자의 발 언 내용과 정확하게 일치하지 않는 경우가 있는 것도 한국 언론(기 자)의 의견 제시 성향이 강하기 때문에 나타나는 현상이라 할 수 있다.

## '재미'의 상실

미국 에디터들은 편집회의에서 자기 맘에 드는 기사가 등장하면 종종 '재미있다exciting'거나 '흥미롭다interesting'는 표현을 쓰곤 한다. 반면 한국 언론에서 쏟아져 나오는 정책이나 통계 수치 등을 다룬 기사를 접할 때마다 기사의 의미나 배경을 찾지 못할 경우엔 기사 가치를 낮게 평가하는 모습을 많이 볼 수 있다.

미국 에디터들은 '재미'의 개념을 사건의 의미와 배경이 담겨 있는 것으로 해석하는 태도가 강하기 때문에 한국 언론에서 재미있는 사건·사고 기사에 대한 지면 배정이 부족하다는 지적을 늘상 한다.

"한국인 에디터들이 가져오는 기사 메모나 영어로 번역된 한국 신문의 기사들을 보면 보도 자료나 관청에 의존하는 탑−다운top-down 방식의 기사들이 상당히 많다."(찰리)

"기사들에선 모든 팩트를 시간대순chronological으로 나열해 기술한 기사들만 천편일률적으로 발견된다. ⋯ 독자가 누구냐에 따라 스타일과 작법을 달리 하는 하이브리드hybrid형 기사는 별로 보이지 않는다. 그래서 기사들이 재미가 없어 보인다. ⋯ 어떤 이슈를 추적 보도하는 탐사 보도가 널리 발전하지 못한 것도 이와 무관하지 않은 듯싶다. ⋯ 미국 언론에선 기사를 쓸 때 일화anecdote나 주장의 근거evidence 위주로 시작하라고 주문한다. 이에 대한 훈련은 지속적으로 이뤄지며 이를 통해 기사의 포인트가 무엇인지를 리드lead에서부터 시작한 뒤 배경이나 의미를 추적하는 습관이 키워진다."(벤)

이 같은 경향은 전국 종합지 위주 경력의 한국 언론인들과 달리 상당수의 미국 에디터들이 지방 신문을 거쳤던 경험으로 인해 인간적 흥미를 끄는 지역local 사건·사고 뉴스를 중시하려는 태도에서 연유하는 것으로 보인다. 허버트 갠스가 꼽은 미국 언론의 가치 중에서 '소읍 전원주의'의 영향을 받고 있는 것으로 해석된다.

"인구 1천만 명이 넘는 서울에서 무수한 ('핏빛'bloody) 사건 · 사고가 일어날 텐데 어째서 한국 신문 1면에서 그 같은 기사는 찾아볼 수 없느냐?" (찰리)

"미국 에디터들은 복잡하고 중요한 거대 담론의 큰 그림big picture을 제시하는 것보다 '이런 일이 터졌구나' 하는 식으로 흥미로운 사건의 발생에 더욱 관심을 갖는다." (김)

"이런 성향은 새로운 미국인 에디터들이 올 때마다 계속해서 발견되는 현상이다. … 아마도 사건 · 사고 기사가 스포츠 기사처럼 (이들이) 이해하기 쉬운 데다 (이들이 미국에서) 많이 다뤄본 친숙한 소재여서 그런 것이 아닌가 싶다. … 콜로라도주에서 왔던 20년 경력의 한 에디터는 '거시경제 기사를 다뤄본 적이 있느냐'고 물어보자 '덴버에 폭설이 내려 사상 최대의 스키장 호황이 시작됐다'는 기사가 자신이 다뤄본 최대의 경제면 뉴스였다고 말하기도 했다." (도)

12월 12일 북한 미사일이 발사되자 이를 다룬 기사의 제목을 놓고 한국 데스크들과 미국 에디터 간의 의견이 맞서기도 했다. 한국 데스크들은 아직 정체를 정확하게 모르니 '추진체'라는 쪽에 초점을 맞춰 'rocket'이라고 표현하자는 입장이었다. 반면 미국 에디터들은 북한이 로켓을 장거리 무기로 개발한 정황이 분명한 데다 '재미있는' 기사가 되려면 'missile'로 표기해야 한다고 우겨서 다음 날부터 그렇게 표기했다.

기업 기사의 경우에도 한국에서는 기업의 매출이나 전략 등을 다룬 기사들이 많지만 미국 에디터들은 이건희 회장이나 이재용 부사장 등 '빅샷' 기업인들을 한국을 대표하는 기업의 아이콘으로 등장시켜 그들의 활동상을 비중 있게 다루는 인물 탐구 기사들이 부족하다고 지적한다.

11월 30일과 12월 5일 미국 에디터들이 북한 미사일 관련 기사들을 1면 기사 후보에서 탈락시킨 뒤 일제히 대안으로 꼽은 기사들은 '이건희 삼성 회장 취임 25주년', '이재용 삼성 부회장 승진' 등과 같은 경제 뉴스 메이커들의 동정성 기사였다.

"미국 에디터들은 김정은으로 대표되는 북한 기사와 함께 삼성으로 대표되는 재벌 기사만 나오면 눈을 번뜩거리며 높은 관심을 보인다." (라)

### 지나친 국가 의식

한국 기사에는 과도한 국가 의식이 담겨 있어 주관적이라는 비판도 제기된다. 주관주의적이고 애국적인 경향이 객관적인 사실 파악에 걸림돌이 될 수 있다는 지적이다. 그러나 미국 언론 역시 이라크 전쟁 보도 등과 같이 자국의 이익이 걸린 사안에 대해서는 국수주의적인 태도를 보여 왔다는 점에서 타당한 지적이라고만 볼 수는 없다.

"문화적 · 국가적 자긍심이 뉴스 취급에 영향을 미친다. 남대문 방화 사건 당시 사안을 비판적 · 객관적으로 보려하기보다는 국가적 치욕national shame이라는 감정에 빠져 보도하더라. 일종의 전율감이 모든 기사를 지배했다. 대참사 보도 때도 종종 비극이 주는 고통과 곤란에 휩싸이다보니 종합적인 판단이 상당히 어려웠

다."(찰리)

11월 27일 회의에서 독도 분쟁 관련 기사에 대해 미국 에디터들은 영토 분쟁 지역이기 때문에 '다케시마'와 병기해서 표기해야 한다고 주장했다. 한국 데스크들이 한국의 영자 신문이 보도하는 뉴스인 데다 국가 이익을 우선 고려해야 한다고 주장해 결국 'dok-do'로 단일 표기하기로 결정했다. 하지만 미국 에디터들은 이에 대해 애국주의적 보도 성향이라며 냉소적인 반응을 보였다.

## 과도한 광고주 영향력

한국 언론에서 신문이 만드는 뉴스 내용에 기업이 상당한 영향을 끼친다는 게 미국 에디터들의 시각이다. 광고에 의해 기사가 영향받는 일이 광범위하게 이뤄진다는 지적이다. 한국 언론인들이 신문의 수지 개선이라는 이유로 이를 어쩔 수 없거나 무감각하게 받아들이는 것과 대조적인 모습이다.

"GS칼텍스에서 한국 전체 인구의 25%에 달하는 1천만 명의 개인 정보가 유출되는 사건이 터졌을 때 당연히 1면 기사라고 생각했다. 하지만 그날 거의 모든 한국 신문 1면에는 큼지막한 사과 광고가 대신 들어가고 기사는 안쪽 지면으로 빠져버렸다. 미국에서 그랬다간 기사와 광고를 맞바꿨다고 의심을 받거나 광고주의 뻔뻔스런 영향력 행사라는 이야기를 들을 일이다."(다니엘)

"외견상으로 언론 자유를 누리는 것처럼 보이지만 종종 사주의 정치·경제적

이해에 따라 좌우되는 것을 볼 수 있다. 민감한 보도를 할 때 일정한 지침에 따라 보도하지 않거나 축소하거나 톤을 조절한다. 한국 언론 내부에 이런 불문율이 광범위하게 퍼져 있다. 미국에서는 설사 그렇더라도 최대한 공정하고 정확하게 보도하려 하는데 한국에선 그마저도 없다." (아론)

"재벌 문제를 다룰 때 경영상의 문제점에 대해 공격하는 것을 조심스러워하고 이런 것들이 보도 내용을 단조롭고 불완전하게 만든다. 기업들도 협찬이란 명목을 내세워 종종 지면을 사기도 한다." (벤)

미국 언론인들의 이와 같은 인식의 기저에는 언론인의 교육 배경과도 관련이 있어 보인다. 언론 윤리 등에 대한 체계적이고 엄격한 교육을 받는 저널리즘 전공자가 미국(39%)이 한국(13.5%)에 비해 많은 것[22]도 광고주의 영향력을 경계하는 인식의 차이를 가져온 것으로 볼 수 있다.

# — 서로 다른 생각들

한국과 미국 언론인의 뉴스 가치에 대한 인식 차이는 한 뉴스 룸에서의 기사 선택을 둘러싼 뉴스 가치의 충돌 유형을 통해 확연하게 드러났다. 상이한 문화적 배경은 뉴스의 가치와 선택에 뚜렷한 차이를 가져왔고, 이를 통해 미국 언론에 비해 두드러진 한국 뉴스의 특징을 파악할 수 있었다.

미국 에디터들은 대선 기간 중임에도 1면에서 정치 일변도의 기사 배치보다는 균형 있는 다양한 기사의 배정을 강조했다. 한국 언론인들은 기사에 나타나는 배경이나 기존 사건과의 관계, 정황의 연속성 등을 중요시하는 데 비해 미국 언론인들은 사건의 사실, 인물의 특징 등을 강조하는 경향이 강했다.

이 같은 결과는 한국 언론의 뉴스 가치 결정 과정(게이트 키핑)을 통해 선정된 뉴스들이 문화적 배경이 다른 나라 언론의 뉴스들과 어떤 차이를 보이는지 확인할 수 있는 기초 자료가 될 수 있다. 더 나아가 서구 언론에 비해 한국 언론 보도의 강점과 약점이 무엇인지를 파악하는 가늠자로 응용할 수 있다.

그러나 미국 언론인들이 갈등을 느끼는 한국 언론의 뉴스 가치가 미국에 비해서 상대적으로 문제가 많다고 볼 수만은 없다. 미국 언론들도 한국 언론의 문제로 지적되는 사안에 대해 자국 이기주의적인 입장을 보이는 경우가 많다. 이라크 전쟁 등에서 국가 이익을 앞세워 애국주의적 보도 성향을 보인 것이나 미국 내에서 인종 차별 등에 대한 불공평한 시선 등이 남아 있는 것은 미국 언론의 뉴스 가치를 절대 선으로만 볼 수 없는 이유다.

한국적 가치관에 대한 이해가 미국 언론인의 가치관에 역으로 영향을 미치는 사례도 목격됐다. 한국 체류 기간이 길어질수록 미국 에디터들이 한국적 가치관에 좀 더 이해하려는 모습을 보이는 이른바 '문화적 할인'cultural discount 현상도 나타났다. 이는 한국 사회에 대한 적응이 가치관에 영향을 미친 것으로 해석되는 부분이라 하겠다.

가장 고참인 아론은 시간이 갈수록 기업 관련 기사를 취급할 때 광고 등 뉴스 룸과의 상호 영향성을 고려하는 모습을 보였다. 실례로 삼성 이재용 부회장의 영문 이니셜을 Jay. Lee로 표기해달라는 해당 그룹의 요청을 받자 영문 표기 원칙에 어긋남에도 불구, 평소의 깐깐했던 기업 관련 기사 처리와는 달리 아무런 반대 없이 이를 그대로 받아들이기도 했다.

이는 한국 언론인들과의 마찰을 가급적 피하려는 소극적인 태도에서 비롯된 것이라고도 볼 수 있지만 한국 문화에 점차 익숙해지면서 나타난 한국적 뉴스 가치의 체화라고도 볼 수 있는 대목이다.

분석의 한계도 넘어서야 할 과제다. 이 책의 참여 관찰은 관찰 대상의 수가 많지 않아 대표성이 결여된다는 문제가 제기될 수 있다. 전체 언론인의 특징으로 일반화하기에는 부족한 감이 없지 않다. 하지만 언론사 내부 심층 분석을 위한 시도적인 성격이라는 점에서 이 참여 관찰에 나타난 한국 언론의 뉴스 가치 특징들은 앞으로 진행될 한국 언론의 뉴스 분석에 대한 본격적인 연구에서 그 방향을 세우고 지형을 가늠하는 기초 자료로 적극 활용될 수 있을 것이다.

후속 분석에서 풀어 나가야 할 과제도 여전히 남아 있다.

첫째, 뉴스 비교에서 단순한 기사 채택 빈도 수만 살펴볼 것이 아니라 선정된 기사의 크기에 미치는 영향이 고려돼야 한다. 기사 편집 스타일이 다른 신문을 상호 비교하기 위해서는 1면에 게재된 기사만을 단순 비교하는 데서 벗어나 다양한 방법을 검토해야 한다. 예컨대 미국 신문의 1면과 타 지면 연결 기사jump와 한국 신문의 1면 스트레이트와 관련 해설 기사(3면 박스)를 한데 모아서 비교하는 방법 등에 대한 연구가 이뤄져야 할 것이다.

둘째, 뉴스 룸 내부 구성원 간의 갈등과 영향력의 행사 형태에 대한 분석도 이뤄져야 한다. 편집회의에서 뉴스 선택을 놓고 벌이는 갈등 양상에 대해 조직 커뮤니케이션의 차원에서 심도 깊은 관찰이 필요하다. 갈등에 대한 유형 분류는 향후 뉴스 룸 내의 상호 관계를 분석하는 데 기초가 될 수 있을 것이다.

마지막으로 참여 관찰 방식에 대한 보다 엄밀한 접근이 필요하다. 참여 관찰에서는 한 사람의 발언에 과도하게 해석이 실리는 한계가 있다. 이를 해소하기 위해 참여 관찰을 다수의 표본으로 확대해 양적으로 측정할 수 있는 방법을 개발하는 것도 시급하다. 특히, 급증하고 있는 디지털 미디어의 경우 올드 미디어와는 확연하게 다른 미디어 소비 형태를 보이기 때문에 이러한 특성을 감안한 새로운 맞춤형 관찰 방법론의 개발이 필요할 것으로 보인다.

종합적으로 볼 때, 이번 분석의 결론은 앞으로 문화적 배경이 다른 문화권과의 언론인 교류나 공동 취재·제작 과정에서 우리와 상이한 가치관을 이해하는 데 도움을 줄 수 있다. 문화 산업으로서의 한국 언론의 새로운 길을 모색할 수 있는 방안을 찾아내는 데도 적극 활용할 수 있을 것이다. 향후 문화적 배경 차이에 주목한 뉴스 가치 선정 과정에 대한 후속 연구들이 더욱 집중되면 상이한 문화적 요인이 한국 언론 문화 산업에 미치는 영향을 보다 정밀하게 확인할 수 있을 것으로 전망된다.

## — 무엇을 할 것인가 … 한국 저널리즘의 지평 확산을 위한 제언

한·미 언론의 뉴스 가치 비교는 일선 뉴스 현장에서 뉴스가 무엇인가에 대한 고민에서부터 출발했다. 한국 언론에서 관행처럼 여겨져 왔던 뉴스 제작 과정에 대한 성찰이 바로 그 시작이다.

한국 언론의 뉴스에서 추출된 정치 중심주의, 조직 문화 우선, 집단적 시각, 희생양 만들기, 냉소적 태도, 정보의 극대화, 조합식 기사 작성, 포장 중시 등의 여덟 가지 특징은 앞으로 한국 언론의 종합적인 자화상을 그려나가는 데 나름대로 일조할 것이다. 허버트 갠스가 『무엇이 뉴스를 결정하나Deciding What's News』를 통해 미국 언론에서의 여덟 가지 가치를 발견했던 것처럼 한국 언론의 대표적인 뉴스 가치를 밝혀보려 한 한국판 분석 시도라고 나름의 의미를 부여해본다. 결국 이런 시도를 통해 알게 된 것은 뉴스의 제작 과정에서 뉴스를 만드는 언론인의 가치관이 무엇보다 중요하다는 것이 확인됐다는 점이다.

이 책을 통해 드러난 한국 언론인들의 뉴스 가치 인식은 우리에게 시사해주는 바가 크다.

우선 언론인들의 현행 교육과 재교육 프로그램에 대한 재검토가 필요하다는 점을 다시 한 번 강조한다. 일선 언론 현장에서 제대로 된 뉴스를 다루기 위해선 뉴스의 실용적 가치와 규범적 가치 차원을 아우르는 균형적인 뉴스 인식의 확대가 우선돼야 한다. 국내

전·현직 언론인들의 뉴스 가치 인식이 규범적 차원에만 머물러 있었다는 분석은 그동안 우리 언론인들이 뉴스가 무엇인지 제대로 모르는 상태에서 뉴스를 만들어왔다는 이야기와도 같다.

최근 저널리즘 교육을 전혀 받지 않은 저널리즘 비전공자들이 국내 기자 지망생의 다수를 차지하고 있는 점에 비춰볼 때 이러한 문제는 더욱 심각하다 하겠다. 뉴스 가치에 대한 진지한 고민과 뉴스를 규정하는 규범 등을 다루는 언론 윤리 등에 대한 체계적인 교육을 제대로 접하지 못한 상태에서 취재 현장에 투입되다보니 일상적인 취재 과정에서 한국 언론의 문제점이 그대로 노출되고 있는 것이다. 세월호 참사 보도 과정에서 기자에 대한 폄훼된 시각이 불러온 '기레기(기자＋쓰레기)' 논란은 이러한 기자 윤리의식의 부재와 뉴스 가치에 대한 몰이해가 빚은 대표적인 부작용이라 말할 수 있다.

디지털 시대에 양산되는 SNS와 1인 미디어의 '가짜 뉴스'의 범람도 심각한 문제다. 정보의 홍수 속에서 기자들이 인터넷의 많은 정보를 꿰차고 있다 해도 나열된 정보의 집합을 갖는 데 불과할 뿐이다. 분산된 정보만으론 살 수가 없다. 세상을 꿰뚫어보는 일관된 견해와 선별력을 가져야 '진짜 뉴스'의 경쟁력을 갖게 된다. 진정한 기자라면 선정주의와 속보 경쟁에서 벗어나 판단과 견해를 놓고 경쟁을 벌여야 하는 시대의 흐름에 맞춰 나가야 한다. 나름의 뉴스관을 정립하고 이에 따라 취재 보도에 나서는 기자들만이 생명력을 유지할 수 있을 것이다. 정보의 소통에 앞서 무엇이 뉴스인가에 대한 생각을 정리하는 것이 중요한 이유다.

문제를 해결하기 위해선 언론 현장에서 뉴스 가치에 대한 구체적인 실무 교육과 함께 올바른 뉴스관을 정립하기 위한 언론 윤리 교육의 대폭적인 강화가 무엇보다 필요하다. 뉴스 가치에 대한 종합적인 인식을 세워나갈 수 있도록 새로운 뉴스 판단 기준을 위한 매뉴얼 프로그램의 마련도 그 어느 때보다 절실하다. 올바른 뉴스관이 제대로 정립되지 않은 상태에서 기자로 뽑히자마자 별 다른 교육이나 지침 없이 일선 취재 현장에 투입되는 오늘날의 현실에 선 앞서 지적한 문제들을 해결할 수 없다.

모든 사람이 뉴스의 소비자이자 생산자가 될 수 있는 디지털 미디어 환경 속에서 뉴스 수용자들도 더 이상 수동적 소비자로만 머물러서는 안 된다. 참여형 공공저널리즘의 흐름에 맞춰 유익하고, 유용한 사회 활동의 하나로 사회 곳곳에서 뉴스를 발굴하고 전파하는 역할을 기꺼이 맡아야 할 것이다. 이 과정에서도 뉴스에 대한 철학과 언론관의 정립은 하나의 강력한 준거 틀로 작용하며 공공의 언론 활동을 확대하는 촉매제로 작용할 것이다.

이제 하루라도 빨리 국내 언론학계와 일선 언론계에서 뉴스 가치를 구성하는 개념들에 대한 철저한 이해와 나름의 가치관 정립을 위한 새로운 프로그램을 마련하고 이를 실천하기 위한 노력을 기울여야 할 것이다.

좋은 뉴스는 유능한 기자가 만들지만, 훌륭한 기자는 뉴스가 무엇인지를 아는 데서 출발한다.

# 한국 언론
# 명문 열전

WS

# ━  뉴스의 온도

이 세상의 뉴스는 감성적인 핫 뉴스와 이성적인 쿨 뉴스처럼 담겨
있는 메시지의 특징에 따라 각각 다른 색깔과 온도를 지닌다. 다양
한 뉴스들이 등장하는 현대 사회에서 이 온도 차를 감지하고 감별
할 수 있는 사람들은 능동적인 뉴스의 소비가 가능하다.

뉴스의 소재가 되는 정보와 사실을 콘텐트로 가공하는 기자에 따
라서도 뉴스의 온도는 달라진다. 무엇을 어떻게 쓰느냐에 따라 뉴
스의 성격이 규정되기 때문에 뉴스 가치에 대해 정립된 생각인 뉴
스관에 대한 이해는 올바른 뉴스 생산과 소비에서 필수 불가결한
요소라 할 수 있다.

기자마다 나름의 뉴스관에 따라 색깔과 온도가 다른 만큼 저
널리즘에서 글쓰기란 바로 뉴스의 성격과 생명을 부여하는 작업
이다.

언론을 이해하기 위해서는 뉴스에 대한 이해가 필요하며, 뉴스
를 이해하기 위해선 뉴스를 구체적인 콘텐트로 만들어내는 글쓰기
작업에 대한 이해가 필요한 것이다.

앞에서 정리한 한국 언론의 뉴스관에 기초해서 언론 활동의 구

체적인 산물인 뉴스를 만들기 위해선 글쓰기의 과정이 필요하다. 디지털 언론 시대를 맞아 정보가 홍수처럼 터져 나오는 언론 현장에서 구체적인 글쓰기 작업의 과제는 더욱 중요해지고 있다.

무엇보다 좋은 글을 쓰려면 잘 쓰인 과거의 글들을 읽어보는 것이 우선이다. 디지털 시대 글쓰기의 시작 역시 아날로그 시절의 명문名文들을 다시금 감상해보는 데서 출발한다.

뉴스의 대표적 유형인 스트레이트 기사는 기자의 특징적인 문체를 생생하게 느끼기에는 부족한 기사 형태다. 기사 작성이 5W1H식의 일률적인 틀에 맞춰 가공되기 때문이다. 따라서 기자의 필체를 체감하기 위해선 뉴스의 고전적인 범주에 속하지 않지만 작법이 확연하게 드러나는 칼럼·사설 등의 의견성 기사나 생생한 묘사가 담겨 있는 현장 르포 기사까지 주목해야 한다.

해방 이후 한국 현대 언론사의 한때를 풍미했던 걸출한 문객들이 써내려갔던 명문들을 비교해 읽어보면서 글쓰기의 요건과 작가적 필체를 어떻게 담아갈 것인가에 대해 고민해보는 것은 좋은 글쓰기의 시작이 될 것이다. 1960~70년대는 한국 신문의 황금기라고 불러도 좋을 만큼 좋은 글들이 지면에 차고 넘쳐나던 시기이다.

4장에서는 한국 최초의 현장 탐사 기사(김동성), 불후의 르포(최병우), 정론직필의 꼿꼿한 문장(천관우), 현장을 강조한 생생한 기사(오소백), 반골 논객의 비판적 사설(최석채), '화이부동和而不同'의 칼럼니스트(홍승면), 현장 기록의 중요성(안병찬), 자유 언론의 원칙주의(박권상), 서정적 묘사와 따뜻한 이야기(유경환), 인생에의 깊은 관조(김성우), 소설과 기사의 차이(김훈) 등의 주제로 해방 이후 한국 언론을 빛낸 언론인 16명을 추려 그들의 대표 기사와 칼럼을 함께 소개한다.

그들이 써내려간 기사와 칼럼 속에 담긴 의미와 당시의 역사적 배경 등을 설명하면서 명 문장 속에 드러난 한국 언론인들의 언론과 뉴스에 대한 관점을 재구성해본다.

# 김동성

## 한국 최초의 현대적 현장 탐사 기사
## "나는 민영환의 혈죽을 직접 보았다"

김동성(金東成, 1890~1969)은 미국에서 언론학을 전공한 최초의
한국인이다. 개성 부호 집안의 3대 독자로 태어난 그는 소년 시
절 황성신문에 실린 장지연의 '시일야방성대곡'을 읽고 감명을 받
아 언론인이 되고자 결심했다. 기자 천성을 타고났는지 16세 때인
1906년 을사조약이 체결된 후 자결한 충정공 민영환의 집에 붉은
대나무가 피어났다는 소문을 듣고, 이를 직접 확인하고자 혼자서
개성에서 서울 현장까지 찾아갔다는 일화로도 유명하다.

### 한국 최초의 언론학 전공 유학생

그는 1909년 넓은 세상을 배우겠다고 결심하고 혈혈단신 미국으로
건너가 오하이오주립대학 신문학과에 다니며 10여 년간 유학 생활
을 했다. 귀국 후 동아일보 창간 기자로 언론인 생활을 시작해 조
선일보·조선중앙일보 편집국장을 역임했다. 현역 시절 그는 '하
루에 천리를 가는 말(천리마)'이란 뜻의 천리구千里駒라는 자신의
호답게 한국 최초의 해외 특파원으로 1924년 중국의 군벌 내전을
현지에서 생생하게 취재했으며, 국제기자대회 최초의 참석자, 맥
아더를 회견한 최초의 한국 기자 등의 기록을 남겼다.

그는 특히, 삽화에도 재능이 뛰어나 1920년 동아일보에 강렬한

사회 비평이 담긴 4단 만화를 직접 그리며 국내 신문에 시사 만화를 처음으로 도입했다. 셜록 홈즈의 추리 소설 등 해외 소설을 변역해 신문에 게재하기도 했다.

언론학을 전공한 최초의 언론인답게 국내 최초의 언론학 저작인 『신문학』(1924)과 국내 최초의 한영사전인 『최신 선영鮮英사전』(1928)도 출간했다. 미국 유학 시절에는 미국 사회에 대한 여러 단상을 묶어 영어로 저술한 『Oriental Impressions in America』(1916)를 출간했다. 이 책은 미국 사회를 바라본 동양인의 느낌을 저널리스트적인 시각으로 담은 책으로 당시 미국에서 출간된 유일한 한국인 저작의 단행본이었다(2014년 김희진·황호덕의 번역으로 『미주의 인상』이란 제목으로 국내에 소개됐다).

저서 『미주의 인상』에서 김동성이 직접 그린 삽화. 유학생의 눈에 비친 뉴욕 메디슨 거리를 묘사했다.

정부 수립 이후엔 국내 최초의 통신사인 합동통신을 설립하여 초대 사장에 취임했으며, 이후 정치권으로 진출해 공보처장, 민의원, 국회 부의장 등을 지냈다.

## 현장을 강조한 현대적 언론관

그는 정치인으로 변신해 언론을 떠난 연유로 한국 언론사에서는 그동안 제대로 조명되지 않았다. 하지만 전공인 언론학을 바탕에 깔고 현장을 강조했던 그의 언론관은 가히 한국 현대 언론의 선구자라고 칭해도 부족하지 않을 정도다.

동아일보 1920년 4월 11일자에 실린 김동성의 4컷 만화
〈사진 『미주의 인상』〉

　그의 저서 『신문학』에서 이론적 체계를 띤 국내 최초의 뉴스관이 제시되면서 한국 언론에서 뉴스 가치에 대한 논의가 본격적으로 시작된 것도 그의 공이다. 『신문학』에서 "기자의 사명은 전쟁과 다름없이 수단과 방법을 있는 대로 이용하여 기사 재료를 수집하는 요령"이라며, 기사 재료를 수집하는 취재 과정에서 현장을 직접 확인하는 것을 강조했다. 이런 생각은 해방 이후 현대적 언론이 태동하는 과정에서 일제에 항거하는 비판적 지사형 언론인 모델만 강조해왔던 당대의 많은 언론인들에게 영향을 미쳤다.

## 눈으로 직접 확인한 '혈죽'血竹

그의 현장 확인에 대한 소신이 담겨 있는 민영환 자택 혈죽 탐방기

김동성의 글이 실린 《사상계》
1963년 5월호 표지

는 사실상 현대적 의미에서 한국 언론사상 최초의 현장 탐사 기사라 할 수 있다. 16세의 어린 나이지만 호기심 하나만으로 황해도 개성의 집을 떠나 민영환 공의 사저가 있는 서울 안국동까지 혼자 찾아가서 눈으로 직접 확인한 현장의 모습이 자세하게 묘사된다.

김동성이 당시 기억을 바탕으로 사상계 1963년 5월호에 「선죽교와 혈죽―나는 혈죽을 보았다」(272~277쪽)라는 제목으로 게재한 회상기에서 그 내용이 소개됐다. 그의 글에는 한문 투의 만연체 문장이 여전히 남아 있어 요즘 사람들이 읽기엔 다소 생경하지만, 110여 년 전 민영환의 자결 현장에 피어난 혈죽이 사실임을 밝히는 생생한 현장 묘사는 가히 인상적이다.

그의 경험담이 살아 움직이는 글 속에서 김동성의 필력과 기자 정신을 느껴보자.

# 나는 혈죽을 보았다

2년 후에 나는 서울에 두 번째 왔다. 이번에는 순전히 민충정공의 혈죽血竹을 배관하려는 유일한 목적을 가지고 왔다. 몇 달을 벼르고 동행을 구하다가 필경 단신으로 늦게야 서울을 방문하게 되었다.

소위 을사조약으로 한국은 일본의 보호국이 되어 국권을 상실하게 되니 민영환 충정공은 1905년 11월 30일 주머니칼로 자기 목을 여러 번 찔러 자결했다. 국가 운명이 쇠퇴하여 마치 대하大廈가 쓰러지려 하는 때에 외로운 기둥 한 개의 힘으로 지탱하기 어려운 것과 흡사하게 충정공은 일사보국一死報國이란 숭고한 충성으로써 국민을 고무시켰다.

고려 말엽에 72인이 두문동에 숨어 있던 사적과는 정반대로 이조 말에는 72인이라는 똑같은 수효의 고관들이 일본의 작爵을 받은 아이로닉한 사실이 있었다. 이런 새로된 귀족 중에 충정공 한 분만이 나라를 위하여 순절을 지켜 암흑한 우리 전도에 인도하는 빛이 되었다.

고려 말에 정포은(鄭圃隱 · 정몽주)이 다리 위에서 저격을 당하고 떨어져 죽은 자리에 혈흔이 아직도 돌 위에 보이고 당시 다리 옆에 청죽이 하늘로 높이 올라갔다가 미구에 소멸되었고 그래서 다리 이름까지 선죽교善竹橋라고 일컬었다는 전설이 있다. 나는 어려서 이런 전설을 듣고 자라났다. 민충정공이 순절한 뒤에 혈죽이 생겼다는 소문을 들으니 정포은의 선죽교의 사실과 비슷해서 나는 속으로 발동하는 호기심을 억제할 수 없었다.

원래 죽竹이란 것은 속히 자라는 식물로 24시간에 36인치가 자라는 기록이 있다. 그런데 민충정공은 11월 30일 즉 겨울에 순절했고 기후가 봄철이 되면 혈죽이 생겼다고 매일 구경꾼이 답지한다는 소식이 전국에 전파했다.

이런 소식을 듣고도 수삭이 지난 뒤에 나는 결국 전설과 같은 실적을 확인하려고 상경하기로 작정했다. 나는 아직 10대의 소년이다. 당시는 서울 한 번 오기도 쉬운 일이 아니므로 수삭 동안 벼르다가 실천에 옮긴 것이다.

민충정공 사저는 안국동에 있었다. 지금은 종로 네거리에서 안국동까지 큰 길이

통했으나 그때는 꼬불꼬불한 전동典洞 골목을 통과해야 안국동에 도착하던 시절이다. 민충정공 누마루 밑에서 과연 혈죽이 생겨 누마루 천정까지 닿게 자랐다. 방안에 있는 혈죽에 물을 주지 아니한 관계인지 내가 보던 때는 청죽靑竹이 아니라 누렇게 죽었다. 그러나 대나무 형체는 변함이 없었다.

그 누마루는 큰 집채의 동편 끝에 단간방으로 남향했고 약 3척고의 돌기둥으로 버티었으며 마루 밑은 텅 비어있는 황토 바닥에서 마른 먼지만 풍긴다. 그 바닥 가운데 엄지손가락만치 굵은 혈죽 한 개가 올라오다가 마루 밑에 다 올라와서 두 갈래로 마루 틈을 뚫고 올라갔으니 그 밑에 보이기는 대나무 줄거리뿐이고 잎사귀는 없다.

내가 서울에 온 것은 혈죽을 배관拜觀하자는 일이 유일한 목적이므로 이왕이면 철저히 배관하려는 생각으로 나는 그 누다락 창문을 열고 내부를 자세히 돌아보았다.

혈죽은 수삭 전에 생장하였고 그동안 서울시민은 거의 모두 배관했고 내가 갔을 때는 참관자 2, 3인 밖에 없었다. 누다락 창문은 구식 건물로 어느 시절에 도배했는지 창살의 종이는 갈가리 찢어졌으니 평상시 민충정공의 검소한 생활이 여실히 표현되었다. 누마루 장판 널조각은 장구한 세월을 겪고 엄지손가락만치 틈이 죽죽 났다. 이 위에 유자 장판을 발랐으나 역시 여러 해 지나서 틈이 해졌다. 이 장판 틈으로 두 갈래가 각각 자라 올라왔다. 그래서 누마루 천정까지 꽉 닿도록 키는 자랐다. 대마디는 보통 대나무보다 길죽길죽 배나 더 길게 뻗쳤고 잎사귀는 아주 성기어 두 가지에 달린 잎사귀 총 수효는 48엽뿐이다.

나는 내 눈으로 혈죽을 과연 배관하고 약 1시간을 거기서 떠나지 않았다. 당시 신비함을 나는 느끼고 무어라 형언할 수 없었다. 만약 내 눈으로 보지 않았다면 소문만 듣고 나는 믿을 수가 없었다. 뜰 가운데 아니고 마루 밑 건조한 황토에서 대나무가 나는 것 자체가 벌써 기적이고 또 기후 관계로 서울 근방에는 이렇게 키가 크게 생장하는 대나무는 있을 수 없다.

공의 저택은 단층이다. 그러나 땅 위에서 방안 천장까지 적어도 12,3척은 될 만치 자랐고 기이하게도 천정에까지만 키가 닿고 말았다. 이런 장죽은 우리나라의 남방에서만 볼 수 있듯이 당시 비행기도 없이 남방에서 서울까지 운반했을 수도 없고 또 일본세력이 뻗쳤을 시절에 이런 일을 찬성했을 이치도 없다. 누가 남방에서 이식하였다 가정해도 하필 두 갈래로 올라온 대나무를 갖다가 판장 틈으로 자라나게 했다고도 할 수 없다. 몇 달 전에 관람한 사람의 증언을 들으면 그때는 대가 방 한가운데쯤 올라 왔다 하니 그후에 키가 더 자라서 내가 배관한 때는 천정까지 닿고 그 이상 더 자란 것은 아니다.

　그러면 누가 이식했다고는 추측도 할 수 없고 자연 생장을 긍정하는 수밖에 없다. 마루 밑 메마른 황토 속에서 어떻게 대나무가 생장했는가는 수수께끼 같이 풀어낼 수가 없다.

　민충정공은 1905년 11월 30일 오전 6시에 전동 우정국 옆집에서 국권이 없어짐을 분개하여 주머니 칼로 자결하여 일사보국—死報國했다. 가족은 그 유해를 본저로 옮기고 피투성이에 젖은 의복을 벗기어 겨울에 쓰지 않는 누다락에 던져두었다. 그 의복에서 흐르던 핏방울은 장판지가 헤어진 틈으로 떨어져 흙 속으로 들어갔고 봄철 날씨가 되어 그 피 떨어진 자국에서 혈죽이 생겨났다는 것이다.

민영환의 모습(왼쪽)과 당시 혈죽을 촬영한 사진

나는 아직 연치도 어리고 해서 시골서 망설이다가 배관키로 결심하고 서울에 올라오니 수삭후가 되어 대나무는 이미 말랐던 것이고 가족은 그 혈죽을 보관했다는 말을 나는 그 뒤에 들었다.

이런 기적을 나는 목도했다. 보통 상식으로 또는 근대 과학으로 도저히 해득할 수는 없는 것이다. 나라를 사랑하는 민충정공의 일편단심은 혈죽으로 표현한 것으로 추상할 수밖에 없다. 고려 말에 정포은의 선죽교 전설의 재판으로 한국 말년에 민충정공의 혈죽이 생장했고 나는 내 눈을 의심치 않는 한 분명히 배관했다.

공의 혈죽을 목도한 사람도 지금은 생존자가 희소할 것이다. 그 혈죽은 한 개의 전설로 유전될 것이나 공의 유언은 영구불멸의 잠훈箴訓으로 우리 겨레에게 애국심을 고무하는 것이다.

서울 종로구 견지동 우정총국 건물 부지 내에 자리한 민영환 동상. 1957년 그의 생가 터 인근인 안국동 로터리에 세워졌다가 도로 확장에 따라 창덕궁 돈화문 앞을 거쳐 2003년 그가 자결했던 장소 인근인 이곳으로 옮겨왔다. 동상 주변에 대나무를 심어 그의 충절을 기리고 있다.

'생生을 요要하는 자는 사死하고 사死를 기期하는 자는 반드시 생生을 득得하는 것이다' 라는 교훈은 그의 유언 중 한 구절이다.

이조 말엽에 외척이 정권을 농락 발호하여 역사가들의 혹평을 면할 수 없으나 척신 중에도 유독 민충정공 한 사람의 충성과 절개는 나라를 구원하는 큰 근간이 되어 그 결과로 우리는 8·15를 맞아 대한민국을 수립하고 국권을 회복한 것이다. 아직도 실지회복 등 허다한 과제는 해결 안 된 채로 우리 앞에 놓여 있어 겨레의 애국심은 의연히 요청된다. 그러므로 주위 환경이 자못 혼란 상태에 있는 이때 공의 덕을 추모하고 혈죽의 의의를 다시 음미함이 적절한 것인가 한다. 그 뒤에 충정공의 동상은 안국동 로타리에 봉안되어 내왕하는 시민에게 추억을 새롭게 한다.

## 조덕송

### 일세를 풍미한 '조대감'의 체험 기록 '4 · 3 총살형 목격기'

조덕송(趙德松, 1926~2000)은 1947년 조선통신 기자로 출발하여 연합신문, 조선일보 등의 사회부장을 거치며, 1997년 전남일보 논설고문을 끝으로 언론계를 물러날 때까지 평생 언론인으로 살았던 인물이다. 현역 시절 명 사회부장으로 꼽혔던 그는 '조대감'이란 애정 어린 별칭으로도 널리 알려졌다.

조선통신 신입 기자 시절 중앙 언론사들이 접근하지 못했던 제주도 4 · 3 사건 현장에 직접 내려가 현지 취재한 몇 안 되는 기자 중의 한 사람으로 활약하며 '유혈의 제주도'와 같은 생생한 현장 르포 기사를 쏟아내기도 했다. 진압군이 폭도라고 잡은 포로들 속에는 어린이, 노인, 부녀자 등이 상당수 포함돼 있었다고 보도해 과도한 진압 가능성을 지적하기도 했다. 그의 기사는 당시로선 다소 진보적인 시각에서 비교적 객관적으로 상황을 설명하고 있어 관련 연구에서도 자주 인용될 정도다.

### 통신사 폐간되는 필화 겪어

무리한 진압 등에 대한 생생한 4 · 3 현장 보도로 인해 이승만 정부로부터 주목을 받게 된 조덕송은 4 · 3 사건의 진무 작전 책임자 박진경 대령 살해범의 총살형 현장 참관 기사가 사회적인 파장을 일으키자 직장인 조선통신사가 폐간되는 필화 사건을 겪게 된다. 미 군정기 시절 조선문학가동맹에 가입한 좌익 활동 전력을 문제 삼은 당국에 의해 결국 구속된다.

수감 중 한국 전쟁을 맞은 그는 서울을 점령한 북한군에 의해 교도소에서 풀려난다. 잠시 북한 기관지인 '해방일보' 기자로 활동했지만 언론의 역할에 대한 의견 차이로 남쪽으로 도피하게 된다. 하지만 이런 전력으로 인해 그는 이후 내내 좌익 시비에 시달리게 된다.

전쟁이 끝나고 곡절을 겪은 끝에 언론계로 복귀한 조덕송은 남북한 통일 문제에 많은 관심을 가져오다 1972년엔 남북적십자회담 수석자문위원으로 선임돼 몇 차례 평양을 다녀오기도 했다. 좌익 시비에 시달렸던 그가 남측의 공식 대표로 북한을 방문했으니 이 역시 역사의 아이러니가 아닐 수 없다.

『머나먼 여로』(1989) 제2권 표지

조덕송은 해방 이후 이데올로기의 대립과 한국동란 당시 남북한의 언론 현장을 직접 몸으로 겪고, 5 · 16 쿠데타와 5 · 18 광주민주화운동, 6 · 10 민주항쟁 등 한국 현대사의 현장을 언론계 일선에서 모두 경험했던 인물이다. 그런 연유로 그의 파란만장한 인생과 언론계 활동은 '우리 시대의 상처받은 언론인'이라 불리며 굴곡이 깊었던 한국 현대 언론사의 한 단면을 그대로 보여준다.

조덕송은 1988년 '주간조선'에 자신이 겪은

조덕송이 수석자문위원으로 참가한 1972년 제1차 남북적십자회담 전경

경험을 증언한 '언론 외길 40여 년-민족 대드라마의 증언'을 연재
했다. 나중에 이를 『머나먼 여로旅路』(1989 · 도서출판 다나)라는 두
권의 책으로 묶어 출판하기도 했는데, 제목 그대로 해방 공간에서
시작해 언론계 입문 이후 한국 현대사의 격랑을 증언한 내용이다.
이 책은 그가 직접 보고, 듣고, 취재한 내용을 담은 것이어서 현장
감은 물론 사료적 가치도 충분하다는 평을 받았다.

## 발로 뛰는 사실 확인 강조

그는 현역 시절 일관되게 현장 확인을 강조했다. "픽션 같은 기사
가 너무 많다"고 비판하며 기사를 작성할 때는 현장과 사실 확인,
즉 발로 뛰어서 객관성을 부여하고 구체적으로 쓰는 게 중요하다
고 강조했다.

또, 신문 기업은 자유 경제 체제의 특성인 경쟁으로 인해 끊임없

이 '새로운 것'에 혈안이 돼 있으며 '앞서려는 욕구'의 덩어리가 돼 있기 때문에 항시 오보의 가능성이 많아 이를 경계해야 한다고 지적했다.

## 생생한 사형장 목격기

조덕송이 2년차 기자 시절인 1948년에 쓴 '박진경 대령 암살범 총살형 목격기'는 통신 기사였지만 안정된 필력으로 담담하게 써내려간 현장 묘사로 인해 당시 많은 신문들이 이 기사를 그대로 받아서 전재했다.

지금으로선 기사 원문을 확인할 수 없지만 제주도 4 · 3 자료집에 실린 서울신문(1948년 9월 26일자) 기사와 『한국 현대언론인 열전』(김영희 · 박용규, 2011)에 발췌 게재된 민주일보(1948년 9월 25일자) 기사가 아직까지 남아있다.

두 기사를 비교해보면 문장 표현이 약간씩 차이가 나는 데다 일부 수사적인 표현들이 삭제된 부분도 있다.

예를 들어 암살범 문상길의 최후 발언 인용문의 경우 민주일보는 "…○○○(원문은 미국인)의 지배 아래 ○○○(미국인)의 지휘 아래 민족을 학살하는 조선군대가 되지 않기를…"로, 서울신문은 "… 매국노의 단독정부 아래 미군 지휘하에 조선인민을 학살하는 조선군대가 되지 않기를…" 등으로 각각 다르게 나온다.

이는 당시 신문사 데스크들이 조선통신사의 기사를 받아쓰면서도 정부의 반발을 우려해 기사 원문을 그대로 옮기지 않았음을 뜻한다. 현장 분위기를 묘사한 부분만 발췌해 간략하게 전달하거나 일정 부분을 가감 삭제하는 자체 데스킹을 거쳤음을 미뤄 짐작할 수 있는 대목이다.

　다음에 수록된 글은 두 개 신문의 기사를 종합해 정리한 것으로 읽어보면 아직까지도 당시의 형장 분위기가 가슴에 와 닿는 서정적인 표현과 생생한 이미지를 느낄 수 있다.

# 박 대령 살해범 총살형 목격기

[수색에서 조덕송 발 조선통신] 1948년 9월 23일 하오 3시 35분, 동 45분. 수색水色 동방 5리 지점 이름 없는 붉은 산기슭에 터져 나온 10발의 총탄은 두 젊은 생명을 빼앗아 가고야 말았다.

육군 제11연대 육군 중위 문상길(文相吉 · 23), 일등상사 손선호(孫善鎬 · 22).

미군 장교 2명, 관계인 장교, 그리고 기자 입회하에 총탄을 받은 문 중위, 손 상사는 지난 6월 18일 오전 3시 동란의 제주도에서 국방경비대 11연대장 박진경 대령을 살해하였던 것이다.

애초 사건 관계자는 10명. 그중 8월 14일 고등군법회의 최후 언도에서 총살형이 선고된 피고는 문상길, 손선호, 배경용, 신상우 도합 4명이었다.

그러나 23일 총살형 집행 직전 배, 신 양인은 특사에 의하여 무기형으로 감형, 결국 직접 하수인이었던 손 상사, 그리고 피고 10명 중 단 한 사람의 장교인 문 중위, 두 사람만이 그 형의 집행을 받게 되었다.

이날 하오 3시 15분 수색 국방군 제1여단 사령부 정문을 떠난 대형 미군 트럭 한 대에는 석 달의 영창 생활에 여윌대로 여윈 문 중위 손 상사가 수갑 찬 채 군기병의 호위 가운데 나란히 앉아 있었다. 자동차는 벌거벗은 산과 산모퉁이를 감돌아 준비된 사형장으로 가는 것이다. 네모로 깎은 말뚝이 둘, 붉은 산기슭에 나란히 서 있다.

그 하나의 말뚝을 향하여 최후의 담배를 피우고 난 허리끈 없는 장교복의 문 중위가 천천히 걸어간다. 군기사령관인 사형 집행 장교에 의하여 총살형 집행장이 낭독되고 마지막 유언의 기회를 준다.

동란의 제주도였다. 민족과 민족이 맞붙어 피를 흘리는 곳. 그곳의 평화를 찾는다고 감연히 나선 국방경비대 전사의 한 사람인 그들이었다.

그러나 군율은 그들이 지닌 바 민족적 도의보다 엄중했다. '상관을 모살謀殺하고 반란을 일으킨' 그들의 죄과를 용서하지 않았던 것이다. "제주도 30만 도민을 위하여 이 한목숨 희생되어야만 한다면" 고맙게 형을 받겠다고 총살형 선고를 받은 그들은 마지막 진술을 했다.

"스물세 살을 최후로 문상길은 저 세상으로 갑니다. 여러분은 조선의 군대입니다. 마지막 바라건대 ○○○(원문은 미국인)의 지배 아래 ○○○(미국인)의 지휘 아래 민족을 학살하는 조선군대가 되지 않기를 문상길은 바라며 갑니다." 외치는 음성도 아니며 부르짖는 소리도 아니다. 다만 청청한 마지막 말에 화답하는 산울림이 영롱할 따름이다.

몸이 말뚝에 묶인다. 하이얀 수건으로 두 눈을 가렸다. 왼편 가슴 심장 위에 검은 동그라미 사격 표식이 붙여졌다. 10m의 거리를 두고 다섯 명의 사격수가 쏜 총탄 다섯 발은 기어코 문중위의 가슴을 뚫고야 말았다. 이때 하오 3시 35분. 뒤이어 말뚝을 향하여 다시 손선호 상사가 걸어가며 미소를 띤 얼굴로 상관들에게 일일이 목례를 한다.

"마지막으로 제가 좋아하던 군가나 한마디 부르고 저 세상으로 가겠습니다."

발을 멈추고 머리를 하늘 쪽으로 돌려 노래를 부른다.

"혈관에 파도치는 애국의 깃발, 넓고 넓은 사나이 마음, 생사도 다 버리고 공명도 없다. 들어라 우리들의 힘찬 맥박, 천지를 진동하는 승리의 함성……"

사형 집행 3분 전이다. 끝나자 집행장이 낭독되고 유언으로 "훌륭한 조선군대가 되어 주십시오." 단 한 마디.

"겨누어 총." 이때 "오! 3천만 민족이여!" 손상사의 입에서 흘러나온 말.

이 말이 사라지기 전에 "쏘앗." 다섯 발 M1 총알은 손상사의 가슴을 뚫었다. 이때 하오 3시 45분.

1948년 9월 23일 하오 3시 35분, 동 45분, 서울 북쪽 수색 동방 5리 지점에서 일어난 총성은 끝났다. 핏발이 스며든 땅위에 핏망울로 아롱진 두 개의 말뚝ㅡ. 그 위에 그러나 가을 하늘은 끝없이 맑고 푸르다ㅡ.

1948년 8월2일 국방경비대가 탈영했던 경비대원 3명을 제주시 근교에서 총살하기 직전의 모습

# 최병우

**상징의 미학, 불후의 명 르포르타주**
**판문점 휴전협정 조인식 관전기,**
**"기이한 전투의 정지"**

최병우(崔秉宇, 1924~1958)는 한국 언론사상 종군 취재 현장에서 목숨을 바친 최초의 언론인이다.

1958년 9월 11일 중국 공산당과 국민당 정부는 대만해협을 사이에 두고 포격전을 벌이며 한국전쟁 이후 국제적 긴장이 최고조에 달했다.

최병우는 언론 특파원 자격으로 대만의 최전방 지역인 금문도金門島 현장 취재에 나섰다가 타고 갔던 배가 침몰하면서 파도에 휩쓸려 순직했다. 당시 그의 나이 불과 34세였다.

## 6·25 종군기자로 활약

목포 출신인 그는 제일고보(경기중)에 이어 일본 도호쿠東北제국대학을 다니던 중 일본군에 징용됐다가 2달여 만에 일본이 패망하면서 각고 끝에 고국으로 돌아오게 된다. 그는 미군정청에서 세운 영어 강습소에서 영어를 배웠다. 중학 시절부터 영어에 대한 감각이 있던 그는 영어를 능숙하게 구사하게 됐다. 뛰어난 영어 실력으로 미 군정청 외무처, 주일 대표부 등에서 일했던 그는 한국은행 동경지점의 개설에도 주도적인 역할을 했다. 당시 한국은행 조사부장으로 있던 장기영이 그를 눈여겨 봐뒀다가 경영난에 빠졌던 조선일보의 사장으로 자리를 옮기면서 외신부장으로 데려간다. 최병우의 언론계 입문은 장기영과의 운명 같은 만남에서 시작됐다.

『기자 최병우 평전』(1992) 표지

영어가 유창했던 최병우는 6·25 전쟁 당시 종군기자로 판문점을 출입하면서 2백여 명의 외국 특파원들 사이에서 한국 기자로는 드물게 많은 활약을 펼쳐 이름을 떨쳤다.

1954년 장기영이 한국일보를 창간하자 그를 따라 한국일보 외신부장으로 자리를 옮긴 최병우는 이후 한국일보 논설위원 겸 코리아타임스 편집국장을 지내면서 1957년 1월 언론인 모임인 '관훈클럽'의 창립에도 적극 참여했다. 같은 해 4월 7일 독립신문 창간일에 맞춰 한국신문편집인협회를 설립하는 데 주도적인 역할을 하고 이 날을 '신문의 날'로 정하는 데 공헌했다.

평소 최병우는 "한국전쟁 당시 외국인 기자 17명이 생명을 바쳤지만 한국인은 단 한 사람의 기자도 다치지 않았다"는 말을 입버릇처럼 하며 현장 취재의 중요성을 강조했다. 중국·대만 간 분쟁이 터지자 편집국장임에도 현장 취재를 자임해 현지로 달려간 것도 그의 이런 소신 때문이었다.

1958년 9월 11일 중국 공산당이 대만을 해방한다며 금문도에 대한 포격을 시작했다. 금문도에는 이후 44일 간 무려 47만 발의 포탄이 쏟아져 내렸다. 9월 26일 최병우는 전쟁터나 다름없는 이 현장에 일본·대만 등 다른 5명의 기자와 함께 배를 타고 상륙을 시

최병우

중국 대륙에서 5마일 밖에 떨어지지 않은 최전방 지역인 금문도로 건너가기
위해 대만 상륙정에 올라탄 최병우(화살표)의 마지막 모습. 이 사진 촬영 직후
그는 실종됐다.

도하다가 배가 전복되면서 영원히 실종되고 말았다.

기자 생활이 불과 6년 정도에 불과했지만 그는 취재 현장에서
열정적인 삶을 살아 언론계에서 높은 평가를 받았다.

최병우가 창립을 주도했던 중견 언론인 모임인 관훈클럽은 1990
년 이를 기리고 그의 정신을 잇기 위해 '최병우 기념 국제보도상'
을 제정했다. 매년 관훈 클럽 창립일(1월 11일)에 맞춰서 국제 뉴
스 보도에 공적이 뛰어난 국내 언론인을 선정해 시상하고 있다.

## 국내 최초로 취재 현장서 산화

최병우는 신문이 독자를 가르치기에 앞서 독자의 눈높이에 먼저
맞출 것을 주장했다. 항상 "독자의 지식을 과소평가 말고, 독자의
정보를 과대평가 말라"고 후배들에게 신신당부했다. 독자의 지식
은 높지만 독자의 정보는 적으니 그런 점을 고려해 정확하고 친절
한 기사를 쓰라는 뜻이다.

1953년 정전 협상을 취재중인 최병우. 외국 특파원들 사이에서 브리핑을 듣고 있다. 〈사진 『이야기 관훈 클럽』〉

지인들은 그가 늘 "공부하는 기자가 돼야 한다"는 말을 입버릇처럼 되뇌며 강조했다고 회상했다. 항상 해외 원서를 곁에 두고 읽으며 급변하는 국제 정세 속에 미약한 조국의 운명을 고민했던 그는 고뇌하는 학구파 지식인의 모습으로 언론인의 삶을 살아간 인물로 아직까지 기억되고 있다.

## 간결하고 냉철한 묘사

미문으로 정평이 나있던 그의 기사는 60여 년 전의 글이라고 믿기 힘들 정도로 현대적 수준의 뛰어난 문장력을 보여주고 있다.

1953년 7월 27일 6·25 전쟁의 휴전협정이 체결된 직후, 아래 사진의 조선일보 7월 29일자 1면 머리기사로 게재됐던 그의 판문점 휴전협정 조인식 참관 스케치 기사는 한국 언론사상 르포 기사의 백미라 불릴 정도로 간결한 문장, 정교한 묘사와 감성적인 필력이 돋보이는 수작이다.

조덕송의 정전 조인식 현장 취재 기사가 실린 1953년 7월
27일자 조선일보 1면

## 한국이 빠진 채 한국의 운명이 결정된 현장 취재기

다섯 문장으로 이뤄진 기사의 리드 도입부는 기자로서의 깊이와
사관史観과 문제의식이 고스란히 담겨 있다. 그가 아니었더라면 그
날 판문점의 북새통 속에서 그렇게 냉철한 표현으로 살아 움직이
는 묘사를 할 수 있었을까. 도도히 흐르는 역사의 물길을 내려다보
면서 비극적인 현실이 담겨 있는 상징적인 장면을 놓치지 않은 그
의 통찰이 기사 곳곳에서 묻어난다.

한반도를 요동치게 만들었던 판문점 남북 정상회담 현장에서도
수많은 기사들이 쏟아져 나왔다. 과연 최병우가 이 협상장을 직접
지켜봤더라면 어떤 글을 써내려갔을지 궁금해진다.

# 기이한 전투의 정지

백주몽白晝夢과 같은 11분간의 휴전협정 조인식은 모든 것이 상징적이었다. 너무나 우리에게는 비극적이며 상징적이었다. 학교 강당보다도 넓은 조인식장에 할당된 한국인 기자석은 둘뿐이었다. 유엔 측 기자단만 해도 약 100명이 되고, 참전하지 않은 일본인 기자석도 10명이 넘는데, 휴전회담에 한국을 공적으로 대표하는 사람은 한 사람도 볼 수 없었다. 이리하여 한국의 운명은 또 한 번 한국인의 참여 없이 결정되는 것이다.

27일 상오 10시 정각, 동편 입구로부터 유엔 측 수석대표 해리슨 장군 이하 대표 4명이 입장하고, 그와 거의 동시에 서편 입구로부터 공산 측 수석대표 남일(南日) 이하가 들어와 착석하였다. 악수도 없고 목례도 없었다. '기이한 전쟁'의 종막다운 기이한 장면이었다.

북쪽을 향하여 나란히 배치된 2개의 탁자 위에 놓인 각 18통의 협정문서에 교전 쌍방의 대표는 무표정으로 사무적인 서명을 계속할 뿐이었다. 당구대같이 퍼런 융에 덮인 2개의 탁자 위에는 유엔기와 인공기가 둥그런 유기 기반에 꽂혀 있었다. 이 2개의 기 너머로 휴전회담 대표는 2년 이상을 두고 총계 1,000시간에 가까운 격렬한 논쟁을 거듭하여 온 것이다.

한국어·영어·중국어 세 가지 말로 된 협정문서 정본 9통, 부본 9통에 각각 서명을 마치면 쌍방의 선임 참모장교가 그것을 상대편으로 준다. 그러면 상대편 대표가 서명한 밑에 이쪽 이름을 서명한다.

정丁자형으로 된 220평의 조인식 건물 동익東翼에는 참전 유엔 13개국 군사 대표들이 정장으로 일렬로 착석하고 있으며 그 뒤에 참모장교와 기자들이 앉아 있다. 서익西翼에는 북쪽에 괴뢰군 장교들, 남쪽에 제복에 몸을 싼 중공군 장교의 일단이 정연하게 착석하고 있다.

양편의 수석대표는 북면하여 조인하고, 멀리 떨어져 좌우에 착석한 양측 장교단은 동서로 대면하고 조인하는 것을 주목하고 있다. 조인이 계속되는 동안 유엔 전폭기가 바로 근처 공산군 진지에 쏟고 있는 폭탄의 작렬음이 긴장된 식장의 공기

1953년 7월 27일 유엔군 측 수석대표 해리슨(왼쪽)과 공산군 측 수석대표 남일(오른쪽)
이 판문점에서 정전협정 문서에 서명하고 있다. 〈사진 국방부 군사편찬연구소〉

를 흔들었다. 원수끼리의 증오에 찬 정략 결혼식은 서로 동석하고 있는 것조차 불쾌
한 듯이, 또 빨리 이 억지로 강요된 의무를 끝마치고 싶다는 듯이 산문적으로 진행
한다.

해리슨 장군과 남일은 쉴 새 없이 펜을 움직인다. 각기 36번 자기 이름을 서명하
여야 하는 것이다. 거기에는 의식에 따르는 어떠한 극적 요소도 없고 강화에서 얘
기할 수 있는 화해의 정신도 엿볼 수 없었다. 이것은 어디까지나 '정전'이지 '평화'가
아니라는 설명을 잘 알 수 있었다.

각기 자기 측 취미에 맞추어 가죽으로 장정하고 금숲자로 표제를 박은 협정부도
協定附圖 각 3권이 퍽 크게 보인다. 그 속에는 우리가 그리지 않은 분할선이 울긋불
긋 우리의 강토에 종횡으로 그려져 있을 것이다.

'지금 내가 앉아 있는 이곳이 우리나라인가' 이렇게 의아疑訝해한다. 그러나 역시
우리가 살고 죽어야 할 땅은 이곳밖에 없다고 순간적으로 자답하였다.

10시 12분 정각, 조인 작업은 필하였다. 해리슨 장군과 남일은 최후의 서명을 마
치자 마치 최후통첩을 내던지고 퇴장하듯이 대표를 데리고 나가버린다. 남일은 훈
장을 가슴에 대여섯 개 차고 있는 데 반하여 해리슨 장군은 앞 젖힌 여름 군복의 경
쾌한 차림이라는 것이 다를 뿐이었다. 관례적인 합동 기념 촬영도 없이 참가자들은
해산하였다.

[판문점 조인식장에서=최병우 특파원 발]

# 천관우

## 정론직필의 기개 넘친 꼿꼿한 문장
### 그랜드 캐년 기행기, "K형에게"

천관우(千寬宇, 1925~1991)는 해방 이후 한국 언론계에 많은 족
적을 남긴 대표적인 언론인이다. 1951년 서울대 사학과를 졸업
한 뒤 대한통신 기자로 언론계 생활을 시작한 그는 이후 조선일보
(1956)·민국일보(1961)와 동아일보 편집국장(1963~1965)·주필
(1965~1968)을 두루 거쳤다.

한국 고대사·근대사 등은 물론 실학 연구에 정통했던 사학자로
도 꼽혔던 그는 역사 인식을 바탕으로 정론직필의 선비 정신을 내
세운 비판 정신을 강조했다. 그는 뉴스의 본질을 '직필'이라 내세
우고 기자를 '언관言官', '사관史官'에 비유했다.

후석後石이란 그의 아호는 국어학자이자 독립운동가였던 일석一
石 이희승 선생을 존경해 거기서 한자를 빌려 지은 것이다.

## 33세 때 편집국장 자리 올라

33세의 나이로 조선일보 편집국장의 자리에 오른 젊은 언론인의
기개는 '벼락이 떨어져도 목에 칼이 들어가도 서슴지 않는다抗雷霆
蹈斧鉞 而不辭'라는 그의 말에 잘 표현돼 있다. 이 같은 비유는 목에
칼이 들어가도 할 말을 하는 옛 사관들의 기개와 태도에서 언론의
자세가 시작돼야 한다는 그의 생각이 담긴 것으로 이후 권력에 대

한 투철한 비판 정신을 전면에 내세우는 지사적 언론관의 기반이 됐다는 평가를 받고 있다.

"아무리 유능하고 뛰어난 기능을 갖춰도 투철한 비판 정신이 결여된 기자는 진정한 '프로페셔널'이 아니다. 권력 감시는 투쟁 정신에서 비롯되고 불굴의 용기를 필요로 한다." (천관우선생 추모문집간행위원회, 『거인 천관우』(2011), 211쪽).

그는 결국 1965년 동아일보 주필을 거치면서 1968년 신동아의 '차관' 관련 기사로 기자 두 명이 구속되는 필화를 겪으며 해임됐다. 당시 불의를 보면서도 침묵으로 일관하는 언론을 비판하며 '잠든 사이 스며든 가스에 취해 비명 한 번 못 질러보고 어리둥절하고 있는 연탄가스 중독자'로 비유한 것은 유명한 일화다.

그는 6척의 거구로 체구가 장대하기에 언론계 후배들 사이에 '코끼리'라는 별명으로 가끔 불렸다. 원고도 펜이나 연필 대신 항상 붓으로 썼다. 거구의 그가 마감 직전에 원고를 붓글씨로 휙휙 내리갈기던 모습에 대한 묘사는 당시 언론계에서 자주 오르내리던 일화였다.

## 말년에 변절 논란 휩싸이기도

그는 언론계 은퇴 이후 1971년 민주수호국민협의회 공동 대표, 1974년 민주회복국민회의 공동 대표를 맡아 송건호 등을 재야로 이끌며 언론자유운동의 대부로 떠올랐다.

그러나 30대에 너무 일찍 언론계의 선두에 달렸던 탓일까. 그렇게 강골이던 그도 5공 출범 이후 돌연 민족 통일중앙협의회 의장을 맡으면서 변절 논란에 휩싸였다. 그의 비판 정신을 우상처럼 따랐던 많은 후배 언론인들은 그를 비난했고, 이후 그는 칩거 생활에 들어갔다. 정론직필을 부르짖으며 대표적인 지사형 언론인으로 꼽혔던 그였지만, 말년엔 극빈자 보호 대상에 지정될 정도로 어려운 생활을 겪었다는 소문이 나돌 정도로 쓸쓸한 삶을 살았던 것으로 알려졌다.

『거인 천관우: 우리 시대의 언관 사관』(2011) 표지

## 수려한 필체 담긴 기행문

천관우의 글 솜씨는 현역 시절부터 유명했다. 칼날 같은 글발과 추상같은 논지로 60년대 권력에 맞서는 자유 언론의 깃발을 올리는 선봉장으로 활약했다는 평가를 받고 있다.

그는 20대 언론 초년병 시절이던 1952년 한국전쟁 중이었지만 전란에 휩싸인 조국을 떠나 유네스코 기금으로 미국 미네소타대학에 6개월 동안 연수를 가게 됐다. 당시 현지에서 쓴 기행문 'K형에게'는 그의 수려한 필체가 담긴 대표작이다.

언론 문장으론 보기 드문 서간체 형식의 기행문으로 서정적인 필치와 표현이 돋보이는 이 글은 명 문장임을 인정받아 1968년 고교 교과서(인문계고등학교 국어Ⅱ)에도 수록됐다. 이 글은 『세계의 인상─30인의 기행문』(조풍연 편, 진문사, 1956)과 『소리 내어 읽고 싶은 우리 문장』(장하늘 편, 다산초당, 2005)에도 수록됐다.

60여 년 전에 20대가 쓴 글이라 믿기 힘들 정도로 현대적인 감각의 묘사와 화려한 문장력이 돋보이는 이 글을 읽다보면 마치 내가 그랜드 캐년 협곡에 서있는 것 같은 생생한 느낌이 든다.

해외 여행이 쉽지 않던 해방 직후 시절에 한국 언론을 호령하던 기개 넘치는 젊은 언론인이 미국의 천하 절경인 그랜드 캐년 앞에 섰다. 미미한 인간의 운명과 전란에 휩싸인 조국의 아련한 현실을 고민하며 절절하게 느꼈던 당시의 벅찬 감동이 지금도 글 속에서 그대로 전해지는 듯하다.

# K형에게

K형, 황막荒漠의 미개경未開境 애리조나에 와서 이처럼 조화의 무궁을 소름끼치도록 느껴보리라고는 미처 생각을 못했었습니다. '그랜드 캐년'의 그 웅혼 괴괴한 절승絕勝을 그 한 모퉁이나마 전해 드리려고 붓을 들고 보니, 필력이 둔하고 약한 것이 먼저 부끄러워집니다.

K형, 애리조나주 피닉스, 불사조의 이름을 지니는 이곳에 온 것이 5월 7일, 기온은 화씨 90도를 오르내리고 있습니다. 내리쬐는 강렬한 햇볕에, 시야에 들어오는 것이라곤 메마른 암괴로만 되어 있는 듯 기묘한 '스카이라인'을 이루는 미국 남부 특유의 산형과, 거리마다 우거진 높다란 종려의 가로수입니다. 이 피닉스에서 다시 대협곡의 관문인 '홀래그스태트'까지 자동차로 여섯 시간의 행정입니다.

광야를 전속력으로 달리는 자동차는 갈수록 숨이 가빠집니다. 10분을 달리고 내려다보면 안계眼界가 넓어지고, 또 10분 달리면 또 안계가 달라지고, 가팔라진 경사를 줄곧 올라가고 있는 것입니다. 처음에는 사원砂原입니다. 여기저기에 우뚝우뚝 '그로테스크'한 선인장이 거목이 삼지창 같은 가지를 벌리고 섰습니다. 얼마를 가면 관목원灌木原입니다. 황양목黃陽木같이 생긴 작달막한 나무들이 들을 덮었습니다. 나무도 이 더위에 타버렸는가, 푸른 들이 아니라 누런 들입니다. 저 멀리 회오리바람이 일어나 바람기둥이 되어 하늘을 찌르면서 맹렬한 속도로 움직이는 것이 보이는가 하면, 막막한 대야大野에 해 뜨는 부분, 그 구름 낀 부분이 소낙비 지나가는 풍경처럼 완연히 대기의 경계를 지우며 이동하는 것이 보입니다. 선인장도 이제는 봉상棒狀의 것이 아니라 우리나라의 것처럼 손바닥같이 생긴 놈들이 산야를 덮습니다. 얼마를 더 가면 초원입니다. 이것 역시 누렇게 마른 잔풀이 서리를 얹은 양 보얗게 깔린 곳입니다. 또 얼마를 가면 석원石原입니다. 돌도 탔는지 모질게 일그러졌습니다.

황혼이 스며듭니다. 서천西天의 발간 낙조가 몸서리치도록 화려합니다. 이 근방에 집단 부락들을 가진 '인디언'의 얼굴들이 유난히 표한慓悍하게 보입니다. '홀래그스태트'라는 동리에서 일박, 나그네의 회포는 비경을 찾아 드는 흥분을 억누를 수가 없습니다.

아침 아홉 시 관광버스에 몸을 싣고, 멀리 백설을 이은 '함훼리' 12,611척의 고봉이 운무에 서리어 있을 뿐, 딥 하나 제대로 찾아보지 못하는 평원을 달리기 또 두 시간 만에, 낙락장송의 숲을 지나자 드디어 '그랜드 캐년'의 종착역입니다. 오슬오슬 춥습니다. 피닉스의 더위, 이곳의 추위, 좀 어이가 없습니다. 안내소 안의 '홀'에는 난로가 확확 달아오르고 있습니다. 안내소 뒤편에 마련된 조망대로 들어섰습니다.

눈앞에 전개되는 아아 황홀한 광경! 어떤 수식이 아니라 가슴이 울렁거리는 것을 어찌할 수 없습니다. 이 광경을 무엇이라 설명해야 옳을는지. 발밑에는 천인의 절벽, 확 터진 안계에는 황색, 갈색, 회색, 청색, 주색으로 아롱진 기기괴괴한 봉우리들이 흘립屹立하고 있고, 고개를 들면 유유창천悠悠蒼天이 묵직하게 드리우고 있는 것입니다. 나는 지금 550m의 협곡 남안南岸에서 있습니다. 그리고 K형, 나는 이것을 보려 여기에 온 것입니다. 별안간 일진의 바람이 거세게 불어 닥치며 옷자락을 휘몰더니 휘날리는 눈, 눈. 멀리 이 협곡의 대안對岸인 '포웰' 고원을 운무의 품안에 삼키고, 기발한 봉우리를 삽시간에 차례차례로 걷우고, 마침내 눈앞에 보이던 마지막 봉우리를 삼키고, 망망한 운해, 휘날리는 눈보라, 그리고 숨 가쁜 강풍. 회명晦冥하는 천지 속에 나는 옷 젖는 것도 잊고 서 있을 수밖에 없었던 것입니다. '염천지지유유念天地之悠悠 독창연이체하獨愴然而涕下'*라고 한 옛사람의 글귀가 선뜩 머리를 스치면서 까닭 모를 고요한 흥분에 사로잡히는 것입니다.

차가 떠난다고 합니다. 그랜드 캐년 남안 112킬로미터를 달리는 관광버스입니다. 어느 틈에 구름이 개이고 차창으로 보이는 대협곡의 모습은 갈수록 웅장을 더해 갑니다.

대협곡의 남안을 따라 천인절벽 위를 차는 달리고 있습니다. 협곡 속에서 죽순처럼 솟아오른 군봉의 꼭대기들이 우리가 달리는 언덕과 같은 높이를 유지하고 있습니다. 따라서 쳐다보는 충경이 아니고 바라보고 굽어보는 풍경입니다. '야바다이' 전망대라는 곳에서 안내인의 수다스러운 설명이 끝날 줄을 모릅니다. 이 절승은 이렇

---

* 천지의 유유함을 생각하노라니 홀로 처연하여 눈물이 흐른다.

게 하여 이루어졌다고 하는 것입니다.

이 대고원에는 태초에 강이 있었다. 강은 흐르면서 양안兩岸을 침식하고, 고원은 서서히 융기했다. 기슭을 깎는 강류에 협곡은 점점 넓어지고, 거기에 풍상우로風霜雨露의 쉴 새 없는 조탁彫琢으로 산형은 점점 변해졌다. 그동안이 약 700만 년 내지 900만 년……

차는 또 달립니다. 척도의 웅혼한 것도 그것이려니와 색채의 풍염한 것도 말할 수가 없습니다. 봉우리들이 제각기 빛이 다르고, 같은 봉우리가 머리와 허리와 발밑이 달라 본래가 소녀의 색동저고리 같은 것인 데다가, 지나가는 운영에 따라 밝던 빛이 어두워지고, 짙던 빛이 엷어지면서, 그야말로 오색영롱, 그것도 너무나 터무니없이 웅장한 영롱을 이루는 것입니다. 날씨는 흐리다가 개다가 또 눈이 휘날리다가 대중을 잡을 수가 없고 봉우리 뒤에 머뭇거리던 안개가 홀연히 앞을 가리고 하류 쪽을 배회하던 구름이 홀연히 상류로 용솟음쳐 올라옵니다. 절벽 위라고 하지만 탄탄대로 옆에는 울창한 수품이 심심찮게 끊이지 않고 그 속에서 사슴 떼가 기웃이 고개를 들고 나타나기도 합니다. '그랜드뷰', '리판 포인트' 등등의 이름을 지닌 몇 지점에 내려서 다시금 감탄을 거듭하고는 하였습니다. 이 '코스'의 종점인 '와치 타워'라고 하는 곳은 처음 협곡 첫 입세와는 또 다른 의미에서 이 협곡을 대표하는 전망대입니다.

이곳의 선주민인, 그리고 지금도 이곳을 본거의 하나로 삼고 있는 인디언이 쌓아올린 원통형의 망루입니다. 경주 첨성대보다는 훨씬 큰 이 탑을 들어서면 인디언의 수공품을 파는 것, 간단한 민속 대료 진열실, 음식점 같은 곳이 있고 그 꼭대기가 전망을 위한 곳입니다. 지금까지 차가 달려온 방향대로 시선을 돌리면 멀리 유명한 '페인테드 데서트'가 가로놓였습니다. 채색 사막이라는 이 사막의 빛깔은 317종이라고 합니다. 차가 달려온 방향을 거슬려 바라다보면 '그랜드 캐년' 40마일의 종경縱景이 일목에 들어옵니다. 어느덧 기엿기엿 석양입니다. 뭉게뭉게 끝없이 움직이는 운무 속에서 넘어가는 햇빛을 받으면서 대협곡은 그 무궁의 시간 속에서 오늘이라는 하루를 기록하려 하는 것입니다. 하나하나가 꾸밈이 없이 제멋대로 생겼던 웅장한 묏부리들도, 이제 와서는 끝없는 하늘과 끝없는 고원 속에 약간의 변화를 보이면서

그랜드 캐년 전경 .

한낱 소박한 장난감들처럼 그저 얌전히들 제자리에 서 있는 것입니다. 마천루와 기계 소리와 원자탄과 자동차의 홍수가 이 대협곡에서 무슨 의미를 가질 것인가. 이런 생각이 듭니다.

출발점으로 돌아오니 벌써 어두웠습니다. 인디언의 춤이 시작되었습니다. 흰 바지에 붉은 저고리를 입은 남자가 털벙거지에 북을 들고, 흰 치마에 검은 저고리를 입은 여자가 목에는 구슬을 주렁주렁 달고, '요헤이야에!' 하는 소리를 지르면서 춤을 춥니다. 상반신을 벗고 요령을 흔들면서 하는 춤도 있고, 벼슬이며 우모羽毛며 닭의 모양을 하고 나온 춤도 보여줍니다. 왕년에는 이 대륙을 독차지했던 이 겨레이건만 오늘은 춤이 끝난 뒤에 백인들이 던져주는 돈을 주우면서 '생큐, 생큐'를 연발하고 있는 그들이기도 한 것입니다.

## 오소백

### 영원한 사회부장의 세상 이야기
### 현장 강조한 생생한 묘사, '올챙이기자 방랑기'

오소백(吳蘇白, 1921~2008)은 대동강 하류에 위치한 평남 진남포에서 태어났다. 서울대 사대를 나와 일제 말기 초등학교 교사로 지내던 그는 해방 이후인 1947년 조선일보에서 기자 생활을 시작하며 언론인의 길에 들어섰다.

"교사는 수십 명을 가르치지만 기자는 수만 명을 가르친다. 저널리스트야말로 만인의 교사다"라는 말을 듣고 감명받아 언론인으로 전직한 그는 일선 취재 기자 시절 현장을 뛰어다니며 생생한 취재로 명성을 얻었다. 반민특위 재판 현장에 홀로 남아서 취재해 반민특위의 활동과 친일파 재판 방청기를 담은『증언 반민특위-잃어버린 기억의 보고서』를 낸 것으로도 유명하다.

그는 50년대와 60년대 초에 걸쳐 무려 여덟 개 일간 신문의 사회부장을 아홉 번이나 지내는 전설적인 기록을 세워 '영원한 사회부장'이라는 별명을 얻었다. 1951년 부산일보 사회부장을 시작으로 중앙일보(1953년), 서울신문(1953년, 1954년), 한국일보(1955년), 세계일보(1957년), 경향신문(1959년), 민족일보(1961년), 대한일보(1963년) 등 당시 국내의 내로라하는 신문사를 모두 거쳐 가며 사회부장을 역임했다.

해방 이후 국내 최초로 세워진 언론인 양성 기관인 서울신문학원의 1기생 출신인 그는 신문 외에도 다양한 언론 입문서를 집필했다. 일선 언론계 은퇴 후에도 언론 실무 서적 출간과 취재보도론 교육 등에 주력하며 언론인 양성에 기여했다.

그가 쓴 『기자가 되려면』(세문사, 1953)과 『매스 · 콤 문장강화』(삼육출판사, 1972)는 아직까지도 국내의 대표적인 언론인 실무 교과서로 꼽히고 있다.

## 실용주의적 뉴스관의 원조

한국 언론사에서 뉴스의 정확성에 대한 전통은 오소백에 이르러 집대성됐다고 해도 과장이 아니다. 그는 현장 취재 기자 출신답게 정해진 스타일에 입각한 뉴스 작성을 기본으로 사실에 기반을 둔 정확한 취재 보도를 강조했다.

"언젠가 '신문의 날'에 취재 지시를 하나 내렸는데, 배달 소년을 직접 따라가서 신문이 어떻게 배포되는지를 보고 와서 그 희비애락이 담긴 목격기를 쓰라는 것이었습니다.

그래서 새벽부터 배달 소년을 따라다니며 세 시간을 고생했는데 당시 오 선배는 '기자는 현장을 보지 않고는 말하지 말라'는 것이었습니다. 또 언젠가 한 번은 어느 기자가 화재 현장엔 가지 않고 소방서 얘기만 듣고 화재 기사를 썼습니다. 그 기자는 당일로 다른 부서로 발령을 받았습니다." (김경래 전 경향신문 편집국장의 회고, 추모문집 『영원한 사회부장 오소백』(2009), 162쪽)

언론인으로서의 신문 문장 작성 등 기능적인 능력 향상과 실전 취재 능력의 배양에 초점을 맞춘 그의 실용주의적 뉴스관은 이후 한국 현대 언론을 이끄는 주요한 흐름 중의 하나로 꼽히며 언론인 양성 과정에서 전범이 됐다.

그는 한국 언론에서 처음으로 기획·해설 박스 기사에 기자 이니셜을 쓰기 시작한 것으로도 유명하다. 이는 "기사는 경영주의 소유물이 아니라 사회의 공유물이며, 기자들의 기사에는 인격권이 있다"는 그의 평소 주장에 따른 것으로, 신문 제작에서 항상 일선 기자들의 취재 의도를 잘 살리는 것이 무엇보다 중요하다는 입장을 강조했다.

## '오소백 문장 스타일' 남겨

오소백은 독특한 실용적 뉴스문장론을 주장했다. 뉴스 기사를 쉽게, 짧게, 힘 있게 써야 한다는 게 바로 그것이다. 만연체의 문장이 통용되던 당시로선 파격적인 입장이었다.

그는 스스로 짧은 문장을 쓰는 데 솔선했을 뿐 아니라 사회부장 시절에는 이러한 기사 쓰기 방식을 기자들에게 훈련시켰다. 또한 저술을 통해, 그리고 대학 강단에서 이를 가르침으로써 독특한 '오소백 문장 스타일'을 한국 언론에 남겼다. 현재 한국 언론의 기자 교육 과정에서 실무적 능력 배양을 우선적으로 하면서 매뉴얼과 스타일 북에 따른 취재 보도와 글쓰기를 중시하게 된 것에도 그의 영향이 크게

추모문집 「영원한 사회부장 오소백」(2009) 표지

작용했다.

이 같은 성과로 인해 해방 이후 한국 언론을 지배해온 두 가지 흐름인 비판주의적 전통과 실용주의적 전통에서 그는 후자의 기능주의적 뉴스관을 정립시킨 대표적인 인물로 평가된다.

한국 언론에서 권력에의 비판과 실천적 노력을 앞세운 비판주의적 전통 못지않게 뉴스 자체의 속성을 우선하며 정확성과 독자의 요구를 중시하는 실용주의적 뉴스관의 전통이 명맥을 유지하게 된 데는 오소백의 공이 상당하다 할 것이다.

그렇다고 해서 오소백이 언론인으로서의 비판적인 지조와 긍지를 과소평가했던 인물은 아니다. 은퇴 후인 1994년 한 언론과의 인터뷰에서 그는 47년의 현역 언론인 생활 중에 신문사를 열여섯 번이나 옮긴 데 대해 다음과 같이 말했다.

"한 마디로 '신문 기자의 지조'를 지키기 위해 직장을 자주 옮겼습니다. 윗사람들이 기사를 못 쓰게 하거나 어떤 이유에서 취재를 방해할 때 나는 말없이 사표를 내던졌습니다. 그땐 가난했으나 봉급이 적다고 사표를 낸 적은 한 번도 없었습니다." (추모문집 『영원한 사회부장 오소백』(2009), 426쪽)

## 현장에 살며 올챙이기자 자처

오소백이 1955년에 일선 현장 취재담을 모아 펴낸 『올챙이기자 방랑기』(신태양사 출판부)는 지금 읽어봐도 문체의 흐름이나 스토리텔링의 구성이 전혀 뒤지지 않는 수작이다.

인기 대중잡지 신태양지 1954년 2월호부터 11월호까지 연재됐

『올챙이기자 방랑기』(1955) 표지

던 글들을 모은 이 책에는 현장 기자의 눈으로 바라본 해방 직후의 혼란한 사회상이 담겨 있다.

그가 38선 이북 답사 취재에 직접 나서 소련군 휘하의 38선 남북 경계선을 넘어 가는 과정을 생생하게 담은 취재기나 남쪽으로 돌아오는 길에 서해 고도에 표류해 54일 동안 고립무원의 무인도 생활을 했던 경험담을 담은 이야기에는 그 어떤 기사에서도 맛볼 수 없는 재미와 긴장이 담겨 있다.

책에 담긴 일화들은 오소백이 이때부터 뉴 저널리즘의 내러티브 기사와 유사한 스타일의 기사를 자유자재로 써 내려갔음을 생생하게 보여준다. 사실만을 전달하는 데서 벗어나 기자의 눈으로 바라본 세상을 수필체나 소설 형식으로 묘사하는 그의 글쓰기 방식은 이후 한국 신문에 등장한 '기자의 눈'과 같은 현장 칼럼의 효시라 할 수 있다.

당시 사회부장을 지낼 정도의 중견 기자였지만 항상 자신을 수습이나 초년병 기자처럼 '아직 개구리가 되지 못한 올챙이'로 자처한 것에도 나름의 의지를 담았다. 언제나 일선 기자이고 싶었고, 그것도 갓 출발한 젊은 정신으로 진실을 보도하려는 의지를 잃지 않으려는 표현인 것이다.

아래에 소개하는 글 역시 그 책에서 오소백의 초기 기사체를 엿볼 수 있는 내용을 추려 발췌한 것이다. 실직한 언론인의 생활고를 솔직한 감정으로 써내려간 '책을 삶아먹다'와 기자와 검사 간 취재원과 출입 기자로서의 기 싸움을 그린 '서부활극 2막'은 서로 다른 분위기의 글이지만 오소백의 진솔한 감정 묘사와 위트 등이 곳곳에 담겨 있다.

'서부활극 2막'에서 당시 반공 검사로 위세를 떨쳤던 오제도 검사와 결투를 벌인 일화를 소개했던 오소백은 수년 후 그와 사건 담당 검사와 피의자 신분으로 다시 만나게 된다. 서울신문 사회부장 시절 정동 러시아 공사관의 가을 풍경을 묘사한 글을 신문에 실은 것이 문제가 된 것이다. 그는 적성국(소련)을 선전하려는 게 아니냐는 혐의를 받으면서 필화 사건에 휩싸이게 되고 결국 신문사를 사직하게 된다. 그때 그를 취조하며 몰아붙였던 검사가 바로 수년 전 자신과 결투를 벌였던 오 검사였다니 이 또한 악연이라 하지 않을 수 없지 않은가….

# 책을 삶아먹다

허크러진 신문가新聞街의 방랑放浪은 두서너 달이 멀다시피 실업자의 신세를 만들었다. 석 달 동안을 꼬박 놀고 지낸다는 것도 여간 어려운 노동이 아니었다.

하루는 아내가 보스턴 백 하나를 팔아 가지고 무슨 장사를 한다는 것이다. 담배 장사를 한다고 진종일 어린 것을 등에 업고 싸다녔다. 그래도 올챙이기자의 낯을 더럽히지 않겠다고 골목 같은 데서 숨었다가 행인에게 사정사정 담배를 팔았다.

얼굴이 흑인처럼 되도록 싸다녔으나 두 갑 밖에 못 팔았다. 등에 업은 어린 것에게 빵떡 하나 사주니까 남은 것이 없다고….

다음 날도 아내는 거리를 방황했으나 담배 장수도 기술이 있어야 하는지 실패로 돌아갔다.

올챙이기자도 뻔뻔스럽지 아내가 담배 장수를 하러 나갈 때에는 부쩍 말리다가도 온종일 집에서 뒹구를 때면 별별 공상을 다하였다.

"지금쯤은 한 삼십 갑 팔았겠지…아니 다 팔았을 게다"

더구나 아내가 집으로 돌아올 무렵이면 수지收支에 은근이 기대를 기울였으니 얼마나 궁한 판국이었던가?

어떤 날 저녁, 집에 돌아오니까 모두 잠을 자고 있다. 아침에 아내가 쌀이 없다고 한 말이 기억난다. 솥뚜껑에 손을 대어 보았다. 싸늘하다. 차가운 방에서 병든 사람처럼 모두 식구들이 저녁을 굶고 자는 것이다. 어린 것들의 눈두덩이 통통 붓고 운 자죽이 보인다.

올챙이기자는 아내를 일으켜 불을 지펴 넣기를 권하고 두 권의 책을 들고 집을 나섰다.

벌써 남들은 저녁을 먹고 설거질이 끝날 무렵이었다.

암파판岩波版 서양인명사전과 개조사판改造社版 사회과학사전이다. 팔면 저녁 쌀값이 된다.

올챙이기자는 보도를 거닐면서도 책을 팔아버릴 마음의 결심이 생기지 않았다.

그러나 올챙이기자는 눈을 꾹 감고 책사冊舍로 가져갔다. 두 권에 천이백 원밖에 안 주겠다고 한다. 수전노 같은 책방 주인이 미웠다. 지나치게 싼 값으로 사려는 것이다.

그러나 올챙이기자는 아무 말 없이 돈을 달라고 말하였다.

주인은 책을 다섯 번 여섯 번 뒤적거린다. 그럴 때마다 페이지 페이지에 붉은 선을 그은 자죽이며 무수한 학자, 문호文豪, 연대, 학술용어 해설 같은 귀중한 인덱스가 보여 올챙이기자의 머리를 어지럽게 했다. 올챙이기자는 책을 획 빼앗아 가지고 도루 단숨에 집으로 발을 옮겼다. 굶어 죽는 한이 있어도 이 두 권만은 못 팔겠다.

그러나 구름다리를 디디고 올라 갈 때 올챙이기자는 어린 것들의 우는 소리가 그의 왼 몸을 찌르르하게 하였다.

기아飢餓에 지쳐 아우성치는구나….

올챙이기자의 눈에서는 뜨거운 눈물이 솟아 나왔다. 올챙이기자는 구름다리로 옮기던 납덩어리보다도 무거운 발걸음을 다시 돌려 책방으로 갔다.

"미안합니다. 도로 사주십시오…. 제발 내 앞에서 책을 너무 뒤적이지 마시오. 자꾸 미련이 남아서 … 책은 아주 깨끗이 보았어요."

천이백 원을 꼭 쥐고 책방을 나오다 올챙이기자는 문득 주인에게 이런 말을 던졌다.

"내일까지는 제가 도로 살 테니 이왕이면 제게 그 책을 주세요."

"글쎄. 그건 책임 못 집니다."

싸이렌 같은 주인의 말에는 여운이 없었다.

다음날 행여나 하고 책방에 들렀으나 두 권의 책은 영 안보였다. 물론 호주머니에 책값이라고 간직한 것도 없었지만….


## 서부활극 2막

지금은 서울지방법원장을 지내는 김준원 씨지만 그때는 대법관 대리 겸 고등법원

판사로 지낼 무렵이었다.

연말이 되어 한잔 술을 나누자는 것이다. 구리개 초입에 천원天園이라는 중류 요정이 있어 기자들과 신나게 건배를 했다.

그런데 얼마동안 술을 마시던 김씨가 대학 때 운동선수였다고 으스대며, 와이셔츠 바람에 팔뚝을 걷고 막 공격하는 것이다. 이를테면 '복싱'을 하는 것이다. 모두들 술상을 한 구석으로 몰며 요리조리 피했다.

한 번 선제先制를 한 김씨의 혈기는 드높고 기세는 당당했다. 워낙 웰터-헤비급과 밴텀급의 대전이라 문제가 아니기는 했지만 김씨의 경우는 살벌하게 달려든다.

올챙이기자의 입술에서 약간의 피가 흐르자, 레프트 스윙을 적당히 보낸 것이 김씨를 보기 좋게 타도打倒하고 말았다.

김씨는 비명을 올리고 일본식 창문을 기대고 쓰러졌다. 창살문이 부서지고 김씨는 열십자로 누워 죽은 시늉을 했다. 얼마 후 김씨는 다시 일어나 앉았다.

다음 날 아침 김씨를 찾아가 악수를 권했더니 그리 좋아하지는 않는 표정이었다.

"그러나…상해죄는 안 될 겁니다. 선제는 김 판사였으니까 나는 정당방위를 한 셈이죠. 그리고 합법적인 싸움이었으니까."

법리론에 밝은 김씨는 하는 수 없이 미소를 띠었다.

법관이 기자한테 KO 당했다는 스포츠 뉴스 오픈 게임의 중간 보고를 들은 검사 측에서는 실소하였다.

그래 기회만 있으면 기자를 다운시키겠다는 농담 비슷한 화제가 검찰청을 배회할 무렵, 한 사람의 풍운아가 나왔으니, 그 이가 바로 지금 변호사를 지내는 오제도(吳制道)씨다.

보련保聯이며, 국가보안법계의 담당 검사로 호랑이라는 이름을 갖고 있는 씨의 경우는 약간 주목할 바 없지 않다. 술도 안 마시고 절제생활을 한다는 씨는 와세다대학 때 날리던 스포츠맨이라고.

이래 짙어가는 어떤 봄날, 비원秘苑에서 검사진과 야유회를 갖게 되었다. 으레 맥

주며 정종을 마시게 되니까 젊은 검사들과 기자들 사이에 거친 말이 오락가락 했고 나중에는 무식한 힘내기까지 하게 되었다.

　푸른 잔디 위에 사루마다팬티 바람으로 올챙이기자를 육박해 들어오는 투우사 같은 사람이 있었으니 이가 천하의 오 검사다. 올챙이기자도 방어를 하며 술좌석에서 일어났다.

　일격일수一擊一守, 일진일퇴一進一退.

　복싱은 가격에 들어갔다. 그러나 게임이 시작된 지 5분도 못되어 올챙이기자의 펀치는 오 검사의 복부를 강타하여 타도시켰다. 오 검사는 잔디 위에 쓰러져서 일어나지 못하고 말로만 호령치며 대들었다. 그가 쓰러지자, 그의 호위순경이 달려와 심각한 표정을 하며 나를 나무라는 듯 했다.

　허나 고결한 검사와 기자 앞에서 하는 어전시합이라 그런 건 문제가 되지 않았다. 얼마 후에 일어난 오 검사는 빙그레 웃으며 올챙이기자의 사상思想이 이상하다고 한 번 협박을 던졌는데 그게 지금 생각하면 역시 애교라면 이쁜 애교였다.

## 최석채

### 반골 논객의 거침없는 권력 비판 사설
### "학도를 '도구'로 이용하지 말라"

권력에의 비판은 한국 언론사 전반에 흐르는 비판 정신의 근원을 이루는 정신이다.

정권에 대한 비판과 견제를 뉴스의 최대 가치이자 언론의 최대 사명으로 인식하는 권력 비판 정신의 근원은 바로 최석채(崔錫采, 1917~1991)로부터 시작된다는 게 언론계의 정설이다.

언론인 시절 '반골 정신', '대패선생'으로 불릴 정도로 소신 있고 날이 서 있는 명 문장으로 이름을 날렸던 그는 2000년 국제언론인협회IPI가 창립 50주년을 기념해 언론 자유 수호에 기여한 20세기 전 세계 언론인 50명을 '세계 언론 자유 영웅'으로 선정할 때 한국인으로는 유일하게 뽑혔다.

### '20세기 세계 언론 자유 영웅' 선정

호는 몽향夢鄕으로 경상북도 김천 출생인 그는 1942년 8월 일본 주오대학中央大學 법학부 졸업 이후 도쿄 등지에서 잡지사 기자 생활을 하다 광복 후 귀국해 대구 지역에서 기자 생활을 시작했다. 건국 후에는 경찰에 투신해 성주 · 문경 · 영주 경찰서장 등을 역임했던 이색 경력의 소유자다. 그러다가 6 · 25전쟁 중 부산에서 5 · 26 개헌파동이 일어나자 그 소식을 듣고 실망감에 사표를 내고 1954

1955년 공판 당시 흰 두루마기를 입은 최석채의 모습.

년 대구일보 편집국 부국장으로 언론계로 돌아왔다. 이듬해 2월엔 대구매일신문으로 옮겨 편집국장이 되었으며, 5월부터 주필 직을 맡았다.

최석채는 그해 9월 자유당 정권이 정치 행사 때마다 학생들을 동원하여 학업에 지장을 주는 것을 비판한 사설 '학도를 도구로 이용하지 말라'를 쓴 뒤 권력 당국으로부터 필화筆禍를 입었다. 신문사가 백주에 괴청년들에 의해 테러를 당하고, 그 역시 구속되었다가 30일간 옥고를 겪었다. 법정 투쟁 끝에 대법원의 무죄 확정을 받지만 정권의 계속된 압력으로 1959년 대구매일신문을 떠난다. 이는 해방 후 필화 사건으로 대법원 판결을 받은 첫 사례였기에 한국 언론사의 대표적 필화 사건으로 기억하는 이들이 많다.

1959년 10월 조선일보 논설위원으로 옮긴 그는 4·19혁명을 전후한 시기에도 권력에의 거침없는 비판을 펼쳐나갔다. 3·15부정선거를 규탄한 사설 '호헌구국운동 이외의 다른 방도는 없다'는 4·19 혁명을 이끌어낸 명 논설이라는 평을 받았다.

경향신문·조선일보 편집국장에 이어 조선일보 주필을 맡았던 그는 군사 정부 등장 이후 일부 권력 지향적 군인을 겨냥해 '일부 군인들의 탈선 행동에 경고한다' 등의 사설을 게재하는가 하면, 당국에 의해 정치 비판이 아예 봉쇄되자 항의의 의미로 12일간 무無

사설을 관철시킨 것 등은 유명한 일화다.

그러던 와중에 1971년 악법인 '국가보위법' 지지 사설을 쓰라고 압력을 가해오자 그는 끝내 이를 거부하고 사표를 썼다. 이후 문화 방송·경향신문 회장과 대구 매일신문 명예회장으로 지내면서도 말년까지 '몽향 칼럼'을 집필하며 글쓰기를 놓지 않았다.

## 영원한 '저항 정신'의 삶

"은퇴한 권력자는 화려한 영광의 기억이, 경제인은 은행 구좌에 재산이 남지만, 신문인은 기사 스크랩과 자존심 외엔 남는 게 없다. 언론인이 자존심을 버리면 언론에 대한 사명감도 없어지고, 언론의 권위도 떨어지는 것이다." 이처럼 평소 그의 언론관은 숭엄한 소명 의식으로 대표됐다.

최석채의 언론 활동을 관통해온 비판 정신의 근원은 특유의 '반골론'으로 대표된다. 그는 언론의 비판적 기능을 수행하는 것이야말로 독자의 알 권리와 똑같이 사회 정의의 실현으로 이어지며, 언론이 불의와 부정에 맞서기 위해선 '반골 정신'과 '저항 기질'을 가져야 한다고 주장했다. 이러한 그의 주장은 이후 많은 후배 언론인들에게 계승 전수돼 언론인의 비판적 자세를 규정해주는 준거 틀이 되기도 했다.

'반골 정신' 이란 무엇인가? 불의와 부정에 굽히지 않는 정의감을 말한다. 불의가 있고 부정이 행해져도 눈을 감고 못 본 체하는 국민이면 죽은 백성이다. … '저항 기질'은 또 무엇인가? 반골의 비판 기능을 활용하여 주장하는 용기를 일컫는다. … 정의감을 굽히지 않는 사람 '반골'이 있기에 나라가 튼튼하고 사회가 살아 간다. (『반골언론인 최석채』(2002), 492쪽에서)

5 · 16 이후 언론 탄압이 본격화되자 이 같은 반골 정신을 잃고 출입처 자료에만 의존하는 당시 언론에 대해 강하게 질타하면서 비판 정신의 회복을 주장했다. '아이템'에만 의존해서 만들어내는 신문을 마치 '책임 있는 언론'이라고 오해해서는 안 된다는 것이 었다.

그의 사설은 군더더기가 없는 문장으로 유명했다. 이전까지의 '……란 말인가' 같은 개탄조 문투에서 벗어나 전문적 지식에 바탕 을 둔 논리를 중시했다는 평가를 받았다.

그는 특히 '기사나 문장은 둥글둥글하지 않고 모가 나야 한다'는 지론을 폈다. 편집국장 시절 기자들이 써온 글을 부 · 차장들이 다 듬는 일을 '대패질'이라 했는데, 이는 글에 골기骨氣를 세우란 뜻이 었다. 이 때문에 기자들로부터는 '최대패'라는 별명을 얻었다.

## 권력의 부조리에 항거

이제 대구매일신문 1955년 9월 13일자에 실렸던 그의 명 사설을 감상해보자. 사설은 이승만 대통령의 측근, UN대표부 임병직의 대구 방문 환영 행사에 무더위 속에도 학생을 동원하여 정치 구호 를 외치도록 한 지방 관료에 대한 규탄이었다. 국민의 공복인 관료 에 의해 동원된 학생들의 인권과 관료들의 권력 공생과 기생을 우 선하던 부조리에 항거한 목소리였다.

이 글의 어디가 못마땅했기에 권력이 신경질적인 분노에 휩싸여 백주에 신문사에 테러를 가했을까. 지금 시점으로 보면 쉽게 이해가 되질 않지만 이 수준의 비판도 용납 못했던 게 60년대 우리 사회의 자화상이다. 언론 자유를 지키기 위해 독재 권력에 일평생 붓끝으로 저항해온 논객의 반골 정신을 반추하면서 지금 우리가 한없이 누리는 언론 자유의 소중함을 다시 한 번 느껴본다.

1955년 9월 13일자 대구매일신문 사설
"학도를 도구로 이용하지 말라"

# 학도를 '도구'로 이용하지 말라

요즘에 와서 중·고등학생들의 가두 행렬이 매일의 다반사처럼 되어 있다. 방학 동안의 훈련을 겸한 모종某種 행렬만이 아니라 최근 대구 시내의 예로서는 현관顯官의 출영에까지 학생들을 이용하고 도열을 지어 3,4시간 동안이나 귀중한 공부 시간을 허비시키고 잔서殘暑의 폭양暴陽밑에 서게 한 것을 목격하였다.

그 현관이 대구 시민과 무슨 큰 인연이 있고, 또 거시적으로 환영하여야 할 대단한 국가적 공적이 있는지는 모르겠으나 수천, 수만 남녀학도들이 면학勉學을 집어치워 버리고 한 사람 앞에 10환씩 돈을 내어 수기를 사 가지고 길바닥에 늘어서야 할 아무런 이유를 발견치 못한다.

또 학생들은 그러한 하등의 의무도 없는 것이다. 특히 우리가 괴이하게 생각할 수밖에 없는 것은 그것이 학교 당사자들의 회의에서 이루어진 것이 아니고 관청의 지시에 의하여 갑자기 행해졌다는 것을 들을 때 고급 행정관리들의 상부 교제를 위한 도구로 학생들을 이용했다고 볼 수밖에 없는 것이 아닌가?

입을 벌리면 학생들의 '질'을 개탄慨嘆하고 학도들의 풍기를 위위하는 지도층이 도리어 학생들을 이용하고 마치 자기네 집안의 종 부려먹듯이 공부 시간도 고려에 넣지 않는 것을 볼 때 상부의 무궤도無軌道한 탈선과 그 부당한 지시에 유유낙낙하게 순종하는 무기력한 학교 당국자에 대해 우리들 학부형 입장으로 분개하지 않을 수 없다는 것이다.

국무위원급 이상의 현관이 내왕할 때에 경찰 당국이 '경호 규정'에 의해서 연도 경계를 하는 것은 당연한 의무라고 보아 어마어마한 출동에도 우리들은 아무 탓을 하지 않으리라.

또 행정고위층이 출영하는 것쯤도 의례히 해야 할 의례라고 인정할 수도 있다.

그러나 지나친 출영 소동은 도리어 그 현관을 욕되게 하는 것이고 이번처럼 학생들을 동원하고 악대까지 끌어낸다는 것은 무슨 영문인지 알 바 없으나 불유쾌하기 짝이 없는 노릇이다. 그로 인하여 고위 현관의 비위를 맞추고 환심을 산다고 하더라

2015년 9월 14일 매일신문사 사옥 1층 로비 최석채 주필 흉상 앞에서 열린 몽향 최석채 주필 필화 사건 60주년 기념식 장면. 후배 기자가 '학도를 도구로 이용하지 말라' 사설 전문을 낭독하고 있다. 〈사진 매일신문〉

도 국민들로부터 받는 비난과 비교하면 문제가 안 되는 것이다.

　이 기회에 학생들의 동원 문제에 대해서 우리들의 관심을 솔직히 토로한다면 근자의 경향은 "너무 심하다"는 일언에 그친다.

　국경일 같은 행사에 학생들을 참가시키는 정도는 있을 수 있는 일이요, 학도라 할지라도 시민에는 틀림없으니 같이 나라의 축하일을 기념하고 그날의 의의를 다시 한 번 상기시켜 산 교육을 하는 것은 옳은 일이다.

　그러나 국경일도 아닌 다른 행사에 교육을 위한 아무런 환경의 고려도 없이 어떤 시위의 목적이나 대회의 인원을 채우기 위해서 지령 한 장으로 손쉽게 동원하는 예를 많이 보았다.

　혹자는 말하리다. "외국에서도 국난을 당하면 학생들이 궐기하고 있지 않느냐"고. 그렇다. 그러나 외국의 민족운동이나 국민운동에 참가한 학생들이 대개 정열에 불타는 대학생들이란 말은 들어도 철부지한 중고등학생들이 그 중심 부대가 되었다는 소식을 일찍이 듣지 못하였다. 어떤 시위나 대회라도 그 시위하고 호소하는 목적

이 무엇인지 철저히 인식하고 심중에서 우러나는 공명共鳴의 자의식이 발동되어야
만 그 표현에도 나타나고 시위의 효과를 거둘 수도 있고 대회의 성과를 낼 수 있는
것이지, 아직 15,6세 정도의 미숙한 학생들에게 어찌 그런 자각을 기대할 수 있고
무슨 효과를 바랄 수 있단 말인가.

대외적 시위라면 외국인이 볼 때 한국 국민의 조숙에 놀라기보다 관제 동원임을
먼저 깨닫게 할 것이요, 국내적 궐기라면 대회의 효과에 앞서서 학부형들의 반감이
먼저 그 대회를 욕할 것이다. 문교 행정이 도지사의 산하에 있는 것을 기화로 도 당
국이 괄세 못할 각종 단체 행사에 만성적으로 이러한 학생 동원의 폐풍이 만연한다
면 이것은 근본적으로 재검토하여야 할 문제라고 본다. 중고등 학생의 동원은 그 학
도들의 교육을 위한 행사… 즉 옵저버 격으로 참여하여 그 대회나 행사의 의의를
실습할 수 있는 동원에 한하여 참가토록 하고 그 외는 일절 동원 못하게 할 것을 요
구하는 것이다.

끝으로 학교 당국자가 인습적인 '상부 지시 순종'의 태도를 버리고 부당한 명령이
있을 때는 결속해서 도 당국이나 교육구청에 그 잘못을 건의할 수 있는 박력과 학
도애호의 성의를 보여 달라는 것을 부탁하고자 하는 것이다.

# 홍승면

## '말의 글'로 쓴 '화이부동'의 명 칼럼
## 혁명의 현장에서 써내려간 '아, 슬프다 4월 19일'

홍승면(洪承勉, 1927～1983)은 서울에서 태어나 서울대학교 사회학과를 졸업한 뒤 1949년 합동통신사 기자로 언론계에 입문했다. 1955년 한국일보로 옮겨 31세이던 1958년 편집국장의 자리에 올랐다. 1962년 동아일보로 옮긴 뒤 논설위원을 거쳐 신동아 주간으로 재직하던 중 필화를 겪고 잠시 언론계를 떠나 있기도 했다. 1968년 신동아 12월호에 '차관借款 망국론'을 진지하게 다룬 심층 기사로 박정희 정권의 경제 정책을 비판했다가 권력의 비위를 거스르는 바람에 반공법 위반으로 구속되는 초유의 사태가 일어난 것이다. 이후 국제언론인협회IPI 한국위원회 사무국장, 아시아신문재단 사무국장으로 언론계 주변에 머물다가 1969년 동아일보에 다시 돌아와 편집국장, 출판국장, 논설주간 등을 지냈다.

하지만 유신 이후인 1975년 동아일보 광고 사태가 터지자 이에 대한 책임을 지고 평생 몸담았던 언론계를 떠난 홍승면은 1980년부터 덕성여대에서 후학들을 가르치다가 1983년 57세의 나이로 서거했다. 언론계 선후배들이 2003년 그의 20주기를 맞아 펴낸 『화이부동和而不同』에는 현업 시절 그가 써내려갔던 주옥같은 칼럼 2,110편 중 6백여 편이 실려 있다.

## 말로 쓰는 대화체 칼럼 첫 시도

홍승면은 '메아리', '지평선'(한국일보)과 '횡설수설'(동아일보) 등의 고정 필자로 활동하면서 날카로운 필치의 평론과 새로운 스타일의 문장과 시대적 감각을 잇달아 선보여 이름을 떨치기 시작하였다. 그는 당대 최고의 칼럼니스트란 찬사를 받으며 한국 언론에서 칼럼이라는 영역을 새롭게 개척하고, 한국 신문 문장의 현대화를 이끈 선구자로 자리매김 되고 있다.

"우리나라 신문 문장의 '누벨 바그'가, 한글 세대를 맞는 '뉴 저널리즘'의 물결이 시작됐다"(언론학자 최정호)는 평가를 받는 그의 칼럼은 반세기 전의 글이지만 지금 읽어봐도 낡았다는 느낌을 전혀 주지 않는다. 당시 언론들 사이에서 권위적이고 상투적인 한문투의 부드럽지 못한 신문 문장들이 판칠 때 이런 글들과는 판이하게 다른, 현대 감각이 두드러진 깔끔한 구어체 중심의 문장을 구사했던 것이다. 구태의연한 논조 대신 담담히 흘러내리는 문체로, 딱딱하고 고답적인 문어체의 글 대신 사람들이 일상적으로 지껄이며 주고받는 대화체의 말만으로 신문의 사설과 칼럼을 쓴 사람이 바로 홍승면이었다. 한국 언론사상 온전한 '구어의 글', '말의 글'로 신문 문장을 쓰기 시작한 것은 바로 그부터였다고 해도 과언이 아니다. 그러기에 그의 개성과 뛰어난 지적 작업이 담겨 있는 당시의 칼럼들은 한국 신문사에 길이 남을 역작으로 꼽히고 있다.

홍승면은 항상 주변에 '화이부동和而不同'을 신조처럼 말하곤 했다. 논어 자로편의 '군자화이부동, 소인동이불화君子和而不同, 小人同而不和'에서 따온 이 말은 '군자는 화목을 지키되 결코 부하뇌동하지

않는다'는 뜻을 담고 있다. 남과 사이좋게 지
내기는 하지만 무턱대고 한데 어울리지 않는
다는 뜻이 담긴 이 말은 우리에게 바람직한 언
론인의 자세를 무엇인지를 가르쳐주고 있다.

홍승면의 컬럼 모음집 『화이부동』
(2003) 표지

## 군더더기 없는 깡마른 문장

그는 기사 작성에 있어서도 문장의 도道로 '술
이부작述而不作'을 강조했다. 논어의 술어편에
나오는 '서술하되 함부로 만들지 않는다'는 뜻
으로, 진솔하되 함부로 지어내지 않는 객관적인 정신을 강조한 표
현이다. 그러기에 그의 글은 쉽고 명료했고 군더더기가 없는 것으
로도 유명하다. 현학적인 미문美文 대신 서구식 스타일의 '깡마른'
기사, 그러면서도 무미건조하지 않은 문장을 선호했다.

뚜렷한 직업관과 언론관도 소유한 사람이었다. 기자는 계몽이
아닌 봉사로 종사해야 한다는 주장을 펼쳤다. 국민과 신문 기자와
의 관계를 사령관과 참모들과의 관계로 비유하면서 사령관을 계몽
하는 것이 아니라, 사령관이 옳은 결정을 내리도록 봉사하는 것이
기자의 직업이고 사명이고 책임이라고 강조했던 것이다.

4·19 혁명과 5·16 군사정변과 같은 격변기와 군정기, 민정 이
양 초기에 그가 쓴 사설이나 논평들을 읽어보면 이 땅의 민주주의
의 위협에 대한 준엄한 고발 정신과 민주주의에 대한 그의 항심恒
心이 담겨 있음을 알 수 있다.

이런 그였기에 묘비명에는 다음과 같은 글이 적혀 있다.

"누가 나에게 전공이 무엇이냐고 물으면 '나는 저널리스트입니다'라고 대답해 왔지만, 내 마음 한 구석에는 '나의 전공은 인간입니다'라고 대답하고 싶은 충동이 도사리고 있었다"

## 함성의 메아리와 기개 넘친 목소리

4 · 19 혁명 다음날인 1960년 4월 20일 한국일보 '지평선'에 격정적인 감정을 억누르면서 써내려간 칼럼 '아, 슬프다 4월 19일'과 60년대 부정부패의 군상들을 준엄하게 지적한 '사바사바'(동아일보 '횡설수설' 1968년 1월 5일자)를 감상해보자.

둘 다 원고지 5~7매의 짧은 분량의 글이지만 4 · 19 현장에서 권력에 항거하고 정의를 외쳤던 함성의 메아리와 후진국형 부패가 판치던 당시의 세류를 고발하며 일갈하던 기개 넘친 목소리를 지금도 느낄 수 있다.

# '아, 슬프다 4월 19일'

아, 슬프다. 4월 19일!

 눈물이 앞서고 손은 떨려서 무슨 말부터 써야 좋을는지 모르겠다. 궁금한 것은 학생의 인명 피해가 과연 얼마나 되는가 하는 것이다. 한 사람이라도 덜 죽고 한 사람이라도 덜 다쳤으면 하는 마음으로 안절부절 몸을 둘 곳을 모를 지경이다. 그러나 멀리서 아직도 때때로 총성이 들린다. 아, 슬프다. 4월 19일!

 비상계엄령은 선포되었다. 계엄법에 의거하여 신문은 검열을 받게 되었다. 아, 4월 19일! 서울시민은 수만의 남녀 학생들이 '데모'를 하는 것을 보았다. 서울신문사와 반공회관反共靑年團本部이 학생들의 손으로 불타는 것도 보았다. 수많은 학생들이 총탄에 쓰러지는 것도 보았다. 이 무슨 사태인가. 아, 4월 19일!

 지금 속속 군대가 서울로 들어오고 있다. 야간 통행금지가 계엄사령관 포고로 하오 7시부터 실시된 고요한 밤거리에 어디서인지 육군부대가 들어오고 있는 중이다. 자동차 엔진 소리도 요란하다. 전차 같은 차량 소리도 들린다. 질서는 군대 출동으로 회복될 것 같은데 정치적 사태 해결은 계엄사령관이나 출동한 군대의 책무가 아니다. 그러면 근본적으로 정치적 사태 해결은 누가 해야 하는 것인가.

4 · 19 당시 시위 장면

아, 슬프다. 4월 19일!

민족적 비극의 날이다. 꽃다운 청춘이 어째서 이렇게 죽어야 하고 전선을 수호해야 할 장병이 어째서 후방 질서 유지를 위하여 서울까지 나와야만 하는 것일까. 젊은 경찰들이 몸부림칠 필요가 없도록 만사를 명랑하게 해주지 못한 것은 어른들의 책임이겠고 일선 장병들이 후고後顧의 우려 없이 오직 대공방비에만 전념토록 해주지 못한 것은 후방 사람들의 책임이라고 말할 수 있을 것 같다.

아, 4월 19일!

눈물은 앞서고 손은 떨려서 무슨 말을 써야 좋을는지 정말 알 수가 없다. 그러나 국가가 이 모양 이 꼴로 이대로 나가다가 결국 어떻게 될 것인지 근심스럽다. 더 이상 사람이 죽어서는 안 되겠다. 이미 너무 많은 고귀한 생명들이 꽃잎처럼 떨어졌다. 아, 슬프다. 이 날. 4월 19일!

## 사바사바

어원이 분명치 않은 '사바사바'라는 말이 등장한 것은 해방 후의 일이다.

일설에는 '사바'라는 것이 일본말로 고등어를 의미하는데 어떤 사람이 관리에게 청탁이 있어 고등어 두 마리를 가지고 가서 속삭였더니 문제가 잘 해결되고, 이로부터 사바사바라는 용어가 생겼다고 한다.

그때 한 마리만 가지고 갔다면 사바로 끝날 것이었으나 두 마리를 가지고 갔기 때문에 사바사바를 두 번 되풀이해서 사바사바가 되었다는 것이다. 요즘은 약간 멋을 부려 거꾸로 바사바사라고 하는 축도 있다.

해방 23년에 가장 눈부신 발전을 한 것이 무엇이냐. 이렇게 묻는 자가 있다면 정직한 사람은 서슴지 않고 사바사바 혹은 바사바사라고 할 것이다. 이제 고등어 두 마리 같은 것은 태고 3황 시대의 얘기고, 황소 두 마리도 아주 밑바닥에서나 통하고, 자동차 두 대 혹은 집 두 채쯤 돼야 이야기가 통할 정도로 발전에 발전을 거듭하였다.

감투를 처음 얻어 쓸 때부터 좋은 자리 높은 자리로 올라가는 과정에서 이권을 얻을 때부터 이것을 잘 활용하여 치부하는 과정에서 사바사바 혹은 바사바사는 오묘한 기능을 발휘하여 마지 않는다.

그간에 남의 사정을 본다거나 신의를 지킨다거나 공익이 어떻게 되는 따위는 문제도 안 된다. 일단 이권을 틀어잡기만 하면 못할 짓이 없다.

술을 만드는 자들 가운데는 사람 잡는 에틸 알코올을 섞어 양주라는 이름으로 내다파는 인간이 있다. 약을 만드는 사람 중에는 메사돈을 섞어 국민 대중의 건강을 해치는 자가 있다. 과자를 만드는 업자 중에는 유해 색소를 써서 어린이들을 해치는 인간도 있었다. 사바사바로 얻은 이권을 사바사바로 활용하여 남이야 죽거나 말거나 아랑곳하지 않는다.

이 밖에도 얼마든지 있다. 백성이야 어떻게 되든 사바사바하지 않는 한 민원 서류를 덮어놓고 퇴짜를 놓는 관료배, 억지로 뜯어먹으려는 바가지 운전사와 또 그들을 뜯는 교통순경, 먹다 남은 음식을 다시 팔아먹는 요식업자.

사바사바로 갈수록 고대광실을 더욱 발전시키는 높은 인간들, 봉급은 몇 푼 안 되면서 수십만 원 내고 골프장에서 엉덩이춤을 추는 군상…무궁무진하다.

심지어 자동차까지 엉터리로 만들어 사람의 목숨을 마구 잡는 인간이 나타났다. 조립공장의 허가를 맡은 자가 실지로는 무허가 업자에게 조립을 시키고 증명서 한 장에 몇 만 원씩 받고 지난 2년 동안 앉아서 재미를 본 케이스가 있다. 이리하여 엉터리로 조립된 자동차들은 작년 한 해 동안에만도 612건의 사고를 냈고, 34명을 죽였고, 865명을 병신으로 만들었다.

서울에는 무허가 조립공장이 100군데도 넘는다는데 2년 동안 담당 관리들은 눈을 감고 장님이 되었을까. 사바사바 혹은 바사바사는 없었을까. 말 좀 해보라.

# 안병찬

## "취재 현장에 산다", 최후의 목격자
## 베트남 패망의 기록, '뇌우 속의 포화'

안병찬(安炳璨, 1937~)은 사건 현장을 누비며 살아 있는 기사로 명성을 얻은 한국의 대표적인 르포 저널리스트다. 경술국치에 항거하여 자결한 위당韋堂 안숙(安潚)의 손자로 충북 진천에서 태어난 그는 1962년 한국일보 견습 기자 13기로 입사하며 언론계에 입문했다.

파리 특파원 · 외신부장 · 논설위원을 거치며 한국일보의 대표 기자로 명성을 떨쳤던 그는 1989년 중견 언론인들의 모임인 관훈클럽 총무를 맡았다.

시사저널 창간 멤버로 자리를 옮겨 편집주간 · 발행인 등을 지낸 그는 인생 2모작에 나서 만학으로 언론학 박사학위를 땄다. 이후 경원대학교 교수를 맡아 후진 양성에 나서며 언론인 출신으로 보기 드물게 산학産學을 겸비한 성공 사례로 꼽힌다.

그가 쓴『신문 기자가 되는 길』이란 책은 지금까지도 언론계 입문의 필독서로 꼽히고 있다.

## 장기영 분석으로 박사학위 받아

그의 박사학위 논문은 자신이 몸담았던 한국일보 사주 장기영을 종합 분석한 '신문 발행인의 게이트 키핑gatekeeping 특성에 관한 연

구: 한국일보 창간인 장기영의 사례'다. 1999년에는 이를 발전시켜 저서『신문 발행인의 권력과 리더십: 장기영의 부챗살 소통망 연구』를 출간했다.

안병찬은 장기영 사장의 언론 철학 분석을 위해 저작물 속에 드러낸 생각을 비교 분석해 키워드를 뽑아내는 해석학적 방식을 원용했다. 한국일보 사내 간행물인『백인백상』등에 등장하는 300명의 사내외 관계자의 기고문을 비교 분석한 결과 장 사장의 언론관은 ①근면주의 ②경쟁주의적 세계관 ③경제주의적 언론관 ④현장주의 ⑤경험주의 ⑥탐미주의 등 6가지 가치로 요약됐다. 이는 한국 언론계에서 지금까지는 없었던 언론사 사주에 대한 최초의 학문적·이론적 분석이어서 큰 주목을 받았다.

## 마지막 베트남 종군 특파원

현역 시절 기동성에 입각한 철저한 현장주의와 사실을 다부지게 추구하는 힘을 중시했던 그는 사건 기자의 선장 격인 '시경 캡'을 맡으면서 '안깡'이라 별명으로 불릴 만큼 근성 있는 기자로 자리매김했다.

안병찬은 한국일보 사주인 장기영이 신문사 입구 계단에 붙여놓은 '기자의 계단, 구보의 계단'이라는 슬로건에 흠뻑 빠져 현장 기자의 길을 택했다고 고백한다. 그가 신문 발행인으로서의 장기영의 권력과 리더십을 분석한 논문으로 박사학위를 받은 것도 그의 영향을 많이 받았기 때문이다.

안병찬을 현장 속의 기자로 떠오르게 만든 것은 1975년 4월 29

『사이공 최후의 표정 컬러로
찍어라』(2005) 표지

일 베트남 패망 직전 사이공에 남아 마지막 날까지 현장 상황을 취재 보도하면서부터다. 그는 막바지로 치닫던 베트남 전쟁 최전선에서 50여 일 동안 종군기자로 활약하면서 숱하게 생사의 고비를 넘기며 베트남 종전 전후의 파란만장한 순간을 고스란히 담아냈다.

베트남 패망 현장을 끝까지 지켜보고 아슬아슬하게 사이공을 빠져나와 피난선을 타고 극적으로 탈출했던 당시의 기록은 이후 『사이공 최후의 새벽』이란 책으로 발간되기도 했다. 한국의 가족과 동료들은 그와 연락이 두절되자 전쟁터에서 죽은 줄 알고 장례식까지 준비한 긴박한 상황이었다. 30년 후 다시 증보해서 『사이공 최후의 표정 컬러로 찍어라』(커뮤니케이션북스 · 2005)로 재 출판된 이 책은 아직까지도 그 생생한 묘사로 국방부 군사편찬연구소 베트남전쟁 연구관의 참고자료로 활용될 만큼 가치를 인정받고 있다.

## 사이공 최후의 새벽

아래 글은 그가 당시 사이공을 떠나면서 썼던 현장 르포를 2015년 4월 30일 월남 패망 40년을 맞아 현재의 시선으로 한국일보에 다시 게재했던 글이다. 지금 읽어봐도 당시의 모습이 눈앞에 펼쳐지듯 생생하고 뚜렷한 기억의 재생이 담겨 있는 글이다.

# 뇌우 속의 포화

저녁 7시 30분, 나는 사이공 주재 미국대사관 오락센터에서 어둠 속에 세차게 쏟아지는 열대성 폭우를 맞고 물에 빠진 생쥐 꼴이 되어 있었다. 플래시를 얹은 카메라가 비에 젖지 않도록 애쓰면서 한국 교민과 대사관원들 틈에 앉아 있었다. 탄손누트 쪽에서 대공포화가 붉은 궤적을 그리며 공중으로 치솟고 검은 하늘에는 번갯불이 요동쳤다. 두려운 밤이었다. 모두 주저앉은 채 비를 흠뻑 맞았다.

대사관 타이피스트 고송학은 "안 특파원님, 우리도 나갈 수 있을까요? 무서워요, 불안요, 옆에 좀 있어줘요"하고 보채면서 어둠 속에 몸을 웅크렸다.

"괜찮아요. 미세스 고는 항공모함에 타게 될 거야." 나는 웃으며 그녀를 위로했다. 공보관 임시 직원이던 고송학은 정겨운 여자였다. 내가 무개 지프를 몰고 오고 가다 대사관에서 마주칠 때는 발을 동동 구르며 안달을 했다.

"아유, 안 특파원님, 취재도 좋지만 제발 그만두고 돌아갑시다. 그만두세요. 저하고 같이 돌아갑시다, 네?"

## 미국 워싱턴

29일 새벽 1시 8분에 비상 작전개시를 보고 받고 잠들었던 대통령 포드는 아침 5시 27분(사이공 29일 오후 5시 27분)에 잠에서 깨어났다.

미국 대사 그레이엄 마틴은 아직도 1,000명이 넘는 피난민들이 대사관 구내에 가득하다고 보고했다. 마침내 포드는 강경한 투의 메시지를 마틴에게 보냈다. "마지막으로 19대의 헬리콥터만 더 보낸다."

그런 다음 포드는 못 박았다. "더 이상은 없다."

미국 국방장관 슐레진저는 사이공의 마틴에게 추가 작전은 사이공 시간 30일 새벽 3시 45분까지 종료해야 한다고 타전했다.

워싱턴 29일 오후 5시 22분(사이공 30일 새벽 5시 22분), 백악관 대변인 론 네센은 기자들에게 발표했다. "마지막 헬리콥터가 방금 사이공을 떠났습니다."

## 새벽 0시 20분

4월 30일 새벽 0시 20분. 가장 무서운 순간이 밀어 닥쳤다. 미국 해병 경비대원들이 눈 깜빡할 사이에 착륙장으로 통하는 철문을 철커덩 잠그고 후퇴해 버렸다. 난민 대열이 일시에 허물어지며 울부짖는 소리, 쇠창살 두드리는 소리가 사이공의 새벽하늘을 찢었다. 최후 탈출 작전의 중단인가. 이 순간 나 역시 캄캄한 절망을 맛보았다. 머릿속에 어머니와 세 가족의 영상이 고동치며 지나갔다. 그것은 가장 짧은 순간에 가장 뚜렷한 모습을 하고 스쳐갔다. 다음에는 적지赤地에 떨어질 자신의 운명이 떠올랐다.

새벽 1시 40분. 겨우 마지막 기회의 철문이 다시 열렸다. 나는 일곱 번째로 철문 문턱을 넘어섰다. 이제 눈앞에 에이치(H)자의 헬리콥터 착륙장이 보인다.

## 내가 마지막 본 사이공

4월 30일 새벽 4시, 나는 8번째 치누크를 눈앞에 보고 있었다. 자동차 전조등의 조명 속에 치누크는 프로펠러를 '윙 윙' 돌리고 있었다. 빨리 뛰어 들라고 큰 몸짓으로 신호하는 미국 해병대원의 모습도 진동하는 공기 속에 흐느적거렸다. 나는 마침내 프로펠러가 만드는 풍압의 벽을 뚫고 맨 먼저 치누크의 뱃속으로 뛰어 들어갔다.

내 머리에는 번개 같은 생각이 떠올랐다. 기관총수 옆에 자리 잡으면 사이공의 최후를 굽어볼 수 있지 않은가. 흐릿한 조명 속에 헬멧을 쓴 2명의 기관총수가 돌처럼 긴장한 얼굴로 총신을 잡고 창밖을 노려보고 있었다.

나는 언뜻 맞은편을 보았다. 겁에 질려 눈을 크게 치켜 뜬, 어느 때보다 초라해 보이는 월남군 사령부 브리핑 통역장교 안 대위의 얼굴이 들어왔다.

떠오르기 위해 갑자기 힘을 더하는 프로펠러의 강렬한 금속성의 울림, 치누크는 지체 없이 솟아올랐다. 나는 시계를 보았다. 새벽 4시 10분.

1975년 4월 30일 새벽, 사이공의 얼굴이 눈에 들어왔다. 어느 쪽에도 포화나 섬광은 보이지 않았다. 사이공은 별같이 초롱초롱한 외등 속에 졸고 있었다. 가로등의 행렬이 판 틴 풍, 레 로이, 투 도, 웬 후에, 그리고 한국인의 길 판 탄 장 등 텅 빈 거리를 비춰주고 있었다. 미국대사관 옥상에서 피어오르는 봉화의 불길만이 사이공의 절명絶命을 알리는 유일한 표시였다.

　이것이 기관총 창구 너머로 내려다본, 내가 마지막 본 사이공이었다.

　사이공의 불빛이 잠깐 뒤에 멀어지고 다음에는 어두운 숲과 강이 아래로 지나갔다. 이윽고 탁 트인 바다가 어둠 속에 훤히 나타났다. 바다 위를 날아가는 동안 긴장이 풀리고 피로가 엄습했다. 깜박 잠이 들었다.

　덜커덕, 치누크가 비행갑판에 내려앉았다. 새벽 4시 50분. 40분 비행 끝에 남중국해의 미국해군 상륙운반도크선 덴버 호에 닿았다.

　오전 10시 24분, 두옹 반 민 대통령은 라디오 방송을 통하여 베트콩에게 무조건 항복을 한다고 짤막하게 방송했다.

　부이 둑 마이가 운전하는 베트콩의 첫 번째 탱크 제879호가 독립궁 철문을 부수며 뛰어 든 것은 그날 11시 5분이었다.

사이공 탈출 직후 미국 피난선 덴버 호 선상에서 현장 기사를 송고하는 안병찬

# — 선우휘

## 휴머니즘 담긴 훈훈한 인생의 대화록
## '시험을 치른 고교생들에게'

선우휘(鮮于煇, 1922~1986)는 평안북도 정주 출생으로 경성 사범
학교를 졸업한 뒤 1946년 조선일보 사회부 기자로 입사하면서 언
론 활동을 시작했다. 한국전쟁 직전인 1949년 정훈장교로 입대했
고, 한국전쟁 당시에는 특수부대원을 자원, 유격대장으로 참전했
던 특이한 경력의 소유자다.

정훈장교 시절에는 1·4 후퇴 때 적군이 이용하지 못하게 신문
사를 불지르라는 상사의 명령을 받고도 처벌을 각오하고 활자판만
몇 개 엎어뜨리고 끝내 불을 지르지 않아 신문사에 큰 피해를 주지
않았던 일화를 남기기도 했다. 이런 인연 탓인지 몰라도 이후 언론
계로 돌아와 1959년 한국일보 논설위원을 거쳐 조선일보 편집국장
(1963~1964,1968, 1971)과 주필(1971~1980)을 지내면서 명 칼럼
니스트로 활약했다.

### 소설가로도 명성 날려

그는 소설가로도 명성을 날렸다. 1955년 단편 '귀신'을 발표하면
서 문단에 등단한 후 1957년 '불꽃'으로 제2회 동인문학상을 수상
했다.

선우휘의 문학 세계는 장편 '깃발 없는 기수'(1959)나 '추적의 피

날레'(1961)에서 잘 묘사됐듯이 휴머니즘에 바
탕을 두고 조직의 힘이나 권력에 의한 인간성
상실을 강하게 부정하며 인간 본성에 대한 존
중을 강조한 것으로 유명하다.

소설 『불꽃』 초판(1959) 표지

'행동적 휴머니즘'으로 불리는 그의 글쓰기
는 저널리스트로서도 빛을 발했다.

그는 언론의 기능에 대해서 남다른 인식을
갖고 있었다. 그는 "기자란 반드시 저항적인
글에 의한 일반의 인기만으로 성립될 수 없는 직업"이라며 일반 대
중이 이해하기 쉬운 글쓰기를 주장했다.

## 정치권 제의 마다하고 언론인 한 길

선우휘의 글에는 사람을 사랑하는 인간적 면모가 두드러진다. 그
의 칼럼 '보통사람의 보통 이야기'에서 유명했던 대통령 선거 구호
인 '위대한 보통사람'이 인용될 정도로 그의 글은 평이하면서도 알
기 쉬운 것이 특징이다.

강골 언론인으로서도 숱한 일화를 남겼다.

5·16이 일어났을 때 격분해 그날 아침 육군본부로 달려갔다.
왕년의 정훈대령 출신답게 이곳저곳을 다니며 현역 친구들에게 쿠
데타의 부당함을 소리쳤다 한다. 그 일로 군의 기피 인물이 되면서
그는 한동안 기명 기사를 쓰는 것을 피했었다.

김대중 납치사건으로 세상이 요동치던 1973년 당시 그는 주필이
었다.

마감 후 돌아가던 윤전기를 세운 뒤 사건의 배후를 밝힐 것을 요구하는 자신의 사설 '당국에 바라는 우리의 충정'을 바꿔 게재하고는 종적을 감춰버려 난리가 나기도 했다. 그만큼 글과 행동으로 자신을 표현하는 데 주저가 없었던 인물이었다는 평가를 받았던 인물이다.

정권으로부터 숱한 영입 제의도 받았다. 박정희 대통령과는 술자리를 자주 함께 하던 술 친구로도 유명했다. 하지만 제의를 받을 때마다 "들에 핀 꽃이 어여쁘다 해서 집 안으로 옮겨 심으면 아름답겠느냐"는 말로 사양하고 언론인 한 길을 걸었다.

## 정감 어린 선배의 인생 이야기

소개하는 글은 1984년 11월 25일자 조선일보 5면에 실렸던 칼럼으로, 입시를 마친 고교생들에게 인생의 선배가 전해주는 이야기가 담담하고 평이한 필치로 담겨 있다.

30여 년 전의 글이지만 지금 읽어봐도 인간에 대한 애정과 관심이 물씬 느껴지는 정감어린 글이다.

그의 지혜가 주는 충고가 빛을 발하는 명 문장으로 우리 주변에서 어른들이 사라져가는 요즘 세태에 한 번 읽어볼 만한 글이다.

# 시험을 치른 고교생들에게

**지나간 일은 잊자**

6 · 25때 김일성 고지나 백마고지에서, 격전을 치러 내었던 병사들처럼, 대학 입시의 고지에서 격전을 치러낸 고교생高校生들에게 위로와 축하의 박수를 보낸다.

평화를 지향하는 현대에 있어서 세간의 매사를 전쟁에 비기는 것은, 반드시 좋은 취미는 아니다. 그러나 누구 얘기를 들어서가 아니라 오래 살다보니, 한 사람이 일생을 산다는 것은 한 병사가 오랜 전쟁을 치러 내는 것과 너무나 비슷한 것 같다.

인생의 고비를 넘기는 것이 전쟁에서 전투의 고비를 넘기는 것과 같고, 무슨 일을 하는 데 준비를 한다거나 지속적인 노력을 한다거나, 때에 따라 일상생활의 즐거움을 보유해야 한다거나, 겨루는 이상은 이겨야 한다거나 하는 것은 병사의 경우와 조금도 다를 것이 없는 것이다. 그런 관점에서 볼 때 인생의 초기 단계에서 일차적인 전투를 치러 낸 셈인 고교생들은 시험의 성패와 관계없이 어떻든 인생의 한 고비를 뛰어넘은 것이다.

시험을 치른 이상, 이제 고교생들은 자질구레한 것에 구애되거나 마음을 쓸 필요가 없을 것이다. 구애되거나 마음을 써 봐야 이미 시험 성적은 결정돼 버렸으니 어쩔 수가 없기 때문이다. 이미 주사위는 던져진 것이다. 아예 싹 지나간 일은 잊어버리는 것이 좋을 것이다. 나 같으면 그동안 먹지 못하고 자지 못한 것을 보충하기 위해 한 주일쯤 마음 놓고 먹고 잘 것이다.

나의 가까운 많은 사람들, 부모님, 선생님, 가족, 친지, 선배, 후배들의 자기에 대한 그동안의 정성과 보살핌은 어떠하였던가. 시험공부를 위한 그동안의 뼈를 깎는 듯한 정신적 육체적인 고통의 뜻은 무엇이었을까. 그러한 깊은 생각은 이제 인생의 한 고비를 넘겼다고 볼 수 있는 젊은이들을 크게 성장시키는 정신적인 계기가 될 것이다.

## 하나의 시작 불과

인생을 먼저 산 사람으로서 지금 감히 시련의 젊은이들에게 말할 수 있는 것은, 대학 입시의 시험을 치렀다는 것은 작게는 하나의 끝남이지만 크게는 하나의 시작에 불과하다는 것이다. 인생에의 턱걸이. 젊은이들의 인생은 비로소 이제부터 시작된다는 말이다. 이번 시련은 아주 초보 단계의 시련이며, 앞으로 그 이상 가는 시련을 여러 번 겪고 또 겪어야 하는 것이다.

그러니 그리 초조해 하거나 서둘 것 없는 것이다. 인생을 마라톤으로 칠 때 지금은 겨우 출발 후 1km 지점을 통과한 셈이다. 지금 선두 주자라고 하여 반드시 금메달을 따는 것도 아니며, 이번 시합에서 금메달을 딴다손 치더라도 곧 다음에 있을 마라톤 대회에 대비하는 태세를 갖추어야 하는 것이다.

또 대학에 들어가면, 더 많은 공부를 해야 하며, 진짜 공부는 대학을 나온 후에 해야 하는 것인지 모른다. 대학을 나와서도 10년 쯤 해서 되는 것이 공부가 아니라 20년, 30년 죽을 때까지 해야 하는 것이 공부라는 것이다. 그런 인생의 긴 과정에서, 앞서거니 뒤서거니 살아가는 것이 인간이다.

그러니 초기 단계의 게임에서 앞섰다고 터놓고 기뻐할 일도, 뒤졌다고 주눅이 들어 비관할 일도 아닌 것이다. 나 같은 나이로서는 자랑도 창피도 아니어서 하는 말이지만, 나는 14년간의 학창 생활에서 1등을 해본 적도 있고, 꼴찌를 해본 적도 있다.

그 까닭은 아주 단순했다. 공부를 부지런히 했더니 1등을 했고, 공부를 게을리 했더니 꼴찌를 했던 것이다. 공부를 아주 포기했다면, 틀림없이 낙제를 했을 것이었다. 그런 속에서 친구들을 보니 수재란 따로 없었다. 빨리 정신이 들면 빨리 수재가 되었고, 늦게 정신이 들면 늦게 수재가 되는 데 지나지 않았다. 또 철이 들어도 단단히 들어야지, 서룩마룩하게 드는 것은 탈이었다.

일제 치하에서 단단히 정신이 들었다면 스스로 마음 속 깊이 기약하는 바 있어 미래에 대비하여 꾸준히 공부를 하였을 터인데, 철이 덜든 주제에 오기만 살아서 일제 치하에 공부는 해 무얼 하냐며 제멋에 겨워 공부를 내어던지자 성적은 급전직하, 2년도 안가 꼴찌가 돼버렸던 것이다.

그러나 지금 생각하면 정말 민족의식에 눈떠 공부를 포기한 것인지, 공부가 하기 싫어 그런 민족의식을 내세웠던 것인지 아리송하다.

어쩌면 진상은 후자의 경우에 가까웠던 게 아닌가 싶다. 나의 경험으로는 솔직히 말해 공부하는 것처럼 괴롭고 싫은 일은 없었다.

그래서 60 평생 공부를 하지 않고 편히 사는 법은 없을까 생각하며 살아오면서도 살자니 싫어도 공부를 하지 않을 수 없는 신세로 이제까지 살아온 셈인데, 아직도 나는 싫은 공부를 안 하고 편히 사는 방법을 발견하지 못하고 있다. 요즘은 인생을 쉽게 살자는 생각부터가 틀린 생각이 아닌가 여겨지는 것이다.

### 시련은 삶의 거름

누구 말처럼, 인생이란 단 한 회뿐의 삶이다. 그건 그렇다. 그러나 세계 권투선수권 쟁탈전은 단 한 번의 시합이면서 그 단 한 번의 시합은 15회전이다. KO가 아닌 판정이라면, 15회전의 총점으로 승패는 가려진다. 인생에 있어서의 삶의 시합도 그와 마찬가지로 여러 경우의 점수를 합친 것으로 그 일생은 평가되는 것이다.

그렇게 생각할 때 대학 입시는 15회 중의 제1회라고 할 것이다. 그러니 거듭 말하거니와 성적이 좋은 것은 좋아서 좋지만, 설혹 성적이 마음에 차지 않아도 결코 실망하거나 비탄에 잠길 일은 아니다.

앞으로 14회나 남았는데, 초조할 것이 무엇인가. 나는 현행 입시제도에 대한 연구가 없어서 그것이 좋은지 나쁜지 모른다. 시정해야 할 점이 있다면 시정하는 것이 좋다고 생각할 뿐이다.

그러나 어떤 입시제도이든 간에 거기에는 공통된 한 가지 뜻이 있는 것으로 안다.

그것은 인생은 자기 시련을 위한 괴롭고 고통스러운 한때를 가져야 한다는 견지에서의 긍정적인 인식이다. 먹을 것도 제대로 안 먹고, 잘 것도 제대로 안 자고, 놀 것도 제대로 안 놀고, 무엇인가 하나의 목적을 위해 애쓰며 고달픈 나날을 보냈다는 것.

잘 치르고 못 치르기를 불문하고, 우리의 젊은 새싹들이 그러한 한때를 가졌다는 것. 시험의 성패와는 달리 그 경험 자체가 앞으로 인생의 성패를 가름하는 좋은 거름이 될 것이다.

그런 견지에서 시험을 치른 학생들의 부모님과 가족 여러분! 그동안에 겪은 그들의 괴로움을 위로하고, 그들이 이겨낸 시련을 경축하며, 그들의 양양한 앞날에 축복 있기를 빌어줍시다.

## 박권상

### '자유 언론'의 원칙주의 저널리스트
### '언론인이 되려는 젊은이에게'

박권상(朴權相, 1929~2014)은 전주고와 서울대학교 영문학과를 졸업하고, 1952년 합동통신 기자로 언론계에 입문했다. 한국일보 논설위원(1960), 동아일보 논설위원(1962)을 거쳐 동아일보 편집국장(1971~1973)을 역임하면서 권력에 대한 비판적인 시각과 원칙주의적인 자세로 많은 이로부터 신망을 받았던 대표적인 언론인이다.

## 5공 언론 통폐합 때 강제 해직

그는 강직한 성품 때문에 1980년 군사정부의 언론 통폐합 때 강제 해직된 후 언론계를 떠났다가 1989년 주간지 시사저널 주필로 언론에 복귀했다. 1998년 국민의 정부 시절엔 KBS 사장을 지냈다.

박권상은 일선 기자 시절 때부터 언론인의 역할에 대한 고민을 누구보다도 많이 했던 언론인이다. 그의 고민은 이후 『자유 언론의 명제』(1983), 『권력과 진실』(1989) 등의 저서로 정리됐고, 이러한 그의 노력은 이후 한국 언론계에서 자유 언론의 이론적 토대를 쌓는 데 상당한 영향을 준 것으로 평가받고 있다.

그는 50여 년의 언론계 생활을 통해 2천여 편의 글과 22권의 책을 남겼다. 이 중 언론에 관한 글은 960편, 언론에 관련된 글을 모아 낸 책은 19권이나 될 정도로 언론에 대한 이론적 체계에 많은 관심을 보였다.

영국 런던 특파원 경험을 토대로 한 국제 감각을 살려 해외 선진국가의 민주주주의 제도와 사회상을 고찰한 『영국을 생각한다』(1979), 『(속)영국을 생각한다』(1983), 『영국을 다시 본다』(1987), 『영국을 본다』(1990) 시리즈와 『미국을 생각한다』(1985), 『민주주의란 무엇인가: 서독, 오스트리아, 그리스, 스페인』(1987) 등은 탁월한 시각이 담겨 있어 지금까지도 애독되는 저작들이다.

특히, 1987년에는 『영국을 다시 본다』(8.15), 『감투의 사회학』(9.5), 『민주주의란 무엇인가』(9.15) 등 각기 다른 세 권의 책을 한 달 새, 열흘 간격으로 동시 출간하는 진기록을 세우기도 했던 다작가였다.

박권상은 언론이 진리 탐구라는 과학적 본질을 추구하는 과학과 동일한 역할을 수행한다는 점을 강조한 실천적 언론인이었다. 따라서 신문 기자의 제1의 요건은 과학도가 진리를 추구하는 정신 inquisitiveness과 똑같이 끈기 있게 진실을 탐구하는 자세라는 것이다.

뉴스의 정확성이란 사실의 재현을 뜻하기 때문에 저널리즘의 이상이나 취재의 숭고한 사명은 바로 실존의 세계와 복사된 재현의 세계를 얼마나 일치시키느냐에 달려 있다고 주장했다.

진실의 추구와 사실의 일치를 강조하는 그의 생각은 "뉴스를 선택함에 있어 현명하느냐의 여부가 아니라 옳으냐 여부를 가치 판단의 기준으로 삼아야 한다"는 언론관으로 이어지면서 80년대를 전후한 한국 언론에 많은 영향을 미쳤다. 권력에의 비판이나 언론인의 높은 윤리의식을 주장할 때마다 그의 주장이 이론적 근거로 많이 인용됐다.

## '프로페셔널리즘' 개념 국내 첫 소개

박권상은 기자라는 직업적 특성에도 주목했다. 저널리스트의 사회적 역할을 달성하기 위해 전문직업주의professionalism의 필요성을 국내에 처음으로 본격적으로 소개한 것도 바로 그였다.

"아직도 저널리즘은 법이나 의술이나 대학교수 등에 비해 후진적인 전문 직업이다. 그러나 우리는 저널리즘이 고도의 전문 지식 및 기술과 윤리의식을 갖춘 전문 직업임을 확신한다. 왜냐하면 근대 사회와 근대 인간이 제대로 작동하는 데 필수불가결한 것이 곧 저널리즘, 다시 말해 인류의 일체 움직임을 관찰하고, 설명하고, 분석하고, 비평할 수 있는 종합적 직업이 바로 이것이기 때문이다"(『자유 언론의 명제』(1983), 122쪽)

그는 저널리스트란 다른 개별적인 전문 직업과 달리 평균 이상의 교양인—모든 분야에 조금씩은 알고 특정 분야에 모든 것을 아는 사람—이어야 한다고 주장했다. 그의 이런 주장을 계기로 한국 언론계 내부에서는 기자가 '전문화된 일반인specialized generalist'이냐, '일반화된 전문가generalized specialist'이냐라는 고민과 논쟁이 본격적으로 시작됐다.

그는 특히, 언론인은 단순한 생활방편으로서의 하나의 직업일 뿐만 아니라 가치 있는 삶의 길이기 때문에 사회를 위하여 봉사한

1주기를 맞아 발간된 박권상 추모문집 '박권상을 생각한다'(평전)와 '박권상 언론학'(유고집) (2015, 도서출판 상상나무)

다는 마음 없이 들어가서는 안 되는 직업이라고 강조했다.

## 젊은 후배들에게 주는 조언

박권상의 이런 생각이 담겨 있는 글이 바로 '언론인이 되려는 젊은이에게'다. 이 글은 그의 1주기를 맞아 발간된 추모문집 『박권상 언론학』(2015)에서 대표적인 유고로 맨 처음 실리기도 했던 글이다.

이제 막 언론인이 되려고 마음먹은 젊은 후배들에게 바람직한 언론인의 자세와 언론의 전문 직업 정신에 대한 자신의 생각을 담담하게 들려주는 老 언론인의 지혜와 조언을 느껴볼 수 있는 명문이다.

# 언론인이 되려는 젊은이에게

사람이란 누구나 타고난 독특한 재주가 있는 법이고 사람마다 지능이나 체력이 다를 수밖에 없다. 그러나 학습과 경험을 통해서 얼마든지 발전할 수 있는 무한한 잠재력을 가지고 있다. 언론인이 되는 것도 마찬가지다.

어느 의미에서 누구나 훈련과 노력에 따라 훌륭한 저널리스트가 될 수 있다. 민완기자가 될 수 있고 탁월한 논객이 될 수 있고 통찰력을 갖춘 명주필이 될 수 있고 수완 있는 발행인의 길도 열린다.

그러나 세상일이란 그렇듯 간단치 않고 쉽지도 않다. 특히 언론인이 되는 데는 타고난 재주와 더불어 철저한 훈련이 요구된다. '언론'이란 아마도 가장 어렵고 가장 고된 직업의 하나이고 현대사회에서 맡은 역할 책임이 워낙 무거운 전문 직업이기 때문이다.

중세 보로니아에 처음 대학이 생긴 것은 세 가지의 전문 직업인을 양성하기 위한 시대적 요구에서 유래했다. 첫째는 성직자로서 사람의 정신을 지배하는 직업이고, 둘째는 의사로서 사람의 몸을 돌보는 직업이며, 셋째는 변호사로 사람의 행동을 다스리는 직업이다.

이 3대 전문 직업은 당시 사회에 절대적 권위를 갖는 것이었는데, 세 직업에 종사하는 사람들에 공통된 두 가지의 필요불가결한 직업적 요소가 있었다.

첫째는 고도의 직업적인 지식과 기량이다. 그것은 장기간의 학습 훈련을 통해서만 가능하다. 두 번째로 공통된 덕목은 철두철미 남에게 봉사하는 정신, 여기에는 드높은 직업윤리와 엄격한 책임의식이 동반된다. 이 두 가지 요소는 인격적인 품성과 도덕성에 기초하는 것이며 자아의 이익 추구에 앞서 남을 위해 봉사하는 퍼블릭 서비스 정신이 있어야 한다는 인격적 바탕을 필요로 한다. 적어도 물질적 보수만을 염두에 두고 평생을 바치는 직업이라고 말할 수 없다. 본질적으로 인도주의적 자기희생을 각오해야 한다. 그렇기 때문에 사회적 존경을 받는다.

나는 현대사회에서 언론이야말로 이상 세 가지 전문 직업을 포괄하고도 남음이 있는 소중한 업이라고 생각한다. 인간의 정신생활, 사회생활을 통틀어 다른 어느 전문 직업보다도 더 막중한 책임을 가진다. 이렇듯 언론인은 현대판 성직자, 의사, 변호사, 군인의 임무를 조금씩은 모두 대행하고 있는 것이다.

현대사회에서 우리는 두 개의 세계에 살고 있다. 그 하나는 직접 눈으로 보고 귀로 듣는 '실존 세계'이고 다른 하나는 언론이 선택적으로 취재, 재구성해서 제공하는 '유사의 세계'인데, 대부분 사람한테 대부분의 일은 언론이 제공하는 '유사의 세계'에 적응하는 것이다. 언론을 통해 우리 머리에 도달한 어느 한 '사실'은 실제로 사실이든 아니든 관계없이 우리한테는 '사실'이 되고 만다.

반대의 경우도 마찬가지다. 다시 말해 있다고 전하면 있는 것이 되고 없다고 말하면 없는 것이 된다. 실제로 사실 유무와는 관계가 없다. 엄청난 언론의 마술이고, 우리는 좋든 싫든 압도적이고 일방적인 언론의 지배를 받고 있다는 것을 누구도 부정할 수 없고 거부할 수 없다.

여기서 언론인의 자질과 사명은 자명해진다. 첫째로 어느 직업에서도 볼 수 없는 최고의 정직성, 도덕성이 인격의 바탕을 이루어야 한다는 것이다. 권력의 억압이나 금력의 유혹에 굴하지 않는 가운데 흰 것을 희다 말하고 검은 것을 검다 말할 수 있는 도덕적 용기, 진실을 밝히고 진실을 알리는 것을 지상의 보람으로 여길 수 있어야 한다.

둘째로, 복잡하고 다원적이고 혼란스러운 사회 현실 속에서 진실을 밝히고 시비를 가리고 정의를 추구하는 데 지칠 줄 모르는 지구력, 탐구심이 있어야 한다는 것이다. 이것은 학습 훈련으로 가능하다기보다는 타고난 기질이기도 하다. 언론에 뜻을 둔 젊은이라면 마땅히 스스로의 적성 여부를 심각하게 물어보아야 한다. 내성적이고 비사교적이고 겁이 많고 세상 돌아가는 일에 별 흥미가 없는 성격이라면, 또한 권력, 돈, 사회적 지위에 인생의 목적을 둔 젊은이라면 그런 사람은 아예 언론에 진입할 생각을 버려야 할 것이다.

세 번째로 언론의 필수적 조건은 사물을 그대로 관찰하고 균형 있게 표현할 수 있는 표현력의 소유자이어야 한다. 반드시 소설가나 시인의 재주를 요하지 않는다. 언론은 상상력을 토대로 필력을 구사하는 창조의 세계는 아니니까. 그보다 현실을 정확하게, 동시에 신속하게 전달하는, 그런 의미에서의 적극적 활동력이고 뛰어난 집필 능력을 뜻한다.

네 번째로 강조하고 싶은 것은 광범위한 인문 교육적 배경이다. 흔히 언론인은 "어느 한 분야에 통달해야 하고 모든 분야에 상당해야 한다Everything about something, something about everything"고 말한다. 누구나 제한된 연한의 교육을 받고 제한된 수명을 산다. 성취하기 어려운 직업이다. 따라서 언론인은 평생 공부하는 생활을 해야 하고 적어도 한 분야에서는 자신 있는 전문가이자 모든 분야에 관심을 갖고 전문가에게 물어볼 능력이 있어야 하고 전문가의 말을 알아들을 능력이 있어야 하며 그리고 그것을 쉽고 간결하게 옮겨 쓸 수 있는 능력을 갖추어야 한다.

언론인은 정치인이나 마찬가지로 누구나 이렇다 할 준비 없이 시작할 수 있다. 그러나 이상 몇 가지 지적한 대로 엄격한 정신적 자기규제의 인격적 바탕에서 세상을 바로 관찰하고 진실하게 전달하고 올바르게 판단할 수 있는 기량을 갖추어야 한다.

자유를 사랑하고 정의를 구현하고 결코 비굴하지 않고 정정당당하게 진실을 추구하고 항상 약자를 돕고 강자를 억누르는 비상한 용기를 갖춘 멋있는 저널리스트. 이 어찌 젊은 사람들이 삶을 불사르면서 몰입할 만한 직업이 아닌가.

그러나 거기에 타고난 재주와 피나는 노력이 있어야 한다. 현실 언론을 생각할 때 무슨 잠꼬대 같은 소리냐고 반박할는지도 모르지만, 남을 위해 살겠다는 자아희생을 각오해야 한다. 감히 성직 아닌 성직이라고 말하고 싶다.

# ― 김중배

## 독재에 맞선 절필의 고독한 함성
## '미처 못다 부른 노래'

김중배(金重培, 1934~)는 한국 언론의 대표적인 비판적 칼럼니스트로 꼽힌다.

1957년 한국일보 기자로 언론계에 첫발을 디딘 뒤 1963년 동아일보로 옮겼다. 군사정부 시절 서슬 퍼런 가혹한 통제 아래서 1982년 3월부터 '그게 이렇지요-김중배 세평'을 연재하면서 바른 언론의 길을 제시하고 국민을 외면하는 권력의 부당함을 꼬집는 글을 실어 독자들로부터 당대의 명칼럼으로 추앙받을 정도로 인기를 끌었다.

7080세대 중에는 그의 칼럼 속에 담겨 있는 권력에의 저항 정신을 느껴보지 않은 이가 없을 정도로 당시 그의 글은 대중의 마음을 움직이는 명문의 상징이었다. 그때 독자들의 심금을 울렸던 그의 글을 모은 『민초여 새벽이 열린다』(1984), 『하늘이여 땅이여 사람들이여』(1987) 등은 아직까지도 한국 언론의 대표적인 저작으로 꼽히고 있다.

## 민초여 새벽이 열린다

김중배는 칼럼 속의 은유적이고 우회적인 표현을 통해 주로 부패한 권력과 그로 인한 사회 부조리를 고발하고 이 같은 잘못을 언론

통제로 감추려는 정권의 행태를 비판했다. 이
러한 그의 행보는 일제 강점기의 저항적 지사
형 언론관에 뿌리를 두고 이후 최석채 등으로
이어져 내려오던 '반골 정신'의 개념을 계승·
발전시켰다는 평가를 받고 있다.

『민초여 새벽이 열린다』(1984) 표지

　한국 언론사적 관점에서 볼 때, 천관우의 역
사주의적 관점과 송건호의 실천적 관점에 이
어 김중배의 은유적 비판 관점이 접목되면서
한국 언론의 비판주의적 언론관의 전통이 비
로소 정립됐다는 것이다.

　그는 1990년 동아일보 편집국장이 되었으나 1년 만에 사표를 내
면서 "이제부터는 권력과의 싸움보다 자본으로부터의 편집권 독립
이 중요해지고 있다"며 점차 기업화되고 있는 언론의 세태에 경고
의 목소리를 보낸 것으로도 유명하다.

## "술이 곧 미디어"

글쓰기를 통한 권력과의 지난한 항거를 거듭해오던 김중배는 문
민정부 수립 이후 1993년 한겨레신문 편집위원장·사장(1993~
1994), 문화방송 사장(2001~2003)을 지냈으며, 최근까지 '참여연
대', '언론개혁시민연대', '언론광장' 대표로 시민운동과 언론운동
에 참여하면서 아직도 한국 언론계의 기둥이자 어른으로 활약하고
있다.

　그는 평소 대화와 소통의 중요성을 역설하며 사람 간의 관계를

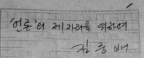

김중배 친필 원고

중시했다. 언론계 내에서는 선후배들과 술자리에서의 대화를 즐기면서 "술이 곧 미디어"라는 명언을 남겼던 것으로도 유명하다.

## 날카로운 필치 담긴 마지막 칼럼

80년대 당시 김중배는 날카로운 필치와 시각으로 언론의 목소리를 드높인 기개 있는 언론인으로 꼽히면서 독자들의 성원 속에 고정 칼럼을 연재하고 있었다. 그러나 그 내용을 못마땅하게 생각해왔던 군사정부의 압력이 심해지면서 1984년 2년여 만에 돌연 칼럼 연재를 중단하고 일본 도쿄대 객원연구원으로 강제 외유를 떠나게 된다.

이때 외압으로 인한 절필의 감회를 담아 마지막으로 썼던 칼럼이 바로 '미처 못다 부른 노래'(동아일보 1984년 2월 25일자)다.

어두운 조국의 현실을 외면하고 강제로 해외로 떠나야 하는 감회가 담겨 있는 이 글은 구구절절이 권력에 대한 강한 저항의식과 민주화에 대한 여망과 기원이 담겨 있는 내용으로 지금 읽어봐도 벅차오르는 감정을 그대로 느껴질 수 있는 명 문장이다.

'오늘 그리고 내일, 누군가는 기필코 바르게 말해야 한다. 어두우므로 도리어 밝은 정론의 횃불을 올려야 한다. … 나는 믿는다. 오늘, 서산에 저무는 태양은 아주 저물어버리기 위해서 지는 게 아니라는 것을. 내일, 새롭게 다시 떠오르기 위해서 저물어 간다는 것을 끝내 믿는다.'

2014년 9월 15일 서울 종로구 세종문화회관 세종홀에서 열린 참여연대 20주년 창립기념식에서 김중배 참여연대 공동 대표가 인사말을 하고 있다.

# 미처 못다 부른 노래

마침내 절필絕筆의 날이 오고야 말았다. '그게 이렇지요'는 이제 요절夭折한다. 미처 못다 부른 노래들을 머금은 채 내 가슴의 무덤 속으로 묻혀 가야 한다.

그 요절의 유언遺言을 엮으면서, 나는 기이奇異하게도 새벽의 종소리를 듣는다. 지금은 새벽이다. 그 누가 가로막아도 태양은 찾아든다. 동이 트기 전의 하늘은 한때 마지막 어둠으로 멍들 뿐이다.

그러나 새벽의 종소리는 그 무렵부터 울려온다. 울려오는 건 오늘의 종소리만은 아니다. 천년 묵은 종소리도 함께 울려온다. 그 가운데서도 머리 위를 덮쳐 오는 건 전설 속의 산새가 난타亂打했던 그 종소리다.

전설은 이렇게 전한다. 구렁이에게 먹힐 뻔했던 산새는 은인恩人의 도움으로 목숨을 건졌다. 바로 그 은인이 구렁이의 아내에게 목숨을 앗기게 되자 보은報恩의 산새는 작은 머리로 하늘의 종을 난타했다. 구렁이는 용이 되어 하늘로 올라갔다. 산새의 은인은 살아났다. 종을 난타했던 새는 머리가 으깨어진 피투성이 주검이 되었다.

나는 그 산새의 종소리 속에서 머리로 왕궁의 난간을 들이받았던 옛 언관言官의 뜨거운 숨결을 듣는다. 한마디 바른 말을 위해 그는 산새처럼 스스로의 머리를 으깨지 않았던가.

그 종소리, 그 숨결 앞에서 나는 고개를 들지 못한다. 딴엔 머리가 으깨지더라도 달을 해라고는 부르지 않을 작정이었다. 그러나 정작 달을 달이라고 바로 부르지는 못했다. 겨우 그려낸다는 게 상징象徵과 비유比喻로 얼룩진 달의 초상화肖像畵였다. 보기에 따라서는 달도 같고 해도 같았을지 모른다.

그 초상화 속의 달을 가려내는 노고勞苦는 오로지 읽는 분들에게 돌아가고 말았다. 많은 분들이 암호를 해독하듯 나의 뜻을 새겨 주었다. 더러는 추상의 그림보다 오히려 깊은 뜻을 가려내어, 나를 일깨워도 주었다.

면목面目이라도 좋고, 면자面子라도 무방하다. 그분들 앞에 고마움을 말할 얼굴도 없다. 종을 난타했던 산새에도 미치지 못하는 언론言路의 종사자라는 자탄自嘆이 저절로 새어난다. 그건 분명히 자학自虐의 소산만은 아니다.

적어도 유언엔 거짓이 섞일 수 없다. 아직도 가슴에 잠긴 미처 못다 부른 노래들은 그 비굴卑屈과 허위의식虛僞意識의 가로막음으로 햇빛을 보지 못했다.

이상(李箱)의 '12월 12일'에 등장하는 대사도 잠겨 버린 노래의 한 토막이다. 그는 '나'라는 인물의 입을 거쳐 이렇게 말한다.

"세상이란 그런 것이야. 네가 생각하는 바와 다른 것, 때로는 정반대되는 것, 그것이 세상이라는 것이야."

그러나 괄호를 벗겨 버린 나의 12월 12일은 끝내 노래하지 못했다. 눈이 밝은 李箱은 이미 50년 전 나의 비굴을 내다보고 있었는지도 모른다. 그는 소설의 마지막 대목에서 이렇게 말한다.

"너는 또 어느 암로闇路를 한번 걸어보려느냐. 그렇지 아니하면 일찍이 이곳을 떠나려는가."

내 고향 광주에 갈 때마다 무등無等의 산허리에 겹쳐지는 빛의 십자가도 노래하지 못하긴 마찬가지다. 젊은 후배 박관현(朴寬鉉)의 죽음에도 나의 재주는 침묵할 뿐이었다.

나는 '바담 風'하더라도 너는 '바람 風'하라는 꼴이 되더라도 어쩔 수 없다. 이미 그 자가당착自家撞着의 오욕을 벗을 만한 주제는 못된다. 스스로의 얼굴에 침을 뱉으면서라도 나는 말하고자 한다.

오늘 그리고 내일, 누군가는 기필코 바르게 말해야 한다. 어두우므로 도리어 밝은 정론의 횃불을 올려야 한다. 점화點火된 불씨는 끝내 꺼뜨리지 말아야 한다. 설령 횃불을 올린 이들은 어두운 균열 속으로 묻혀 가더라도 횃불은 날로 빛나야 한다. 우리 어머니와 할머니들이 대대손손 불씨를 물려주듯 꺼뜨리지 않고 간직해야 한다.

그 횃불이 꺼지면 시민市民은 신민臣民으로 떨어지고 만다. 소박하게 말하면 시민은 바른 말, 밝은 눈을 지닌 민民의 이름이다. 빛을 잃으면 눈은 어둡고 말은 휘어진다.

때문에 나는 오래 전부터 간절한 꿈 하나를 알뜰히 키워 온다. 그건 조요경의 꿈이다. 照妖鏡이라고 적어야 뜻이 금방 떠오를 것도 같다.

『서유기西遊記』에 등장하는 손오공은 둔갑遁甲의 명수다. 그는 천궁天宮과 지옥地獄과 용궁龍宮을 마음대로 드나든다. 물론 새가 되기도 물고기가 되기도 자재롭다. 그 손오공이 말썽을 부리자 옥황상제玉皇上帝는 천병天兵을 파견한다. 그를 잡아들이기 위해서다. 그러나 둔갑의 명수인 그를 쉽사리 잡아내기는 어렵다. 그때 상제가 천병에게 건네준 게 조요경이다. 그 거울에 비쳐보면 아무리 변신을 거듭해도 손오공의 실체는 드러나고 만다. 도무지 꼬리를 감출 수 없다.

나는 우리의 민주시민民主市民 모두의 눈이 그 조요경만큼 밝아지기를 꿈꾸어 온다. 그리고 누군가가 말하기를 기다리기 이전에 모두가 말할 수 있기를 꿈꾸어 온다. 물론 조요경의 꿈은 거기서 끝나지 않는다. 그건 조요경이 소용없는 세상에의 꿈이다. 손오공이 재주를 부리지 않는다면 굳이 옥황상제의 조요경을 빌려올 필요는 없다.

언론의 자유도 그 양쪽의 악수 위에서만 피어난다. 굳이 덮어야 할 게 없다면, 덮으려고 애를 쓸 턱은 없다. 굳이 덮어진 게 없다면, 그 실체를 비쳐볼 조요경은 쓸모가 없다.

거듭 말하고 싶다. 지금은 새벽이다. 그 누가 가로막아도 태양은 찾아온다. 정치의 운명도 이젠 새벽의 모습을 닮아 갈 수밖에 없다.

이미 민民은 누르면 작동하는 푸시 버튼(누름단추)은 아니다. 민은 스스로 움직이는 인간이다. 이미 권력도 지배의 역학力學만으로 이어질 수 없다. 협동의 역학에 기초해야 한다. 민주적 아이디어만이 나라와 겨레살림의 처방으로 유효하다.

따라서 언론의 통제는 오히려 '구언求言'의 정책으로 전환해야 마땅하다. 조선조朝鮮朝의 임금들도 나라에 어려운 일이 생기면 널리 말을 구했다. 그게 구언이다. 구언의 응답 중에 설령 거슬리는 내용이 담겼더라도 임금은 그를 벌할 수 없었다. 아니 벌하지 못했다.

그 전환이 이루어지기 전엔 인동忍冬의 세월을 살아야 한다.

나는 최근 어떤 신문에서 '인동초를 아십니까'라는 물음에 접하고 눈이 번쩍 뜨였다. 인동초는 겨울을 이겨내는 덩굴풀의 이름이다. 그는 봄이 지나서야 하얀 꽃을 피워낸다. 그리고 그 꽃은 연한 홍색이 되었다가 이내 노란 빛으로 바뀐다.

잎과 꽃은 탁월한 해독제解毒劑로 쓰인다는 사실도 뜻 깊다. 우리의 선인들은 그 인동의 무늬를 살림살이의 장식으로 즐겨 써왔다. 선인들의 뜻은 오늘에도 가볍지 않다.

유언은 군소리와 닮을 수 없다. 두어 마디를 마쳤으면 떠나야 한다. 모든 고별은 죽음을 맛보게 한다던 쇼펜하우어의 말이 더할 수 없는 실감으로 덮쳐든다. 그는 이어서 말한다. 모든 재회再會는 부활을 미리 맛보게 한다고. 그 계획의 날이 올지는 기약할 수 없다. 그러나 나는 나의 겨레와 언제나 만날 것이다.

달은 보이지 않아도, 달은 조수潮水를 움직인다. 끈이 이어진 셈이다. 나는 나의 겨레 곁을 돌아온 조수를 겨레의 살갗인 양 만지며, 거기 자유와 민주와 정의에의 뜨거운 열정의 눈물을 담아 나의 나라로 돌려보내려 한다. 미처 못다 부른 노래들도 거기 담겨질 게 분명하다.

그러나 나는 믿는다. 오늘, 서산에 저무는 태양은 아주 저물어버리기 위해서 지는 게 아니라는 것을.

내일, 새롭게 다시 떠오르기 위해서 저물어 간다는 것을 끝내 믿는다.

## — 유경환

### 서정적 묘사와 따뜻한 이야기의 시인
### 생활의 단상, '봄의 길목'

유경환(劉庚煥, 1936~2007)은 언론과 문학의 경계를 넘나드는 글쓰기를 실천한 언론인이다. 서정적인 묘사와 따뜻한 시선이 담긴 글쓰기의 전통을 한국 언론에 불어넣은 대표적인 인물이다.

황해도 장연에서 태어나 실향민의 아픔을 간직한 채 남쪽으로 내려온 그는 경복고와 연세대 정외과를 마친 뒤 언론계에 입문했다. 월간 사상계 기자와 편집부장을 거쳐 조선일보 문화부장, 논설위원을 지냈으며, 이어 문화일보로 옮겨 편집국장 대리와 논설위원 실장을 역임하며 명칼럼니스트로 필명을 드높였다.

### 시인이자 수필가로 문학상 수상

언론인인 동시에 시인과 수필가로도 이름을 날린 그의 문재文才는 어릴 때부터 주목받았다. 6·25 동란 발발 이후 부산 피난 시절인 1953년 중학생 때부터 그가 습작한 시가 각종 잡지에 실리면서 학원문학상을 수상한 데 이어 1957년 동시 '아이와 우체통'이 조선일보 신춘문예에 당선됐다. 이후 박두진 시인의 추천으로 '현대문학'을 통해 시인으로 문단에 등단한 뒤 『감정지도感情地圖』, 『산山노을』, 『원미동 시집』, 『낙산사 가는 길』 등의 시집을 남겼다. 현대문학상 (1970), 대한민국문학상(1981), 한국동시문학상(1996), 한국문학

상(2002), 정지용문학상(2003) 등 굵직굵직한 문학상도 잇달아 받
았다.

그의 활발한 문학 활동 중에서 가장 뚜렷한 족적을 남긴 것은 바
로 동시 분야다. 한국동요동인회 회장과 한국아동문학인협회 회장
을 역임했으며, 언론계 은퇴 이후에도 꾸준하게 어린이를 위한 시
를 썼다.

이런 연유에서인지 몰라도 그는 문학 작품뿐 아니라 언론 저작
에서도 따뜻하고 서정적인 관점이 돋보였다. 문장력이 뛰어난 저
널리스트로 꼽혔던 그의 칼럼엔 수필과 시에서나 볼 수 있는 화려
하고 아름다운 묘사와 필치가 그대로 살아 있다는 평가를 받았다.

저널리즘이 팩트를 중시하는 영역이라곤 하지만 '글발'이 뛰어난
몇몇 언론인들은 나름 문체의 힘만으로도 생명력을 가질 수 있었
다. 유경환도 그런 유형의 언론인이었지만, 그의 글에는 개인적 차
원의 신변잡기 차원을 넘어서, 그 어떤 글에서도 느껴보지 못한 인
간을 사랑하는 따뜻한 시각이 담겨 있기에 더욱 눈길을 끌었다.

## 인간적 감성 되돌리는 청량제

생활 주변의 정적인 현상과 공간에서 상념을 최대한 끌어낸 뒤 그
감정을 맑고 따스한 서정적 언어로 묘사하고, 그 의미와 느낌을 하
나의 단상으로 정리해 남겨내는 그의 글쓰기 작업은 작금의 한국
언론계에서 점차 메말라가고 있는 인간적 감성을 되돌리는 청량제
와도 같다고 평가된다.

언론에서 매일 같이 쏟아져 나오는 칼럼이라는 것도 더 이상 과

도한 주의·주장에만 매달릴 것이 아니라 인생과 사회를 묘사하고, 관조하는 수필이나 시처럼 따뜻하게 쓸 수 있다는 것이 유경환의 글을 통해 느껴 볼 수 있는 교훈이다.

## 봄의 정취에서 느끼는 인생

문화일보 논설실장 시절, 1997년 2월 24일과 5월 5일자 고정 칼럼 '숨결'을 통해 봄의 기운과 정취를 묘사한 두 편의 칼럼을 소개한다.

원고지 4.5매(900자) 남짓에 불과한 촘촘하고 작은 지면 공간이지만 그 속에서 켜켜이 키워나간 글 솜씨를 확실하게 느낄 수 있는 미문으로 유경환식 작법의 대표적인 수확물이다.

봄이 오는 길

# 봄의 길목

흙의 묵념默念을 위해 눈이 덮이고 추위가 머문다. 이젠 다음 순서로 겨울이 걷힐 차례다. 그런 기운이 천천히 다가오고 있음을 느낀다. 우수雨水 지난 지 한주일. 경칩도 열흘 뒤에 와서 기다리고 있으니 흙 속 목숨들이 움틀 시기다. 갈숲 뒤로 쏟아지는 놀에서 가슴 저려오는 울음기의 봄을 느낀다.

겨울 들판은 흙의 죽음이 아니었다. 다만 혼魂의 묵념일 뿐이다. 묵념 끝에 흙은 다시 살아나지 않는가. 흙의 영혼으로 되살아나는 들풀, 그 작은 실뿌리들이 푸른 언어言語로 흙을 살려내기에 봄을 예찬한다. 땅 밑 부드럽고 훈훈한 흙의 켜켜에서 지금 한창 가는 뿌리들이 고개 치켜들고 있음을 안다.

순수의 첫 햇살맞이를 무슨 색깔로 할까. 가슴 두근거리며 지표地表에 바싹 떡잎을 치켜올리는 싹들. 싹들은 메마른 들판의 정서공백, 이를 메울 공간예술을 구상할 것이다. 씨줄 한 가닥 날줄 한 가닥 사이사이로 북을 옮겨 한 치씩 베를 짜는 길쌈이듯, 자연은 너른 땅을 풀뿌리로 한 치씩 살려내니, 목적은 결코 수단을 고달프게 여기지 않는다.

사람이 진실로 삶을 배울 만한 곳은 아직도 흙이다. 들판엔 보이지 않는 조형미술이 이미 가득하다. 그것을 봄기운으로 들을 수 있다. 요즘 한낮의 아지랑이 속에 서면 누구나 들을 수 있잖은가. 흙속의 풀싹이 저마다 제 모양을 갖춘 문자추상文字抽象으로 봄빛의 조명을 기다리고 있는 것이다. 우리는 곧 판화처럼 화려한 자연을 만날 것이다.

아무것도 보이지 않던 황량한 자리에 목숨의 기운이 스며드는 것을 감지하면 새삼스레 무소유無所有가 자연의 으뜸가는 질서인 것을 깨닫게 된다. 아, 홀가분한 무소유.

때마침 큰 보름이었다. 조선백자의 둥근 멋과 너그러운 흰빛의 원형原型인 보름달의 조용한 높이를 보며 이제부터 곱게 스러지는 아름다움을 기다려본다. 척박한 땅은 없다. 오히려 척박한 것은 사람의 가슴이다.

# 5월 들꽃

5월 들판에서 들꽃 한 송이를 만나면 비록 꽃이 크지 않고 화려하지 않아도 반갑다. 들꽃 앞에 걸음 멈추는 너와 나의 영혼이 화려하지 않기 때문이다. 내 영혼이 화려하다고 여겼던 것은 터무니없는 오만이다.

끊임없이 흔들리는 영혼의 모습을 바람 속 들꽃으로 보면서, 적어도 하루 한나절쯤은 햇볕을 넉넉히 받을 수 있는 자리에 태어났음을 얼마나 고맙게 여겨야 할지 생각하게 된다.

바람은 들꽃에 고단함을 안겨주는 것이 아니다. 영혼의 갈피에 스며드는 때를 말끔히 벗겨낸다. 흙먼지가 앉을 틈을 허용치 않고 더부살이로 허욕이 달라붙지 않게 해 준다. 외로운 자리의 들꽃에 외로워 할 사치의 시간을 허용치 않으며, 설사 아픈 기억을 지녔다 하더라도 그것을 되새길 여유를 허용치 않는다. 보잘 것 없이 작고 또 비탈에 서도 아름답다.

목숨은 영혼이 숨 쉬는 모습이므로 작아도 제 몫을 다한다. 제 몫을 다하는 것은 하늘의 일을 다 하는 것이기도 하다. 하늘의 일을 하는 것은 남 보이기 위한 일이 아니다. 그러므로 뉘의 눈길 하나 닿지 않는 꽃이라도 아름답다. 꽃은 홀로 피어 겸손하다. 우리는 기도하는 꽃을 이렇게 만난다.

드넓은 하늘과 끝없는 땅이 만난 아득한 지평선에 서로 맞닿은 하나의 점으로 서 있는 꽃. 이 작은 한 송이의 모습도 당당한 '있음'의 표현이다. 그러므로 우리는 목숨의 보람과 기쁨을 발견할 수 있다. 자기 모습을 겸손하게 바라보는 일은 모든 바른 일의 시작이다.

멀리 가는 향기가 있으면 꽃이 크거나 화려하지 않아도 된다. 5월 들판에 나서면 한 송이의 꽃과 이런 이야기를 넉넉히 나눌 수 있다.

아무리 비탈이어도 하루 한나절씩 햇볕을 따뜻이 받을 수 있는 그런 자리에 뿌리 두었음을 우리는 얼마나 고맙게 여겨야할 것인가.

5월은 메마른 땅에도 오나, 그곳의 바람을 생각하자. 물오르는 계절에 시드는 그런 꽃을 생각해야 한다.

## ━ 김성우

**낭만적 칼럼니스트, 인생에의 깊은 관조
'돌아가는 배'**

김성우(金聖佑, 1934~)는 경남 남해 욕지도에서 태어나 서울대 정치학과를 졸업한 뒤 1956년 한국일보 공채 4기로 언론계에 입문했다. 이후 한국일보에서만 파리특파원, 편집국장, 주필, 논설고문 등을 지내며 40여 년 넘게 현역에서 활동했던 대표적인 언론인이다.

그는 일선에선 주로 문화부 기자로 활동했지만, 관조적인 시각에서 인생의 의미와 사회 현안에 대해 품위가 있는 필치로 숱한 칼럼을 써내려갔던 명칼럼니스트로도 필명을 드높였다. 특히, 자신의 주관적인 감상과 메시지를 격조 높게 다뤘던 그의 글은 문학과 저널리즘의 영역을 한데 어울리게 만들었다는 평가를 받고 있다. 한국시인협회와 한국현대시인협회에서 명예 시인으로 추대한 최초의 언론인일 정도로 그의 수려한 문장력은 기성 문단에서도 인정할 정도였다.

### 품위 있는 필치로 명성 날려

언론계에서 은퇴한 후인 2009년에는 대표적인 칼럼 '돌아가는 배'를 기리는 문장비가 그의 고향인 욕지도에 세워져 한국 언론사에 또 다른 기록으로 남았다.

칼럼집 『돌아가는 배』, 『문화의 시대』를 비롯, 『명문장의 조건』, 『세계의 문학기행』, 『세계의 음악기행』 등의 저서를 남겼다.

『돌아가는 배』는 한국에 몇 없는 일종의 신문기자의 자전적 에세이집이다. 1999년 출간된 이후 2002년, 2008년에 이어 2011년에도 새로이 재출간됐다. 신문기자로서 나라의 역사를 기록하듯 고향의 아름다운 이야기와 자신의 역사를 기록한 자서전과도 같은 책이다. '한국의 100대 명문'으로 선정되기도 했던 이 책에는 저자가 고향 욕지도에서 자라나고 육지로 나오게 된 이야기에서부터 파리 특파원 시절 유럽 대륙에서 느꼈던 자유의 훈향 등의 기억이 곳곳에 묻어있다.

## 가혹한 언론 통제 겪으며 고민

그는 가혹한 언론 통제와 보도지침이 난무하던 5공 군사독재 시절 편집국장을 지냈다. 그래서인지 몰라도 이 책에는 당시 상상을 초월했던 권력의 압력과 언론 통제의 실상을 담은 글도 여럿 나온다. 당시 숨 막히던 독재 권력 아래에서의 언론 환경 속에서 언론의 사명과 뉴스가 무엇인가에 대한 철학적 고민을 많이 했던 그의 모습이 담담하게 그려져 있다.

"… 단 한 줄도 오보가 없는 신문은 단 하루도 없다. 신문이 속보성과 전달 수단의 불완전성 때문에 완벽하게 정확하기가 어렵다고 해서 부정확할 권리는 없다. 언론 자유가 수난당해 왔다고 해서 언론 자유의 이름으로 다른 자유를 가해할 권리도 없다." (김성우, 『돌아가는 배』, 227쪽)

김성우는 뉴스를 '싱싱한 생선'에, 신문 기자를 '새로운 것을 위해 인생을 사는 사람'으로 비유했다. 당시 항상 똑같은 뉴스만 나오던 어두운 암흑 속의 한국 언론을 걱정해서 그런지 몰라도 뉴스 가치 중에서 새로움의 가치를 가장 중요하게 꼽았으며, 사회 선도의 주역으로서의 기자의 사명감을 강조했다.

"새로운 것이 뉴스다. 새로운 것에 가장 큰 가치를 두는 신문, 새로운 것에 가장 앞장서는 신문이 되자. … 신문은 편지다. 그렇게 궁금한 것이라야 하고 반가운 것이라야 한다. 신문은 싱싱한 생선 같아야 하고 풋풋한 새 풀 냄새가 나야 한다. … 새로운 뉴스만 특종이 아니라 새로운 아이디어도 특종이다. …" (앞의 책, 208쪽)

"… 신문 기자가 신문에 쓰는·일기는 곧 역사다. 나의 일기는 얼마만큼 세초洗草되지 않을 실록일 것인가. 역사의 채점이 두렵다. 신문 기자의 입에는 확성기가 달렸다. 작은 소리도 크게 울린다. 나의 목소리는 모두 진실이었던가. 신문 기자의 붓끝은 이기이기도 하지만 흉기일 때도 있다. 나는 가해자인 적이 없었던가. …" (앞의 책, 224쪽)

그는 2016년에는 기자 시절의 경험과 일화를 모은 『신문의 길』(깊은샘)을 출간했다. 이 책 말미에서 그는 "내가 입사할 때 한국일보는 패기의 신문사였다. 나는 내가 입사할 때의 한국일보에 다

『신문의 길』(2016) 표지

시 입사하고 싶다"며 아직도 현장에서 기자로 뛰고 싶어 하는 노익장의 마음을 고백했다.

## 인생을 해탈한 노년의 귀거래사

칼럼 '돌아가는 배'는 인생을 해탈한 노년의 귀거래사를 읊은 명 문장이다. 단문이 주는 강렬한 호흡이 돋보이는 이 글은 김성우가 왜 로맨티스트적 칼럼니스트인가를 보여주는 대표작이다.

한 구절 한 구절 읽을 때마다 마치 고향 앞바다의 파도가 생생하게 눈앞에 생생하게 떠오르듯 노스탤지어의 깊숙한 향내를 느낄 수 있는 글이다.

지금 우리는 매일 매일 고향을 잊은 채 살아가는 데 너무나 익숙해진 것은 아닐까.

# 돌아가는 배

나는 돌아가리라. 내 떠나온 곳으로 돌아가리라. 출항의 항로를 따라 귀향하리라. 젊은 시절 수천 개의 돛대를 세우고 배를 띄운 그 항구에 늙어 구명보트에 구조되어 남몰래 닿더라도 귀향하리라. 어릴 때 황홀하게 바라보던 만선滿船의 귀선, 색색의 깃발을 날리며 꽹과리를 두들겨대던 그 칭칭이 소리 없이라도 고향으로 돌아가리라. 빈 배에 내 생애의 그림자를 달빛처럼 싣고 돌아가리라.

섬의 선창가에서 소꿉놀이하며 띄워 보낸 오동나무 종이 돛배의 남실남실한 걸음으로도 사해四海를 족히 한 바퀴 돌았을 세월이다. 나는 그 종이 돛배처럼 그 선창에 가 닿을 것이다.

섬을 떠나 올 때, 선창과 떠나는 배에서 서로 맞잡은 오색 테이프가 한 가닥씩 끊기는 아픔이었다. 그러나 나는 얼마든지 늘어지는 고무줄처럼 평생 끊기지 않는 테이프의 끝을 선창에 매어둔 채 세상을 주유했다. 선창에 닻을 내린 채 닻줄을 풀며 방황했다. 이제 그 테이프에 끌려 소환되듯, 닻줄을 당기듯, 작별의 선창으로 도로 돌아갈 때가 된 것이다.

세상이 아무리 넓어도 온 세상은 내가 중심이다. 바다가 아무리 넓어도 내가 태어난 섬이 바다의 중심이다. 나는 섬을 빙 둘러싼 수평선의 원주를 일탈해 왔고, 이제 그 중심으로 복귀할 것이다. 세상을 돌아다녀보니 나의 중심은 내 고향에 있었다. 그 중심이 중력처럼 나를 끈다.

내 귀향의 바다는 이향離鄕의 그 바다일 것이다. 불변의 바다, 불멸의 바다. 바다만큼 청청한 것이 있는가. 산천의구山川依舊란 말은 옛 시인의 허사虛辭일 수 있어도 바다는 변색하지 않는다. 그리고 불로不老의 바다, 불후不朽의 바다. 늙지 않고 썩지 않고 항상 젊다.

내게는 세상에서 가장 오래되고 가장 변하지 않는 친구가 있다. 그것이 바다다. 그 신의信義의 바다가 나의 죽마고우竹馬故友다. 나는 태어나면서부터 파도의 유희와 더불어 자랐다.

어느 즐거운 음악이 바다의 단조로운 해조음海潮音보다 더 오래 귀를 기울이게 할 것인가. 어느 화려한 그림이 바다의 푸른 단색單色보다 더 오래 눈을 머물게 할 것인가. 바다는 위대한 단조單調의 세계다. 이 단조가 바다를 불변, 불멸의 것이 되게 한다. 그 영원한 고전古典의 세계로 내가 간다.

섬에서 살 때 머리맡에서 밤새도록 철썩이는 바다의 물결 소리는 나의 자장가였다. 섬을 처음 떠나왔을 때 그 물결 소리를 잃어버린 소년은 얼마나 많은 밤을 불면不眠으로 뒤척였는지 모른다. 이제 거기 나의 안면安眠이 있을 것이다.

고향을 두고도 실향했던 한 낭자浪子의 귀향길에 바다는, 어릴 적 나의 강보襁褓이던 바다는 그 갯내가 젖내음처럼 향기로울 것이다. 그 정결하고도 상긋한 바다의 향훈香薰이 내 젊은 날의 기식氣息이었다. 진망塵網 속의 진애塵埃에 찌든 눈에는 해풍의 청량이 눈물겹도록 시릴 것이다.

가서 바닷물을 한 움큼 떠서 마시면 눈물이 나리라. 왈칵 눈물이 나리라. 물이 짜서가 아니라 어릴 때 헤엄치며 마시던 그 물맛이므로.

소금기가 있는 것에는 신비가 있다던가. 눈물에도 바다에도. 바다는 신비뿐 아니라 내게 무한과 영원을 가르쳐 준 가정교사다. 해명海鳴 속에 신神의 윤음綸音이 있었다. 그 목소리를 들으러 간다.

나의 바다는 나의 공화국. 그 황량한 광대廣大가 나의 영토다. 그 풍요한 자유가 나의 주권主權이다. 그 공화국에서 나는 자유의 깃발을 공화국의 국기처럼 나부끼며 자유를 심호흡 할 것이다. 바다는 자유의 공원이다. 씨름판의 라인처럼 섬을 빙 둘러싸서 나를 가두고 있던 수평선, 그 수평선은 젊은 날의 내 부자유의 울타리더니 이제 그 안이 내 자유의 놀이터다. 나의 부자유는 오히려 섬을 떠나면서 시작되었다. 수평선에 홀려 탈출한 섬에 귀환하면서 해조海鳥의 자유를 탈환할 것이다. 수평선의 테를 벗어난 내 인생은 반칙이었다.

섬은 바다의 집이다. 대해에 지친 파도가 밀려 밀려 안식하는 귀환의 종점이다. 섬이 없다면 파도는 그 무한한 표류를 언제까지 계속할 것인가. 희뜩희뜩한 파도의 날개는 광막한 황해의 어느 기슭에서 쉴 것인가. 섬은 파도의 고향이다. 나는 파도였다. 나의 일생은 파도의 일생이었다.

바다는 인간의 무력함을 느끼게 하는 허무의 광야. 파도는 이 허무의 바다를 건너서 건너서 섬에 와 잠든다. 나의 인생도 파도처럼 섬의 선창에 돌아와 쉴 것이다.

나는 모든 바다를 다 다녔다. 태양계의 혹성惑星 가운데 바다가 있다는 것은 지구뿐이라 더 갈 바다가 없었다. 육대양을 회유한 나는 섬에서 태어난 영광과 행복을 찾아 돌아가야 한다. 모든 생명의 어머니인 바다의 모래 속으로.

바닷물은 증발하여 승천했다가 비가 되고 강물이 되어 도로 바다로 내려온다. 나의 귀향은 이런 환원이다. 바다는 모든 강물을 받아들이면서도 스스로 더럽혀지지 않는다. 고향은 세진世塵에 더럽혀진 나를 정화시켜 줄 것이다.

바다는 연륜年輪이 없다. 산중무역일山中無曆日이라듯 바다에도 달력은 없어 내 오랜 부재不在의 나이를 고향 바다는 헤아리지 못할 것이다. 그리고 섬은 이 탕아蕩兒의 귀환을 기다려 주소 하나 바꾸지 않고 그 자리에 있을 것이다.

고향은 집이다. 아침에 나갔다가 저녁에 돌아오는 집이다. 쉬지 않기 위해 집을 나서고 쉬기 위해 찾아온다. 나는 꼭 만 18세의 성년이 되던 해 고향을 떠나왔다. 내 인생의 아침이었다. 이제 저녁이 된다.

모든 입항의 신호는 뱃고동 소리다. 내 출항 때도 뱃고동은 울었다. 인생이란 때때로 뱃고동처럼 목이 메이는 것. 나는 그런 목멘 선적船笛을 데리고 귀항할 것이다.

돌아가면 외로운 섬에 두고 온 내 고독의 원형을 만날 것이다. 섬을 떠나면서부터 섬처럼 고독하게 세상을 떠다닌 나의 평생은 섬에 돌아가면 옛 애인 같은 그 원판의 고독과 더불어 이제 외롭지 않을 것이다.

고향은 앨범이다. 고향에는 성장을 멈춘 자신의 어린 시절이 빛바랜 사진 속처럼 있다. 모래성을 쌓던 바닷가에서, 수평선 너머에 무엇이 있다는 것을 알아버리고 돌아온 옛 소년은, 잃어버린 동화童話 대신 세상에서 주워온 우화寓話들을 조가비처럼 진열할 것이다.

아침녘의 넓은 바다는 꿈을 키우고 저녁녘의 넓은 바다는 욕심을 지운다. 어린 시절 내 몽상을 키운 바다는 이제 만욕萬慾을 버린 내 눈의 무엇을 키울 것인가.

사람은 무엇이 키우는가. 고향의 산이 키우고 시냇물이 키운다. 그 나머지를 가정이 키우고 학교가 키운다. 그러고도 모자라는 것을 우유가 키우고 밥이 키운다. 사람들은 부모에게 효도하고 나라에는 충성하면서 고향에 대해서는 보답하는 덕목을 모른다. 내게 귀향은 귀의歸依다.

나의 뼈를 기른 것은 8할이 멸치다. 나는 지금도 내 고향 바다의 멸치 없이는 밥을 못 먹는다.

내가 태어나면서부터 먹은 주식은 내 고향 욕지도의 명산인 고구마다. 그때는 그토록 실미나더니 최근 맛을 보니 꿀맛이었다.

내가 자랄 때 가장 맛있던 것은 밀감이다. 당시 우리나라에서는 나지 않아 값비싸고 귀하던 것이 지금은 이 섬이 주산지가 되어 있다.

나는 어릴 때 먹던 멸치와 고구마와 밀감을 먹으러 돌아간다. 내 소시少時를 양육한 자양滋養이 내 노년을 보양補養할 것이다.

영국 작가 조지 무어의 소설 「케리드 천川」을 읽으라. "사람은 필요한 것을 찾아 세계를 돌아다니다가 고향에 와서 그것을 발견한다"는 구절이 나온다. 내가 찾아 헤맨 파랑새는 고향에 있을 것이다.

세상은 어디로 가나 결국은 외국. 귀향은 귀국이다. 모국어의 땅으로 돌아오는 것이다.

내 고향 섬을 다녀온 지인의 말이, 섬사람들의 말투가 어디서 듣던 것이다 싶어 생각해보니 내 억양이더라고 한다. 떠난 지 50년이 되도록 향어鄕語의 어투를 버리지 못하고 있는 나는 영원한 향인鄕人이다.

물은 위대한 조각가다. 나는 파도의 조각품이다. 파도가 바닷가의 바위를 새기듯 어릴 때의 물결 소리가 내 표정을 새겼다. 이것이 내 인생의 표정이 되었다. 한 친구가 나에게 '해암海巖'이란 아호雅號를 권한 적이 있다. 나는 섬의 바닷바위 위에 석상石像처럼 설 것이다.

돌아가 무엇을 할 것이냐고 묻는가. 그림을 그리리라. 고향의 미화美化보다 더 아름다운 일이 있겠는가. 나는 알프스 산맥의 몽블랑도 그려왔고 융프라우도 그려왔다. 어릴 적 물갓집의 벽에 걸렸던 '시용성' 그림의 배경이 알프스 산맥이었다. 이 눈 쌓인 고봉들을 물가에 갖다놓고 이제 바다를 그리리라. 섬을 떠난 나의 출유出遊는 위로 위로의 길이었다. 나는 표고 4천여 미터까지 상승한 증표를 가지고 도로 바다로 하강한다. 어느 화가가 내 서투른 그림의 과욕이 걱정되는지 바다를 잘못 그리면

김성우 문장비 '돌아가는 배'에서 바라본 욕지도 앞바다

풀밭이 된다고 했다. 그런들 어떠랴. 바다는 나의 대지大地인 것을.

해면을 떠나면서부터 나의 등고登高는 이륙이었고 이제 착륙한다. 인생은 공중의 곡예다.

해발 0미터에서 출발한 나는 해발 0미터로 귀환한다. 무無에서의 시발이었고 무로의 귀결이다.

인생은 0이다. 사람의 일생은 토막 난 선분線分이 아니라 원圓이라야 한다.

"자기 인생의 맨 마지막을 맨 처음과 맺을 수 있는 사람은 행복하다"고 말한 괴테는 나를 예견하고 있었다. 고향에 돌아와 자신이 태어난 방에서 입적한 석가의 제자 사리불舍利弗처럼, 그것은 원점으로 회귀하는 일이다.

나는 하나의 라스트 신을 상상한다.

한 사나이가 빈 배에 혼자 몸을 싣고 노를 저어 섬의 선창을 떠난다. 배는 돛도 없고 발동기도 없고 정처도 없다. 먹을 것도 마실 것도 아무 것도 싣지 않았다. 한 바다로 나간 뒤에는 망망대해뿐 섬도 육지도 보이지 않는다. 이 배의 최후를 아는 사람은 아무도 없다.

그런 빈 배라도 띄울 선창을 나는 찾아간다.

물결은 정지하기 위해 출렁인다. 배는 귀항하기 위해 출항한다. 나의 연대기年代記는 항해일지航海日誌였다.

# 김영희

## 공부하는 대기자 60년의 현장기
## 페레스트로이카 소련 기행, '맥주도 없는 식당'

김영희(金永熙, 1936~)는 미 조지메이슨대 철학과를 나와 1958년 22세의 나이로 한국일보에서 언론계에 첫 발을 디뎠다. 이후 1965 년 중앙일보 창간 멤버로 옮겨 외신부장(1970년), 워싱턴 특파원 (1971~1978년)과 편집국장(1983~1986년), 출판본부장 등 요직을 지냈다.

1995년부터는 국제 문제 대기자와 칼럼니스트라는 직명으로 20 여 년 이상 활약하면서 전문가급 시각으로 외교·안보·국제 뉴스 를 파헤쳐 한국 언론계의 '살아있는 역사'로 꼽히고 있다. 북핵 사 태·미국 대선 등 숨 가쁘게 전개되는 뉴스 이면에 숨어 있는 큰 그림을 찾아내 심층 분석하는 글을 주로 써오면서 한국언론학회 상, 삼성언론상, 위암 장지연상, 홍현성언론상 등을 수상했다.

국내 언론계에서 드물게 편집 간부를 지내고 난 뒤 다시 취재 현 장으로 돌아와 백의종군하며 왕성한 취재 활동과 폭넓은 시각의 기사를 보여주고 있는 그는 새로운 전문 기자상의 길을 열었다. 서 구에선 백발을 흩날리며 현장을 나가는 기자들이 흔하지만 국내 언론에선 국장급 기자가 유례가 없었다는 점에서 그의 행로는 한 국 언론계에 또 하나의 지평을 개척했다는 평가를 받고 있다.

그는 대기자가 된 뒤 글쓰기의 방향과 관련, 국제 문제에 대해서는 한국과의 관련relevancy에서, 국내 문제는 국제적인 맥락context에서 해설한다는 콘셉트를 정해서 지금까지 실천하고 있다. 해석이 담긴 정보를 담아서 칼럼을 집필하며, 역사적 사실과 새로운 정보를 강조한다는 것이다.

80세가 넘은 2017년 12월 중앙일보에서 은퇴하며 공식적으로 '기자 인생'을 마감했지만 한국 언론인 중 59년간 현역 기자로 취재 일선에서 일한 것은 그가 최초이며, 세계 언론사에서도 드문 일로 기록되고 있다. 은퇴 이후에도 활발한 집필 활동으로 현장을 누비는 '영원한' 기자의 길을 계속 걷고 있다.

## "글쓰기는 기자의 천직"

일선 기자 시절 그는 국제 뉴스 한 우물만 팠다. 한국일보 시절에는 1963년 존 F. 케네디 미국 대통령의 저격 사실을 국내 언론 중 유일하게 특종 보도했다. 외신부 기자로서 좀처럼 하기 어려운 1면 특종은 밤새 들어오는 외신을 놓치지 않고 지켜본 결과였다. 중앙일보에 와서도 외신부 외의 다른 부서를 거치지 않았음에도 1983년 편집국장 자리에 올랐다.

글쓰기는 기자의 천직, 현장은 기자의 숙명이라고 생각하는 그는 후배 기자들에게 항상 공부할 것을 강조한다. "술 마실 시간을 줄이고 文史哲(문학 · 역사 · 철학)을 많이 읽어야 한다"는 게 그의 늘 같은 조언이다. 그는 '인간은 먹는 대로의 동물'Man is what he/she eats이란 말을 패러디해서 '기자는 읽는 대로의 존재다.'Journalist is what he/she reads라는 말을 즐겨 사용했다. 읽는 것만큼 알고 아는 것만큼 보이기 때문에 기자에게 왕성한 '독서'는 가장 중요한 무기라는 것이다.

2008년 기자 생활 50주년을 맞아 기념하는 자리에서도 그는 "인터넷을 통해 지식과 정보가 쏟아지는 시대에 기자는 뉴스의 최일선을 지켜야 하며, 살아 있는 기사를 위해 더 뛰고 배워야 한다"고 말했다. "정보화 시대에 생각할 시간이 없다보니 어디서 어떤 일이 일어났다고만 쓸 뿐 천착하고 통찰하지 못하고 있다"며 "취재 전에 관련된 책을 많이 읽고 철저히 준비해야 한다"는 게 그의 지론이다.

그는 평소 이념적·정치적 목적을 위해 주관적인 보도에 치중하는 '십자군 저널리즘'을 경계했으며, 비판적인 시각이 빠진 '냉소주의' 보도 역시 주의해야 한다고 주장했다.

그는 자신의 에세이를 묶은 책『마키아벨리의 충고』를 통해 자신의 이상적인 롤 모델로 미국 언론인 월터 리프먼을 꼽았다. 20세기 미국 자유민주주의 정치 철학의 밑그림을 그린 명칼럼니스트 월터 리프먼을 "로마 공화정 최대의 논객 키케로 이래 서양이 낳은 불세출의 언론인"이라며 "감각의 랩소디에 머물뻔한 정보들을 유용한 지식으로 정리해냈다"고 평가했다.

영어·일본어 등 외국어에 능통한 김영희는 외국 유명인사 전문 인터뷰어로도 명성을 높였다. 토니 블레어 영국 총리(1999년), 미하일 고르바초프 전 소련 대통령(2001년)에서 역사학자 아놀드 토인비(1965년), 미래학자 앨빈 토플러(2007년), 소설가 시드니 셸던(1996년) 등 취재 현장을 누비며 그가 만난 사람은 다양한 분야에

1965년 역사학자 아놀드 토인비와 인터뷰하는 김영희. 〈사진 중앙일보〉

걸쳐 총망라된다.

## 8년간 취재 통해 소설 『하멜』 집필

기사로 다 쓰지 못한 아쉬움을 달래기 위해 쓰기 시작한 소설도 수준급에 달한다. 2003년에 단편 '평화의 새벽'으로 문학사상 신인상을 받으며 등단하기도 했던 그는 역사 문제에도 관심이 많아 2012년엔 장편소설 『하멜』을 내놓았다. 8년간의 집필 과정에서 그때까지 시중에 나온 '하멜표류기' 전 종류와 조선 · 중국 · 일본의 역사서적 70여 종을 읽고 비교하는 등 기자 특유의 심층 취재력을 발휘한 것으로도 유명하다.

## 소련 개방 현장에서 전하는 변화의 목소리

김영희는 국제 분야 전문가답게 소련 개방을 전후해 아홉 번이나 소련을 방문해서 생생한 현장의 모습들을 글로 남겼다. 다음 글

『페레스트로이카 소련 기행』
(1990) 표지

은 그가 고르바초프의 개혁·개방 정책 당시의 소련 구석구석을 여행 다녔던 일화들을 모은 책 『페레스트로이카 소련 기행』(1990·도서출판 나남)에서 옮긴 것이다. 책에 실린 내용 중 춘원 이광수의 소설 『유정』의 무대인 바이칼 지역을 다녀온 감회를 담은 글의 일부(159~162쪽)다.

무질서한 변혁의 현장 곳곳에서 외국인으로서 부딪치는 경험을 관찰자적 시각으로 바라보며 기술한 그의 글은 공산주의 국가의 내부 사정에 대한 이해가 부족했던 국내 독자들에게 살아있는 현장의 소리로 전해졌다. 변화의 본질을 지적하는 그의 목소리가 아직도 글 속에서 울려온다.

# 맥주도 없는 식당

그날은 토요일. 여섯 번째의 소련 방문에서 처음으로 시베리아로 떠나는 날이다. 우리 조상들이 거기서 남하하여 한반도에 정착했을지도 모른다는 시베리아. 그래서 우리가 원인 모를 집단적인 향수 같은 것을 느끼는 시베리아.

그러나 나 자신의 경우를 말하자면 시베리아의 파리라고 불리는 이르쿠츠크, 시베리아의 진주라는 바이칼 호수, 그리고 소련의 동쪽 판문인 하바로프스크 외곽을 흐르는 아무르강黑龍江 때문에 오랫동안 시베리아를 동경해왔다. 그중에서도 바이칼은 그 수려한 풍광 때문이 아니라 춘원 이광수가 소설 『유정』에서 남녀 주인공들인 최석과 남정임이 죽음으로 비련의 종말을 맞는 무대로 선정하여 우리의 정서를 자극한 곳이기 때문이다.

한국인의 소련 방문이 사실상 불가능하던 시절 나는 유럽여행 때는 모스크바를 경유하는 비행기를 즐겨 이용했다. 날씨가 화창하게 개인 날 시베리아 상공을 날으면서 눈 아래 점점이 떠있는 솜털구름 사이에 펼쳐지는 대평원과 삼림(타이가)에 넋을 잃은 적이 한두 번이 아니었다.

그래서 그날 나는 모스크바의 우크라이나 호텔에서 평소보다 한 시간이나 일찍

바이칼호의 저녁 노을

잠을 깼다. 마침내 가는구나 싶어 가벼운 흥분을 느꼈다. 모스크바에서 동남쪽으로 48킬로 떨어진 도모제도보 공항에서 11시 출발 예정이다. 이 공항은 시베리아, 중앙 아시아, 코카서스 방면으로 가는 국내선 전용이지만 규모로는 세레메치보 국제공항 보다도 크다.

공항 터미널은 어디나 그렇듯이 시장바닥 같다. 그러나 국영여행사인 인투어리스트Intourist를 통해서 비행기와 호텔을 예약하고 비행기 표를 사는 외국인단은 별도의 출입구를 이용하기 때문에 혼잡한 군중 속에서 기다리고 밀리고 시달리는 고생은 면제 받는다. 그것이 달러의 위력이다. 소련 사람들은 달러를 가진 외국인들에 대한 정부의 우대와 그들의 공인받은 '새치기'에는 수십 년 동안 익숙해 있어 그런 일에는 감정의 표시를 하지 않는다.

비온 뒤라 날씨는 기온 섭씨 22도로 쾌적하다. 공항에 도착해 보니 비행기는 두 시간 연발이다. 이르쿠츠크까지의 비행기 시간이 일곱 시간이니 두 시간 연발하면 비행 시간에다가 이르쿠츠크가 모스크바보다 앞서가는 다섯 시간의 시차를 합치면 도착은 다음날 새벽 1시라는 계산이다. 그러나 소련서는 이런 일을 당해도, 아니 그보다 더한 일을 당해도 꾹 참고 기다리는 도리 밖에 방법이 없다. 이해할 수 없지만 참고 감수할 수밖에 없는 일은 탑승 직후 비행기 안에서도 기다리고 있었다. 우리 일행 두 사람의 지정된 좌석은 일곱 번째 줄의 C석과 D석이었다. 그런데 우리 자리에는 벌써 소련 사람으로 보이는 젊은 부부가 아이 하나를 데리고 차지하고 있다. 그 옆에 중년의 뚱뚱한 스튜어디스가 버티고 서서 우리더러 여덟 번째 줄에 앉으라고 한다.

내국인 푸대접에 외국인 우대가 상식으로 통하는 소련에서는 이런 일은 드물다. 짐작컨대 우리 자리를 차지한 소련인 부부는 국영항공사에 끗발을 행사하는 위치에 있는 사람과 연줄이 닿는 사람들 같았다. 그러나 그들에게 꼭 그 자리를 주어야 하는 이유를 납득하지 못한 채 대망의 시베리아 여행길에 올랐다. 앉아보니 좌석의 등받이가 고장이라 한 없이 뒤로 제껴진다. 덕택에 내 뒷자리에 앉은 장신의 폴란드인 승객은 길다란 다리를 통로 쪽으로 뻗고 일곱 시간을 견디어야 했다.

현지 시간으로 자정이 훨씬 지나서야 이르쿠츠크 공항에 내렸다. 백야白夜의 시베리아라 날은 밤 열시를 지나서야 어두워진다. 호텔에 도착하니 이미 새벽 두 시. 그래도 한 가지 위안은 이르쿠츠크의 인투어리스트 직원들이 소련의 다른 어떤 도시보다도 친절하고 일을 능률적으로 처리하는 것이었다. 늦은 시간이었으나 마중 나온 직원과 버스 운전수는 웃는 얼굴로 승객들의 짐을 로비까지 날라주고 프론트의 여직원도 유창한 영어로 소련서는 신기하다 싶을 정도로 신속하게 움직였다.

그러나 일단 호텔 방에 들어가보니 역시 소련이었다. 목욕탕에 욕조는 없이 샤워기만 있는 것까지는 좋았는데 너무 늦은 시간이라서인지 찬물이 나오지를 않았다. 물이 뜨거워 샤워를 할 수가 없다. 바이칼에서 흘러나오는 앙가라강이 시내를 흐르는 물의 도시에서는 뜻밖의 일이다. 실내의 전등은 세 개 중에서 하나는 고장이다. 커튼은 있으나마나일 정도로 얇고 헐었다.

결국 (1990년) 6월 30일 그날은 세 시간 정도 자고나니 시베리아의 아침이 밝았다. 밖을 내다보니 바로 거기 이르쿠츠크를 양분하는 앙가라강이 흐르고 강변을 따라 아름드리 나무 사이로 강변 산책로가 나왔다. 소련 연방을 이루는 15개의 공화국 중에서 가장 큰 러시아 공화국의 이르쿠츠크 주 수도인 이르쿠츠크 시가 시베리아의 중심되는 고도古都임을 한눈에 알 수가 있다.

지금의 인구는 50만. 1652년 코사크 기병대가 러시아 황제의 하수인으로 이 지역의 원주민인 부랴트 몽골Buryat Mongol족을 정복한 데 이어 제정 러시아의 요새가 건설되면서 이 도시는 시베리아 개발의 최전선이 되었다. 이곳은 몽골, 중국, 그리고 하바로프스크나 블라디보스토크를 통해서 태평양 국가들과 연결되는 교통의 중심지이기도 하다. 시내에 몽골어 통역학교, 일본어학교, 항해 측량학교가 있고 수많은 연구기관과 고등교육기관이 있는 것도 17세기로 거슬러 올라가는 시베리아 개발의 역사와 무관하지가 않다.

이르쿠츠크는 또한 제정 러시아 이래 스탈린 시대까지 시베리아 유형지로도 악명 높다. 특히 시베리아 유형의 역사에서 이르쿠츠크가 오늘날 영광스러운 위치를 차지하게 된 것은 소위 '12월당Dekabrist' 사건에 관련되었던 사람들이 이 도시로 유배되었기 때문이다. '12월당'의 당원들은 1825년 12월 제정 러시아에서 최초의 혁명을 시도한 사람들이다.

나폴레옹 전쟁 중 유럽 원정에 종군했던 귀족 출신의 청년 장교들은 유럽의 정치와 사회를 보고는 러시아의 전제정치에 회의를 느꼈다. 그들은 귀국 후 비밀결사를 조직하여 당시의 수도 페테르부르그에서 새로 취임한 황제 니콜라이 1세에게 충성하기를 거부하고 반란을 일으켰다. 거사는 실패하여 주모자 다섯 명은 처형되고 106명이 이르쿠츠크로 유배당한 것이 문제의 사건이다.

　그들은 대부분 20대의 청년들이었다. 그들은 소금공장이나 보드카 공장에 배치되어 강제노동을 했는데 당시의 총독대리 고를로프가 데카브리스트들에게는 힘든 일을 시키지 않고 일반 가정에서의 자유로운 생활까지 허용했다. 그것이 페테르부르그에 알려져 고를로프는 유형수들에게 '과도한 관용'을 베푼 혐의로 처벌되고 데카브리스트들은 네르친스크 탄광으로 보내졌다. 거기서 그들은 학대에 견디다 못해 러시아 역사상 최초의 단식 파업을 하여 밤에는 숙소에 불을 켜고 공동 식사를 하는 권리를 쟁취했다.

　레닌은 데카브리스트가 게르첸의 눈을 뜨게 하고 게르첸은 혁명적인 선동을 개시했다고 데카브리스트의 역사적인 공헌을 평가했다. 시인 푸시킨은 시베리아 유형의 길에 오르는 데카브리스트들에게 바치는 시를 썼다.

　　시베리아의 광산 깊은 곳에서
　　영광스러운 고난을 이겨주오
　　그대의 슬픈 사실과 높은 이상이
　　덧없이 무너질 수는 없는 것.

　오늘날 이르쿠츠크의 사회를 이루고 있는 사람들의 많은 부분은 19세기까지는 7만을 넘었다는 유형수의 후예들과 스탈린 시대 정치범들의 2세와 3세들이다. 이처럼 암울한 과거와 시베리아 개발에 거는 기대가 혼재하는 곳이 바로 중부 시베리아의 국제도시 이르쿠츠크의 자화상이다.

　이 도시에는 한국인들의 과거도 아직은 궁색한 동포들의 현재 속에 남아 있다. 인투어리스트 호텔의 바에 들어갔다. 바텐더가 동양인이다. 그는 월드컵 축구를 보다가 일어나 칵테일 두 잔을 만들어 주고는 다시 텔레비전 앞에 가서 앉는다. 축구 구경을 하다가 우리가 한국말 하는 것을 듣고는 다가와서 당신들 조선말을 하는가고 물어 왔다. 이렇게 해서 인사를 나누고 보니 그는 김순명이라는 43세의 동포였다.

상상도 하지 않은 곳에서 동포를 만나니 반가웠다. 그의 말로는 이르쿠츠크에는 250명 정도의 고려 사람들이 산다고 한다. 그러나 실제로는 우리 동포의 수가 700명인 것으로 추산된다. 이르쿠츠크 고려인협회도 발족되었다. 김순명 씨는 우리 두 사람에게 칵테일 한 잔씩을 공짜로 대접하면서 자신의 가정 얘기를 했다. 그의 얘기는 바로 소련의 우리 동포사회에서 듣는 암울한 과거에 관한 얘기의 하나였다.

그의 어머니는 1936년 부산에서 강 씨와 결혼하여 아들 하나를 두고 살다가 1938년 아들은 거기 둔 채 남편이 강제징용 당해 사할린으로 갔다. 해방을 맞아 귀국길에 오른 부부는 처음에는 운 좋게 중국까지 갈수 있었으나 거기서 부부가 헤어져 남편은 한국으로 가고 아내는 사할린으로 되돌아가는 얄궂은 운명을 만났다. 사할린에서 김씨 성을 가진 사람과 결혼하여 아들 김순명 씨를 낳았다. 그리고 그 김씨는 이제는 고인이 되었다.

여기까지는 많은 사할린 동포들이 겪은 일이다. 그러나 올해 71세의 그녀는 지금 부산에 있는 전 남편과 아들과 연락이 닿아서 그들의 초청으로 한국을 방문할 수속을 하고 있는 중이다. 45년 전에 헤어져 서로가 다른 배우자를 만나 살던 부부의 때늦은 해후가 어떤 것인지는 수많은 이산가족의 해후에서 우리는 이미 보아왔다. 두 살 때 헤어진 50대 중반의 아들과의 해후는 또 어떠할런지 공연히 불안하고 궁금해 했는데 김순명 씨 자신은 남의 말 하듯 신명을 내면서 얘기를 하는 데서 어떤 페이더스를 느꼈다.

저녁에는 호텔 앙가라 앞에 있는 유명한 키로프 광장을 둘러보고 이르쿠츠크의 번화가인 레닌 거리와 칼 맑스 거리가 교차하는 곳을 산보하고는 택시운전수의 자문을 받아 피히텔베르크라는 독일식 식당으로 갔다. 장식 없는 넓은 홀의 분위기는 전체적으로 회색이다. 볼륨을 한껏 높인 밴드는 예스터데이 등 우리 귀에 익은 노래들을 연주한다. 디스코곡이 나오니 한국에서 흔히 보는 것처럼 네댓 명의 젊은 여자

손님들이 플로어로 나와서 자기네들끼리 정열적으로 춤을 춘다.

독일식 식당이라 메뉴는 소시지와 닭고기뿐이다. 그나마 소시지는 떨어졌다고 해서 닭고기를 시켰다. 두 사람이 닭고기 세 사람분에 보드카 한잔을 먹었는데 계산은 13루불이 나왔다. 그 식당에서는 루불을 받는 곳이라 무시해도 좋을 정도의 싼값으로 두 사람이 닭고기로 성찬을 즐긴 꼴이다. 얄타에서도 같은 경험을 했지만 우리는 소련 정부에 세금 한 푼 안내면서 정부의 보조로 좋은 식사를 한 것이다. 가는 곳마다 소련 정부에 관폐를 끼치는 셈이다. 이러고도 소련의 재정이 적자가 아니라면 오히려 이상한 일일 것이다.

그 식당에 맥주가 없었던 것도 소련이 안고 있는 문제의 일단을 설명한다. 이르쿠츠크 지역에는 맥주 공장이 작은 것 하나뿐이다. 거기서 나오는 맥주로는 시민들의 수요를 충당하지 못한다. 소련 서부에서 생산되는 맥주를 수송해 오면 그 만큼의 운송비가 들어 사회주의 계획경제의 특징의 하나인 전국적인 동일 가격을 유지할 수가 없다. 모스크바나 레닌그라드에서는 코카서스 지방에서 풍부하게 생산되는 신선한 야채를 먹기 힘든 것도 같은 이유에서이다. 페레스트로이카를 아무리 강조해도 극도로 낙후한 수송문제가 해결되지 않는 한 채소와 감자가 산지에서는 썩어나고 도시에서는 부족한 현상. 이르쿠츠크에서는 돈이 있어도 맥주를 마음대로 마실 수 없다는 기현상은 계속될 수밖에 없는 것이 소련의 안타까운 현실이다.

1999년 고르바초프 전 소련 대통령을 인터뷰하는 김영희

## 장명수

**상식의 언어로 써내려간 '장칼'의 전설**
**세상의 자식들에게 주는 메시지, "아들의 지갑"**

장명수(張明秀, 1942~)는 이화여대 신문방송학과 1회 졸업생으로 1963년 한국일보 공채 16기로 입사하며 언론계에 들어섰다. 일선 기자 시절 주로 문화부 기자로 활약한 그는 이후 부국장, 심의실장을 거쳐 주필(1998)과 사장(1999) 자리에 오르며 한국 언론사상 국내 언론 최초의 여성 주필, 여성 최고경영인이라는 영원한 기록을 남겼다. 1982년부터 한국 여기자로는 처음으로 자신의 이름을 내건 칼럼을 매일 쓰면서 명 칼럼니스트로도 필명을 날렸다.

### 국내 언론 최초 여성 주필, 여성 사장

그는 한국 언론의 대표적인 여기자로 꼽히면서 최은희 여기자상 (1985), 관훈언론상(1994), 위암 장지연상(2000), 여성동아대상 (1988), 한국여성지도자상 대상(2004), 삼성언론상(2004) 등 각종 상을 수상했다. 언론계를 물러난 뒤엔 모교인 이화학당(이화여대) 이사장을 맡아 후진 양성에 힘쓰고 있다.

그의 별명은 '장칼'이다. 그가 칼럼을 쓰기 시작하자 신문사 동기들이 '장명수'와 '칼럼니스트'에서 한 자씩 따서 붙여준 이름이다. 나중에는 칼럼이 칼로 찌르듯 날카롭게 정곡을 찌른다는 뜻으로 더 유명해졌다.

'장명수 칼럼'은 원래 한국 신문에 없었던 생활 칼럼을 도입하자는 취지에서 시작된 기획이었지만 30년 가까이 장수하면서 한국일보의 간판 칼럼으로 자리를 잡고 그를 한국의 대표적인 논객으로 꼽히게 만들었다. 거창하지 않은 평범한 상식의 언어로 써내려간 교훈적 메시지들은 우리 사회에 날카롭고도 묵직한 물음을 던졌다는 평가를 받고 있다.

## 20여 년간 독자와 소통해온 '장명수 칼럼'

그러나 그가 걸어온 '기자의 길'은 결코 평탄치 않았다. '여성 최초'라는 수식어 뒤에는 여기자가 흔치 않았던 보수적인 언론계 풍토 속에서 차별과 편견을 이겨내고 '유리 천장'의 한계를 극복하기 위한 많은 어려움과 아픔이 있었다.

신문사 내에서 '미스 장'으로 불리며 온갖 심부름에 시달리던 시대에 그를 버티게 만든 것은 오로지 글에 대한 열정이었다. 입사 초기부터 국어사전을 품고 다니며 선배들의 문장을 베껴 쓰면서 글을 갈고 닦았다는 게 그의 고백이다.

칼럼을 시작한 후 차츰 소재를 정치 분야까지 확대하자 사내에서는 "정치부 경험도 없는데 무슨 정치 칼럼이냐"며 엄청난 비난과 반발이 일었다. 그는 이에 맞서 "정치는 모르지만 평범한 독자의 입장에서 궁금한 문제를 제기하며 정치를 바라보는 생각을 쓸 것"이라며 꿋꿋이 버텼다.

아무런 정치적 이해관계 없이 자유롭게 써내려간 그의 칼럼을 보고 "정말로 궁금하고 답답하게 생각하던 것을 속 시원하게 써준

1992년 5월 29일 언론사 대표단 자격으로 방북한 장명수 한국
일보 사장이 북한의 김정일을 만나 악수하고 있다.

다"는 독자들의 공감과 반응이 이어졌다. 비가 오나 눈이 오나 매
일 1편씩 칼럼을 써내기란 쉽지 않은 일이었지만 묵묵히 독자와
대화하면서 '국민의 상식'과 '시민의 양식'을 담은 글이라는 명성과
신뢰가 쌓여갔다. '장칼'의 전설은 그렇게 시작됐다.

그는 항상 "기자는 단순히 뉴스를 전달하는 리포터reporter가 아니
라, 진실과 시대정신을 글에 담는 저널리스트journalist가 돼야 한다"
며 기자 정신을 강조했다. 빙산의 일각만 보고 '사실'이라 흥분할
게 아니라, 그 아래 감춰진 거대한 진실이 무엇인지를 파헤치려는
자세가 필요하다는 것이다. 이를 위해 기자에게 가장 필요한 것은
사소한 것도 놓치지 않는 호기심과 정확하게 정보를 전달할 수 있
는 글쓰기라는 게 그의 기자관이다.

### 일상의 소재, 상식의 눈으로 캐낸 생활 칼럼

아래의 글은 한국일보의 '장명수 칼럼'을 통해 2006년 12월 15일과

현역 언론인 시절의 장명수

2010년 11월 4일에 각각 소개됐던 글이다.

부모의 노후 문제를 촌철살인의 유머러스한 시각에서 대화체로 풀어내려간 '아들의 지갑'과 우리 주변의 잔잔한 화제로 절제의 미덕을 강조한 '햄버거 할아버지'는 술술 읽히면서도 뭔가 찡하게 만드는 감동과 교훈이 남는 글이다.

곳곳에서 여성스런 섬세함과 현안을 꿰뚫는 혜안이 돋보이는 이 칼럼들은 그가 무심히 지나칠 수 있는 일상의 삶 속에서 캐낸 소재를 가공해 의미 있는 메시지로 만들어내는 글쓰기의 달인임을 잘 보여주는 대표작이다. 그의 눈으로 바라본 한국 사회의 단상을 함께 느껴보자.

# 아들의 지갑

요즘 중노년의 어머니들 사이에서는 이런 '재치문답'이 오간다. 아들을 장가보내면 남이 되고 만다는 허무함을 표현한 유머 시리즈다.

"장가간 아들은?" "희미한 옛사랑의 그림자"

"며느리는?" "가까이 하기엔 너무 먼 당신"

"딸은?" "아직도 그대는 내 사랑"

이런 문답도 있다.

"잘 난 아들은?" "국가의 아들"

"돈 잘 버는 아들은?" "장모의 아들"

"빚진 아들은?" "내 아들"

하나 더 있다.

"아들은?" "큰 도둑"

"며느리는?" "좀도둑"

"딸은?" "예쁜 도둑"

### 어머니들의 재치문답 시리즈

어머니들은 이런 우스개를 하면서 깔깔 웃는다. 그리고 자신이 당했던 섭섭한 일들은 덮어둔 채 주변에서 보고 들은 이야기 보따리를 풀어놓기 시작한다.

"딸은 뭐 다른 줄 아세요? 직접 부모를 안 모시니까 덜 부딪치는 거지. 못된 딸들도 많아요. 우리 친척 중 한 분은 딸에게 재산을 줬다가 재판까지 해서 되찾았다니까요. 효성이 극진하던 딸과 사위가 돈을 받은 후 차츰 달라져서 불효막심해졌다는 거예요. 배신감이 얼마나 심했으면 소송을 했겠어요."

"자식에게 재산을 미리 주면 안 된다는 것이 노인의 수칙 1조인데 왜 그런 짓을 했을까. 재산을 미리 주는 것은 부모를 위해서나 자식을 위해서나 좋은 일이 아니예요. 자식들은 제가 번 돈으로 사는 게 원칙이고, 부모 입장에서는 수명이 점점 길어지고 노년에 무슨 병에 걸려 오래 앓을지 모르는데, 집 한 채라도 지니고 있어야 안심하죠. 치료비, 생활비 달라고 자식들에게 손 벌리다가는 섭섭한 일 안 당할 수가 없죠."

"제 친구 부부는 아들의 연봉이 어마어마하다는 소리를 다른 사람에게서 듣고 기쁘면서도 섭섭하더래요. 그래서 명절에 만났을 때 '너 연봉이 대단하다며?'하고 물었대요. 아들 며느리는 아무 대답이 없더니 얼마 후 좋은 식당에 초대해서 저녁을 잘 사더래요. 연봉은 끝내 모른 채 밥만 얻어먹었대요."

"반대로 돈 있는 부모 중에는 유산을 미끼로 못된 황제같이 구는 사람도 많죠. 자식들 위에 군림하면서 효도 경쟁을 시키고, 아들에게 줄 듯 딸에게 줄 듯 변덕을 부리고, 그러다 부모 자식 간의 정마저 다 잃는 사람이 있어요. 자식들은 부모가 가진 재산 때문에 꾹 참지만 속으로는 혐오감이 북받치겠죠."

"돈이 많지 않은 부모도 나름대로 머리를 쓴대요. 한 아버지는 자식들 앞으로 통장을 만들어 놓고 가끔 내보이곤 했는데, 돌아가신 후에 보니 전 재산을 가장 착한 자식에게 남겼고, 다른 자식들 통장에는 과자 값 정도만 들어 있더래요."

"맞벌이하는 아들 내외와 살면서 손자들을 키워주던 할머니가 어느 날 다른 일을 하는 사이에 어린 손자가 다쳤대요. 연락을 받고 병원으로 달려온 며느리가 폭언을 퍼붓는 데 놀란 할머니가 아들에게 그 사실을 말했더니 당연하다는 식이더래요. 충격을 받은 할머니는 곰곰 생각하다가 자기 명의로 돼 있는 아파트를 몰래 팔아서 종적을 감췄다는군요."
"통쾌하다. 졸지에 집을 잃은 아들 내외가 얼마나 황당했을까. 남편이 먼저 가면 남은 재산은 반드시 부인 명의로 해야 한다니까."

### 자식들이여, 부모에게 지갑을 열어라

이런 저런 이야기들 중엔 그저 우스개도 있고 가슴 아픈 실화도 있다. 아들 며느리의 폭언에 충격을 받고 집을 팔아서 종적을 감췄다는 할머니의 이야기는 오래 기억에 남는다. 옛날 같으면 어려웠을 그런 결단을 할 만큼 요즘 노인들이 똑똑해지고 있다는 사실을 말해주기도 한다. 이처럼 섬뜩한 이야기는 극히 드문 사건일 뿐이다. 그러나 애지중지 키운 아들이 장가간 후 '희미한 옛사랑의 그림자'가 된다는 어머니들의 한탄은 일반적인 이야기다. 어머니들의 섭섭함이 비처럼 대지를 적시고 있다.

효도에는 여러 가지 방법이 있지만 가장 좋은 것은 지갑을 여는 것이다. 가난하든 부자이든 부모에게 드리는 돈은 마음을 담아 묵직해야 한다. 연말이다. '희미한 옛사랑의 그림자'들이 지갑을 열 때다.

# 햄버거 할아버지

'햄버거 할아버지'라는 별명을 가진 분이 있었다. 그는 큰 부자였지만 근검절약을 한평생 생활신조로 삼았다. 자녀들과 손주들이 오면 할아버지는 함께 외식하러 나가는 것을 즐겼다. 가는 곳은 항상 햄버거 집이었다. 집 근처 햄버거 가게에서 차를 타고 좀 멀리 교외로 나가야 하는 곳까지, 늘 같은 체인의 햄버거 집을 찾아 가셨다.

처음에 가족들은 "손주들이 햄버거를 좋아하니까"라고 생각했고, 그 다음에는 "할아버지도 햄버거를 좋아하시는구나" 생각했다. 그러나 곧 그 이유를 알게 됐다. "다른 외식보다 가격이 합리적이다"라는 것이 할아버지가 햄버거 집을 선호하는 이유였다.

### "갈비란 본래 한두 대 먹는 것"

몇 년 전 장남이 갈비 집에 가자고 제안했는데, 계산서를 받은 할아버지는 크게 화를 내셨다. "가족 외식으로 이런 큰돈을 쓴다는 것은 말이 안 된다. 음식에 비해 값이 터무니없는데 왜 이런 바가지를 쓰느냐. 또 갈비란 본래 한두 대, 많아야 두세대 먹는 것이지 배가 부르도록 먹는 음식이 아니다. 식당이 떠나가게 떠들며 어른 아이 할 것 없이 아귀아귀 먹어대는 이런 곳에서 아이들이 무엇을 배우겠느냐"고 할아버지는 꾸중하셨다.

자녀들이 안내하는 식당에서 몇 번 외식을 하다가 할아버지가 정한 곳이 햄버거 집이었다. 생선·채소·고기 등 여러 종류의 햄버거가 있으니 식성대로 고를 수 있고 맛도 괜찮다는 게 할아버지의 설명이었다. "패스트푸드는 몸에 안 좋다"고 며느리가 반대했지만 "한 달에 두세 번 먹는다고 나쁠 것 없다. 또 우리 같은 노인에겐 햄버거가 별식이다. 모든 물건은 가격이 합리적이어야 한다"라고 할아버지는 주장하셨다.

부자와 가난한 사람을 막론하고 오늘의 노인 세대는 물자와 돈에 대한 생각이 젊은 세대와 많이 다르다. 물자가 귀한 시대에 성장했고, 전쟁을 겪으며 굶주림을 체험한 세대여서 절약이 몸에 배어 있다. 화장지 한 장도 반으로 잘라 쓰는 할머니는 손주들이 화장지를 마구 뽑아 쓰는 것을 이해할 수 없다. 할머니는 메모지가 있는데도 이면지를 사용하고 종이봉투, 나일론 보자기, 몽당연필, 리본, 포장지, 단추 등을 버리지 못해 온갖 잡동사니에 묻혀 산다.

요즘 나는 노인들의 이런 생활 태도가 더 없이 아름다운 미덕임을 발견하고 있다. 물자를 아끼고 자신을 위한 소비를 삼가는 마음은 자연에 대한 사랑과 겸손에서 나오는 것임을 깨닫게 되었다. 나무를 잘라야 만들 수 있는 화장지를 반으로 나눠 쓰는 할머니는 궁상을 떠는 게 아니라 나무들의 어머니 같은 마음으로 종이를 아끼는 것이다. 물건 가격은 합리적이어야 한다고 햄버거를 선택했던 할아버지는 구두쇠가 아니라 생활 경제학자였다.

"갈비란 본래 많아야 두세 대 먹는 것이지 배가 부르도록 먹는 음식이 아니다"라는 할아버지의 말씀에는 절제와 점잖음이 배어 있다. "실컷 먹고 실컷 마시고 실컷 즐기겠다"는 요즘 풍조와는 거리가 멀다. 한국인의 유전자 속에 대를 이어 전해내려온 굶주림의 기억이 세계 경제 10대국을 넘보는 이제는 사라질 때도 되었건만 무엇이든 '실컷' 하겠다는 욕구는 사라지지 않고 있다.

### 지글지글, 부글부글, 와글와글 식당

이런 욕구에 편승한 바가지 상혼이 음식 값을 터무니없이 올리고, 실컷 먹고 마시는 문화가 식당을 시끄러운 장터로 만들고 있다. 전국 어디를 가나 맛있다는 식당은 지글지글 굽고, 부글부글 끓이고, 와글와글 시끄럽고, 연기와 김이 자욱하다. 이런 식당에서 땀을 뻘뻘 흘리며 실컷 먹어야 "먹은 것 같다"고 만족하는 고객들이 이런 식당을 번창하게 한다.

나도 전에는 구두쇠와 궁상이 미덕임을 몰랐다. 자신을 위해 물자를 풍풍 쓰는 것이 천한 것임을 몰랐다. 절제와 절약이 반듯한 정신에서 나온다는 것도 몰랐다. 그런데 나이 들면서 조금씩 알 것 같다. 그리고 젊은 세대에게 절제의 미덕을 어떻게 가르쳐야 하나 걱정이 된다. 화장지를 반으로 잘라 쓰는 할머니의 아름다움을 어떻게 손주들에게 물려줘야 할지 안타깝다.

# 김훈

## 거리의 현장에서 부르는 펜의 노래
## '밥에 대한 단상'

김훈(金薰, 1948~)은 대한민국의 대표적인 소설가다. 그러나 그는 소설가 이전에 30여 년간 언론계에 몸담았던 저널리스트다.

가난으로 등록금을 마련하기 어려워 고려대 영문과를 중퇴한 그는 1973년 한국일보에 입사하여 언론계에 발을 들여놓았다. 당시 한국일보만이 유일하게 고졸에게도 입사 지원 자격을 줬기 때문인데, 장기영 한국일보 회장이 김훈의 당돌한 모습을 눈여겨봐서 합격시켰다는 후문이다.

문화부 평기자 시절인 80년대 초반에 당시로서는 획기적인 여행 르포 기사였던 '문학기행'을 매주 연재하면서 해박한 지식과 유려한 문체로 주목을 받아 일찌감치 '글 잘 쓰는 기자'로 자리매김했다.

90년대 초반 시사 주간지 시장이 본격적으로 떠오르자 시사저널로 자리를 옮겨 편집국장까지 지냈다.

조직과의 원만한 생활이 쉽지 않았던 탓인지 이후 한군데 정착하지 못했던 그는, 1995년 『빗살무늬토기의 추억』으로 등단하며 소설가로서 세상에 이름을 날리기 시작했다.

이후 『칼의 노래』, 『현의 노래』, 『남한산성』 등 역사적 순간들 속에서 고뇌하는 인간 내면의 세계를 그린 소설들을 잇달아 발표하며 한국의 대표적 소설가로 자리매김했다.

## 아버지에게 물려받은 글 솜씨

김훈의 아버지는 경향신문 편집국장을 지낸 언론인 김광주(1910~1973). 50년대 말~60년대 초 『정협지』, 『비호』 등의 작품으로 유명했던 국내 무협소설 1세대 작가였다. 아마도 그의 간결한 글쓰기 재주는 아버지에게서 물려받은 듯싶다.

그가 다시금 언론계의 조명을 받은 것은 50이 넘은 나이인 2002년 3월 한겨레에 부국장급 사회부 기동팀 사건기자로 취재 현장에 복귀하면서부터다. 아들 뻘 되는 타사의 신참 경찰 출입 기자들과 함께 일선 현장을 부대끼며 특유의 문체로 써내려간 기사들은 지금까지도 명문으로 회자되고 있다.

그의 실험은 여러 가지 사정으로 그해 11월 끝이 났지만 고참 기자들의 현장 취재가 드물었던 당시 언론계 풍토에 정면으로 도전했다는 점에서 한국 언론사의 이정표를 세웠다는 평가를 받는다.

당시 시경 캡으로 김훈과 함께 일했던 동료 기자의 경험이 담겨있는 책 『느리고 불편하고 심심한 나라』(권태호, 2017)에는 재미있는 에피소드가 나온다.

어느 날 김훈에게 신문 기자로 변신을 준비 중이던 한학자 도올 김용옥이 찾아왔다. 도올이 대학 동창인 김훈에게 "너처럼 현장 기자가 되려면 어떻게 해야 하나 좀 가르쳐달라"고 물었다.

그는 한참 뜸을 들이더니 "굳이 하겠다면 '보고'를 잘해야 한다는 것을 명심해라"고 대답했다는 것이다.

'보고를 잘 하라'는 한 마디 말에 기자의 모든 것이 담겨 있다는 게 바로 김훈의 현장 기자론이었다.

## 의견보다 사실이 우선

김훈은 기자이자 소설가였지만 소설과 기사를 쓰는 것은 전혀 다른 일이라고 주장했다. 그는 보도 기사에서는 사실fact이 무엇보다 중요하다고 강조했다.

"사실과 의견을 분리해야 한다"며 "사실이 먼저 있은 후 의견이 있을 뿐"이라고 주장했다. 거대 담론만을 내세울 것이 아니라 구체적인 사실을 통해 진실에 다가가는 것이 중요하다는 것이다.

그래서 글을 쓸 때는 항상 "사실에 기초한 것인지, 사실에 기초하지 않은 채 내 욕망을 지껄이고 있는 문장인지 구분하라"고 했다. 그리고 그는 이렇게 말하곤 했다. "의견을 사실처럼 말하고, 사실을 의견처럼 말하지 말라."

김훈은 특히 "기자는 개다. 달려가서 뼈를 물어 와야 된다. 어설프게 살점 따위를 뜯어 와서는 안 될 일이다"라며 취재 과정에서의 정확성을 주문했다. 기사의 핵심을 제대로 파악해서 취재하는 것이 바로 정확성의 요체라는 것이다.

김훈의 칼럼을 모은 책
『밥벌이의 지겨움』(2003) 표지

그의 글쓰기 철학은 한마디로 '살아 있는 글이란 현장과 사실에서 나온다'로 요약된다.

뉴스에서는 현란한 수사적 표현보다는 취재를 통해 얻은 구체적이고 유익한 정보를 논리적으로 배열해서 전달하는 것을 우선한다고 강조했다.

정보에 바탕을 두지 않는 수사학이나 사상

은 다 필요 없으며, 그래서 기사를 쓰기 위해서는 시간이 허락하는 한 더 많은 사람과 자료를 만나려고 노력해야 한다는 게 그의 지론이었다.

이러한 생각에 바탕을 둔 그의 글은 상황을 말하거나 설명하지 않고 마치 스케치하듯 보여준다는 점에서 'Show, Don't tell'의 기사 작성 원칙을 살린 대표적인 사례로 꼽힌다. 수사적 장치를 최대한 배제한 채 주어와 동사라는 뼈대만 가지고 사실을 보도하듯 써내려간다.

그의 기사는 현장에서 쓴 글이기에 생동감이 넘치고 팩트가 숨 쉰다. 르포 기사에는 밥상의 반찬 하나하나까지 빼곡히 적어놓는 세밀한 묘사가 압권이다. 그가 당시에 썼던 '탑골 공원에서 노인들이 사라진다' 기사를 보면 구체적이고 상세한 묘사는 위력을 발휘한다.

"서울 종로구 탑골공원은 지난 반세기 동안 노인들의 놀이터, 사교장, 그리고 시국 성토장이었다. … 점심시간이면 이 일대에서 3,000여 명의 노인들이 무료 급식을 기다린다. 이가 성치 않은 이들을 위해 메뉴는 호박나물, 숙주나물, 무국, 두부조림 같은 것이다. … 이 주변에는 노인용품을 사는 노점상들도 들어섰다. 노점상들도 노인이다. 중고 회중시계, 구두, 지갑을 비롯해 돋보기, 효자손, 관절염 약, 트로트 음반, 모시 속옷, 부채, 밀짚모자 등 파는 물건도 대개는 오래된 것이다. 찢어진 우산을 꿰매거나, 닳은 구두 뒤축에 정을 박거나 영정사진을 찍어주는 노점상들도 있고, 장기판을 빌려주는 노점상도 있다."

있는 그대로 옮겨서 보여주지만 꼼꼼한 관찰력이 현장의 생생함을 돋보이게 한다.

## 절제된 글쓰기 … '거리의 칼럼'

다음의 글은 한겨레 현장 기자 시절 '거리의 칼럼'이라는 이름으로 사회면에 남겼던 31편의 글 중 2002년 3월에 썼던 두 편의 현장 칼럼이다.

원고지 3매(600자) 남짓한 짧은 공간에 감정이 절제된 드라이한 문체로 함축적으로 간결하게 써내려간 문장이 인상적인 글이다. 현장성, 간결성, 함축성을 살린 관조적 전달만이 담겨 있다. 자신의 글쓰기 철학을 실천하듯 결코 호소하거나 촉구하지 않고 짧은 문장으로 자신이 본 것만을 그대로 옮겨놓을 뿐이지만 큰 울림으로 다가온다.

당시 현장 어딘가에서 몽당연필에 침을 묻혀가며(그는 당시에도 연필과 원고지만을 고집했다) 묵묵히 글을 써내려갔을 그의 모습이 문득 떠오른다.

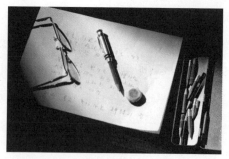

김훈은 아직도 글을 쓸 때 원고지와 연필을 사용한다.

# 밥에 대한 단상

황사바람 부는 거리에서 전경들이 점심을 먹는다. 외국 대사관 담 밑에서, 시위 군중과 대치하고 있는 광장에서, 전경들은 땅바닥에 주저앉아 밥을 먹는다.

닭장차 옆에 비닐로 포장을 치고 그 속에 들어가서 먹는다. 된장국과 깍두기와 졸인 생선 한 토막이 담긴 식판을 끼고 두 줄로 앉아서 밥을 먹는다. 다 먹으면 신병들이 식판을 챙겨서 차에 싣고 잔반통을 치운다.

시위 군중들도 점심을 먹는다. 길바닥에 주저앉아서 준비해 온 도시락이나 배달시킨 자장면을 먹는다. 전경들이 가방을 들고 온 배달원의 길을 열어준다. 밥을 먹고 있는 군중들의 둘레를 밥을 다 먹은 전경들과 밥을 아직 못 먹은 전경들이 교대로 둘러싼다.

시위대와 전경이 대치한 거리의 식당에서 기자도 짬뽕으로 점심을 먹는다. 다 먹고 나면 시위 군중과 전경과 기자는 또 제가끔 일을 시작한다.

밥은 누구나 다 먹어야 하는 것이지만, 제 목구멍으로 넘어가는 밥만이 각자의 고픈 배를 채워줄 수가 있다. 밥은 개별적이면서도 보편적이다. 시위 현장의 점심시간은 문득 고요하고 평화롭다.

황사바람 부는 거리에서 시위 군중의 밥과 전경의 밥과 기자의 밥은 다르지 않았다. 그 거리에서, 밥의 개별성과 밥의 보편성은 같은 것이었다. 아마도 세상의 모든 밥이 그러할 것이다.


# 라파엘의 집

서울 종로구 인사동 술집 골목에는 밤마다 지식인, 예술가, 언론인들이 몰려들어 언어의 해방구를 이룬다. 노블레스 오블리제를 논하며 비분강개하는 것은 그들의 오랜 술버릇이다.

그 술집 골목 한복판에 '라파엘의 집'이라는 불우시설이 있었다. 참혹한 운명을 타고난 어린이 20여 명이 거기에 수용되어 있다. 시각 · 지체 · 정신의 장애를 한 몸으로 모두 감당해야 하는 중복장애아들이다.

술 취한 지식인들은 이 '라파엘의 집' 골목을 비틀거리며 지나서 택시를 타고 집으로 돌아갔다. 동전 한 닢을 기부한 사람은 아무도 없었다. '라파엘의 집'은 전세금을 못 이겨 2년 전에 종로구 평동 뒷골목으로 이사 갔다.

'라파엘의 집' 한 달 운영비는 1,200만 원이다. 착한 마음을 가진 가난한 사람들이 1천 원이나 3천 원씩 꼬박꼬박 기부금을 내서 이 시설을 16년째 운영해오고 있다. 후원자는 800여 명이다. '농부'라는 이름의 2천 원도 있다. 바닷가에서 보낸 젓갈도 있고 산골에서 보낸 사골 뼈도 있다. 중복장애아들은 교육이나 재활이 거의 불가능하지만 안아주면 온 얼굴의 표정을 무너뜨리며 웃는다.

인사동 '라파엘의 집'은 술과 밥을 파는 식당으로 바뀌었다. 밤마다 이 식당에는 인사동 지식인들이 몰려든다.

3부
—

디지털
시대의
언론

빅데이터와 인공지능으로 대표되는 미래 사회 속에서 언론계는 좌표를 잃고 표류하고 있다.

확증 편향에 사로잡혀 자기가 원하는 뉴스만 골라서 보는 독자들. 기사의 관점까지 결정하는 알고리즘에 따라 자동화 시스템으로 뉴스를 대량 생산하는 로봇 저널리스트들. 맞춤형 정보 제공이라는 미명 아래 안방까지 파고드는 빅데이터와 개인 정보의 수집. 내가 보는 것만 보고 다른 사람에 대한 이해가 사라져 점점 단편화되는 사회.

앞으로 펼쳐질 변혁기에 뉴스는 과연 어떤 모습으로 바뀔 것인가. 가짜 뉴스가 여기저기서 구름처럼 쏟아져 나오는 속에서 진짜 뉴스를 어떻게 구별할 수 있을 것인가. 펜 대신 노트북과 카메라를 든 기자들은 과연 그 속에서 살아남을 수 있을 것인가.

미디어는 이제 어떤 사실과 정보를 뉴스로 전달하는 기능을 넘어서 가치 개입적인 뉴스를 만드는 시대를 맞이하고 있다.

이처럼 급변하는 시대 흐름 속에서 소비 주도 생산 방식으로 바뀌는 디지털 시대의 언론이라는 새로운 위상 정립은 더 이상 외면하기 어려운 과제가 되고 있다.

글쓰기로 대표되는 나와 남과의 소통 작업은 서로를 가르는 벽에 막혀 고통스러운 일로 바뀌고 있다.

그러나 가속화되는 디지털 환경 속에서도 정제되고 정확한 기사를 쓰는 권위는 여전히 살아 남아있다. 세상만사를 들여다보고 이해하는 데 있어 '기준점point of reference'이 되는 고품격 뉴스 콘텐트의 정보 큐레이션은 그래서 더욱 중요한 의미를 지닐 것이다.

디지털 시대의 글쓰기는 읽는 재미가 인간에 여전히 못 따라가는 로봇 저널리스트가 범접할 수 없는 영역으로 살아남아야 한다. 호응과 반응으로 연결되는 사람과의 상호 작용을 위한 지적 작업으로 다시 정의돼야 할 것이다.

기계가 전혀 따라올 수 없는 차별성을 만들어내는 역량은 무엇보다도 기술 만능주의를 벗어난 인간 감성의 회복에서 시작된다.


3부에선 뉴스가 다원화되는 디지털 시대에서 진정한 소통이란 무엇이며, 디지털 시대의 글쓰기는 과거와 어떻게 달라지는지를 다뤄 본다.

뉴스의 생산자이자 소비자가 되는 인간 존재의 한계를 먼저 짚어보면서 이를 극복하기 위한 디지털 사회의 특성과 새로운 소통과 글쓰기의 특징 등을 소개한다.

디지털 시대의 인간과 정치·사회·문화의 소통을 다룬 12편의 글 속에는 미래의 언론인들에게 달라진 언론 환경에서 주목해야 할 포인트를 어떻게 제시할 것인가에 대한 기성 언론인의 고민도 담겨 있다.

# 디지털
# 시대의
# 소통

WS

## 인간, 그 미약한 존재의 한계

해가 바뀌고 정권이 바뀔 때마다 온 사회가 시끄럽고 뒤숭숭해진다. 정치판에서, 경제·사회 현장 곳곳에서 언론을 장식하는 뉴스들마다 저마다 제 잘났다는 소식들만 가득이다. 그 많은 뉴스가 전하는 이야기들을 들여다보다 보면 정치·경제 현상과 사건·사고의 이면에 감도는 인간의 욕심이야말로 무한한 지경이 아닌가 하는 착각이 들기도 한다.

그러나 모든 일이 다 그렇듯이 무엇 하나라도 제대로 하자고 들면 자신의 한계를 먼저 아는 것이 우선이다. 인간은 흔히 만물의 영장이라 불리며 지구상 최고의 지능체로서 이 세계를 지배하는 것처럼 보이지만 알고 보면 티끌만도 못한 나약한 존재다. 이런 인간의 한계를 제대로 알아야만 이 사회를 떠도는 이기심과 공명심들을 다스리는 자아 반성의 기제를 사용할 수 있다.

인간의 역사를 살펴보자. 만물의 역사와 비교해볼 때 인간의 역사는 미미하다 못해 흔적도 찾기 어려울 정도다.

우주의 생성 역사는 138억 년의 빅뱅Big Bang에서 시작됐다. 이후 장구한 세월이 흐르면서 약 50억 년 전에 태양이 출현했고, 46억 년 전에 지구가 탄생하고, 38억 년 전에 지구상에 최초의 생물체가 등장한다.

이후 20억 년 가까운 오랜 기간 동안 유전에 의한 진화의 시간을 거치면서 4억 년 전에야 땅에 사는 육상 생물체들이 비로소 나타나기 시작했다. 1억2천만 년 전에 포유류가 등장했고, 인간이 살 수 있는 환경이 조성된 것은 불과 수천만 년 전에 불과하다. 인류의 원조는 아무리 오래 거슬러 올라가 봐도 6백만 년 전쯤에야 등장했다. 현생 인류와 가장 비슷한 크로마뇽인이 나타난 것은 이로부터 수백만 년이 흐른 약 5만여 년 전이다. 농경생활을 통해 정착이 시작된 것은 불과 1만여 년 전이다.

칼 세이건이 자신의 저서 『에덴의 용The Dragons of Eden』에 서술한 것처럼, 138억 년의 우주 나이를 1년으로 압축한 우주력宇宙歷에 따르면, 1월 1일 우주의 탄생 이후 태양은 8월 31일, 지구는 9월 21일에야 태어난다. 공룡의 멸종 이후 포유류가 확산된 것이 12월 25일, 현생 인류인 호모 사피엔스의 등장은 12월 31일 밤 11시쯤에 해당한다. 인류의 역사는 12월 31일 밤 11시 59분 46초부터 비로소 시작된다. 우주의 역사 전체를 놓고 볼 때 그저 찰나의 순간에만 등장하는 생명체인 인류는 지구에 잠시 왔다가 사라지는 미미한 존재가 될 수도 있다.

이렇게 순간 같은 인류의 역사에서 인간 문명의 총아라 할 수 있는 문자의 등장은 약 5,000년 전이며, 오늘날 온갖 만물을 주무르고 있는 컴퓨터의 등장은 채 100년이 안 된다. 스마트폰이 세상에 나온 지는 고작 10년에 불과하다. 앞으로 지나온 역사만큼의 시간이 다시 흐른다면 세상이 어떻게 바뀔지 상상하기조차 쉽지 않다.

현재 지구상에서 발견된 물질 중 가장 오래된 물질은 그린란드에서 발견된 변성 퇴적암으로 약 38억 년 전에 생성된 것으로 추정되고 있다. 억겁의 세월 동안 모양을 굿굿이 지켜온 바윗돌에 그 어떤 인간의 지식과 부귀영화를 견줄 수 있을 것인가. 인간이 기껏 해야 한 세대도 못 가는 유한한 존재들임을 알게 된다면 다툼과 갈등에 앞서 스스로 겸손해질 수밖에 없을 것이다.

그런 인간들이 모여 살고 있는 지구 역시 존재의 미소함이란 말할 나위가 없다.

인간이 숨 쉬고 살아가는 것은 지구 위를 덮고 있는 대기권 덕분이다. 현재로선 우주에서 유일하다고 알려진 대기권이 지구를 20km의 두께로 덮어 보호해주고 있는 것이다. 20km라면 엄청난 규모라 할 수도 있지만 그래 봤자 지구의 두께에 비교해보면 한줌의 먼지에 불과하다.

다치바나 다카시의 『우주로부터의 귀환』을 보면 생생한 사례가 나온다. 직경 1만3천km의 지구를 1,000만분의 1로 축소하면 축구공 정도이다. 대기권은 그 위에 고작 2mm 정도의 얇은 막 하나를 붙인 것에 불과하다. 이토록 얇은 막 하나를 놓고 오존층 파괴니, 온실효과니 하는 말까지 나오고 있으니 지구의 위기가 훨씬 생생하게 다가온다.

인간 생명의 근원인 물은 이보다 더 약하다. 지구상의 물을 전부 모아 지구 위에 균일하게 붙이면 두께가 1.6km 정도라 축구공 크기의 지구로 축소하면 0.16mm의 얇디얇은 막에 불과한 것이다. 대기권과 물, 이 두개의 얇은 막 사이에서 지구상의 모든 생명이 하루하루를 살아가고 있는 것이다.

지구가 속해 있는 태양계에서 가장 가까운 별까지의 거리는 4광년(1광년=빛이 1년간 가는 거리), 우리 은하계와 가장 가까운 이웃 은하계까지의 거리는 무려 250만 광년이다. 가히 우주는 텅 비어 있는 공간 그 자체이며 그 속에, 먼지 같은 지구 속에, 그중에서도 한반도 위에, 서울 위에 집 한 채 기탁하고 살고 있는 나의 존재란 정말 전자현미경으로 들여다봐도 보이지 않을 정도의 미미한 존재에 불과한 것이다.

『우주로부터의 귀환』(2002) 표지

우리 주변의 디지털 환경은 어마어마한 속도의 시대로 대표된다. 광속처럼 급변하는 환경 속에서 우리에게 가장 먼저 필요한 것은 미약한 존재로서의 인간의 한계를 직시하며 하루하루의 생활을 겸손하게 시작하는 자세다.

## ─ 인간, 그 미약한 존재의 한계 2

어느 해인가 신년 초가 되자 나의 절친 중 한 명이 중대 결심을 했다. 올해 목표를 뭐로 할까 고민하다가 '조금 불편하게 살기'로 정했다는 것이다.

우선 스마트폰부터 없앴다. 통화와 메일과 문자, 음악 듣기 정도만 되는 저사양의 폰으로 바꿨다. 인터넷은 속도가 느려서 속 터지는 바람에 아예 포기하게 되고, 일부러 디스플레이의 글자 크기가 작아서 노안 때문에 잘 안 보이는 폰을 택했단다.

페이스북 등 소셜네트워크SNS도 당분간 쉬기로 했다. 페친들에게 보낸 마지막 글은 이랬다.

"제가 그리울 땐 전화주세요. 아날로그 감성으로 받을게요."

인터넷 뉴스 대신 신문을, 사진이 필요하면 카메라로, 음악은 LP로, 스케줄은 수첩과 다이어리로, 필기는 만년필로….

그야말로 디지털 탈출과 아날로그 인간으로의 복귀 선언이다.

디지털 시대에서 현대인들이 왜 이처럼 아날로그 감성을 그리워하는 것일까. 그것은 그동안 익숙했던 기계에 의존하는 인간의 삶에 대한 반성이자 인간적인 감각 회복의 소망이 우리 사회 내에서 서서히 일고 있기 때문이다.

인간이 넉넉했던 감성을 잃어가기 시작한 것은 정보통신사회의 시작과 함께 '속도와 확장의 경제'가 급속도로 확산되면서부터다. 찰스 밴 도런의 『지식의 역사』를 보면 산업혁명 이전에는 인간이 하루 동안 걸을 수 있는 최대 거리는 24마일, 그러니까 38.4km 로 1백리쯤 되는 거리에 불과했다. 기차가 나오면서 인간의 속도 가 빨라져 하루 120마일을 갈 수 있게 됐고, 비행기를 타게 되면서 그 속도가 시속 600마일에 달하게 됐다.

폭발적인 속도의 증가는 이제 디지털 시대의 화두가 됐다.

## 도망가든지, 싸우든지

속도를 추구해온 인간의 본성은 원시시대부터 축적돼온 경험에서 그 근원을 추적해볼 수 있다. 원시시대부터 인류는 산불이나 맹수 의 출현과 같은 외부 세계의 새로운 사건에 의해 위기를 맞았다. 위험과 대면하면 도망가든지, 싸우든지 즉각적으로 반응해야 한 다. 후손을 남기고 생존할 수 있느냐는 새로운 사건과 부딪칠 때마 다 얼마나 빨리 즉각적으로 반응하느냐에 달려있다. 그게 무엇인 지 따지고 느끼기 이전에 죽느냐 사느냐 하는 신속한 반응이 우선 이었다. 공포를 느끼고 움직이면 이미 때가 늦다.

현대인들이 뉴스를 갈구하는 것도 알고 보면 자신들이 경험하지 못한 외부 세계의 사건이나 일을 남보다 먼저 알지 못했을 때 맛보 게 되는 불안감 같은 인간의 본능에서 출발한 것이다.

유럽의 대표적인 문필가 알랭 드 보통은 그의 신작 『뉴스의 시 대』에서 뉴스를 접하지 못하는 인간의 불안함을 다음과 같이 아주 생생하게 묘사한다.

"…어째서 우리 대중은 계속 뉴스를 확인하는 것일까? 뉴스에서 눈을 떼고 나서 아주 짧은 시간이 흘렀는데도 습관처럼 불안이 축적된다. … 재앙이 닥칠지도 모른다는 우리의 염두에 자리 잡은 생각은, 가장 가까운 곳에 있는 안테나 철탑 쪽으로 휴대 전화를 돌려놓고 기사 제목이 뜨기만을 기다릴 때 희미하게 잡히는 두려움의 맥박을 해명해준다. 그 맥박은 우리의 먼 조상이 동이 크기 직전의 싸늘한 순간, 태양이 변함없이 창공에 떠오를지 궁금해 하면서 느꼈을 게 분명한 불안이 모습을 바꿔 나타난 것이다."

그러나 인간의 한계는 과학과 기술의 급속한 발전을 지켜보는 우리로 하여금 절망감이 들게 만든다.

과학 잡지 '파퓰러 사이언스'의 분석에 따르면 인간은 초속 9.4m 이상 빨리 달릴 수 없는 데다, 최고 450kg까지 밖에 들어 올릴 수 없는 존재다. 폐를 상하게 하지 않으려면 산소 없이는 8,000m 이상의 높이를 올라갈 수 없으며, 200m 이상 잠수하기 어렵다. 현재 기록으로 인간은 최장 수명이 122년에 불과하고, 잠을 자지 않고 11일 이상 견딜 수 없으며, 아무 것도 안 먹고 30일 이상 버틸 수 없다.

인간의 한계에서 느끼는 불안감은 여러 가지 문명의 이기가 발명되면서 해소됐다. 과학과 기술을 통해 한계를 넘어선 인간 감각의 확장이 본격적으로 이뤄진 것이다.

그러나 그 대가는 만만치 않은 것이었다. 불과 전등의 발명으로 해가 뜨면 일어나고 해가 지면 쉬어야 하는 인간의 생체 리듬은 억제되기 시작했다. 마차와 자동차가 등장하면서 인간의 근육은 운동 부족으로 인해 점점 퇴화돼갔다. 허기 속에 하루 종일 사냥감을 쫓아 뛰어다녔던 원시인과 달리 현대인들은 이제 포식의 시대에 살면서도 조금만 배가 고프면 참질 못하게 됐다.

제1차 세계대전에 등장한 기관총은 1시간당 230명을 사살하는 위력을 발휘하며 인간의 힘에만 의존해왔던 창·칼·활과 같은 인본적인 무기를 완전 무력화시켰다.

마샬 맥루한은 이런 변화를 '미디어를 통한 인간의 확장'이라 표현한다. 의복은 피부의 확장, 바퀴는 발의 확장, 책은 눈의 확장, 라디오는 귀의 확장, 전기회로는 중추신경 체계의 확장이라는 식이다. 이제 그 확장은 계속 진행돼 컴퓨터 네트워크가 신경계, 텔레비전이 눈, 전화가 귀, 가상현실 작동 장치가 근육, 원격 조정 장치가 손, 그리고 인공지능이 뇌의 확장으로 이어지고 있다. 정보량의 확장도 상상을 초월할 정도다. 요즘 하루에 생산되는 지식·정보량은 고대 알렉산드리아 도서관의 320배에 달한다는 분석까지 나올 정도다.

그렇다면 이러한 정보 폭주의 사회 속에서 인간의 한계를 겸허하게 인정하면서 사람답게 살아가는 방법은 과연 무엇일까.

'만물의 영장'으로 자리매김하게 만든 인간의 뇌라고 해봐야 크기가 평균 1,450cc로 전체 몸무게의 50분의 1에 불과하다. 뇌를 구성하는 10억 개의 뉴런에 각각 1개씩의 기억을 저장한다고 가정해보면 그 기억용량은 USB 드라이브 수준인 몇 GB에 지나지 않을 뿐이다.

그러나 다행히도 인간은 뉴런 간의 연결 작용을 통해 그 능력을 기하급수적으로 확대해낼 수 있다. 아날로그적인 두뇌 훈련이 중시되는 이유다.

여러분은 머리가 꽉 차서 더 이상 아무 것도 들어가지 않을 것 같은 느낌이 든 적이 몇 번이나 있었는가. 'add' 버튼에만 익숙한 우리는 쉽사리 용량의 한계를 경험하지 못한다.

나를 둘러싼 온갖 문명의 이기 속에서 자신의 한계를 절감하고 그것을 체감하며 자신의 몸으로 그 능력을 신장시켜 나가려는 노력은 바로 아날로그 감성의 독립선언이다. 자동차 만능 시대에 굳이 마라톤을 뛰는 사람들이야말로 사냥감을 찾는 원시인의 심정으로 돌아가겠다는 인간 선언의 장본인들이다.

## 던바의 법칙

영국 옥스퍼드대학의 심리학자 로빈 던바 교수는 사람들이 교류하면서 진짜 친구로 여길 수 있는 사람의 수가 최대 150명을 넘지 못한다는 이른바 '던바의 법칙'을 주장했다. 아무리 새로운 기술이 등장하고, 인터넷과 SNS에서 수많은 팔로어를 거느리고 있다 해도 인간적인 감성을 느끼며 친구로 지낼 수 있는 인간 접촉의 한계는 원시 시대 부족 규모인 150명을 넘지 못한다는 말이다.

생각해보자. 지난 하루 동안 이름을 기억하며 직접 이야기와 감정을 나눴던 사람들이 몇 명이나 되는지. 던바의 법칙은 디지털 시대에 양적인 추구에만 매달리지 말고 아날로그적인 감성을 느낄 수 있는 교우의 범위를 최소한 유지하며 질적 깊이를 잊지 말아야 한다는 경고와도 같다.

순간의 만남에만 머무르지 말고 인간의 한계를 자각하면서 좀 더 깊은 무엇인가를 추구하라는 것이다. 양으로 질을 대처하려는 것은 허망한 시도일 뿐이다.

정보와 지식은 어디든 전송받을 수 있지만 진실과 지혜는 아무 데서도 전송받을 수 없다는 이 말을 명심하라.

## 디지털 시대를 살아가는 법

여러분은 TV를 볼 때 다음의 방법 중 몇 가지나 사용할 줄 아는가?

① 출근길 휴대전화로 보던 드라마를 점심시간에 직장 PC로, 퇴근 후엔 집에서 TV로 계속 이어 보는 N-스크린 서비스
② 인터넷 스트리밍 서비스 등을 통해 다양한 콘텐트를 TV로 불러내 시청하는 OTTOver the Top 서비스
③ 휴대전화를 큰 화면의 TV에 유·무선으로 연결해 사용하는 미러링Mirroring

이런 방법을 한 번이라도 써 본 경험이 있다면 당신은 '스마트 시청자'라 불릴 만하다. 이처럼 불과 10여 년 전만 해도 상상조차 하지 못했던 일들이 우리 주변에서 다반사로 벌어지고 있다. TV 보는 것 하나만 해도 이제 편안히 소파에 앉아 리모컨만 누르던 시대는 지나가고, '연결'과 '융합'을 통해 세계를 확장해나가는 행위로 바뀌고 있다.

모든 것을 컴퓨터와 인터넷으로 연결하는 '사물인터넷'Internet of things, IoT 시대다. 최근 글로벌 정보통신업체 선두 주자 구글의 미래를 위한 행보는 시사하는 바가 크다. 구글이 차세대 사업으로 꼽은 분야는 바로 로봇과 무인 자동차 개발이다. 이것은 최신 컴퓨터와 인터넷으로 연결된 인공지능 시스템이 차세대 핵심 기술이 될 것

이란 전망에 기초한다. 이제 로봇이나 컴퓨터 알고리즘은 인간의 창조적 행위에 대한 경계선마저 허물고 있다. 이런 '멋진 신세계'가 본격적으로 열리면 인간사의 모든 문제는 편안하게 해결되는 것일까.

한때를 풍미한 인기 과학소설SF이나 영화·드라마를 살펴보면 그 시대를 관통했던 불안감의 흐름을 엿볼 수 있다. 제1·2차 세계대전으로 피폐해진 지구촌엔 프랑켄슈타인이나 킹콩으로 대변되던 괴물·괴수의 습격이나 외계인의 침공이 새로운 위기의 근원으로 꼽혔다. 그러다 20세기 후반 들어 인간 본성에 대한 탐구가 치열해지면서 악성 바이러스나 좀비의 출현이 인간을 위협하는 인기소재로 다뤄졌다. 최근엔 이들을 다 제치고 컴퓨터와 인터넷을 장악한 고성능 수퍼 컴퓨터의 반란을 다룬 영화가 대세다. 영화 '터미네이터'의 인공지능 시스템 스카이넷, '매트릭스'의 인간 감시 로봇 센티넬에 이어 아예 인간의 살아 있는 뇌를 컴퓨터에 업로드 하는 '트랜센던스'에 이르기까지 인간에 맞서는 초고속 컴퓨터가 단골로 등장했다. 그만큼 컴퓨터의 무한 발전이 역설적으로 인류 문명의 위기가 될 수도 있다는 불안감의 암시라 하겠다.

아직 컴퓨터의 실제 수준이 인간과 기계를 구분하는 기초적인 튜링 테스트를 겨우 통과할 정도여서 이 같은 상상에 너무 걱정할 필요는 없다. 하지만 기계에 점점 익숙해지면서 퇴화해가는 인간의 능력은 우리 주변에서 흔히 목격된다.

아날로그의 최후

"머릿속으로 기억해낼 수 있는 가족이나 친구의 전화번호는 몇 개나 되나?" "손 글씨로 편지를 써본 게 언제쯤인가?" "좋아하는 글귀 밑에 밑줄을 그어가며 책을 읽어본 적이 있는가?" "하루에 얼마 동안이나 컴퓨터 게임을 하는지 계산해본 적이 있는가?"

이런 질문들에 대답이 가물가물한 사람들이라면 어느새 기계의 지배를 걱정할 만한 수준에 들어선 것이다.

하루 종일 스마트폰에만 매달리는 사람들도 마찬가지다. 스마트폰이 울려주는 알람과 일정에 따라 행동하고, 스마트폰 게임이 허락하는 하트의 범위 내에서만 게임을 할 수 있다. 사색이 사라진 공간엔 검색만이 남아 있다.

새삼 "바퀴를 미는 길의 힘이 허벅지에 감긴다"고 했던 자전거

애호가 김훈의 아날로그적 감성이 더없이 그리워진다.

　디지털 변혁이 급격하게 이뤄지면서 '디제라티'digerati라는 말이
떠오르고 있다. 디지털digital과 지식계급literati의 합성어로 정보화 시
대의 신지식인 엘리트를 일컫는 말이다. 정보기술IT에 대한 풍부한
지식에다 인문학적인 감성에 대한 폭넓은 이해까지 갖춰 기계를
주도하는 사람들이다.

　이제 다시 묻는다. 당신은 디제라티인가?

## 바야흐로 플랫폼 시대

요즘 젊은이들이 많이 찾는 유흥가 클럽에 가보면 재미있는 장면을 볼 수 있다. 똑같은 손님인데도 여자들이 오면 입구에서부터 공짜인 데 반해 남자들은 입장료나 술값을 받는다. 사정인즉 매력적인 여성들이 북적대야 덩달아 '훈남'들까지 많이 찾아오게 마련이고, 그래야 '물이 좋다'는 소문이 나면서 손님이 더 몰리기 때문이란다.

'신종' 남녀 차별 아니냐고 할 법하지만 이야말로 요즘 뜨고 있는 '양면 시장'two-sided market의 기본 원리를 여실히 보여주는 사례다. 클럽이 제공하는 서비스나 분위기보다 이성 고객이 많이 찾을수록 또 다른 이성 고객이 많이 몰리는 시장. 수요자·공급자의 단일 차원을 넘어 이처럼 별개의 남녀 두 고객 그룹을 상대하며 상대방 그룹의 크기에 따라 서로의 수요에 영향을 주는 시장이 바로 '양면 시장'이다.

회원카드 고객이 많을수록 가맹점도 많아지는 신용카드 시장이나, 한 편엔 광고주 시장이 있지만 또 다른 한편에 인터넷 검색 수요자들로 이뤄진 인터넷 검색 광고 시장이 바로 그런 시장이다.

양면 시장에선 상호 의존적인 고객들이 모이는 장場인 '플랫폼' platform이 무엇보다 중요해진다. 원래 '승강장'이나 '연단'을 뜻하거나 컴퓨터·시스템의 기반 소프트웨어를 일컬었던 '플랫폼'이란 말은 이제 새로운 '비즈니스 생태계'를 지칭하는 용어로까지 발전하고 있다. 최근 빠르게 성장하는 정보기술 기업은 대부분 플랫폼 사업에 성공한 기업들이다.

애플은 앱스토어 플랫폼을 통해 콘텐트 제공자와 고객들을 연결했으며, 구글은 검색 광고 플랫폼을 통해 콘텐트·광고주를 연결하며 나름의 생태계를 구축하는 데 성공했다. 2000년 세계 6위 기업으로 꼽혔던 일본 소니는 자체 플랫폼 사업에 실패해 단순 디바이스 제조사로 전락하면서 시장 주류에서 밀려났다.

국내에서도 이제 SK텔레콤이나 KT와 같은 이동통신사업자들은 다양한 복합 상품과 가입자를 바탕으로 고유한 생태계 구축에 성공하면서 IPTV, 인터넷 시장 등을 석권한 데 이어 금융업까지 넘보고 있다.


플랫폼을 통해 선순환 구조의 생태계가 조성되면 사용자가 많아질수록 효용이 커지는 '네트워크 효과'가 발생하면서 스스로 성장해 간다. 여기에 한 번 종속되면 헤어 나오기 어렵게 된다. '내 안에 가두는 장치'로 불리는 플랫폼이 무서운 이유다.

콘텐트, 플랫폼, 네트워크, 단말기(디바이스)로 이뤄진 이른바 'CPND 생태계'에서 플랫폼은 콘텐트부터 네트워크·디바이스까지 흡수해 가며 왕좌를 굳혀가고 있다.

미국에선 2013년에 인터넷 동영상 서비스업체인 넷플릭스가 직접 제작한 드라마 '하우스 오브 카드'를 지상파나 케이블 방송 없이 인터넷에만 시리즈 전편을 한꺼번에 공개해 충격을 줬다. 드라마 시청·배급 방식(플랫폼)을 혁명적으로 바꿔놓았다는 평가 속에 이를 보기 위한 유료 가입자는 3,000만 명을 넘어섰다. 시즌 1은 그해 에미상 3개 부문을 휩쓸면서 기존 방송 드라마를 크게 위협했다.

이제 '콘텐트만 좋으면 시장이 저절로 따라온다'거나 '네크워크를 장악하면 성공한다'는 고정관념으론 새로운 비즈니스를 도저히 설명할 수 없는 시대가 됐다. 『플랫폼의 시대』의 저자인 필 사이몬 역시 "비즈니스의 미래는 나만의 플랫폼을 개발해 확장하고, 역동적이고 강력한 생태계를 구축했는지에 달려 있다"고 강조했다.

기업들은 '구글처럼 개방하고 페이스북처럼 공유하라'는 구호를 내걸고 관련 사업을 '장', 즉 플랫폼에 모아 새로운 생태계를 구축하는 전략을 찾아내야만 성공할 수 있게 된 것이다.

'장'을 가진 자가 미래의 '부'를 지배한다. 고유의 기술과 네트워크를 바탕으로 자신만의 스토리텔링을 입힌 플랫폼을 만들어 내는 기업만이 최후의 승리자가 될 것이다.

1992년 미 대선 때 빌 클린턴 대통령의 구호였던 "바보야. 문제는 경제야"도 바뀌어야 한다.

"바보야. 이제 문제는 플랫폼이야."

## ___ 디지털 디바이드 2.0 시대

크리스마스 캐럴이 거리를 휘감던 2013년 12월 20일 미국 샌프란시스코 동쪽 위성도시 오클랜드의 한 전철 역 입구에서 희한한 일이 벌어졌다. 미국의 대표 기업인 구글의 직원들을 실은 통근버스가 시위대에 가로막혀 오도 가도 못하게 됐다.

'구글은 꺼져 버려라Fuck off Google'라고 쓰인 현수막을 들고 나타난 시위대는 버스 출발을 막은 뒤 유리창을 깨뜨리고 타이어를 파손했다. 인근의 애플 통근버스 앞에서도 비슷한 시위가 열렸다.

미국 벤처기업의 요람인 실리콘밸리 중심부에서 도대체 무슨 일이 일어난 것일까. 시위대들은 첨단 정보기술IT 기업들이 이 지역에 대거 입주해오자 저소득층 '토박이' 주민들이 이에 밀려 오랜 삶의 터전에서 쫓겨나게 됐다며 항의에 나선 것이었다. IT기업들이 인근 사무실은 물론 아파트·주택까지 싹쓸이하면서 부동산 임대료가 폭등한 데다 재개발이 속속 이뤄지면서 주거 안정을 위협받는 사례가 점점 늘어나자 현지 주민들 사이에 불거졌던 반反IT기업 정서와 분노가 폭발했다는 것이다.

흔히 '괴짜'Geeks, '컴퓨터광'Techies으로 불리는 신흥 혁신 기술자들은 정보화 사회가 도래하면서 첨단 기술과 정보를 앞세워 돈방석에 올라앉았다. 요리사에서 마사지사에 이르기까지 백만장자가 속출했던 구글 직원들의 신화는 페이스북과 트위터의 기업공개 때도 그대로 재연됐다. 'Geeks on the plane'이라 불리는 신흥 IT부호들은 자가용 비행기를 타고 지구촌 이곳저곳의 금맥을 찾아다니며 글로벌 투자업계의 큰손으로 등장한 지 오래다. 컴퓨터 천재를 뜻했던 'Geeks'라는 말이 이제 '자본가', '정복자'라는 뜻으로 바뀌고 있는 것이다.

'괴짜'들의 기술 혁신 행진은 인간의 창조적 행위가 로봇이나 컴퓨터 알고리즘에 의해 어디까지 대체될 수 있을지 그 경계마저 허물어뜨리고 있다. 구글이 자율주행 자동차 개발에 착수하고, 아마존이 무인 비행선(드론)을 통한 주문 상품 배송을 발표하면서 운전기사 · 택배기사의 자리까지도 위협하고 있다.

미국의 한 IT기업에서 인간 대신 로봇이 스포츠 경기 결과를 모아서 생생한 기사로 작성하는 데 성공하면서 '무인 언론 시대'의 등장까지 예고했다.

막강한 영향력을 휘두르게 된 신흥 IT부호들의 자신감은 강도 높은 정치적 발언도 서슴지 않을 정도다. 실리콘밸리의 유명 투자가 티머시 트레이드 같은 이는 실리콘밸리를 아예 캘리포니아에서 떼어내 별도의 주로 독립시켜야 한다고 주장하지 않았던가. 마치 한국에서 '네이버 공화국'을 세우자는 이야기나 마찬가지다.

이런 상황이 이어지면서 "디지털 경제의 영역이 소수 IT기업에 의해 독점되는 이른바 '디지털 부르주아지'의 시대가 본격적으로 오고 있다"는 비판적인 진단(연세대 강정수 박사)까지 나오고 있다.

정보 격차에 따른 계층 간 불균형을 가리켰던 '디지털 디바이드' digital divide는 최근 이처럼 기술·정보의 독점이 부와 영향력의 독점으로 그대로 이어지는 새로운 국면이 급속히 확산되는 양상으로 바뀌고 있다. 최근 고객 정보 유출 사태가 잇따라 발생하고 있는 한국에서도 똑같은 환영을 보는 것만 같아 안타깝다. 많은 기술과 정보를 활용할 능력이 있는 기업들이 개인 정보 노출의 위험에 취약한 소비자들을 이용해 이득을 얻을 수 있다는 게 현실로 다가왔다.

기술·정보와 부를 가진 자에 대한 적대적인 인식이 점점 불거지고 있다. 앞으로 정보화 사회에서의 평등한 관계를 세우기 위한 대책과 노력이 나오지 않는다면 우리 내부에서도 언젠가 실리콘밸리 주민들처럼 불만이 폭발할 수도 있다.


"지금부터라도 린 백lean back에서 린 포워드lean forward로!"

더 이상 의자를 뒤로 젖힌 채 느긋이 디지털 환경의 화려한 변화를 지켜보기만 할 때는 지나갔다. 의자를 바짝 당겨 앉고 급속한 변화상을 응시하면서 적극적으로 새로운 디지털 시대의 틀과 윤리를 다시 짜야 할 때다.

## 빅데이터 시대 유감

사람들은 이제 손 안의 스마트폰 화면을 통해 전 세계의 모습을 볼 수 있다. 플로리다의 한가로운 해변가나 뉴욕 도심의 길거리 풍경에서 도쿄의 한 일식집 내부까지 훤히 들여다본다. 세계 4,000여 곳에 설치된 개방형 CCTV를 실시간으로 연결해서 볼 수 있게 만든 'Live Cams+'라는 애플리케이션 덕분이다.

마침 켜놓은 PC에선 flightradar24.com 사이트를 통해 지금 이 시각 전 세계 상공을 날고 있는 모든 민항기들의 궤적이 한 눈에 들어온다. 표식 하나를 클릭해보면 항공기 기종과 항로는 물론 현재 속도·고도까지 각종 정보가 쫙 흘러나온다. 이 역시 비행기에서 위치 정보를 전송하는 ADS-B 트랜스폰더의 신호음을 포착해서 전 세계에 데이터로 제공하는 서비스가 가능해졌기 때문이다.

thingful.net처럼 전 세계에 퍼져 있는 자동차 속도 측정기, 공기·방사능 오염 계측기와 같은 각종 모니터 기기의 실시간 자료를 내 집 안방에서 볼 수 있는 사이트도 등장했다. 휴대폰 송수신 전파나 위치추적장치GPS, 신용카드 기록이나 인터넷 쿠키 등의 흔적은 우리가 24시간 내내 뭘 하고 다니는지를 훤히 알려준다. 괜히 이상한 정보를 흘리고 다니다간 낭패 보는 날이 오기 십상이다.

과거엔 공유되지 않았던 이 세상의 모든 데이터들이 하나의 망으로 연결되고 있음을 실감할 수 있는 사례들이다. 가히 '빅데이터 시대'다.

초超연결사회의 출현은 손·발·귀·눈과 같은 인간의 감각 능력을 무한대로 확대·연장시켜주고 있다. 마치 줄기와 가지가 어디로든 쭉쭉 늘어나며 자유자재로 움직이던 신화 속의 나무 괴물이 디지털 시대에 다시 살아난 듯하다.

감각의 확대란 지금 이 시간에 벌어지는 모든 일을 한 번에 알 수 있게 해주는 동시성synchronicity의 확장이다.

그러나 미국의 미디어 비평가 더글러스 러시코프는 이런 현상에 대해 "데이터에만 입각해 현재 진행 중인 사실을 극단적으로 추구하다 보니 숫자와 사실이 가치에 우선하고 있다"고 지적했다. 모든 것이 현재 진행형이고, 라이브이고, 실시간의 세상이 된 것을 앨빈 토플러의 '미래의 충격'에 빗대 '현재의 충격'이라고 명명했다. 사람들이 지금 누가 무엇을 하고 있는지에 너무 매달리면서 지나치게 감각적이고 충동적으로 바뀌고 있다는 것이다. 지금 어디에 있는가에만 집착하고 세상이 어디로 향하는가에 대한 생각은 멈춘 지 오래다.

데이터와 감각의 과도한 연결과 확장은 인간 본성의 상실에 대한 공포로도 이어진다. 현재만이 끊임없이 이어지며 결코 끝날 것 같지 않은 세상이다 보니, 종말이니 최후니 하는 극단적인 시나리오가 주는 단순함에 매료되는 사람들이 나타나기 시작했다.

대표적인 것이 이른바 '프레퍼'prepper들이다. 지구 종말(둠스데이)이 임박했다며 나름의 생존을 준비하는 사람들이다. 미국에만 300만 명에 달한다는 프레퍼족들은 현재를 위기로 규정하고 외부와의 연결을 차단한 채 순전히 자신만의 감각만으로 살아남는 것을 목표로 삼는다. 이들은 데이터나 정보 대신 아날로그식 자원인 식량·물·무기의 대량 확보에 극단적으로 매달린다. 한국에서 각종 생존술을 가르쳐주는 인터넷 카페에 회원들이 몰리는 것도 이들과 비슷한 심리다.

빅데이터를 자유롭게 구사하는 '호모 데이터쿠스', '호모 모빌리쿠스'류의 인간군과 세상과의 단절을 택한 '프레퍼' 양 극단 외에 우리의 선택은 없는 것일까.

러시코프는 "현재에 마비되지 말고 미래를 주목하라"고 조언한다. 폭증하는 정보에 짓눌리지 말고, 연결이 아닌 통합, 검색이 아닌 사색을 통해 미래의 꿈과 내일을 그리는 사람만이 시대 충격을 견디며 살아남을 수 있다는 진단이다.

그러하니 이 순간에만 매몰되지 말고 과감하게 현재와의 접속을 해제해 보는 것은 새로운 경험이 될 것이다.

당신의 미래가 지금 어디쯤 가고 있는지 곰곰이 한 번 생각해볼 때다.

프레퍼족의 준비물

## ━ 슬로 라이프를 위하여

노르웨이의 공영방송 NRK는 최근
12시간 동안 뜨개질 장면을 생중계
하는 방송을 내보냈다. 별다른 설명
이나 편집 없이 계속 이어지는 뜨개
질 장면 중계는 이 방송국의 '느린
TV' 미학을 대표하는 단골 소재다.
NRK는 앞서 겨울철 땔나무에 관한
프로그램도 21시간 연속 방송한 바

NRK의 '장작불 때기'의 방송 장면

있다. 장작 패기에서 쌓기 등에 이르는 단순한 과정을 그대로 화면
에 옮긴 이 프로 역시 무미건조한 내용에도 불구하고 노르웨이 사
람 다섯 명 중 한 명이 시청할 정도로 많은 인기를 끌었다.

왜 사람들이 이런 재미없는 프로에 열광하는 것일까. 『슬로 씽
킹』의 저자 칼 오너리는 속도만을 추구해온 현대 사회의 피로감이
느림의 철학을 재조명하게 만들고 있다고 진단한다. 본격적인 디
지털 시대가 도래하면서 모두가 '빠름, 빠름'만을 외치며 속도를
최우선의 가치로 삼고 있다.

1995년 미국 매사추세츠공대MIT의 니컬러스 니그로폰테 교수는
저서 『디지털이다Being Digital』에서 첨단 정보산업의 속도를 다음과
같이 그렸다.

새해 첫날 1센트로 일을 시작해 날마다 두 배씩 늘려 받는다면

한 달 후인 1월 31일에는 얼마나 받게 될까. 그날 일당은 자그마치 1,073만 달러나 된다. 미래의 디지털 정보 산업의 발전이 이처럼 빠른 속도로 진행될 것이라고 20년 전에 예견한 것이지만 오늘날에도 생생한 비유다.

속도는 디지털 시대의 화두다. 1481년엔 터키 왕의 사망 소식이 영국까지 전달되는 데 2년이나 걸렸다지만 지금은 세상의 온갖 뉴스가 불과 몇 분 내에 손 안의 스마트폰으로 들어오는 시대다. 미래학자들은 이제 2050년쯤이면 지구촌 인구 93억 명의 머리를 다 합쳐도 컴퓨터 한 대가 더 똑똑한 초고속 시대가 올 것이라는 전망을 내놓고 있다.

빛의 속도로 발전하는 디지털의 흐름 속에서 사람들은 즉각적인 효과에 대해 끊임없는 요구를 받는다. 느림과 여유는 마치 게으름과 모자람의 대명사처럼 치부되고, 사람들은 속도를 내기 위해 임시변통의 손쉽고 익숙한 해결책만을 강구하게 된다.

이런 세상이 되면 우리 모두에게 행복과 만족을 가져다주는 것일까. 노곤한 일요일 오후 불현듯 회사 책상 위의 못 다한 업무 서류가 생각나 안절부절 못하는 사람들. 신속성이 압도하는 현대인의 생활은 늘 피곤하다.

빠름과 서두름만 앞세우는 '퀵 픽스'quick fix에 중독된 땜질식 처방을 버리고 모든 문제를 참을성 있게 철저히 해결하는 법부터 배우자는 움직임이 바로 '슬로 운동'이다. 빠르게 하는 것보다 잠시 멈추고 제대로 생각하는 것이 중요하다는 것이다.

"세계를 구할 시간이 한 시간 주어진다면 우선 문제가 무엇인지를 규정하는 데 55분을 쓰겠다"는 아인슈타인이나 "나무를 베라고 6시간을 준다면 처음 4시간은 도끼날을 가는 데 쓰겠다"는 에이브러햄 링컨의 말이 새삼 되새겨지는 대목이다.

오너리는 "슬로 생활은 달팽이처럼 느리게 사는 것이 아니다"며 "모든 일을 느리든 빠르든 상관없이 걸맞은 속도로 하는 것"이라고 말한다. 이런 움직임은 이제 슬로 푸드, 슬로 시티, 슬로 워크, 슬로 테크놀로지, 슬로 패션까지 이어지고 있다.

속도를 줄이거나 과거로 회귀하는 데서 즐거움을 찾고, 경쟁에 지친 마음과 몸을 돌보자는 새로운 사회 트렌드로 자리 잡아 가고 있다.

우리 주변에는 각종 정치·경제 현안에서 사회 갈등에 이르기까지 해결해야 할 일이 산적해 있다. 이럴수록 문제를 제대로 해결하기 위해 퀵 픽스의 유혹에서 벗어나 완속緩速의 가치를 떠올려야 할 때다.

신년 달력을 받으면 게으른 선비 책장 넘기듯 맨 뒷장부터 먼저 들어 올리며 시간이 없다고 걱정하는 사람들이 있다. 모든 일을 근본으로 돌아가 더 천천히, 느긋하게 생각해볼 일이다.

# 디지털
# 시대의
# 글쓰기

WS

# ― 인간, 그 미약한 존재의 한계를 넘어서

우리는 언제부터 글을 쓰기 시작했을까?

한없이 나약하고 보잘것없는 존재인 인간에게 '문자'의 발명은 일대 혁명이었다. 문자가 생기면서 인류는 비로소 기억의 한계를 벗어나게 됐고, 기록을 통한 역사의 전수가 가능해졌다.

최초의 문자로 알려진 글자는 기원전 3000년경 메소포타미아 지역에서 등장한 수메르 문자다. 동양 문화의 기원이 되는 한자도 기원전 2000년경 중국 은나라 시대의 갑골문자에서 시작된다. 영어 역시 기원전 9세기쯤 돼서야 그리스에서 알파벳의 원형이라 할 수 있는 문자들이 등장했다. 그래 봐야 문자의 역사는 고작 5,000년에 불과하다. 우주(138억 년)와 지구(46억 년)의 장구한 역사에 비춰보면 한낱 찰나로 스쳐 지나가는 순간일 뿐이다.

그러나 인간은 글쓰기를 통해 '생각의 힘'을 얻게 됐고 단숨에 '만물의 영장'으로 자리매김해나갔다.

문자는 문명을 만들었다. 고대 4대 문명(메소포타미아, 이집트, 인더스, 황하)들은 하나같이 문자를 가지고 있었기에 찬란한 문명의 꽃을 피울 수 있었다.

글쓰기는 기록을 남겼다. 문자가 음성에 비해 기억력을 저하시킨다며 글쓰기를 비판했던 플라톤도 결국 자신의 대화록을 책으로 남겼다. 문자로 기록된 정보가 수천, 수만의 독자와 만나게 되면서 인간 교류의 영역은 엄청나게 확장됐다. 디지털 시대의 컴퓨터나 휴대폰 메모리의 '원형'이다.

기술의 발전은 글쓰기의 양상을 변모시켰다. 타자기와 워드 프로세서의 등장은 기계적 · 전자적 글쓰기를 탄생시켰다. 손 글씨가 사라지면서 손이 글로부터 소외되기 시작한 것이다. "타자기가 나오면서 손과 글쓰기가 분리되기 시작했다"며 철학자 하이데거가 존재론적인 의문을 던지고 나선 것도 이때쯤이다. 고유한 존재의 표현과 사고는 사라지고 육체적 복사 작업만 남게 됐다는 것이다.

## 희미해지는 육필의 기억

디지털 시대에 접어들어 육필의 기억이 희미해지면서 생각이 사라진 글쓰기는 더욱 심화돼갔다. 글을 쓰는 사람인 작가와 글을 읽는 사람인 독자의 경계가 무너지고, 감정의 분출과 문법의 파괴가 멋으로 여겨졌다. 트위터 류의 140자 문장론과 단발성 댓글 주고받기만이 글쓰기의 자리를 차지하기 시작했다.

근대 이후 스토리텔링의 중요한 수단으로 자리 잡았던 소설의 자리도 위협받기 시작했다. TV · 영화와 소셜 네트워크가 넘쳐나는 '현재'의 시대에 허구의 세계에 기초한 이야기의 전개는 현실과의 구분을 애매하게 만든다는 이유로 사람들로부터 외면당하기 일

쓰다.

최근 미국의 시사지 뉴스위크는 이런 현상을 '해킹당한 소설'이라 명명하고, 수필이나 회고록과 같은 개성적인 논픽션이 디지털 시대의 대세를 이룰 것임을 예고했다. 플롯이나 주제, 캐릭터를 내세우기보다 글쓴이의 분명하고 솔직한 메시지가 대중들에게 더 먹혀 들어간다는 것이다.

'……해야 할 10가지, ……해야 할 10곳' 식의 목록과 기사의 합성어인 '리스티클Listicle'류의 글들이 인터넷에서 인기를 끌고 있는 것도 자신만의 개성과 관심사에 주목하는 디지털 독자들의 이런 성향 때문이다.

시류를 좇아가는 글쓰기만이 난무하면서 사색과 창조의 공간으로서의 글쓰기가 더욱 아쉬워지고 있다. 이제 우리 주변에서도 자기 소개서 하나조차 몇 문장이 넘어가면 쓰기 버거워 하는 청소년들의 모습을 쉽게 볼 수 있다.

옛부터 글쓰기의 어려움은 '백지의 고통'이라 일컬어졌다. 아무 것도 쓰여 있지 않은 흰 종이 위에 한 글자 한 글자 써내려 갈 때마다 뇌 세포가 하나씩 사라지는 듯한 창작의 괴로움이 오죽했으면 그랬을까.

중국 송나라 때의 문장가 구양수가 강조했던 '다독多讀 · 다상량多商量 · 다작多作'을 떠올려본다. 좋은 글을 쓰려면 많이 읽고, 많이 생각하고, 많이 써야 한다는 말이다.

디지털 시대의 한계를 넘어서기 위한 새로운 글쓰기는 소외됐던 생각을 글 속으로 불러들여오는 데서 출발해야 한다. 속도를 중시하는 디지털 시대에서 실종된 '생각'의 여유를 되찾는 것이야말로 좋은 글을 쓰는 지름길이다.

'생각하는 글쓰기'의 시작은 우선 잘 쓰인 과거의 명문名文들을 찾아 읽으면서 감동을 받는 것에서 출발한다. 정말 주옥같은 글이라면 베껴서라도 그대로 한 번 써보는 것은 어떨까. 디지털 시대에 들어 글쓰기 능력이 사라지고 있다고 믿는 사람이라면 좋은 글을 찾아 감상하고, 소리 내어 읽어보고, 그대로 따라 써보는 게 처방이 될 것이다.

글마다 촘촘히 녹아든 생각과 표현을 해독해서 내 것으로 하나씩 만들어가는 작업에서 나의 글을 찾는 여정이 시작되는 것이다. 이것이야말로 우리가 디지털 시대를 살면서도 아날로그 시절의 명문장들을 읽고, 또 읽어야 하는 이유다.

# — 아날로그의 반격

2015년 잘 나가던 국회의원 성완종 의원이 돌연 자살해 시중 언론의 뉴스를 장식했다. 그가 자살이라는 극단적인 방법을 택하면서 남긴 55자짜리 메모 한 장은 이내 온 나라를 충격으로 몰아넣었다. 이른바 '성완종 리스트'의 실체가 만천하에 드러나면서 정국은 순식간에 얼어붙었다. 무슨, 무슨 리스트다 하고 나올 때마다 사람들은 혹여 내가 관련된 게 아닐까 하고 긴장하고 걱정한다.

흔히 폭로된 리스트들을 보면 대개가 손 글씨로 제켜 내려간 메모인 경우 많다. 비밀스런 목록의 속성상 인쇄나 타자보다는 손 글씨의 필체에 담긴 암호 같은 메시지가 어울리기 때문이다. 각종 첨단 디지털 미디어로 가득 찬 우리 사회가 이제 지극히 아날로그적인 손 글씨 메모 한 장에 쩔쩔매는 형국이다.

디지털 포렌식(법의학) 기법을 자랑했던 검찰도 어디서부터 수사에 손을 대야 할지 당황하는 모습이다. 가히 '아날로그 시대의 반격'이라 할 만하다.

그는 왜 죽기 직전 한 언론과 50여 분간의 길고 긴 폭로의 통화를 끝내고도 굳이 메모를 써 내려갔을까. 혹여 나중에 통화 내용이 조작되거나 왜곡될 경우까지 염려해서 별도의 증거를 남겨놓은 것일까. 쪽지에 끄적거려진 글자들은 마치 무장된 병사처럼 되살아나 우리의 상식과 도덕을 공격해온다.

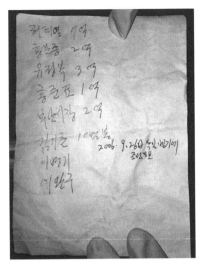

메모의 위력

  이런 사건들은 디지털 만능에 빠져 있는 우리들에게 아날로그적 수단이 아직도 유효함을 역설적으로 잘 보여주고 있다. 디지털 검색과 빅데이터가 아무리 강력하다 해도 본인 필체로 기록된 몇 줄의 글이 주는 힘이 그 이상이 될 수 있다는 것을 알게 됐다는 점에서 말이다.

  기록은 보는 이로 하여금 범의의 시인과 자백의 심증을 굳히는 자술서와 같은 효과를 충분히 느끼게 해준다. 여기에 죽음을 내건 '다잉 메시지'가 주는 절박함까지 겹치면서 강도는 더욱 증폭된다. 이제 메시지의 진위 여부는 사라지고 일방적인 주장의 파문만이 걷잡을 수 없이 퍼지게 된다.

수없이 쏟아지는 정보의 홍수 속에서 제대로 된 정보만을 받아들이고 정리하는 것이 현대인의 숙명이 된 것은 이미 오래 전의 일이다.

그러나 에빙하우스가 '망각이론'에서 주장했듯이 사람은 어떤 말을 들은 뒤 30분이 지나면 그 말의 50% 이상을 잊어버리는 망각의 동물이다. 그러기에 메모를 통한 촘촘한 아날로그식 기록이야말로 디지털 시대의 범람하는 정보 속에서 살아남을 수 있는 경쟁력이라 할 수 있다. 글을 쓰면서 손에 가해지는 자극은 뇌로 직접 전달되면서 두뇌 활동을 활발하게 하는 데 효과적이란 과학적 분석까지 나왔다. '손은 제2의 뇌'라는 말도 여기서 연유했다.

## 가장 멍청한 세대

인류 역사에서 문자와 활자 인쇄술의 발명은 인간의 지적 사고를 크게 바꿔놓은 대사건이었다. 읽기와 쓰기는 우리의 뇌 기능을 자극하고, 변화시켰으며, 이러한 자극은 책을 통해 지식으로 남아 후세에 전달됐다.

문자가 등장하자 한때 소크라테스 등 고대 철학자들은 글쓰기가 그리스의 화려했던 웅변술을 파멸시킬 것이라며 경고했었다. 사람들이 어떤 사실을 기억하지 않고 적으려고만 한다고 걱정했던 것이다. 하지만 기록은 기억보다 힘이 셌다. 기록을 기반으로 인류는 추상적으로 생각할 수 있는 능력뿐 아니라 책 밖의 물리적 세상에도 거대한 영향을 미칠 수 있었다.

인터넷 혁명이 도래하자 인간의 사고 능력은 문자와 인쇄술 등장 때에 못지않게 다시 한 번 크게 변화했다. 인간의 생각은 예전보다 훨씬 넓고 빠르게 공개되고 확산됐다. 그러나 그동안 개인적 차원에서 억제돼왔던 편견과 무례함이 인터넷상에서 배설의 글쓰기 형태로 적나라하게 나타나기 시작했다. 깊고 넓은 분석보다 얕고 좁은 독설이 더 각광받는다. 빽빽해진 인터넷 망 속에 둘러싸인 인류는 점차 창의력을 상실한 채 동시다발적인 디지털의 즐거움만을 누리려 하면서 그 미래가 점점 위태롭게 됐다.

미국의 문명비평가 마크 바우어라인은 이런 현상이 모두 정상적인 독서와 글쓰기의 망각에서 기인하는 것이라 지적한다. 그러기에 그는 현대인들이야말로 '가장 멍청한 세대The Dumbest Generation'가 돼 버렸다고 비판한다.

『생각하지 않는 사람들The Shallows』의 저자 니콜라스 카처럼 극단적인 주장도 나온다. 인터넷을 통해 맥락 없는 정보만 찾다보니 사고방식이 경박해진 것은 물론 뇌 구조까지 물리적으로 변하고 있다는 것이다.

요즘 아날로그로의 복귀가 심심찮게 나타나는 것도 지나친 디지털화에 대한 우려와 무관치 않다.

최근 러시아 정부가 비밀문서의 작성을 위해 구식 타자기 20대를 구입했다는 소식이 화제가 됐다. 수동 타자기를 쓰면 웹과 완전히 단절됨으로써 해커들을 피할 수 있기 때문이라는 것이다. 실제로 국방부 내의 몇몇 긴급 문서들은 타자기로만 작성돼 푸틴 대통령에게 보고됐다고도 한다. 미국 정부 역시 스노든의 비밀문서 폭로 이후 전자적 신호로 이뤄진 디지털 문서의 취약성을 놓고 고민하고 있다. 이 모두가 '모든 것을 연결하라'로 상징되는 디지털 사고에 대한 '피로' 현상이자 전자적 문서 처리에 대한 반발에서 비롯된 일들이다.

아날로그적 글쓰기는 인간적인 감성을 회복하는 지름길이다. 그 무엇보다 우리가 쉽게 놓아버려서는 안 되는 인간의 창조적인 능력인 것이다.

버스나 지하철 안에서 스마트폰에만 머리를 쳐 박고 있는 사람들 중에 차창 밖에 스쳐가는 퇴근길의 풍경을 기억하는 이가 몇이나 될까. 그 아름다운 창밖 풍경을 몇 줄의 글로 옮겨놓을 수 있는 최소한의 감성이 우리에겐 얼마나 남아 있을까.

이제라도 번듯한 필기구와 수첩을 하나씩 새로 장만해보자. 아날로그 시대의 명金 문장들을 찾아 곱씹어보면서, 생각나는 것들을 하나씩 정리하며 기록하는 습관을 키워보자.

기록은 기억보다 힘이 세다.

## ___ Mr. Robot, 아 유 레디?

"어윈이 선발로 등판한 KT는 마야가 선발로 나선 두산에게 6:10으로 패하며 안방에서 승리를 내주었다. 경기의 승패에 결정적인 영향을 미친 키 플레이어는 김현수였다. 김현수는 5회초 어윈을 상대로 2점을 뽑아내어 팀의 승리에 결정적으로 기여했다. KT는 노경은을 끝까지 공략하지 못하며 안방에서 두산에 4점차 승리를 내주었다."

프로야구 경기가 끝나자마자 바로 인터넷에 올라온 기사다. 이 기사는 누가 쓴 것일까. 일반 프로야구 기사처럼 보이지만 사실은 로봇이 쓴 기사다. 페이스북 '프로야구 뉴스로봇'이 경기 종료 후 1초 이내에 올리는 뜨끈뜨끈한 기사다. 기존의 수천 건의 야구 기사에서 패턴과 표현을 분석해 데이터베이스화한 로봇 알고리즘을 통해 당일의 경기 내용을 일정한 형태의 문장으로 자동 변환하는 방식이다. 하루에 열리는 다섯 경기에 대한 기사를 동시에 올릴 수 있기 때문에 아무리 손이 빠른 기자라 해도 그 속도감을 당해낼 수 없다. 문장 표현도 "안방에서 승리를 내주었다", "팽팽했던 승부는 5회 초에 갈렸다", "대승하며 홈 팬들을 열광시켰다" 등등 나름 수려하고 다양한 표현을 구사한다.

2009년 미국에서 개발된 '스태트 몽키'라는 프로그램이 야구 기록을 문장으로 표현하는 데 성공하면서 등장한 로봇 기자는 이제 주식 시황은 물론 기업 보고서 분석이나 금융 기사 등에 이르는 분야까지 진출해 맹활약하고 있다. '로봇 기자가 인간 기자를 대체하는 시대가 곧 다가올 것'이라는 말이 나올 정도다.

한국에까지 본격 등장한 로봇 저널리즘은 '빠르게, 빠르게'만을 외쳐온 디지털 시대의 정수를 보여주는 결정적인 장면이다. 앞으로 인간 기자들은 설 자리가 점점 줄어들 터이니 정신 바짝 차려야 할 때다.

## 로봇이 과연 인간을 대체할 수 있을까

'인조인간' '자동 기계'의 뜻을 갖고 있는 로봇robot은 이제 사람의 노동력과 지식을 대체하는 단계를 넘어서 감정의 영역까지 도전하고 있다. 빅데이터로 무장한 로봇은 경우의 수와 통계학적 가능성까지 따져 사람들의 기분과 주변 분위기까지 겨냥한 맞춤형 콘텐트를 만들어 내고 있다.

그러나 로봇 만능주의를 비판하는 목소리도 만만치 않다. 문제는 컴퓨터가 과연 인간을 대체할 수 있느냐다.

인공 지능의 원조 격으로 영화 '2001년 스페이스 오디세이'에 등장하는 고성능 컴퓨터 HAL9000. 그 이름은 원래 컴퓨터 개발사인 IBM의 알파벳을 하나씩 앞으로 옮긴 데서 유래했다고 하지만 실제론 지옥을 뜻하는 단어 'hell'을 묘사한 것이라 한다. 컴퓨터에 의해 인류가 지배당할지도 모른다는 공포가 은연중에 깔려 있는 메시지로 로봇 만능 세상의 끝자락을 예고해주는 듯하다. 영화 '매트릭스', '터미네이터'에서 묘사된 컴퓨터와 로봇이 지배하는 세상은 기계의 편리함 속에 빠진 인간의 나태함을 경고하는 '최후의 계시록'이다.

로봇이 쓰는 글쓰기의 질은 어떨까. 외견상으론 로봇과 인간이 쓴 글은 구별하기가 그리 쉽지 않다.

최근 스웨덴의 한 연구팀이 로봇 기자와 실제 기자가 쓴 글을 비교한 실험에서 재미있는 결과가 나왔다. 기사 작성자를 밝히지 않는 블라인드 테스트에서 응답자들은 로봇이 쓴 글에 대해 '객관성', '정보성', '정확성'에서는 좋은 평가를 내렸지만 '지루하다'boring는 평이 많았다.

반면에 사람이 쓴 글은 '재미있다', '잘 썼다'는 평이 많았다. 로봇이 쓴 글은 딱딱해서 글을 읽는 재미를 주지 못하지만 사람이 쓴 글은 주관적인 해석의 여백이 많아 감정의 공유가 가능했다는 이야기다. 상투적이고 관행적인 표현에만 의존하는 로봇에게서 인간의 체취가 담긴 표현과 문체는 쉽사리 찾을 수 없다는 것을 극명하게 보여주는 사례다. 로봇 기자의 능력이 아무리 발달하더라도 인간 기자의 대체재가 아닌 보완재에 그칠 것이란 주장이 힘을 얻는 것도 이 때문이다.

신뢰의 문제는 더욱 심각하다. 인간의 실수를 줄이기 위해 만든 프로그램이 자체 오류로 인해 인간의 실수를 부추기는 역효과가 난다는 '자동화의 오류'automation paradox만 봐도 그렇다. 기계에 대한 믿음이 커지고 자동화가 심화될수록 인간의 기술과 숙련도는 떨어지기 마련이어서 막상 기계가 고장 났을 때 대처 능력이 심각하게 부족해 큰 사고가 날 수 있다는 것이다.

글쓰기를 로봇에만 맡기고 현상에 대한 해석과 판단 능력이 퇴화해버린다면 글에서 묘사와 기술을 제외한 철학과 판단의 영역은 사라져 버리게 된다. 작가의 감정이 전달되는 통로로서의 글은 사라지고 기록과 증명을 위한 공문서와 같은 글만 남게 된다.

'위대한 개츠비'나 '전쟁과 평화'를 읽고 나서 아련하게 느꼈던 가슴 어린 감동의 맛은 이제 더 이상 우리의 것이 아니다.

## 표현력과 수사학을 잃어가는 시대

『유리감옥The Glass cage』, 『생각하지 않는 사람들The Shallows』 등의 저서를 통해 넓고 얇은 지식만을 추구하는 인터넷 시대를 비판해온 미국의 미래학자 니콜라스 카는 "인간이 범람하는 디지털 문서의 무형식과 즉각성에 빠져 표현력과 수사학을 잃고 있다"고 꼬집는다.

관심이 분산되는 멀티태스킹 인터넷 환경 속에서 고요함의 관행과 깊이 읽기로 대표되던 아날로그식 독서 관행은 사라지고 산만함과 '더 짧게, 더 얕게' 식 읽기 형태만이 자리를 차지하고 있다는 것이다.

심층 기사나 마음을 울리는 감성적인 기사야 로봇이 어찌 인간을 이길 수 있으랴마는 우리가 감성을 외면하는 감각적인 세대의 선호만을 뒤좇다보면 인간의 얼굴을 한 글쓰기의 퇴장은 그리 멀지 않은 일이 될 것이다. 그러기에 지금이야말로 사회의 위기를 느끼며 문제점을 해결하기 위해 항상 사유하는 인문학적 태도가 더

수고했어 오늘도...

욱 아쉬운 시점이다.

로봇의 공습에 맞서 '지대넓얕(지적 대화를 위한 넓고 얕은 지식)'보다 '감공좁깊(감정 공유를 위한 좁고 깊은 지식)'을 무기로 내세워야만 인간들이 살아남을 수 있다. 생각을 요점 정리로만 대체해버리는 반反인문학적 태도를 경계하고, 발전과 경쟁력을 앞세우기보다 비판과 문제의식으로 변화를 갈구하는 능력을 키우는 것이야말로 디지털 시대에서 인간의 얼굴을 지켜나갈 수 있는 길이다.

'삼가 조의를 표합니다'라는 조의금 봉투 위의 비뚤거리는 육필속에 담긴 애틋한 애도와 추모의 인간적인 감성을 로봇이 어떻게 감히 묘사할 수 있을까.

## 디지털 글쓰기의 미래 … 지좋앞몰

정계를 흔드는 로비 스캔들의 대상이 된 사람들의 이름이나 뇌물 액수 등을 적어놓은 리스트가 등장할 때마다 그 파괴력은 가히 상당하다.

리스트에는 덩그러니 주어와 목적어인 듯한 사람 이름과 전달한 돈의 액수만 적혀 있지만 그 속에 담겨있는 의미는 읽는 이로 하여금 대하소설 뺨치는 상상력을 불러일으킨다. 어떤 동사(줬다, 받았다 등등)와 형용사(많은, 작은 혹은 깨끗한, 더러운 등등)가 정답인지에 따라 내용이 확확 바뀔 수 있는 흥미진진한 콘텐츠다.

메모처럼 아무리 짧은 글의 유형이라 해도 그 속에 담긴 의미가 독자들에게 흥미와 호기심을 불러일으킨다면 그 글이 생명력을 가질 수 있음을 여실히 보여주는 장면이다.

위키트리에 소개된 세상에서 가장 짧은 여섯 단어짜리 소설 중 하나는 다음과 같다.

"아내는 둘, 하나의 장례식, 눈물은 없었다Two wives, one funeral, no tears."

남자의 심리를 이렇게 잘 묘사한 글이 있을까. 문장이 길고 화려해야 좋은 글이 될 수 있는 게 아님을 보여주는 사례이다.

## 6단어로 쓰는 소설

최근 이코노미스트지는 바쁘게 살아가는 현대인을 겨냥해 플래시 픽션flash fiction이라는 초단편 소설이 인기를 끌고 있다고 소개했다. 스크린에 뜨자마자 여운을 남기는 한 문장 또는 몇 문장짜리 글이 바로 그것으로, 요즘의 소셜 네트워크 환경에 딱 맞는 장르이다. 담배 한 개비를 피거나 에스프레소 커피 한 잔 마시는 동안 후딱 즐길 수 있는 스타일이다.

미국에서는 이미 트위터 계정을 통해 소설을 연재하거나 몇 백 개의 트윗 만으로 완성된 이야기를 정식으로 발표한 작가까지 등장했다.

'6개의 단어로만 짧은 소설' 쓰기의 역사는 어니스트 헤밍웨이가 쓴 것으로 알려진 "For sale: baby shoes, never worn(신은 적 없는 아기 신발 팝니다)."까지 거슬러 올라간다. 최근엔 '6단어 공상과학SF 소설 쓰기' 붐으로까지 이어지고 있다. 몇몇을 소개하면 다음과 같다.

"Angel Three to Ark: initiate flood(천사 3호가 노아에게: 이제 홍수를 시작하겠다)."

"Room for rent, cheap. NOT HAUNTED(싼 집 있어요. 귀신 절대 안 나옵니다)."

## 한 줄짜리 뉴스

미디어 기술 발전이 급속도로 발전하면서 이러한 글쓰기 스타일은 전통적인 콘텐트인 뉴스에도 영향을 미치기 시작했다.

뉴욕타임스는 최근 애플워치의 출시에 맞춰 한 문장짜리 뉴스를 제공한다고 밝혔다. 어떤 정보의 해석이나 전체 맥락에서의 의미를 찾기보다는 웨어러블 기기에 알맞은 형태의 최소 단위의 단어로 원자화시켜 신속하게 전달하는 것이 더욱 중요해지고 있다는 것이다.

기자들이라면 초년병 시절 복잡했던 사건 사고의 내용을 뉴스의 리드 한 줄로 어떻게 정리하느냐를 놓고 무척이나 고심했던 기억들을 간직하고 있다. 이제 다시 뉴스의 요약이라는 문제가 콘텐트의 새로운 경쟁력으로 등장하고 있는 것이다. 뉴스를 꼼꼼히 따져 읽던 시대에서 대충 훑어보는 시대를 거쳐 힐끗 눈길 한 번 주고 마는 시대로 바뀌고 있기 때문이다.


여섯 단어 소설과 한 줄 뉴스. 디지털 시대가 본격화되면서 우리의 글쓰기는 이처럼 점점 짧아지고 있다. 120자에 한정된 트위터를 비롯해, 메신저와 휴대폰 메시지에선 외계인들이나 알아봄직한 신종 약어들이 판친다.

근육을 통해 육필로 진득하게 글을 쓰던 시대는 지나가고 조그만 자판 위에 한 손가락만으로 잽싸게 몇 자 쓰고 해치우는 속기형 글쓰기가 대세다.

직접 전화를 걸고는 몇 마디 의례적 인사를 나눈 후, 본론을 꺼냈던 과거 방식의 의사소통 대신 거두절미 핵심만 간단하게 전할 수 있는 메시지나 메신저를 편하게 생각하는 것도 이런 추세와 무관하지 않다.

짧고 빠르게 전달하는 것이 강조되다보니 앞으로 우리 생활에서 긴 문장보다는 짧은 단어, 문법보다는 약어 등을 앞세운 '괴상한' 글들에 더욱 익숙해져야 할 것이다. 디지털이 불러온 변화 속에서 새로운 스타일의 글쓰기를 어떻게 선보이느냐가 미래의 글쟁이들에게 숙제라 하겠다.

"디지털 시대에 당신은 행복한가?"

이제는 아마 다음과 같은 답글이 나올 법하다.

"지좋앞몰(지금까지는 좋았지만 앞으로는 모르겠다, 몰라)."

## ── 뉴스의 미래 …
## 당신은 이 글을 어디까지 읽을 수 있을까

뉴스란 무엇인가? 당신은 왜 오늘도 뉴스를 찾는가?

현대 사회에서 사람들은 뉴스를 통해 세상일을 전해 듣고 이해한다. 사방에서 벌어지는 새로운 세상일이 바로 뉴스다. 그렇기에 뉴스news의 어원 역시 동 · 서 · 남 · 북 네 방향을 지칭하는 영어 단어인 east, west, south, north의 첫 자를 각각 딴 데서 유래했다는 설까지 나온다. 이처럼 '세계의 창'으로 불리는 뉴스에 대한 탐구는 저널리즘 연구의 오랜 주제였다.

20세기 이후 뉴스는 대량생산 과정을 통해 폭발적인 영향력을 확장해나간다. 1800년 조지 워싱턴의 사망 소식이 미 북부지역까지 전달되는 데 3주일이나 걸린 반면 1963년 케네디 대통령의 암살 소식은 사건 발생 30분 이내에 전 미국인의 70%가 알게 됐다. 이렇듯 신속성과 전파성이 현대 뉴스의 특징으로 자리 잡았다.

뉴스에 대한 수요는 디지털 시대의 본격적인 도래 이후에도 여전히 줄어들지 않고 있다.

### 뉴스를 모르면 불안한 사람들

사람들이 뉴스를 찾는 이유는 무엇일까. 이는 인간의 본성으로 거슬러 올라갈 수 있다. 어떤 정보가 사람들의 관심을 끄는 뉴스 가치를 가지고 있느냐는 '본능적 관심'과 '사회적 학습'의 두 가지 차원으로 설명된다. 쉽게 말해 '본능이냐, 학습이냐'라는 차원이다.

원시시대 이래 인류는 산불이나 맹수의 출현과 같은 외부 세계의 새로운 사건이 생길 때마다 위기를 맞았다. 위험을 만나면 도망가든지, 싸우든지 즉각적으로 판단하고 반응해야 했다. 자칫 머뭇거리다간 죽음을 당하기 십상이다. 인류가 목숨을 부지하고 후손을 남기며 생존하기 위해서는 늘 새로운 사건에 관심을 갖고 잘 알아둬야 했다. 그래야만 무슨 일이 생길 때 즉각적으로 반응할 수 있었다. 새로운 정보인 뉴스를 찾는 인간의 본능적인 욕구는 여기서 출발했다.

사회적 차원에서도 뉴스의 이해는 필요했다. 사람들은 자기가 속한 사회의 가치 체계를 습득해가는 과정에서 얻는 다양한 정보들이 자기 사회에서 얼마나 중요한 의미를 갖는지를 이해하고 구별하게 된다. 인지적 계산과 사회적 평가에 따라 뉴스에 각각 다른 가치와 의미를 부여하게 됐다.

## 얄팍한 지식만 판치는 디지털 세상

디지털 시대에서 인류는 모두가 바쁘고 시간이 없다. 그러다보니 짧은 재미만을 최고로 치는 '스낵 컬처'가 판치는 세상이 됐다, 머릿속에 차곡차곡 쌓이는 지식보다 더 짧게, 더 얕게 만을 외친다. 콘텐트를 더 많이, 더 넓게 확산시키는 것만이 미디어의 사명으로 간주된다. 사람들은 콘텐트를 대할 때마다 감각적으로 '좋아요'라는 디지털 아멘을 외치는 종교 집단의 신도와 같은 처지가 돼버렸다(아마도 이 글을 여기까지 읽고 있는 사람이라면…벌써 2,000자가 넘어가고 있다…일반적인 디지털 독자와는 달리 인내심이 상당하거나 다른 길을 걷고 싶어 하는 지적 호기심이 각별한 사람이라 하겠다).

그렇다면 뉴스의 미래는 어떤 모습일까. 본능적으로 찾는 새로운 소식이나 사회의 의미를 파악하는 정보로서의 뉴스의 역할은 어떻게 바뀌고 있는 것일까.

오늘날 우리 주위에는 산더미 같은 정보가 쏟아지고 있다. 이제는 이 속에서 가치 있는 것을 가려내는 일이 그 어느 때보다 중요해지고 있다. 많고 많은 정보가 떠다니고 있는 인터넷에서 무엇이 자신에게 도움을 주는 내용인지 판단하기가 너무나도 어렵기 때문이다. 뉴스는 이제 정보의 홍수 속에서 정보를 선택하는 기준이자 해석의 틀을 제공해주는 지적 장치로 가동되고 있다. 아무리 로봇 저널리즘의 알고리즘이 우수하다고 해도 사람의 손맛으로 직접 선별하고 가공한 정보에야 견줄 수는 없지 않은가.

## 의미와 해석을 제공하는 뉴스를 찾아서

100자 뉴스, 30초 영상처럼 짧고 재미만을 좇는 뉴스만이 판치는 세상 속에서 사건을 깊이 해석하고 분석해주는 콘텐트가 주목받고 있는 것은 이런 반성에서 출발한다. 미국에서 온라인상에서 읽는 데만 30분 이상 걸리는 뉴욕타임스의 해설 기사가 여전히 인기를 끌고 있는 것도 이 때문이다. 영국 BBC가 최근에 펴낸 '뉴스의 미래' 보고서는 "어려운 주제를 일반 독자들에게 알기 쉽게 설명해주는 저널리즘의 중심은 향후 10년 동안 변함없이 유지될 것"이라고 전망했다.

미국언론연구소API의 최근 조사는 뉴스의 소비가 여전히 줄지 않고 있음을 보여준다. 1980년대부터 2000년대 사이에 출생한 밀레니움 세대의 64%가 '세계 뉴스를 잘 알고 있다'고 응답했고, 그중 70%는 뉴스를 하루에 최소한 한 번 이상 확인한다고 응답했다. 그들이 즐기는 뉴스도 절반 이상이 정치와 사회 문제를 다룬 하드 뉴스인 것으로 조사됐다. 젊은 사람들이 전통적인 뉴스를 안 본다는 통념과 달리 활발한 뉴스 소비가 이뤄지고 있다는 분석이다.

2015년 미국에서 열린 세계신문협회WAN 정기총회에서 발표된 '세계 언론 트렌드 리포트'에 따르면 2014년 세계 신문의 구독 부문 수익은 100년 만에 처음으로 광고 부분 수익을 앞지른 것으로 나타났다. 뉴스로 귀환하는 20~30대의 젊은 독자들이 늘어나고 있다는 방증이다. 이런 추세 속에 페이스북, 트위터, 유튜브 등도 앞다퉈 독자적인 뉴스 서비스 제공에 나서고 있다. 디지털 시대에도 뉴스는 여전히 생명력을 얻고 있는 것이다.

달라지는 뉴스의 역할과 여전히 줄지 않는 뉴스의 소비. 이것이야말로 디지털 시대의 새롭게 떠오를 뉴스를 바라보는 화두가 될 것이다.

오늘 아침 눈을 뜨자마자 어떤 뉴스를 찾았는가. 종이 신문이든, 인터넷이든, TV든, 태블릿이든, SNS든 당신은 지금 어떤 뉴스를 찾아 헤매고 있는가.

# 미주

## 들어가며

1 Stephens, Mitchell. 2007. *A History of News*. New York: Oxford Univ. Press. 이광재,이인희 역. 2010. 『뉴스의 역사』. 서울: 커뮤니케이션북스. 1쪽에서 재인용.

2 이강수. 2011. 『뉴스론: 미디어 사회학적 연구』. 파주: ㈜나남. 14쪽.

3 박재영 · 이완수 · 노성종. 2009. 한 · 미신문의 의견기사에 나타난 한국 기자와 미국 기자의 사고습관 차이. 『한국언론학보』, 53권 5호: 268~290.

## 1장 뉴스란 무엇인가
### 뉴스란 □다

4 이종혁 · 길우영 · 강성민 · 최윤정. 2013. 다매체 환경에서의 뉴스 가치 판단 기준에 대한 종합적 · 구조적 접근: '뉴스 가치 구조모델' 도출. 『한국방송학보』, 27권 1호: 167~212. 170쪽.

5 Hohenberg, John. 1962. *The Professional Journalist*. New York: Halt, Rinehart and Winston, Inc. 박기순 · 박정순 · 이동신 · 조종혁 역. 1987. 『신문방송취재보도론』. 서울: 탐구당.

6 Alain de Botton. 2014. *The News: A User's Manual*. New York: Pantheon books. 최민우 역. 2014. 『뉴스의 시대: 뉴스에 대해 우리가 알아야 할 모든 것』. 경기 파주: 문학동네. 286쪽.

7 Charnley, M. V. 1960. *Reporting*. New York: Holt Rinehart and Winston.

8 MacDugall, Curtis D. 1964. *The Press and It's Problem*. Iowa: WM. C. Company Publishers.

9 Stephens, Mitchell. 2007. *A History of News*. New York: Oxford Univ. Press. 이광재 · 이인희 역. 2010. 『뉴스의 역사』. 서울: 커뮤니케이션북스. 314~319쪽. '뉴스의 속도'

10 Randall, D. 2000. *The Universal journalist*. London: Pluto.

11 Alain de Botton. 2014. *The News: A User's Manual*. New York: Pantheon books. 최민우 역. 2014. 『뉴스의 시대: 뉴스에 대해 우리가 알아야 할 모든 것』. 경기 파주: 문학동네.

12 이강수. 2011. 『뉴스론: 미디어 사회학적 연구』. 파주: ㈜나남.

13 Bond. Fraser. 1961. *An Introduction To Journalism*. New York: Macmillan.

14 이강수. 2011. 『뉴스론: 미디어 사회학적 연구』. 파주: ㈜나남. 53~54쪽서 재인용.

15 Harris, J. & Johnson, S. 1965. *The Complete Reporter*. New York: Macmillan.

16 Warren. C. 1947. *Radio News Writing*. New York: Haper and Bros.

17 Bridges, J. 1989. News on Use on the Front Page of the American Daily. *Journalism Quarterly*, 66: 333~337.

18 Hartely, J. 1982. *Understanding News*. London: Methuen. 11쪽.

19 Tuchman, Gaye. 1978. *Making News: A study in the Construction of Reality*. New York: The Free Press. 박홍수 역. 1995. 『메이킹 뉴스: 현대 사회와 현실의 재구성에 관한 연구』. 서울: 나남출판. 77쪽.

20 Lippmann, W. 1922. *Public Opinion*. New York: Harcourt Brace.

21 이강수. 2011. 『뉴스론: 미디어 사회학적 연구』. 파주: ㈜나남. 47쪽.

## 왜 뉴스가 되나 … 뉴스 가치

22 심재철 · 정완규 · 김균수. 2003. 한국과 미국 신문의 뉴스 가치 비교: 대학 관련 기사를 중심으로. 『한국언론학보』, 47권 3호: 95~124. ; 이종혁. 2009. 뉴스의 일탈성이 기사 선택에 미치는 영향: 진화론, 인지부조화, 정보효용성을 바탕으로 모델 도출. 『한국언론학보』, 53권 6호: 241~261. ; 이종혁 · 길우영 · 강성민 · 최윤정. 2013. 다매체 환경에서의 뉴스 가치 판단 기준에 대한 종합적 · 구조적 접근: '뉴스 가치 구조모델' 도출. 『한국방송학보』, 27권 1호: 167~212. ; Galtung, Johan & Ruge. Mari Holmboe. 1965. The Structure of Foreign News: The Presentation of the Congo, Cuba and Cyprus Crisis in Four Norwegian Newspaper. *Journal of Peace Research*, 2: 64~91. ; Gans, Herbert J. 1980. *Deciding What's News: A Study of CBS Evening News, NBC Nightly News, Newsweek, and Time*. New York: Random House. ; Shoemaker, Pamela J. & Cohen, Akiba. 2006. *News Around the World: content, practitioners, and the public*. NY and London: Routledge.

23    Shoemaker, P. J. 1996. Hard-wired for news: Using biological and cultural evolution to explain the news. *Journal of Communication*, 46(3): 32~47.

24    Alain de Botton. 2014. *The News: A User's Manual*. New York: Pantheon books. 최민우 역. 2014. 『뉴스의 시대: 뉴스에 대해 우리가 알아야 할 모든 것』. 경기 파주: 문학동네. 14쪽.

25    Stephens, Mitchell. 2007. *A History of News*. New York: Oxford Univ. Press. 이광재 · 이인희 역. 2010. 『뉴스의 역사』. 서울: 커뮤니케이션북스. 18쪽. ; Kovach, B. & Rosenstiel, T. 2007. *The element of Journalism*. New York: Three Rivers Press. 이재경 역. 2009. 『저널리즘의 기본원칙』. 서울; 한국언론재단. 43쪽.

26    이종혁 · 길우영 · 강성민 · 최윤정. 2013. 다매체 환경에서의 뉴스 가치 판단 기준에 대한 종합적 · 구조적 접근: '뉴스 가치 구조모델' 도출. 『한국방송학보』, 27권 1호: 167~212. 176쪽.

27    Charnley, M. V. 1960. *Reporting*. New York: Holt Rinehart and Winston.

28    McQuail, Denis. 1992. *Media Performance: Mass Communication and the Public Interest*. London: Sage.

29    이준웅. 2010. 한국 언론의 경향성과 이른바 '사실과 의견의 분리 문제'. 『한국언론학보』, 54권 2호: 187~209. 202쪽

30    심재철. 2003. 디지털 미디어시대의 뉴스 가치에 관한 소론. 『방송연구』, 2003년 여름호: 33~60. ; 이종혁 · 길우영 · 강성민 · 최윤정. 2013. 다매체 환경에서의 뉴스 가치 판단 기준에 대한 종합적 · 구조적 접근: '뉴스 가치 구조모델' 도출. 『한국방송학보』, 27권 1호: 167~212.

31    심재철. 2003. 디지털 미디어시대의 뉴스 가치에 관한 소론. 『방송연구』, 2003년 여름호: 33~60.

32    Kovach, B. & Rosenstiel, T. 2007. *The element of Journalism*. New York: Three Rivers Press. 이재경 역. 2009. 『저널리즘의 기본원칙』. 서울; 한국언론재단.

33    Merrill, John Calhoun. 1997. *Journalism Ethics: Philosophical Foundations of News Media*, New York: Bedford/St. Martin's Press. 174~191; 심재철. 2003. 디지털 미디어시대의 뉴스 가치에 관한 소론. 『방송연구』, 2003년 여름호: 33~60. 42~45에서 재인용.

34    유선영. 1995. 객관주의 100년의 형식화 과정. 『언론과 사회』, 10호: 86~128. ; 심재철. 2003. 디지털 미디어시대의 뉴스 가치에 관한 소론. 『방송연구』, 2003년 여름호: 33~60. ; McQuail, Denis. 1992. *Media Performance: Mass*

*Communication and the Public Interest*. London: Sage. ; McQuail, D. 2005. *McQuail's Mass Communication Theory*. London: Sage.

35  심재철. 2003. 디지털 미디어시대의 뉴스 가치에 관한 소론. 『방송연구』, 2003년 여름호: 33~60. 42쪽

36  이종혁 · 길우영 · 강성민 · 최윤정. 2013. 다매체 환경에서의 뉴스 가치 판단 기준에 대한 종합적 · 구조적 접근: '뉴스 가치 구조모델' 도출. 『한국방송학보』, 27권 1호: 167~212.

37  McQuail, Denis. 1992. *Media Performance: Mass Communication and the Public Interest*. London: Sage. pp.196~204

38  이강수. 2011. 『뉴스론: 미디어 사회학적 연구』. 파주: ㈜나남. 289~292쪽.

39  Harrison, J. 2006. *News*. London and New York: Routledge.

40  이강수. 2011. 『뉴스론: 미디어 사회학적 연구』. 파주: ㈜나남. 238~239쪽.

41  The Missouri group. 2005. *News reporting and writing* (8th edtion). Boston,MA: St.Martin's. 한국언론연구원 편. 1994. 『취재와 보도』 (4th edition). 서울: 한국언론연구원.

42  Galtung, Johan & Ruge, Mari Holmboe. 1965. The Structure of Foreign News: The Presentation of the Congo, Cuba and Cyprus Crisis in Four Norwegian Newspaper. *Journal of Peace Research*, 2: 64~91.

43  이종혁 · 길우영 · 강성민 · 최윤정. 2013. 다매체 환경에서의 뉴스 가치 판단 기준에 대한 종합적 · 구조적 접근: '뉴스 가치 구조모델'도출. 『한국방송학보』, 27권 1호: 167~212. 173쪽.

44  이강수. 2011. 『뉴스론: 미디어 사회학적 연구』. 파주: ㈜나남.

45  Fishman, Mark. 1978. Crime waves as ideology. *Social Problems*, 25: 531~543. Ward, H.H. 1985. *Professional newswriting*. San Diego: Harcourt Brace Jovanovich. ; McQuail, Denis. 1992. *Media Performance: Mass Communication and the Public Interest*. London: Sage. ; 심재철. 1997. 일탈성 뉴스 가치 중심으로 본 한국 신문의 국제뉴스 보도. 『언론과 사회』, 15호: 33~61.

46  고영신. 2007. 『디지털 시대의 취재보도론: 고영신의 저널리즘 강의』. 경기 파주: 나남출판.

47  Martin, Kingsley. 1947. *The Press the Public Wants*. London: The Hogarth Press.

48  Shoemaker, Pamela J. & Cohen, Akiba. 2006. *News Around the World: content, practitioners, and the public*. NY and London: Routledge. pp.7~18 ;

Shoemaker, Pamela. J. & Danielian L. H., & Brendlinger, N. 1991. Deviance as a predictor of newsworthiness: Coverage of international events in U.S. media. *Journalism Quarterly*, 68(4): 781~795.

49 Shoemaker, Pamela J. & Cohen, Akiba. 2006. *News Around the World: content, practitioners, and the public*. NY and London: Routledge. 9쪽.

## 뉴스는 어떻게 만들어지는가 … 뉴스의 사회학

50 Freedman, Samuel G. 2006. *Letter to a Young Journalist*. Basic books. 조우석 역. 2008. 『미래의 저널리스트에게』. 서울: 미래인. 51쪽.

51 이종혁 · 길우영 · 강성민 · 최윤정. 2013. 다매체 환경에서의 뉴스 가치 판단 기준에 대한 종합적 · 구조적 접근: '뉴스 가치 구조모델' 도출. 『한국방송학보』, 27권 1호: 167~212.

52 Freedman, Samuel G. 2006. *Letter to a Young Journalist*. Basic books. 조우석 역. 2008. 『미래의 저널리스트에게』. 서울: 미래인. 104쪽.

53 Tuchman, Gaye. 1978. *Making News: A study in the Construction of Reality*. New York: The Free Press. 박홍수 역. 1995. 『메이킹 뉴스: 현대 사회와 현실의 재구성에 관한 연구』. 서울: 나남출판. 250쪽.

54 Harrison, J. 2006. *News*. London and New York: Routledge.

55 반면 정치경제학적 접근은 자본주의 사회에서 경제적 요인이 뉴스 생산에 결정적인 영향을 미친다는 차원에서 뉴스를 규정하는 거시적인 접근방법이다. 뉴스 내용 자체보다는 소유 구조의 실증적 분석이나 미디어 시장에서의 영향력이 미디어 내용에 작용하는 방식에 주된 관심을 둔다. McQuail, Denis. 2005. *McQuail's Mass Communication Theory*. London: Sage.

56 Harrison, J. 2006. *News*. London and New York: Routledge.

57 Shoemaker, Pamela J. 1991. *Gatekeeping*. London: Sage. 최재완 역. 2001. 『게이트키핑의 이해』. 서울: 커뮤니케이션북스.

58 Lewin, Kurt. 1947. Frontiers in group dynamics: concept, method and reality in science. *Human Relations*, 1: 5~40.

59 Geiber, W. 1956. Across the desk: A study of 16 telegraph editors. *Journalism Quarterly*, 33: 424~432.

60 White, D. M. 1950. The "gatekeeper": A case study in the selection of news. *Journalism Quarterly*, 27: 383~390.

61  윤영철 · 홍성구. 1996. 지역사회 권력 구조와 뉴스 만들기: 지역 언론의 뉴스 틀 형성 과정에 관한 참여 관찰 연구. 『언론과 사회』. 11권: 90~122쪽.

62  Breed, W. 1955. Social control in the newsroom: A functional analysis. *Social Forces*, 33: 326~335.

63  Janis, I. L. 1982. *Group think: psychological studies of policy decisions and fiascoes*. Boston: Houghton Mifflin.

64  Shoemaker, Pamela J. & Reese, Stephen D. 1996. *Mediating the message: Theories of influences on mass media content*. White Plains, New York: Longman. 김원용 역. 1997. 『매스미디어 사회학』. 서울: 나남출판.

65  Tuchman, Gaye. 1978. *Making News: A study in the Construction of Reality*. New York: The Free Press. 박흥수 역. 1995. 『메이킹 뉴스: 현대 사회와 현실의 재구성에 관한 연구』. 서울: 나남출판.

66  Tuchman, Gaye. 1978. *Making News: A study in the Construction of Reality*. New York: The Free Press. 박흥수 역. 1995. 『메이킹 뉴스: 현대 사회와 현실의 재구성에 관한 연구』. 서울: 나남출판. 251~252쪽.

67  Gans, Herbert J. 1980. *Deciding What's News: A Study of CBS Evening News, NBC Nightly News, Newsweek, and Time*. New York: Random House.

68  Fishman, Mark. 1980. *Manufacturing the news: The Social Organization of Media News Production*. Austin: University of Texas Press.

69  Crouse, T. 2003. *The Boys on the Bus*. New York: Random House Trade.

70  Skewes, Elizabeth A. 2007. *Message Control*. Lanham, Maryland: Rowman & Littlefield Publishers.

71  Whitney, D. C. & Becker, L. B. 1982. Keeping the gates for gatekeeper: The effects of wire news. *Journalism Quarterly*, 59: 60~65.

72  Nisbett, Richard E. & Ross, L. 1980. *Human inference: Strategies and shortcomings of social judgement*. New York: Prentice−Hall.

73  Shoemaker, Pamela J. & Reese, Stephen D. 1996. *Meditating the message: Theories of influences on mass media content*. White Plains, NY: Longman. 김원용 역. 1997. 『매스미디어 사회학』. 서울: 나남출판.

74  Epstein, Edward J. 1973. *News from Nowhere: Television and the News*. New York: Random House.

75  Gitlin, T. 1980. *The Whole world is watching*. Berkeley: UCP.

76  Shoemaker, Pamela J. 1991. *Gatekeeping*. London: Sage. 최재완 역. 2001. 『게이트키핑의 이해』. 서울: 커뮤니케이션북스.

77  Galtung, Johan & Ruge, Mari Holmboe. 1965. The Structure of Foreign News: The Presentation of the Congo, Cuba and Cyprus Crisis in Four Norwegian Newspaper. *Journal of Peace Research*, 2: 64~91.

78  Gans, Hrebert J. 1980. *Deciding What's News: A Study of CBS Evening News, NBC Nightly News, Newsweek, and Time*. New York: Random House.

79  Matsumoto, D. & Juang, L. 2013. *Culture and Psychology* (5th edition). Cengage Learning. 신현정 · 이재식 · 김비아 역. 2013. 『문화와 심리학』. 서울: 박학사.

80  Nisbett, Richard E. 2003. *The Geography of Thought*. New York: The free press. 최인철 역. 2004. 『생각의 지도: 동양과 서양, 세상을 바라보는 서로 다른 시선』. 서울: 박영사.

81  Morris, Michael W. & Kaiping Peng. 1994. "Culture and cause: American and Chinese attributions for social and physical events". *Journal of Personality and Social Psychology*, 67(6): 949–971.

82  이범수. 2004. 언론사상에 대한 동 · 서양 비교 연구: 사서삼경과 고대 그리스 수사학을 중심으로. 『언론과학연구』, 4권 1호: 155~176.

83  Schudson, Michael. 1999. What Public Journalism Knows about Journalism but Doesn't Know about "Public". Glasser, Theodore L. eds. *The Idea of Public Journalism*: 118~134. NY and London: The Guilford Press ; 황용석. 2011. 크라우드소싱과 저널리즘. 『2011 해외미디어 동향 8』. 서울: 한국언론진흥재단: 347~407. 349쪽에서 재인용.

84  황용석 · 양승찬. 2003. 온라인 저널리즘의 상호작용성 연구. 『언론과 사회』, 2003년 봄: 111~139.

85  황용석. 2011. 크라우드소싱과 저널리즘. 『2011 해외미디어 동향 8』. 서울: 한국언론진흥재단: 347~407. 347~349쪽.

86  Hallin, Daniel C. & Mancini, Paolo. 2004. *Comparing Media Systems: Three Models of Media and Politics*. Cambridge: Cambridge University. 김수정 · 정준희 · 송현주 · 백미숙 역. 2009. 『미디어 시스템의 형성과 진화』. 서울: 한국언론재단.

87   이현구. 2002. 『세상에서 가장 쉬운 취재보도론』. 서울: 커뮤니케이션북스.

88   한국언론학회. 2005. 『언론학 원론(상)』. 파주: 범우사.

89   한국편집기자협회. 1991. 『신문편집』. 서울: 녹원출판사.

90   최창섭 외. 1998. 『교양 언론학 강좌』. 서울: 범우사.

91   안병찬. 1999. 『저널리즘 강의』. 서울: 나남출판. 36~37쪽.

92   윤석홍 · 김춘옥. 2000. 『신문 방송, 취재와 보도』. 서울: 나남출판.

93   이민웅. 2003. 『저널리즘: 위기 · 변화 · 지속』. 서울: 나남출판.

94   유재천 외. 2004. 『매스커뮤니케이션의 이해』. 서울: 커뮤니케이션북스.

95   임영호. 2010. 뉴스 가치의 이해. 『저널리즘의 이해』. 서울: 도서출판 한울.
     27~48.

96   양재찬. 2009. 경제기사의 뉴스 가치에 대한 기자와 수용자의 인식 유형과 상
     호 지향성 연구. 『주관성 연구』, 19호: 61~85.

97   남재일. 2008. 한국 객관주의 관행의 문화적 특수성. 『언론과학연구』, 8권 3호:
     233~270.

98   오대영. 2010. 국제 뉴스통신사의 북한 관련 의제설정 연구. 한양대학교 대학
     원 박사학위 논문.

99   이종혁 · 길우영 · 강성민 · 최윤정. 2013. 다매체 환경에서의 뉴스 가치 판단 기
     준에 대한 종합적 · 구조적 접근: '뉴스 가치 구조모델' 도출. 『한국방송학보』,
     27권 1호: 167~212.

100  심재철. 2003. 디지털 미디어시대의 뉴스 가치에 관한 소론. 『방송연구』, 2003
     년 여름호: 33~60.

101  Shoemaker, Pamela J. & Cohen, Akiba. 2006. *News Around the World: content,
     practitioners, and the public*. NY and London: Routledge. ; Shoemaker, P.
     J. & Danielian L. H., & Brendlinger, N. 1991. Deviance as a predictor of
     newsworthiness: Coverage of international events in U.S. media. *Journalism
     Quarterly,* 68(4): 781~795.

102  심재철 · 정완규 · 김균수. 2003. 한국과 미국 신문의 뉴스 가치 비교: 대학 관
     련 기사를 중심으로. 『한국언론학보』, 47권 3호, 95~124.

103  이종혁 · 길우영 · 강성민 · 최윤정. 2013. 다매체 환경에서의 뉴스 가치 판단 기
     준에 대한 종합적 · 구조적 접근: '뉴스 가치 구조모델' 도출. 『한국방송학보』,
     27권 1호: 167~212.

104 Shoemaker, Pamela J. & Cohen, Akiba. 2006. *News Around the World: content, practitioners, and the public.* NY and London: Routledge.

105 Gans, Herbert J. 1980. *Deciding What's News: A Study of CBS Evening News, NBC Nightly News, Newsweek, and Time.* New York: Random House.

106 Shoemaker, Pamela J. & Reese, Stephen D. 1996. *Meditating the message: Theories of influences on mass media content.* White Plains, NY: Longman. 김원용 역. 1997. 『매스미디어 사회학』. 서울: 나남출판. 116, 120쪽

107 이재경. 2006. 한·미 신문의 대통령 취재관행 비교. 『언론과 사회』, 14권 4호: 37~69.

108 이건호·정완규. 2008. 한국과 미국 신문의 1면 기사 비교: 취재영역 및 보도형태별 취재원 출현에 따른 실증적 분석. 『한국언론학보』, 52권 4호: 25~50. ; 박재영·이완수·노성종. 2009. 한·미신문의 의견기사에 나타난 한국 기자와 미국 기자의 사고습관 차이. 『한국언론학보』, 53권 5호: 268~290.

109 박재영·이완수. 2007. 인용과 취재원 적시에 대한 한·미 신문 비교. 『한국언론학보』, 51권 6호: 439~511.

110 박재영·이완수·노성종. 2009. 한·미신문의 의견기사에 나타난 한국 기자와 미국 기자의 사고습관 차이. 『한국언론학보』, 53권 5호: 268~290.

111 차재영·이영남. 2005. 한·미 언론의 노근리 사건 보도 비교연구: 취재원 사용의 차이와 그 요인을 중심으로. 『한국언론정보학보』, 30호: 239~286.

112 박천일. 1995. 방송의 국제뉴스 선정과정과 통제 메커니즘 비교분석 연구. 『언론과 사회』, 7권: 70~97.

113 오대영. 2013. 한국 신문의 아시아와 서구에 대한 보도양상의 차이와 이유 연구. 『한국언론정보학보』, 61권: 74~97.

114 김건우·김균. 2013. 사주의 퍼포먼스와 신문 조직의 문화적 통제: 조선일보 사례를 중심으로. 『한국언론정보학보』, 62호: 223~243.

115 McQuail, Denis. 2005. *McQuail's Mass Communication Theory.* London: Sage.

## 2장 한국 언론인의 뉴스관
어떻게 볼 것인가

1 김성우. 2011. '견습 40년', 『돌아가는 배』. 서울: 도서출판 삶과 꿈. 226쪽.

## 책 속에 담긴 생각

2 Shoemaker, Pamela J. & Reese, Stephen D. 1996. *Meditating the message: Theories of influences on mass media content.* White Plains, NY: Longman. 김원용 역. 1997. 『매스미디어 사회학』. 서울: 나남출판. ; Kovach, B. & Rosenstiel, T. 2007. *The element of Journalism.* New York: Three Rivers Press. 이재경 역. 2009. 『저널리즘의 기본원칙』. 서울; 한국언론재단

3 Lule, Jack. 1995. I. F. Stone: The Practice of Reporting. *Journalism and Mass Communication Quarterly,* 72(3): 499~510.

4 안병찬. 1999. 『신문발행인의 권력과 리더십: 장기영의 부챗살 소통망 연구』. 서울: 나남출판. 167~175쪽.

5 김건우 · 김균. 2013. 사주의 퍼포먼스와 신문 조직의 문화적 통제: 조선일보 사례를 중심으로. 『한국언론정보학보』. 62호: 223~243. 224쪽.

6 분석 대상 서적을 찾기 위해, 2013년 11월 현재 교보문고 홈페이지의 도서 목록을 통해 '기자', '저널리즘', '뉴스', '언론인'의 키워드로 현재 시중에 판매 중인 도서를 검색해보니 모두 415권이 검색됐다. 이 가운데 해방 이후 전 · 현직 언론인의 저술물과 언론사 사주 · 경영진들이 직접 저술하거나 외부 필자에 의해 평전 등의 형태로 출간된 책 중에서 시중 또는 도서관에서 입수 가능한 저작물만을 추려본 결과 모두 101권이었다. 이 저작물 중에서 뉴스에 대한 언급이 있거나 관련 내용이 포함된 부분만을 발췌해서 이를 중점적으로 비교 분석했다. 뉴스 가치에 대한 생각을 비교하기 위해 분석했던 전 · 현직 국내 언론인의 주요 저술서 목록은 부록으로 첨부했다.

7 심재철 · 정완규 · 김균수. 2003. 한국과 미국 신문의 뉴스 가치 비교: 대학 관련 기사를 중심으로. 『한국언론학보』. 47권 3호: 95~124.

8 이종혁 · 길우영 · 강성민 · 최윤정. 2013. 다매체 환경에서의 뉴스 가치 판단 기준에 대한 종합적 · 구조적 접근: '뉴스 가치 구조모델' 도출. 『한국방송학보』. 27권 1호: 167~212.

9 심재철. 2003. 디지털 미디어시대의 뉴스 가치에 관한 소론. 『방송연구』. 2003년 여름호: 33~60.

10 McQuail, Demis. 1992. *Media Performance: Mass Communication and the Public Interest.* London: Sage. ; 이강수. 2011. 『뉴스론: 미디어 사회학적 연구』. 파주: (주) 나남. 289~292쪽

11 이종혁 · 길우영 · 강성민 · 최윤정. 2013. 다매체 환경에서의 뉴스 가치 판단 기준에 대한 종합적 · 구조적 접근: '뉴스 가치 구조모델' 도출. 『한국방송학보』.

27권 1호: 167~212.

12 Shoemaker, Pamela J. 1991. *Gatekeeping*. London, Sage. 최재완 역. 2001. 『게이트키핑의 이해』. 서울: 커뮤니케이션북스.

13 이종혁 · 길우영 · 강성민 · 최윤정. 2013. 다매체 환경에서의 뉴스 가치 판단 기준에 대한 종합적 · 구조적 접근: '뉴스 가치 구조모델' 도출. 『한국방송학보』, 27권 1호: 167~212.

14 Shoemaker, P. J. & Danielian L. H. & Brendlinger, N. 1991. Deviance as a predictor of newsworthiness: Coverage of international events in U.S. media. *Journalism Quarterly*, 68(4): 781~795. ; 이종혁. 2009. 뉴스의 일탈성이 기사 선택에 미치는 영향: 진화론, 인지부조화, 정보 효용성을 바탕으로 모델 도출. 『한국언론학보』, 53권 6호: 241~261.

15 이종혁 · 길우영 · 강성민 · 최윤정. 2013. 다매체 환경에서의 뉴스 가치 판단 기준에 대한 종합적 · 구조적 접근: '뉴스 가치 구조모델' 도출. 『한국방송학보』, 27권 1호: 167~212.

16 Gans, Herbert J. 1980. *Deciding What's News: A Study of CBS Evening News, NBC Nightly News, Newsweek, and Time*. New York: Random House. ; 심재철. 1997. 일탈성 뉴스 가치 중심으로 본 한국 신문의 국제뉴스 보도. 『언론과 사회』, 15호: 33~61.

17 이종혁 · 길우영 · 강성민 · 최윤정. 2013. 다매체 환경에서의 뉴스 가치 판단 기준에 대한 종합적 · 구조적 접근: '뉴스 가치 구조모델' 도출. 『한국방송학보』, 27권 1호: 167~212.)

18 심재철. 1997. 일탈성 뉴스 가치 중심으로 본 한국 신문의 국제뉴스 보도. 『언론과 사회』, 15호: 33~61.

19 McQuail, Denis. 2005. *McQuail's Mass Communication Theory*. London: Sage.

## 현대적 뉴스관의 태동

20 김욱영. 2004. 일제하 언론인 김동성의 언론활동에 관한 연구. 『한국언론정보학보』, 26호: 83~104.

21 Dong Sung Kim. 1916. *Oriental Impressions in America*. Cincinnati: The Abingdon press. 김희진 · 황호덕 역. 2014. 『米洲의 印象: 조선 청년 100년 전 뉴욕을 거닐다』. 서울: 현실문화.

22 이상철. 2009. 언론학 50년의 성찰. 『동서언론』, 12집: 1~35.

23  Dong Sung Kim. 1916. *Oriental Impressions in America.* Cincinnati: The Abingdon press. 김희진 · 황호덕 역. 2014. 『米洲의 印象: 조선 청년 100년 전 뉴욕을 거닐다』. 서울: 현실문화. 152~158쪽.

24  김동성. 1963. '나의 회상기 2: 선죽교와 혈죽─나는 혈죽을 보았다'. 『사상계』, 5월호: 272~277쪽.

25  김욱영. 2004. 일제하 언론인 김동성의 언론활동에 관한 연구. 『한국언론정보학보』, 26호: 83~104.

26  황호덕. 2014. '문화번역가 천리구 김동성, 그 동서 편력의 첫 화첩'. 김희진 · 황호덕 역. 2014. 『米洲의 印象: 조선 청년 100년 전 뉴욕을 거닐다』. 서울: 현실문화. 158쪽.

27  차배근 · 리대룡 · 정진석 · 박정규. 1977. 『한국신문학사』. 서울: 정음사. 115쪽.

28  이상철. 2009. 언론학 50년의 성찰. 『동서언론』 12집: 1~35. 27쪽.

## 규범적 뉴스 가치에 대한 입장

29  홍종인. 1973. 신문과 기자의 생리와 윤리. 『신문과 방송』, 9월호: 64~70. 65쪽.

30  정진석, 2011. '언론인, 사학자, 민주화 투쟁의 거목'. 천관우선생 추모문집간행위원회. 『거인 천관우: 우리 시대의 언관 사관』. 서울: 일조각. 90쪽.

31  오종식, 1976.1.25. '참회록'. 독서신문. 김영희 · 박용규. 2011. 『한국현대언론인열전』. 서울: 커뮤니케이션북스. 196쪽서 재인용.

32  김영희 · 박용규. 2011. '"기자는 거리에 나타난 학자"─석천 오종식'. 『한국현대언론인열전』. 서울: 커뮤니케이션북스. 187~199.191쪽.

33  김영희 · 박용규. 앞의 책. 194쪽.

34  김영희 · 박용규. "자유 언론의 제단에 바쳐진' 언론인─ 안종필'. 앞의 책. 161~172. 167쪽.

35  이동조. 2005. '오연호: 인터넷 언론신화를 만든 '반미기자'의 꿈'. 『펜으로 세상을 움직여라』. 서울: 도서출판 답게. 105~118. 115쪽.

36  안병찬. 2008. 『한국의 저널리스트: 르포르타주 저널리스트의 탐험』. 서울: 커뮤니케이션북스. 181~182쪽.

37  이동조. 2005. '조갑제: 한 대기자를 보는 극단적인 두 개의 눈'. 『펜으로 세상을 움직여라』. 서울: 도서출판 답게. 162~179. 171~172쪽.

38  조갑제. 2006.4.5. '사건과 인간: 한 수사식 보도기자의 비화'. http://jhsong46.blog.me/70003058232

39  이규태. 2002. "대패" 최석채 선생'. 최석채. 『반골 언론인 최석채』. 서울: 성균
관대 출판부. 503쪽서 재인용.

40  최석채. 2002. 『반골 언론인 최석채』. 서울: 성균관대 출판부. 182쪽.

41  김영희·박용규. 2011. '지사적 언론인 전통의 마지막 인물— 후석 천관우'. 『한
국현대언론인열전』. 서울: 커뮤니케이션북스. 395~406. 401쪽.

42  정진석. 2011. '언론인, 사학자, 민주화 투쟁의 거목'. 천관우선생 추모문집간행
위원회. 『거인 천관우: 우리 시대의 언관 사관』. 서울: 일조각. 36~93. 80쪽.

43  천관우선생 추모문집간행위원회. 앞의 책. 141쪽.

44  방우영. 2008. 『나는 아침이 두려웠다: 한국 현대사와 함께 한 방우영의 신문
만들기 55년』. 경기 파주: 김영사. 211쪽.

45  천관우. 2011. '육십자서(六十自敍)'. 천관우선생 추모문집간행위원회. 『거인 천
관우: 우리 시대의 언관 사관』. 서울: 일조각. 670쪽에서 재인용

46  김영희·박용규. 2011. '지사적 언론인 전통의 마지막 인물— 후석 천관우;. 『한
국현대언론인열전』. 서울: 커뮤니케이션북스. 395~406. 403쪽.

47  조용중. 1999. 『저널리즘과 권력: 그 실상과 허상』. 서울: 나남출판.

48  박래부. 2008. 『한국의 저널리스트: 분노 없는 시대, 기자의 실존』. 서울: 커뮤
니케이션북스. 70쪽.

49  박래부. 앞의 책. 71쪽.

50  김영희·박용규. 2011. '반공 의식에 포획된 보수 언론인—선우휘'. 『한국현대언
론인열전』. 서울: 커뮤니케이션북스. 111~122. 118쪽.

51  안병찬. 2008. 『한국의 저널리스트: 르포르타주 저널리스트의 탐험』. 서울: 커
뮤니케이션북스. 95~97쪽.

52  고승철. 2006. 『한국의 저널리스트: 밥과 글』. 서울: 커뮤니케이션북스. 149쪽.

53  고승철. 앞의 책. 151쪽.

54  남재희. 2014. 『남재희가 만난 통 큰 사람들』. 서울: 리더스하우스. 122쪽.

55  김삼웅. 2011. 『송건호 평전: 시대가 '투사'로 만든 언론 선비』. 서울: 책으로 보
는 세상. 104쪽.

56  김삼웅. 2010. 『리영희 평전』. 서울: 책보세. 153쪽.

57  김삼웅. 앞의 책. 443쪽.

58  김중배. 1999. 『미디어와 권력: 한국언론, 이제 어떻게 할 것인가』. 서울: 나남
출판. 46쪽.

59  송건호. 1964. '곡필언론사'. 『사상계』. 10월호.

60 동아일보자유언론수호투쟁위원회. 2014. 『자유언론 40년: 실록 동아투위 1974~2014』. 서울: 다섯수레. 135~136쪽.

61 문영희 · 김종철 · 김광원 · 강기석. 2014. 『동아일보 대해부 1~5』. 서울: 안중근 평화연구원. 3권 204쪽.

62 김성우. 2011. 『돌아가는 배』. 서울: 삶과 꿈. 228쪽.

63 조갑제. 2010. 『반골기자 조갑제』. 서울: 조갑제닷컴. 83쪽.

64 조갑제. 앞의 책. 178쪽.

65 구종서. 2009. '평생 기자의 '기자 마지막 날". 서울언론인클럽 추모문집편찬위 원회. 『영원한 사회부장 오소백』. 256~262. 260쪽. 오소백.

66 정진석. 2001. 『역사와 언론인』. 서울: 커뮤니케이션북스. 337~341쪽 ; 부끄럼. 2009. '신문대학의 모태: 조선신문연구소, 신문과학연구소, 조선신문학원, 서 울신문학원'. http://bookgram.pe.kr/120072828138)

67 박권상. 1983. 『자유언론의 명제』. 서울: 도서출판 전예원. 233쪽.

68 박권상. 앞의 책. 240쪽.

69 최석채. 2002. 『반골 언론인 최석채』. 서울: 성균관대 출판부.

70 홍종인 선생 추모문집 편찬위원회. 1999. 『대기자 홍박』. 서울: LG상남언론재 단. 112쪽.

71 최영재. 2014. 공영방송 보도국의 정파적 분열: 민주화의 역설.정치적 종속의 결과. 『커뮤니케이션 이론』, 10권 4호: 476~510.

72 김건우 · 김균. 2013. 사주의 퍼포먼스와 신문 조직의 문화적 통제: 조선일보 사례를 중심으로. 『한국언론정보학보』, 62호: 223~243. 235~236쪽.

73 조용중. 1999. 『저널리즘과 권력: 그 실상과 허상』. 서울: 나남출판. 79쪽.

74 남재희. 2014. 『남재희가 만난 통 큰 사람들』. 서울: 리더스하우스. 138쪽.

75 이병철. 1986. 『호암자전』. 서울: 중앙일보사. 187쪽.

76 이동욱. 1996. 『계초 방응모』. 서울: 방일영문화재단. 194~195쪽.

77 김건우 · 김균. 2013. 사주의 퍼포먼스와 신문 조직의 문화적 통제: 조선일보 사례를 중심으로. 『한국언론정보학보』, 62호: 223~243. 230쪽.

78 김건우 · 김균. 앞의 논문. 231쪽.

79 최석채. 2002. 『반골 언론인 최석채』. 서울: 성균관대 출판부.

80 최석채. 앞의 책. 179쪽.

81 한운사. 2006. 『뛰면서 생각하라: 한국형 최강 CEO 장기영』. 서울: 동서문화사. 132쪽.

82  한운사. 앞의 책. 493쪽.

83  안병찬. 1999. 『신문발행인의 권력과 리더십: 장기영의 부챗살 소통망 연구』.
    서울: 나남출판. 328~329쪽.


## 실용적 뉴스 가치에 대한 입장

84  고영신. 2007. 『디지털 시대의 취재보도론: 고영신의 저널리즘 강의』. 경기 파
    주: 나남출판. 45쪽.

85  송효빈. 1993. 『체험적 신문론』. 서울: 도서출판 나남. 52쪽.

86  김성우. 2011. 『돌아가는 배』. 서울: 삶과 꿈. 208쪽.

87  안병찬. 1999. 『신문발행인의 권력과 리더십: 장기영의 부챗살 소통망 연구』.
    서울: 나남출판. 182쪽.

88  송효빈. 1993. 『체험적 신문론』. 서울: 도서출판 나남. 51~52쪽.

89  김영희 · 박용규. 2011. '일세를 풍미한 명사회부장 '조대감'−조덕송'. 『한국현대
    언론인열전』. 서울: 커뮤니케이션북스. 359~369. 366쪽.

90  김성우. 2011. 『돌아가는 배』. 서울: 삶과 꿈. 225쪽.

91  안병찬. 1999. 『신문발행인의 권력과 리더십: 장기영의 부챗살 소통망 연구』.
    서울: 나남출판. 182쪽.

92  곽복산. 1955. 『신문학 개론』. 서울: 서울신문학원. 95쪽.

93  구종서. 2009. '평생 기자의 '기자 마지막 날''. 서울언론인클럽 추모문집편찬위
    원회. 『영원한 사회부장 오소백』. 256~262. 260쪽.

94  홍승면. 2003. '신문기자 최병우'. 『화이부동』. 서울: 도서출판 나남. 752쪽.

95  김영희 · 박용규. 2011. '일세를 풍미한 명사회부장 '조대감'−조덕송'. 『한국현대
    언론인열전』. 서울: 커뮤니케이션북스. 359~369. 366쪽.

96  최규철. 2006. 『우리 순영이 힘내라: 기항 최규철 동아일보 35년』. 경기 파주:
    나남출판. 75쪽.

97  이동조. 2005. '김훈: 사실이 모든 것을 말하게 하라'. 『펜으로 세상을 움직여
    라』. 서울: 도서출판 답게. 180~192. 182~190쪽.

98  지승호. 2002. '오연호: 뉴스 게릴라의 힘, 인터넷의 힘'. 『비판적 지성인은 무엇
    으로 사는가』. 서울: 인물과 사상사. 225쪽.

99  안병찬. 1999. 『신문발행인의 권력과 리더십: 장기영의 부챗살 소통망 연구』.
    서울: 나남출판. 491~492쪽.

100 장기영. 1999. '권두의 말'. 안병찬. 『신문발행인의 권력과 리더십: 장기영의 부

챗살 소통망 연구』. 서울: 나남출판. 5쪽에서 재인용.

101 이종혁 · 길우영 · 강성민 · 최윤정. 2013. 다매체 환경에서의 뉴스 가치 판단 기
준에 대한 종합적 · 구조적 접근: '뉴스 가치 구조모델' 도출. 『한국방송학보』,
27권 1호, 167~212.

102 곽복산. 1955. 『신문학 개론』. 서울: 서울신문학원. 95쪽.

103 안병찬. 1999. 『저널리즘 강의』. 서울: 나남출판. 57쪽

104 오소백. 1999. 『기자가 되려면』. 서울: 도서출판 세문사. 562쪽

105 이상현. 1977. 『사회부 기자』. 서울: 문리사.

106 고영신. 2007. 『디지털 시대의 취재보도론: 고영신의 저널리즘 강의』. 경기 파
주: 나남출판. 53쪽.

107 송효빈. 1993. 『체험적 신문론』. 서울: 도서출판 나남. 49~51쪽.

108 한운사. 2006. 『뛰면서 생각하라: 한국형 최강 CEO 장기영』. 서울: 동서문화사.
132쪽.

109 박권상. 1983. 『자유언론의 명제』. 서울: 도서출판 전예원. 136쪽.

110 박권상. 앞의 책. 258쪽

## 뉴스 사회학적 쟁점에 대한 입장

111 김건우 · 김균. 2013. 사주의 퍼포먼스와 신문 조직의 문화적 통제: 조선일보
사례를 중심으로. 『한국언론정보학보』62호, 223~243. 231쪽.

112 권영기. 1999. 『격랑 60년: 방일영과 조선일보』. 서울: 방일영문화재단. 166 쪽.

113 기자협회보. 1968.12.27. 천관우선생 추모문집간행위원회. 2011. 『거인 천관우:
우리 시대의 언관 사관』. 서울: 일조각. 76쪽에서 재인용.

114 김영희 · 박용규. 2011. "역사의 길' 걸은 언론인의 사표-청암 송건호'. 『한국현
대언론인열전』. 서울: 커뮤니케이션북스. 123~134. 129쪽.

115 이채주. 2003. 『언론통제와 신문의 저항: 암울했던 시절 어느 편집국장의 이야
기』. 서울: 나남출판. 476~477쪽.

116 최규철. 2006. 『우리 순영이 힘내라: 기항 최규철 동아일보 35년』. 경기 파주:
나남출판. 159쪽.

117 이채주. 2003. 『언론통제와 신문의 저항: 암울했던 시절 어느 편집국장의 이야
기』. 서울: 나남출판. 475~476쪽.

118 서울언론인클럽 추모문집 편찬위원회. 2009. 『영원한 사회부장 오소백: 오소백
대기자 추모문집』. 경기 파주: 한국홍보연구소. 105쪽.

119  고영신. 2007. 『디지털 시대의 취재보도론: 고영신의 저널리즘 강의』. 경기 파주: 나남출판. 49~50쪽.

120  김영희 · 박용규. 2011. '일세를 풍미한 명사회부장 '조대감'−조덕송'. 『한국현대언론인열전』. 서울: 커뮤니케이션북스. 359~369. 366쪽.

121  곽복산. 1960. 한국 신문의 구조와 과제: 그 생태를 검토하는 하나의 시론. 『한국언론학보』. 1호: 26~40. 40쪽.

122  남중구 추모문집 편찬위원회. 2009. 『백자 같고 질그릇 같고: 언론인 남중구, 그가 그립다』. 경기 파주: 나남. 497쪽.

123  박권상기념회 편. 2015. '젊은 기자에게 보내는 글'. 『박권상 언론학』. 서울: 도서출판 상상나무. 16쪽 ; 박권상. 1983. 『자유언론의 명제』. 서울: 도서출판 전예원. 240쪽.

## 뉴스를 둘러싼 또 다른 쟁점들

124  홍승면. 2003. 『화이부동』. 서울: 나남출판. 693~694쪽.

125  홍선근 편. 2006. 『세계 최고의 친구 부자: 대한민국 경제기자 박무』. 서울: 머니투데이. 71쪽.

126  김영희 · 박용규. 2011. '생활 속 멋 추구한 명칼럼니스트−수탑 심연섭'. 『한국현대언론인열전』. 서울: 커뮤니케이션북스. 147~159. 152쪽.

127  박권상기념회 편. 2015. '언론인이 되려는 젊은이에게'. 『박권상 언론학』. 서울: 도서출판 상상나무. 14쪽 ; 박권상. 1983. 『자유언론의 명제』. 서울: 도서출판 전예원. 122쪽.

128  정진석. '언론인, 사학자, 민주화 투쟁의 거목'. 천관우선생 추모문집간행위원회. 2011. 『거인 천관우: 우리 시대의 언관 사관』. 서울: 일조각. 36~93. 86쪽. ; 김영희 · 박용규. 2011. '지사적 언론인 전통의 마지막 인물− 후석 천관우'. 『한국현대언론인열전』. 서울: 커뮤니케이션북스. 395~406. 402쪽.

129  정진석. '언론인, 사학자, 민주화 투쟁의 거목'. 천관우선생 추모문집간행위원회. 2011. 『거인 천관우: 우리 시대의 언관 사관』. 서울: 일조각. 36~93. 86쪽.

130  조선일보사 사료연구실. 2004. 『조선일보 사람들: 일제 강점기편』. 서울: 랜덤하우스중앙. 84쪽에서 재인용.

131  박권상기념회 편. 2015. 『박권상을 생각한다』. 경기 고양: 도서출판 상상나무. 180쪽.

132  강준만. 1999. 『한국의 언론인 1』. 서울: 인물과 사상사. 91쪽.

133 김성우. 2011. 『돌아가는 배』. 서울: 삶과 꿈. 131쪽.

134 조갑제. 2010. 『반골기자 조갑제』. 서울: 조갑제닷컴. 78쪽.

135 조선일보사 사료연구실. 앞의 책. 455~456쪽에서 재인용.

136 조선일보사 사료연구실. 앞의 책. 456쪽.

137 안정효. 2006. 『글쓰기 만보』. 서울: 모멘토. 153~154쪽.

138 안병찬. 2008. 『한국의 저널리스트: 르포르타주 저널리스트의 탐험』. 서울: 커뮤니케이션북스. 16쪽.

139 안병찬. 2008. 앞의 책. 16쪽에서 재인용.

140 이동조. 2005. '김훈: 사실이 모든 것을 말하게 하라'. 『펜으로 세상을 움직여라』. 서울: 도서출판 답게. 180~192. 188~189쪽.

141 이동조. 앞의 책. 189쪽.

142 이동조. 앞의 책. 191쪽.

143 전병근. 2014.11.1. 작가 김훈 "나는 왜 쓰는가". 조선비즈. http://biz.chosun.com/site/data/html_dir/2014/10/31/2014103103307.html

144 함영준. 2014.11.2~3. '보여주되 말하지 않는 김훈…' 펜의 노래'엔 울림이 있다'. 중앙SUNDAY, 26면.

145 이동조. 2005. '오연호: 인터넷 언론신화를 만든 '반미기자'의 꿈'. 『펜으로 세상을 움직여라』. 서울: 도서출판 답게. 105~118. 116~117쪽.

146 정진석. '언론인, 사학자, 민주화 투쟁의 거목'. 천관우선생 추모문집간행위원회. 2011. 『거인 천관우: 우리 시대의 언관 사관』. 서울: 일조각. 36~93. 37쪽.

147 김영희 · 박용규. 2011. "청암 송건호: 역사의 길' 걸은 언론인의 사표'. 『한국현대언론인열전』. 서울: 커뮤니케이션북스. 123~134. 130쪽.

148 박성태 · 신아현. 2014.11.3. 본지 200호 특집 인터뷰 '김중배: 자유롭게 말하며 담론을 생산하는 대학사회'. 고려대 대학원 신문, 1,3면.

149 김영희 · 박용규. 2011. '반공의식에 포획된 보수 언론인─선우휘'. 『한국현대언론인열전』. 서울: 커뮤니케이션북스. 111~122. 118쪽.

150 선우휘. 1984.8.5. 선우휘 칼럼. 조선일보. 앞의 책. 117쪽에서 재인용.

151 이동조. 2005. '오연호: 인터넷 언론신화를 만든 '반미기자'의 꿈'. 『펜으로 세상을 움직여라』. 서울: 도서출판 답게. 105~118. 118쪽.

152 남시욱. 2009. '오소백의 신문문장론'. 서울언론인클럽 추모문집 편찬위원회. 『영원한 사회부장 오소백: 오소백 대기자 추모문집』. 경기 파주: 한국홍보연구소. 118~136. 124~125쪽.

153 서울언론인클럽 추모문집 편찬위원회. 앞의 책. 133~136쪽.

154 서울언론인클럽 추모문집 편찬위원회. 앞의 책. 125쪽.

155 이동조. 2005. '조갑제: 한 대기자를 보는 극단적인 두 개의 눈'. 『펜으로 세상을 움직여라』. 서울: 도서출판 답게. 162~179. 175쪽.

156 조갑제. 2010. 『반골기자 조갑제』. 서울: 조갑제닷컴. 40~41쪽.

## 3장  한국의 뉴스, 미국의 뉴스
어떻게 비교할 것인가

1 오택섭. 1993. 언론인의 책임과 윤리: 한국언론연구원 · 고려대 신문방송연구소 공동 제3회 전국 기자 직업의식조사. 『신문과 방송』, 11월호: 24~33.

### 뉴스 룸 들여다보기

2 Golding, Peter & Elliot, Philip. 1979. *Making the News*. London and New York: Longman.

3 Jensen, K.B. & Jankowsky, N.W. edt. 1991. *A Handbook of Qualitative Methodologies for Mass Communication Research*. London: Routledge. 김승현 · 김신동 · 김영찬 · 김예란 · 윤태진 · 이상길 · 전규찬 역. 2005. 『미디어 연구의 질적 방법론』. 서울: 일신사. 110쪽.

4 Tuchman, Gaye. 1978. *Making News: A study in the Construction of Reality*. New York: The Free Press. 박홍수 역. 1995. 『메이킹 뉴스: 현대 사회와 현실의 재구성에 관한 연구』. 서울: 나남출판. 109~127쪽.

5 Fishman, Mark. 1980. *Manufacturing the news: The Social Organization of Media News Production*. Austin: University of Texas Press.

### 한 · 미 간 뉴스 가치의 8가지 차이

6 박재영. 2006. 뉴스 평가지수 개발을 위한 신문 1면 머리기사 분석. 『한국의 뉴스 미디어 2006』, 서울: 한국언론재단. 147~220쪽. ; 박재영 · 이완수. 2007. 한국 신문의 1면 기사: 뉴스평가지수를 적용한 신문별, 연도별 비교(1990~2007). 서울: 한국언론재단. ; 이건호 · 정완규. 2008. 한국과 미국 신문의 1면 기사 비교: 취재영역 및 보도형태별 취재원 출현에 따른 실증적 분석. 『한국언론학보』, 52권 4호: 25~50.

7    박재영. 2006. 뉴스 평가지수 개발을 위한 신문 1면 머리기사 분석. 『한국의 뉴스 미디어 2006』, 서울: 한국언론재단. 147~220쪽.

8    심층 면접자료. 2014.12.12.

9    Tuchman, Gaye. 1978. *Making News: A study in the Construction of Reality*. New York: The Free Press. 박홍수 역. 1995. 『메이킹 뉴스: 현대 사회와 현실의 재구성에 관한 연구』. 서울: 나남출판. 250~251쪽.

10   Morris, Michael W. & Kaiping Peng. 1994. "Culture and cause: American and Chinese attributions for social and physical events". *Journal of Personality and Social Psychology*, 67(6): 949−971.

11   심층 면접자료. 2014.5.2.

12   김용규. 2014. 『생각의 시대』. 경기 파주: 살림출판사. 87~88쪽.

13   Freedman, Samuel. 2006. *Letter to a Young Journalist*. 조우석 역. 2008. 『미래의 저널리스트에게』. 서울: 미래인. 288~289쪽.

14   남재일 · 박재영. 2007. 『한국 기획기사와 미국 피쳐 스토리 비교 분석』. 서울: 한국언론재단.

15   김용규. 2014. 『생각의 시대』. 경기 파주: 살림출판사. 137쪽.

16   심층 면접 자료. 2014.12.12.

17   Alain de Botton. 2014. *The News: A User's Manual*. New York: Pantheon books. 최민우 역. 2014. 『뉴스의 시대: 뉴스에 대해 우리가 알아야 할 모든 것』. 경기 파주: 문학동네. 53쪽.

18   이재경. 2006. 한 · 미 신문의 대통령 취재관행 비교. 『언론과 사회』, 14권 4호: 37~69.

19   심층 면접자료. 2012.12.12.

## 한국 뉴스의 6가지 문제점

20   심층 면접자료. 2014.5.2.

21   Tuchman, Gaye. 1978. *Making News: A study in the Construction of Reality*. New York: The Free Press. 박홍수 역. 1995. 『메이킹 뉴스: 현대 사회와 현실의 재구성에 관한 연구』. 서울: 나남출판. 140~141쪽.

22   오택섭. 1993. 언론인의 책임과 윤리: 한국언론연구원 · 고려대 신문방송연구소 공동 제3회 전국 기자 직업의식조사. 『신문과 방송』, 11월호: 24~33.

## 뉴스에 대한 내용이 담겨 있는 전 · 현직 국내 언론인의 주요 저술서

| 대상자 | 도서명 | 저자 | 발간 년도 |
|---|---|---|---|
| 사주 | | | |
| 본인 저술서 | | | |
| 방우영<br>(조선일보 회장) | 나는 아침이 두려웠다: 한국 현대사와 함께한 방우영의 신문 만들기 55년 | 방우영 | 2008 |
| 방우영 | 조선일보와 45년 | 방우영 | 1998 |
| 방일영<br>(조선일보 회장) | 태평로 1가 | 방일영 | 1983 |
| 이병철<br>(중앙매스컴 회장) | 호암자전 | 이병철 | 1986 |
| 타인 저술서 | | | |
| 김상만<br>(동아일보 회장) | 일민 김상만 전기 | 일민 김상만선생 전기 간행위원회 | 2003 |
| 김성수<br>(동아일보 창업주) | 인촌 김성수: 겨레의 길잡이, 시대의 선각자 | 최시중 | 1986 |
| 방응모<br>(조선일보 창업주) | 계초 방응모 | 이동욱 | 1996 |
| 방일영 | 격랑 60년: 방일영과 조선일보 | 권영기 | 1999 |
| 이병철 | 호암어록 | 호암재단 | 1997 |
| 장기영<br>(한국일보 회장) | 신문 발행인의 권력과 리더십: 장기영의 부챗살 소통망 연구 | 안병찬 | 1999 |
| 장기영<br>(한국일보 회장) | 뛰면서 생각하라: 한국형 최강 CEO 장기영 | 한운사 | 2006 |
| 홍진기<br>(중앙일보 회장) | 이 사람아, 공부해: 유민 홍진기 이야기 | 김영희 | 2011 |
| 언론인 | | | |
| 본인 저술서 | | | |
| 고승철<br>(동아일보 부국장) | 한국의 저널리스트: 밥과 글 | 고승철 | 2008 |
| 고영신<br>(경향신문 부국장) | 디지털시대의 취재보도론: 고영신의 저널리즘 강의 | 고영신 | 2007 |

| 대상자 | 도서명 | 저자 | 발간 년도 |
|---|---|---|---|
| 곽복산<br>(동아일보 편집국장) | 신문학 개론 | 곽복산 | 1955 |
| 김동익<br>(중앙일보 사장) | 권력과 저널리즘 | 김동익 | 1997 |
| 김동성<br>(합동통신 회장) | 미주의 인상 | 김동성 | 1916 |
| 김성우<br>(한국일보 논설고문) | 명문장의 조건 | 김성우 | 2012 |
| 김성우<br>(한국일보 논설고문) | 신문의 길 | 김성우 | 2016 |
| 김중배<br>(한겨레신문 대표) | 미디어와 권력: 한국 언론, 이제 어떻게 할 것인가 | 김중배 | 1999 |
| 남시욱<br>(문화일보 사장) | 체험적 기자론 | 남시욱 | 1997 |
| 박권상<br>(KBS 사장) | 자유 언론의 명제 | 박권상 | 1983 |
| 박래부<br>(한국일보 부국장) | 한국의 저널리스트: 분노 없는 시대, 기자의 실존 | 박래부 | 2008 |
| 송효빈<br>(한국일보 논설위원) | 체험적 신문론 | 송효빈 | 1993 |
| 심상기<br>(서울미디어 회장) | 뛰며 넘어지며: 올챙이기자 50년 표류기 | 심상기 | 2013 |
| 안병찬<br>(한국일보 논설위원) | 저널리즘 강의 | 안병찬 | 1999 |
| 안병찬<br>(한국일보 논설위원) | 사이공 최후의 표정 컬러로 찍어라 | 안병찬 | 2005 |
| 안정효<br>(코리아타임즈 부사장) | 글쓰기 만보 | 안정효 | 2006 |
| 안병찬<br>(한국일보 논설위원) | 한국의 저널리스트: 르포르타주 저널리스트의 탐험 | 안병찬 | 2008 |
| 오소백<br>(서울신문 사회부장) | 올챙이기자 방랑기 | 오소백 | 1955 |

| 대상자 | 도서명 | 저자 | 발간 년도 |
|---|---|---|---|
| 오소백<br>(서울신문 사회부장) | 매스콤 문장강화 | 오소백 | 1972 |
| 상 동 | 기자가 되려면 | 오소백 | 1999 |
| 이문호<br>(연합통신 전무) | 뉴스 통신사 24시 | 이문호 | 2001 |
| 이상현<br>(조선일보 사회부) | 사회부 기자 | 이상현 | 1977 |
| 이채주<br>(동아일보 편집국장) | 언론 통제와 신문의 저항: 암울했던 시절 어느<br>편집국장의 이야기 | 이채주 | 2003 |
| 장행훈<br>(동아일보 편집국장) | 미디어 독점 | 장행훈 | 2009 |
| 조갑제<br>(월간조선 편집장) | 반골 기자 조갑제 | 조갑제 | 2010 |
| 조용중<br>(연합통신 사장) | 저널리즘과 권력 | 조용중 | 1999 |
| 최규철<br>(동아일보 편집국장) | 우리 순영이 힘내라: 기항 최규철 동아일보<br>35년 | 최규철 | 2006 |
| 최석채<br>(경향신문 회장) | 반골 언론인 최석채 | 최석채 | 2002 |
| 홍승면<br>(조선일보 주필) | 화이부동 | 홍승면 | 2003 |
| 타인 저술서 | | | |
| 김중배 | 대기자 김중배: 신문 기자 50년 | 김중배기자50년<br>기념집발간위원회 | 2009 |
| 남중구<br>(동아일보 주필) | 백자 같고 질그릇 같고: 언론인 남중구, 그가<br>그립다 | 남중구 추모문집<br>편찬위원회 | 2009 |
| 리영희<br>(조선일보 외신부장) | 리영희 평전 | 김삼웅 | 2010 |
| 박권상<br>(KBS 사장) | 영원한 저널리스트 박권상을 생각한다 | 박권상기념회 | 2015 |
| 박권상<br>(KBS 사장) | 박권상 언론학 | 박권상기념회 | 2015 |

| 대상자 | 도서명 | 저자 | 발간 년도 |
|---|---|---|---|
| 박무<br>(한국일보 편집국장) | 세계 최고의 친구 부자: 대한민국 경제 기자 박무 | 홍선근 | 2006 |
| 송건호<br>(한겨레신문 회장) | 송건호 평전: 시대가 '투사'로 만든 언론 선비 | 김삼웅 | 2011 |
| 오소백 | 영원한 사회부장 오소백 | 서울언론인 클럽<br>추모문집 편찬<br>위원회 | 2009 |
| 이혜복<br>(신아일보 사회부장) | 종군기자 사회부 기자 빛나던 이름 이혜복 | 종군기자 사회부<br>기자 빛나던<br>이름 이혜복<br>편찬위원회 | 2012 |
| 천관우<br>(동아일보 주필) | 거인 천관우: 우리 시대의 언관 사관 | 천관우선생 추모<br>문집 간행위원회 | 2011 |
| 최병우<br>(코리아타임스<br>편집국장) | 기자 최병우 평전 | 정진석 | 1992 |
| 다수 언론인 | 한국의 언론인 1 | 강준만 | 1999 |
| 다수 언론인 | 한국 현대 언론인 열전 | 김영희 · 박용규 | 2011 |
| 다수 언론인 | 남재희가 만난 통 큰 사람들 | 남재희 | 2014 |
| 다수 언론인 | 펜으로 세상을 움직여라 | 이동조 | 2005 |
| 다수 언론인 | 비판적 지성인은 무엇으로 사는가 | 지승호 | 2002 |
| 다수 언론인 | 자유 언론 40년 | 동아자유언론수호<br>투쟁 위원회 | 2014 |
| 다수 언론인 | 취재 현장의 목격자들–명기자, 명데스크의 못 다한 뒷이야기 | 대한언론인회 | |
| 조선일보 출신<br>언론인 | 조선일보 사람들: 격동의 현장, 펜 하나로 뛰어들다–일제시대 편 | 조선일보사<br>사료연구실 | 2004 |
| 조선일보 출신<br>언론인 | 조선일보 사람들: 격동의 현장, 펜 하나로 뛰어들다–광복 이후 편 | 조선일보사<br>사료연구실 | 2004 |

# 찾아보기

주: 인명 찾아보기는 일반 찾아보기 뒤에 별도로 게재합니다.

# 인명 찾아보기

주: 영어식 인명의 경우 본문 표기와 관계없이 한글식 표기를 사용하여 이름(last name)을 앞으로, 성(first name)을 뒤로 하여 순서를 배열합니다.